中村江里＝編

資料集成

精神障害兵士「病床日誌」

第3巻

新発田陸軍病院編

六花出版

資料集成『精神障害兵士「病床日誌」』第3巻　新発田陸軍病院編

刊行にあたって

一、本資料集成は、戦時精神神経疾患の実態をあきらかにすべく、一九三七年末以降、戦時精神神経疾患に対応する専門病院として位置づけられていた国府台陸軍病院における「病床日誌」の複写版を中心に、関連資料を編集復刻したものである。第1巻および第2巻は、神経衰弱症と診断された国府台陸軍病院の「病床日誌」から細渕富夫と清水寛が全四〇七件を抽出し、編集し、復刻するものであり、第3巻は新発田陸軍病院の「病床日誌」から精神疾患患者のもの一五六件を中村江里が抽出し、編集し、復刻する。

一、第1巻および第2巻の資料は、国府台陸軍病院に入院した年月日順に並べ直し、神経衰弱を表すNAを冠して番号を振った。第1巻にはNA－001～NA－186を、第2巻にはNA－187～NA－407を収録した。第3巻の資料は、新発田陸軍病院に入院した年月日順に並べ直し、「新発田」を冠して番号を振り、新発田－001～新発田－156を収録した。

一、第3巻巻頭に中村江里による解説を掲載した。

一、復刻の際、患者個人の特定を避けるため、個人名・家族名・出生月日・本籍地・部隊名などの全部または一部を伏せた。ただし第3巻においては、すでに個人情報をマスキングされた形で新潟県より提供された複写物を「原資料」として使用したため、第1巻・第2巻とは伏せ方が異なっている。

一、「病床日誌」は、戦闘地・占領地・植民地あるいは「内地」部隊において「異常」が確認された患者についての「発症」から退院までの全記録である。患者には現役兵もいれば補充兵もおり、軍属として徴用された者もいる。たとえば中国など戦闘地・占領地で「発症」したとき、現地の陸軍病院に収容され、転院を繰り返した後、本国の新発田陸軍病院などの陸軍病院へ送還され、最終的に国府台陸軍病院に収容される場合が多々あるが、「病床日誌」は、「発症」から退院までの全過程において患者とともに移動した。「病床日誌」の枚数は、患者一人につき平均二〇枚程度である。

一、編集にあたっては、原則として「病床日誌」の①「第壱号紙　表面」、その裏面にある②「血族的関係既往症原因経過現症及治療」、そして③「診断書」を収録した。ただ原資料になかったものは収録していない。

一、①「第壱号紙　表面」は、患者記録の「表紙」であり、本人の名前・本籍地・家族名・所属の部隊名および転院記録などが記されている。患者は、戦闘地などで「発症」して転院を重ねる場合もあれば、戦地に向かう前に「内地」の部隊に所属していたときに「発症」して国府台陸軍病院に直接収容された場合もある。また左下の「傷痍疾病等差」欄にある「等症」は、「壱等症」「弐等症」からなり、傷病の種類・程度・軍の等級も含めた兵業との因果関係の度合などにより、いずれかに区分される。「壱等症」であれば恩給の受給資格があるが、「弐等症」であればほとんどその資格は認められなかった。

②は、「発症」時の病院の軍医官による、患者の家族関係や既往症、「発症」の状況および「発症」当時の対処などを記したものである。

③は、患者が退院するにあたっての陸軍病院担当軍医官と病院長による最終的な診断書である。この診断書に従って、患者は除役され、家族のもとへ帰る場合もあれば、療養所に転院するケースもある。①の「転帰」欄において「治癒退院」「事故退院（原復）」「事故退院（帰郷）」などとある場

合、除役されずに原隊復帰、あるいは帰郷したとみられ、診断書は書かれなかった模様である。

一、「病床日誌」には前記①②③に続いて受診した病院での医学的な診断・処方の受診記録が綴じられているが、そのほかに入営から「発症」に至るまでの軍隊での本人歴である「事実証明書」や、患者の出身地から取り寄せたと思われる、詳しい身上書類が添付されている場合もある。身上書類には「身上書」「身上調査」「身上明細書」などいくつかの名称があるが、内容はいずれも家族史と本人の履歴に関わるもので、たとえばある「身上書」の「本人歴」では「イ．教育　ロ．性的生活　ハ．既往症　ニ．生活史　ホ．養育史　ヘ．酒及び喫煙　ト．気質性格　チ．社会的並ニ家庭的関係　リ．軍事扶助ノ関係　ヌ．以前ノ精神障礙　ル．徴集年月日　ヲ．内地通信　ワ．不動産動産ノ有無」の項目がある。

また「病床日誌」にはほかにも「学業成績証明回答」「除役退院患者調査票」などさまざまな書類が綴じられている場合もあるが、一様ではない。

今回の編集にあたっては、精神疾患の顕在化過程を明らかに示すもの、戦争と精神疾患の「発症」との因果関係を示唆する部隊内および戦地での状況について詳しいもの、あるいは兵士に対する部隊内・病院内での処遇、そして直接発症と関係があるとは見られなくても、軍隊内での虐待行為、戦地での虐待・虐殺行為、女性への暴力行為を示したもの、また戦時における障害者および家族の状態、障害者や家族への社会の視線などを示す資料については、①②③に加えて収録を行った。

一、本資料集成は、原資料を適宜縮小・拡大し、復刻版一ページにつき四面を収録した。とくに「日誌」は、文字が読みにくいため、紙幅の許す限り、原寸あるいは縮小率を低くして、該当箇所のみを収録するようにした。

一、原資料自体の不備のため、ページの欠落、裏写り、汚れ、破損、ページの端の欠落などを補充できなかった部分がある。また文字のかすれ、つぶれにより判読できない部分もある。

一、本資料集成の原資料収集にあたっては、左記の機関のご協力を得た。ここに御礼を申し上げます。

新潟県福祉保健部福祉保健課

一、資料の中には人権の視点から見て不適切な語句・表現・論が見られるが、復刻という性質上、そのまま収録した。

一、NA番号および新発田を貼ったため隠れている「第壹号紙　表面」右側欄外の部分は、次のとおりである。

注意
一　傷痍疾病等差ハ壹、貳ノ文字ヲ用フヘシ
二　勤仕年ハ現役兵ノミニ就キ記入シ發病ノ月迄ヲ算入スヘシ但シ帶患入營者及發病月日不明ナル者ハ初診ノ月迄ヲ算入スヘシ
三　發病（受傷）地ハ平時ノ内地部隊ニ在リテハ記入ヲ省略スルコトヲ得
四　治療日數ノ計算ハ陸軍報告規程病類別患者表調製要領ニ依ルヘシ
五　原所屬部隊留守部隊又ハ編成擔任部隊ヲ有スルモノハ部隊號欄ニ括弧ヲ附シ併記スヘシ
六　地名氏名等難解ナルトキハ振假名ヲ附スヘシ
七　病名ノ決定、改正、轉症、併發、等差ノ變更ヲ爲シタルトキハ第二號紙ニ其ノ事由ヲ記シ第一號紙當該欄ニ所要ノ記入ヲ爲シ診療主任捺印スヘシ
八　轉送ノ場合ハ第二號紙ニ其ノ理由、轉送先等ヲ記シ診療主任捺印スヘシ

一、なお、第1巻・第2巻の『病床日誌』神経衰弱編Ⅰ・Ⅱは、不二出版既刊の『資料集成　戦争と障害者』（清水寛編　十五年戦争極秘資料集　補巻28）のうち『病床日誌』知的障害編・戦争神経症編（第1冊・第2冊・第5～7冊　二〇〇七年二月～二〇〇八年二月刊）に続くものである。不二出版刊『病床日誌』知的障害編は、第1冊にMR－1～MR－244を、第2冊にMR－245～MR－486を収録し、同じく戦争神経症編は、第5冊にWN－1～WN－250、第6冊にWN－251～WN－550、第7冊にWN－551～WN－832を収録している。

（編者・編集部）

資料集成

精神障害兵士「病床日誌」

第1巻〜第3巻◉概要

◉編

第1巻・第2巻＝細渕富夫・清水寛

第3巻＝中村江里

◉配本

第1巻――『病床日誌』神経衰弱編Ⅰ

二〇一六年一二月刊行

第2巻――『病床日誌』神経衰弱編Ⅱ

二〇一七年六月刊行

第3巻――新発田陸軍病院編

解説＝中村江里

二〇一七年一二月刊行

解説

中村江里

解説

中村江里

一　『精神障害兵士「病床日誌」』第3巻について

本巻は、アジア・太平洋戦争中に新潟県の新発田陸軍病院に入院していた精神神経疾患患者の記録である。原資料は新潟県福祉保健部福祉保健課に所蔵されており、編者は新潟県情報公開条例に基づいて情報公開申請を行い、氏名・原籍等の個人識別情報がマスキングされた状態で資料の閲覧・複写を行った。まずは、資料の公開と、このたびの資料集刊行にご協力いただいた新潟県福祉保健部福祉保健課の関係者の皆様に篤く御礼申し上げたい。

今回調査を行ったのは、一九三六年から一九四七年までに新発田陸軍病院に入院した患者のうち傷痍疾病等差が「二等症」の患者四三四一名の患者である。傷痍疾病等差には一等症と二等症があり、一等症と判定され、その傷病名のため兵役を免除された場合は、恩給診断書の審査を受けて恩給が支給されるが、二等症の場合は対象外であった。本来であれば一等症も含めた全患者の調査を行うべきであるが、戦時精神医療の中心的存在であった国府台陸軍病院(千葉県)の方針では、精神神経疾患の多くが二等症とされたため、まずは二等症の患者の調査を行うこととなった[1]。本巻におさめられているのは、調査対象となった四三四一名のうち精神神経疾患の診断名がついた患者一五六名の記録である[2]。

これまで、精神障害兵士の病床日誌としては、精神神経疾患専門の治療機関であった国府台陸軍病院の病床日誌の存在がよく知られてきた。詳しくは、清水寛編『十五年戦争極秘資料集　補巻二八　資料集成・戦争と障害者』(不二出版、二〇〇七年～二〇〇八年)第1巻・第2巻(知的障害編)および第5巻～7巻(戦争神経症編)や、今回の資料集成『精神障害兵士「病床日誌」』第1巻・第2巻(神経衰弱編)をご覧いただきたい。資料集成『精神障害兵士「病床日誌」』の第3巻にあたる本資料集の意義は、これまであまり注目されてこなかった、一般の陸軍病院における精神神経疾患患者の入院実態が明らかにできる点である。

本巻の新発田－156でも示されているように、敗戦時の軍命による資料焼却や隠匿によって、アジア・太平洋戦争中の精神神経疾患を含む戦傷病者の体系的なデータは現在のところ発見されていない。内地に還送された精神神経疾患患者のほとんどは国府台陸軍病院に入院したと考えられるが、なかには広島・小倉・大阪の基幹陸軍病院を経た後、国府台陸軍病院に入院せずに駐屯地近くの一般陸軍病院に入院するケースもあったようである。本巻の新発田陸軍病院の入院患者の中で戦地から還送・転送された患者六一名は、国府台陸軍病院を経由せずに入院していたことが入院歴から明らかとなった。内地には一九四四年八月時点で一〇三の陸軍病院と六五の分院が存在したが、各都道府県に残された陸軍病院の病床日誌にも、精神神経疾患患者の記録が含まれている可能性がある。なお、敗戦時には焼却命令が出された病床日誌であるが、恩給業務にも関わる重要な行政文書であるため、戦時中は他の公文書と比べても長い三〇年の保存期間が定められていた。こうした行政文書としての性格は戦後にも引き継がれ、新発田陸軍病院が戦後新潟県に移管した病歴書は、戦後の戦傷病者相談でも活用されたようである。

二　新発田陸軍病院と銃後社会

明治以降の近代的兵制の整備の中で、新発田は歩兵第十六連隊を中心とする軍都として発展してきた。新発田陸軍病院の歴史は、歩兵第十六連隊の兵舎の近くに設置された新発田衛戍病院にまで遡り、一九三六年一一月一〇日に施行された軍令陸第一九号「衛戍病院ノ名称改正ニ関スル件」をもって陸軍病院の呼称が用いられるようになった。また、戦後は他の陸軍病院と同じく国立病院に改組され、国立新発田病院、新潟県立新発田二の丸病院を経て、現在の新潟県立新発田病院に至る。

新発田衛戍病院・陸軍病院の歴史に関する病床日誌以外の資料は、残念ながら敗戦時に焼却されてしまったため、不明な部分が多い。内地陸軍病院は中央直轄病院・一等病院・二等病院・三等病院甲・三等病院乙・航空部隊病院・分院に分類されていたが、新発田陸軍病院は三等病院甲であり、一九三七年九月の時点での収容可能人数は約二〇名、その後戦傷病兵の増加に伴い増改築が重ねられて、一九四四年八月三一日時点では二九四名となった。参考までに、内地基幹病院で一等病院の小倉・大阪・広島の収容人数は、順に二九五〇・二七三一・九一三名である。また、精神神経疾患治療のための特殊病院とされていた国府台陸軍病院は二等病院で、一二七二名収容可能だった。新発田陸軍病院は、これらの病院と比べればかなり小規模であり、患者の郷里との距離が近いことが特色であったと言えるだろう。

新発田陸軍病院は、戦傷病兵の治療の場であったのはもちろんのこと、病院への慰問を通じて、戦傷病兵と銃後の人々が直接交流する場でもあった。当時の『新発田新聞』によれば、慰問は活発に行われていた様子で、とりわけ農閑期には慰問者が殺到し、ある日には「午前十一時にして百名を超えた有様」であった。慰問に訪れる人々は、幼稚園児・小学校児童・女学生・理髪業者・国粋会・女子青年団・芸妓組合など多種多様であったが、女性団体の慰問が多かった。また、病院には傷兵保護院や大日本傷痍軍人会の関係者も訪れ、戦傷病兵の退院後の再就職を準備する場でもあった。病院では、連隊区当局や地域の農学校・商業学校・小学校の教員と連携し、竹細工・造花・簿記珠算・習字・タイプライターなどの教授指導を行っていたようである。

戦傷病兵たちやその家族は、自らの傷や病をどのように捉えていたのだろうか。当時の『新発田新聞』を見ると、まず戦争初期には徴兵検査で不合格になったり、傷病を装って「徴兵忌避」を行うことが、「国民」として、「男」として恥ずべきこととされていた様子がうかがえる。さらに戦争が長期化してくると、戦地から内地へ後送されること、とりわけ病気で後送されることに対する恥の意識が出てくる。戦死を至上の価値とする当時の社会の中で、戦傷ならともかく戦病で倒れるのは申し訳ないという意識である。こうした中で、新聞報道では精神の病について顧みられることはほとんどなかった。

病床日誌の記録は、このような新聞に表れる「美談」を、患者たちが直面した現実から再考できるという点でも貴重なものと言えよう。たとえば新聞では、戦線復帰が困難となった「白衣の勇士」の理想像として、職業戦線に復帰して「第二の御奉公」を行うことが繰り返し説かれていた。しかし、本巻の新発田-009のように、治癒の見込みなく兵役免除となることは、それまでの兵士としてのアイデンティティを揺るがされる経験であり、理想と現実の狭間で揺れることもあったのである。

三　入院患者の概要

新発田陸軍病院の精神神経疾患患者一五六名と、国府台陸軍病院の患者を比較すると、還送・転送元と病名に違いが見られる。まず還送・転送元については、新発田陸軍病院でもっとも多いのは内地の陸軍病院で、全体の約六割をしめていた。これに対して、国府台陸軍病院入院患者の発病地でもっとも多かったのは中国、続いて日本国内、満洲であり、発病地が「日本国内」の患者は三三・一％であった。つまり、新発田陸軍病院の主要な役割は、近接部隊で発症した患者の治療を行うことだったと考えられる。

続いて病名別の患者数を比較すると、新発田陸軍病院でもっとも多かった病名は神経衰弱で、全体の四二・三％である。これに対して国府台陸軍病院でもっとも多かったのは精神分裂病（現在の統合失調症）で四一・九％をしめていた。こうした病名の違いは、転帰（治療の結果）にも反映されている。新発田と国府台でもっとも多かった転帰は除役（兵役免除）であったが、治癒の割合を比較すると、新発田は二六・九％、国府台は五・二％で、新発田のほうが圧倒的に高かった。神経衰弱は比較的軽度な精神疾患に用いられる診断名であったが、新発田陸軍病院の治癒患者の約八割は神経衰弱の患者であり、戦地から三等陸軍病院の新発田に送られたケースは、原則として内地基幹陸軍病院で「軽症」と判断された患者であったと考えられる。ただし、新発田－033・040のように、自殺未遂や、戦闘参加後の恐怖・不安によって現在心的外傷後ストレス障害とされているような症状を示す深刻なケースも存在していた。

内地還送の方針では、「治療の長期化や除役が見込まれる者」を対象としていた。明らかに除役であったり、治癒の見込みがありそうな比較的軽症のケースは新発田陸軍病院のような一般の陸軍病院にも送られたと考えられるが、こうした見込みが外れることも当然ありうる。上述の国府台陸軍病院に入院した戦争神経症患者の資料集成『戦争と障害者』（戦争神経症編）では、少数ながら新発田陸軍病院から国府台陸軍病院に転送されたケースも確認されたが、これらの患者は、「監視」を要したり、一般の傷病名で入院してきたものの器質的な要因が見つからず、国府台へ転院した後に精神疾患に分類された患者たちであった。このように、国府台陸軍病院は、いったん一般の陸軍病院に送られたものの、治療が長引いたり、さらなる精査を要するような「要注意」患者を引き受ける役割も担っていたと考えられる。

本資料集を、既刊の国府台陸軍病院の資料集と比較することで、戦時精神医療のより深い理解に役立てていただければ幸いである。なお、新発田陸軍病院でもっとも多かった神経衰弱症の患者については、本資料集成の第１・２巻が国府台の入院患者の記録を収録しているため、そちらもあわせてご覧いただきたい。

註

（1）後述の国府台陸軍病院に入院した戦争神経症患者の資料集成『戦争と障害者』（戦争神経症編）では、二名の患者が新発田陸軍病院へ入院した後、国府台へ転送されたことが確認できる。うち一名は傷痍疾病等差が一等症であったが、もう一名は国府台陸軍病院へ入院した後、一等症から二等症に変更された。今後、一等症の患者や一等症から二等症に変更された患者についても調査が必要である。

（2）個人を同定することができないため重複の確認が不可能であるが、入院の経緯などからおそらく同一人物が複数回入院したと考えられる患者の初回入院時と再入院時の病床日誌が別々に作成されていたケースが二例あったため、この人数は延べ人数と考えられる。
なお、新発田－056・146は、原因・経過の記述から自殺（未遂）のケースと考えられるため、本資料集成に収録した。

＊本資料集所収の新発田陸軍病院病床日誌については、拙稿「総力戦と日本の軍事精神医療――新発田陸軍病院入院患者の事例を中心に」（『年報日本現代史』第22号、二〇一七年六月、一三九～一七四頁）で詳細に論じた。また、戦時精神疾患の問題については、清水寛編著『日本帝国陸軍と精神障害兵士』（不二出版、二〇〇六年）と、拙著『戦争とトラウマ――不可視化された日本兵の戦争神経症』（吉川弘文館、二〇一八年）をあわせてご参照いただきたい。

31

病床日誌

入院番號
新發田陸軍病院第九號 昭和十三年一月三十一日
病院第　號 昭和　年　月　日
病院第　號 昭和　年　月　日
病院第　號 昭和　年　月　日
病院第　號 昭和　年　月　日
病院第　號 昭和　年　月　日
病院第　號 昭和　年　月　日
病院第　號 昭和　年　月　日
病院第　號 昭和　年　月　日
病院第　號 昭和　年　月　日
病院第　號 昭和　年　月　日

項目	記入
病名	痴鈍（八二二） 昭和十三年二月四日決定
調製醫官	歩兵第十六聯隊留守隊附 陸軍軍醫中尉 [■]
原籍	新潟縣 [■]
留守擔當者及續柄	全原籍地 實父 [■]
部隊號	歩兵第十六聯隊留守機関銃隊
官等級及氏名	初 歩兵二等兵 [■]
原職（特業）	肥料会社員
發病（受傷）地	
傷痍疾病等差	貳等症
出生	大正六年[■]月[■]日
勤仕年	零年一箇月
發病	昭和　年　月　日
初診	昭和十三年一月三十一日
入院	昭和十三年一月三十一日
退院	昭和十三年二月十六日
轉歸	事故（除役）
治療日數	拾六日

血族的關係既往症原因經過現症及治療

血族的関係
父母健在 祖父母ノコトニ就キテハ本人ハ知ラズ
同胞三名健在
既往症
本人ハ言ヨルニナシト答フ
原因經過
入営時内務班長ハ[■]ハ遅鈍ナル旨附近ノ者ヨリ聞キ観察シ居タルモノナリ
記憶力ナシ 動作鈍重ニシテ言語又不明瞭ナリ 周囲ノ事情ニ不関無頓着ナリ 書字ハ全ク不能ニシテ己ノ名サヘ知ラズ 句論文章ハ見ラルヽニ非ズ 指南力ハ割合ニ良好ナリ

現症
体格栄養共ニ中等度 腹部ニ異状ナク 瞳孔左右同大 對光反射又迅速ナリ ロムベルグ氏現象陰性 言語不明瞭 動作不活潑ニシテ答語ニ應ズル動作遅延セリ
顔貌鈍 智才ハ白痴ノ程度ナリ
意識障碍ナシ 精神症状ナク病識[illegible]ナシ
斯ノ如キ症状ヲ呈スルヲ以テ精査ノ目的ニテ入院セシム

隊治
緒ハ不

月日	症状	治方	食餌及注意

診斷書

歩兵第十六聯隊留守隊機關銃隊
陸軍歩兵二等兵 [■]

右昭和十三年一月三十一日精神發育障碍ノ疑ヲ以テ新發田陸軍病院ニ入院同年二月四日痴鈍ニ決定現今體格榮養可良顔貌遅鈍性言語動作活潑ヲ缺ク外身體的兆候ヲ認メス精神的兆候中指南力正存シ知覺妄想病感ナキモ記銘力記憶力及推理判斷力不良算數能力ニ至リテ特ニ不良ニシテ智能年齢概ネ八－九歳ニ該當シ神經系ノ用ヲ妨クルニ依リ現役及補充兵役ニ堪ヘサル者ト診斷ス

昭和十三年二月七日

主任 新發田陸軍病院附 陸軍軍醫大尉 [■]

参坐 新發田陸軍病院長 陸軍軍醫中佐 [■]

陸軍

000992

新発田－002

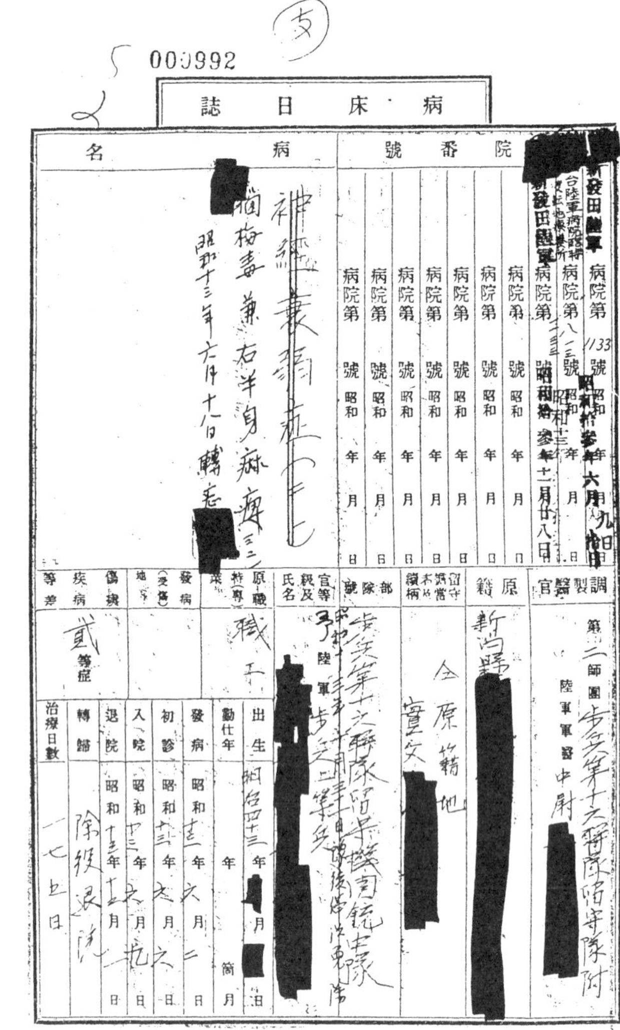

病床日誌

院	番	號
新發田陸軍病院第1133號 昭和拾參年六月九日		
臺灣陸軍病院第八三號 昭和十三年 月 日		
新發田陸軍病院第 號 昭和拾參年十二月廿八日		

病名：神經衰弱症（ヒヒ）
梅毒兼右半身麻痺（三三）
昭和十三年六月十八日轉症

官等	第二師團 歩兵第十六聯隊留守隊附 陸軍軍醫中尉
原籍	新潟縣
本籍地	全原籍地
部隊	歩兵第十六聯隊留守隊機關銃隊
官等氏名	豫備陸軍歩兵上等兵
原職	職工
出生	明治四十三年 月 日
發病	昭和十三年六月二日
初診	昭和十三年六月九日
入院	昭和十三年六月九日
退院	昭和十三年十二月廿九日
轉歸	除役退院
治療日數	一七三日
等差	貳等症

血族的關係既往症原因經過現症及治療

血族的關係
父系母系祖父母共ニ不明疾患ニテ死亡
同胞二名中一名ハ生後間モナク死亡

既往症
生來健康ニシテ著患ヲ識ラズ

原因及經過症
昭和十三年六月二日頃ヨリ全身倦怠感アリ
六月七日洗面所ニテ卒倒シ六月九日ヨリ
刺突然左記症状ヲ呈スルニヨリ送
院ス

現症
体格栄養共ニ良
瞳孔不同アリ（左右ヨリ大）左ハ對光反應
ナク右ハ反應遅鈍ナリ時ニ顔面神經麻痺
顔數個觸ル口角左方ニ牽引サル
性痴ヲ極力否定スロムベルグ氏症状
陽性膝蓋腱及射亢進スアヒレス腱反
射亢進ス軽度ノ頭痛ヲ訴フ
發語不能ニシテ流涎ニ困アリ
指ニ反応鈍ク試験不能足夫ニテ
円ヲ描クモ能ハズ尿失禁アリ
マ氏反應卅々（＋）

最近ノ身長 一・六三三米
同体重 五七・五〇〇瓩
種痘接種

診断書

歩兵第十六聯隊留守隊機關銃隊
豫備役陸軍歩兵上等兵

右昭和十二年十月十六日歩兵第十六聯隊ニ應召入隊
昭和十三年六月九日神經衰弱症ニ罹リ新發田陸軍病
院ニ入院同年六月十八日腦梅毒兼右半身麻痺ニ轉症
現今體格栄養中等顔貌無力状ニシテ口角左方ニ牽引
舌ハ伸展時右方ニ偏シ瞳孔不同アリ對光反應遅
延両側肘腺數個腫脹ス言語不明瞭胸腹部異常ナク膝反
射亢進シ殊ニ右側ニ於テ甚シ下肢ニ於テ著明時ニ右側膝
蓋痙攣右側足蹠攣ヲ認ム バビンスキー氏症候陰性右
上肢ハ運動不能ニシテ握力著シク減弱ス
ロムベルグ氏症候陽性知覚麻痺陰性步行障碍
肢軽度ニ牽引ス血液梅毒反應陽性腦脊髓液反應陽性ニ

腦脊髓液壓力 水樣透明梅毒反應
ネ不ル氏反應細胞増多症高度言語障碍
輕度ニ存シ言語障碍歩行困難右側顔面神經麻痺頭重
感等諸症ヲ遺シ神經器ノ用ヲ妨タル依リ除役
及後備役ニ堪ヘザルモノト診断ス
昭和十三年十二月二十日

主任 新發田陸軍病院附陸軍軍醫少尉
參與者 新發田陸軍病院長陸軍軍醫中佐

陸軍

入院患者身上調書

（新發田陸軍病院）

本籍地	新潟県[黒塗り]
寄留地	仝右
原部隊	歩兵第十六聯隊[illegible]機関銃中隊
現部隊	
戸主トノ續柄	父 [黒塗り]
官等級	後、歩、上等兵
氏名	[黒塗り]
生年月日	明治四十三年[黒塗り]生
傷病名	脳梅毒兼右半身麻痺
受傷地	新発田
式等症	
經過病院	新発田陸軍病院
本人ノ職業	線路工手（昭和肥料鉄道）
家ノ職業	炭焼
家族ノ數、健康、職業	父 五〇 健 炭焼 母 四八 〃
資産ノ状況（本人ヲモ含ム）	不動産自宅一棟 収入 日当以外ハ不明

本人ノ希望	弟 廿 妻 廿六 〃 長男 一、 右記リ
醫官ノ判断	本人収入月給四十五円 社宅中ハ別ニ手当支給サル、
傷病豫後ノ判断 治（將來ノ職） 原職	線路工手
傷病豫後ノ判断 治（將來ノ職） 新職	仝上
傷病等差 原職	仝上
傷病等差 新職	
將來ノ經濟的影響	脳症ニヨル手身不随ヲ来セルモノナルニ就テハ現在ノ線路工手ハ不可、幸ヒ手身不随ハ極メテ軽度ナルニ依リ今後習字、ソロバン等ノ練習セシメ然ル後転職ヲ考慮セシトス、 本人ハ学校成績ハ比較的良好ナリト、職ニ就クニ付テモ無理ナリトモ[illegible]
職業輔導	習字、ソロバン
其他必要記事	転職ノ要ス。

新発田－003

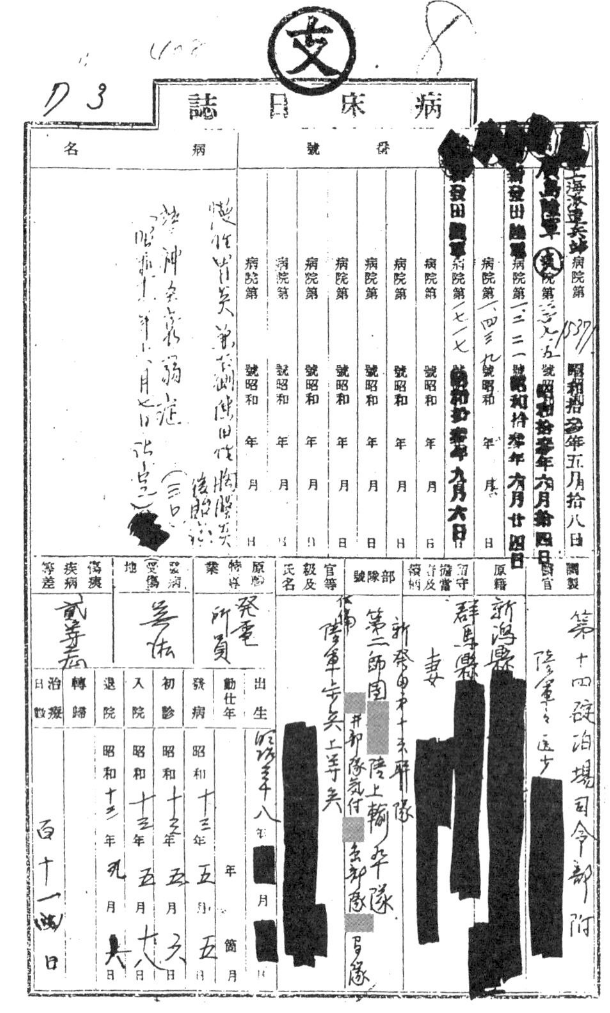

病床日誌

	號	
上海派遣兵站病院第	1537號	昭和拾参年五月拾八日
廣島陸軍(支)病院第	三?九五號	昭和拾参年六月拾四日
新發田陸軍病院第	一二二一號	昭和拾参年六月廿四日
病院第	一四三九號	昭和　年　月　日
新發田陸軍病院第	一七一七號	昭和拾参年九月六日
病院第	號	昭和　年　月　日
病院第	號	昭和　年　月　日
病院第	號	昭和　年　月　日
病院第	號	昭和　年　月　日

病名：慢性中耳炎 [illegible] 神経衰弱症 [illegible]（三日）治癒

調製官	第十四碇泊場司令部附 陸軍々医少[黒塗り]
原籍	新潟縣[黒塗り]
留守擔當者及續柄	群馬縣[黒塗り] 妻[黒塗り]
部隊號	新発田市十六聯隊 第二師團[墨消し]陸上輸卒隊 [墨消し]部隊気付 [墨消し]部隊 [墨消し]部隊
官等級及氏名	陸軍歩兵上等兵[黒塗り]
原職特業	発電所員
發病受傷地	呉淞
傷痍疾病等差	貳等症
出生	明治[黒塗り]年[黒塗り]月[黒塗り]日
勤仕年	年　箇月
發病	昭和十三年五月五日
初診	昭和十三年五月六日
入院	昭和十三年五月十八日
退院	昭和十三年九月六日
轉歸	
治療日數	百十一日

血族的關係既往症原因經過現症及治療

血族的関係
実父ハ五十一才時肺ノ疾患ニテ死亡 実母ハ健在ナリ 同胞七名中姉一人ハ産後死亡 妹一人ハ脚気ニテ死亡 他ハ共ニ健存ス

既往症
時々消化不良ニテ医治ヲ受ケル外著患ヲ識ラズ

原因経過
昭和十三年五月五日[illegible]ヨリ何等[illegible]今ニ至ルモ原因ナクシテ耳鳴頭痛等アルニヨリ[illegible]治ヲ施セルモ尚左記症状アルヨリ送院セシム

現症
体格栄養共ニ中等度 平温 平脈
胸腹部ニ異常ヲ認メズ
左鼓膜ハ一般ニ軽度ノ灰白色ヲ帯ビ 臍部以下光沢著明ナリ
右鼓膜ハ槌骨柄ニ沿ヒ一般ニ充血ス
自覚的ニ耳鳴 頭痛等強度ナリ

療法
(1) アスピリン 二、〇 カルラン 一、〇〇 右一日量 分三 毎食後服用
(2) [illegible]法
(3) ガーゼ挿入

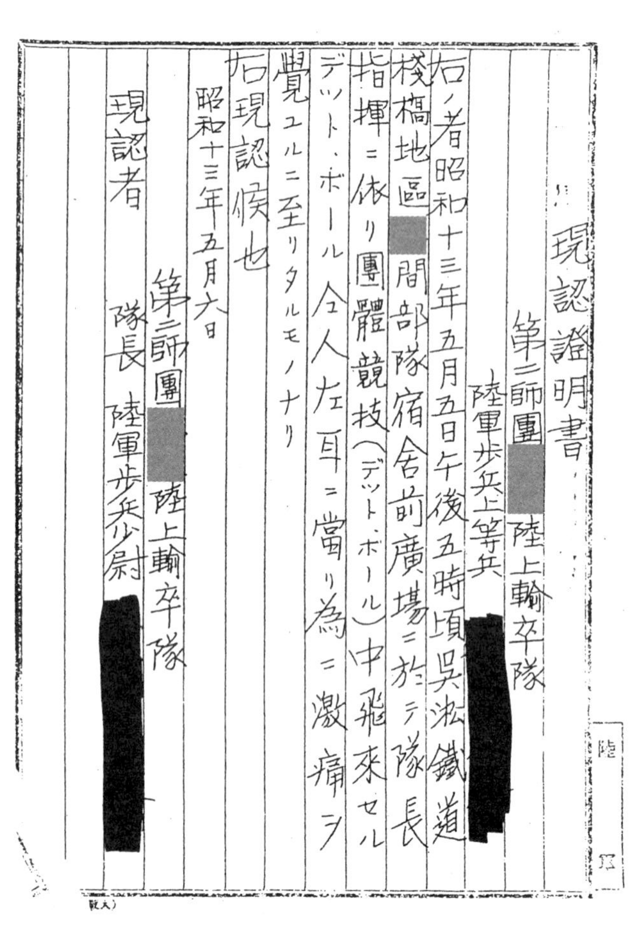

現認證明書

第二師團[墨消し]陸上輸卒隊
陸軍歩兵上等兵[黒塗り]

右ノ者昭和十三年五月五日午後五時頃呉淞鐵道棧橋地區[墨消し]間部隊宿舎前廣場ニ於テ隊長指揮ニ依リ團體競技（デット、ボール）中飛來セルデット、ボール介人左耳ニ當リ為ニ激痛ヲ覺ユルニ至リタルモノナリ

右現認候也

昭和十三年五月六日

第二師團[墨消し]陸上輸卒隊
隊長 陸軍歩兵少尉[黒塗り]

現認者

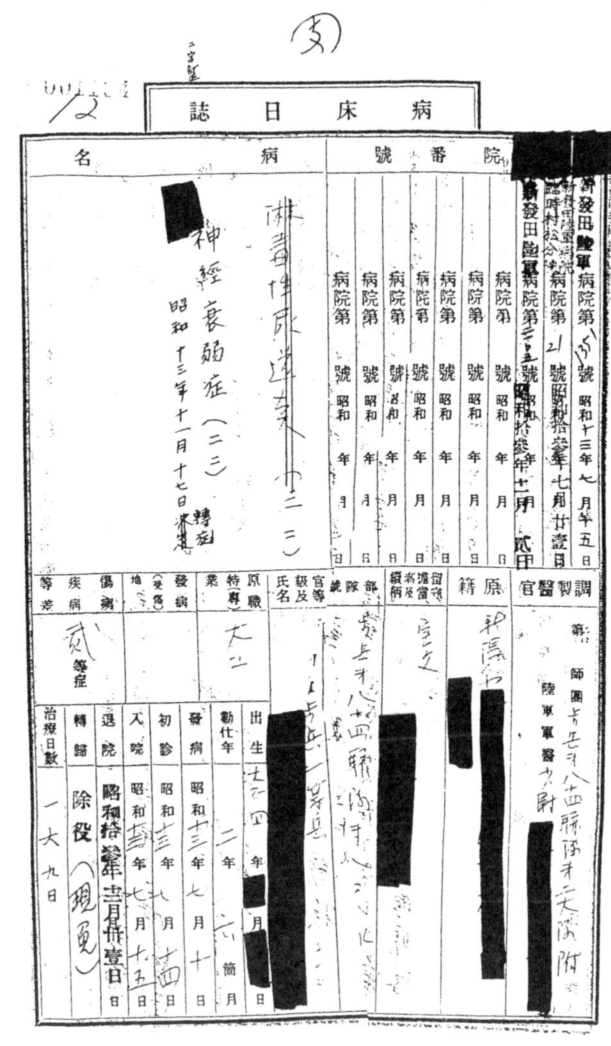

（支）

病床日誌

院番號	
新發田陸軍病院第135號	昭和十三年七月十五日
臨時新發田陸軍病院村松分院病院第21號	昭和拾參年七月廿壹日
新發田陸軍病院第三三五號	昭和拾參年十一月貳日

病名：淋毒性尿道炎（十三 三）
神經衰弱症（二三） 昭和十三年十一月十七日轉症

傷病等差	發病地（受傷）	原職業（特業）	官等級及氏名	部隊號	留守擔當者及續柄	原籍	調製醫官
貳等症		大工	歩兵一等兵	歩兵第八十四聯隊	父	新潟縣	第十三師團歩兵第八十四聯隊補充隊附 陸軍軍醫少尉

出生	勤仕年	發病	初診	入院	退院	轉歸	治療日數
大正四年 月 日	二年六箇月	昭和十三年七月十日	昭和十三年七月十四日	昭和十三年七月十五日	昭和拾參年十二月廿壹日	除役（現免）	一[illegible]九日

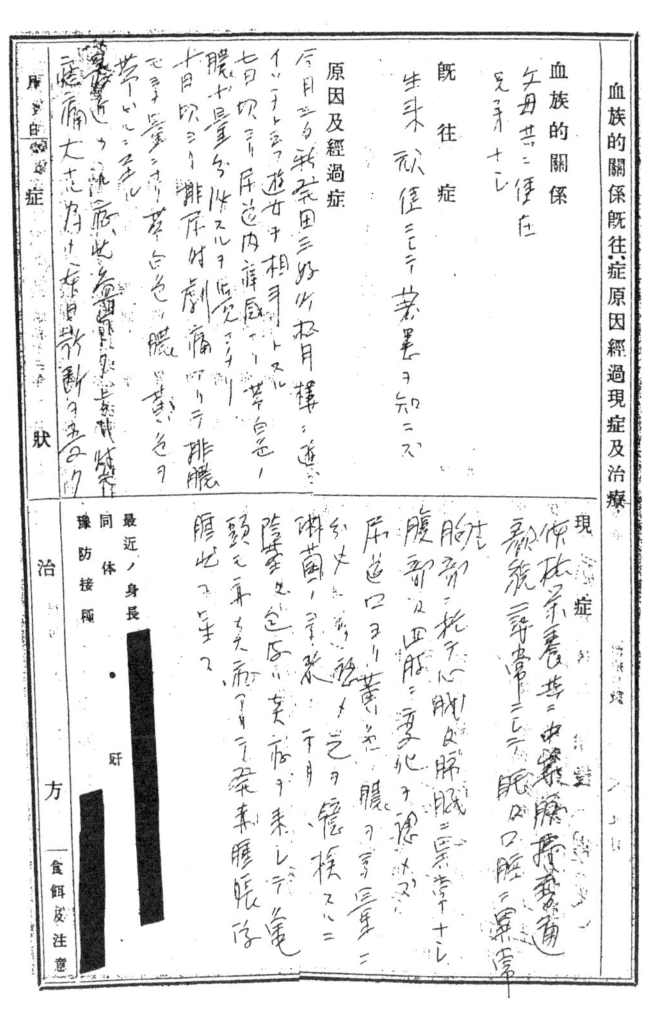

血族的關係既往症原因經過現症及治療

血族的關係
父母共ニ健在
兄弟 ナシ

既往症
生来健康ニシテ著患ヲ知ラズ

原因及經過症
今月三日新発田ニ於テ松月樓ニ遊ヒ遊女ヲ相手トスル 七日頃ヨリ尿道内瘙痒感アリ 黄白色ノ膿ヲ[illegible] 十日頃ヨリ排尿時劇痛アリテ排膿 [illegible]ニ黄白色ノ膿ヲ[illegible] [illegible]

現症
体格榮養共ニ中等度 顔貌尋常ニシテ眼及口腔ニ異常[illegible] 胸部ニ於テ心臓及肺臓ニ異常ナシ 腹部及四肢ニ變化ヲ認メズ 尿道口ヨリ黄色膿ヲ多量ニ分泌ス 淋菌ノ[illegible] 陰莖[illegible]

治方
最近ノ身長 　體重 　瓩
同体
豫防接種
食餌及注意

診断書

歩兵第十六聯隊留守隊[ ]中隊
（舊所屬歩兵第八十四聯隊[ ]中隊）
陸軍歩兵一等兵 [ ]

右昭和十三年七月十日麻毒性尿道炎ニ罹リ七月十五日新發田陸軍病院ニ入院同年十一月十七日神經衰弱ニ轉症現今體格榮養中等度顔貌憂鬱状ニシテ生氣無ク胸腹部所見ナク諸腱反射頗ル亢進皮膚紋畫症著明瞳孔對光反射正常眩暈言語不明瞭動作緩慢睡眠障碍頭重感精神憂鬱記憶力思考力減退心悸亢進等ノ症ヲ貽シ精神神經機ノ用ヲ妨クルニ依リ現役ニ堪ヘサルモノト診斷ス

昭和十三年十二月一日

主任 新發田陸軍病院附陸軍軍醫大尉 [ ]
參坐 新發田陸軍病院長陸軍軍醫中佐 [ ]

入院患者身上調書

（新發田陸軍病院）

本籍地	新潟縣[ ]
寄留地	右本籍地
原部隊	歩兵第八十四聯隊[ ]中隊
現部隊	歩兵第十六聯隊留守隊[ ]
戸主トノ續柄	父[ ]ノ長男
官等級	歩兵一等兵
氏名	[ ]
生年月日	大正四年[ ]月[ ]日生
傷病名	淋毒性尿道炎
受傷地	
症等	
經過病院	新發田陸病 村松分院 新發田陸病
職業（本人ノ職業）	大工職
職業（家ノ職業）	無職
家庭（家族ノ數、健康、職業）	父[ ] 五十八才 健在 ナシ
家庭（資産ノ状況（本人ヲモ含ム））	資産トシテ特記スベキモノナシ

項目		記入
状況ノ		
將來ノ職業	本人ノ希望 原職	大工職
	本人ノ希望 新職	ナシ
	醫官ノ判斷 原職	原職復歸可
	醫官ノ判斷 新職	
傷病豫後ノ判斷		治
傷病等差		
將來ノ經濟的影響		生計豊カナラス家ハ扶助ヲ要スク
職業輔導		ナシ
其他必要記事		ナシ

新発田－005

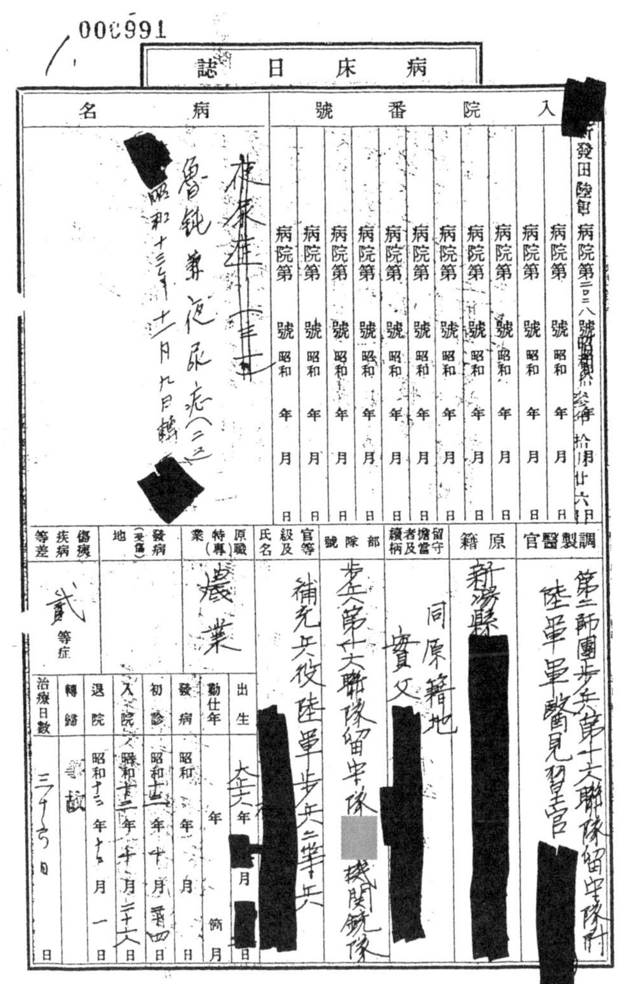

000991

病床日誌

病名	入院番號
夜尿症（三十） 魯鈍兼夜尿症（二三） 昭和十三年十二月九日轉	新発田陸軍病院第三三八號 昭和拾參年拾月廿六日 病院第 號 昭和 年 月 日 病院第 號 昭和 年 月 日 病院第 號 昭和 年 月 日 病院第 號 昭和 年 月 日 病院第 號 昭和 年 月 日 病院第 號 昭和 年 月 日 病院第 號 昭和 年 月 日 病院第 號 昭和 年 月 日 病院第 號 昭和 年 月 日 病院第 號 昭和 年 月 日 病院第 號 昭和 年 月 日

調製醫官	原籍	留守擔當者及續柄	部隊號	官等級及氏名	原職（專）特業	發病地（受傷）	傷痍疾病等差
第二師團歩兵第十六聯隊留守隊附 陸軍軍醫見習士官	新潟縣	同原籍地 實父	歩兵第十六聯隊留守隊 機関銃隊	補充兵役陸軍歩兵二等兵	農業		貳等症

出生	勤仕年	發病	初診	入院	退院	轉歸	治療日數
大正六年 月 日	年 箇月	昭和 年 月 日	昭和十三年十月廿四日	昭和十三年十月二十六日	昭和十三年十二月一日	轉	三十六日

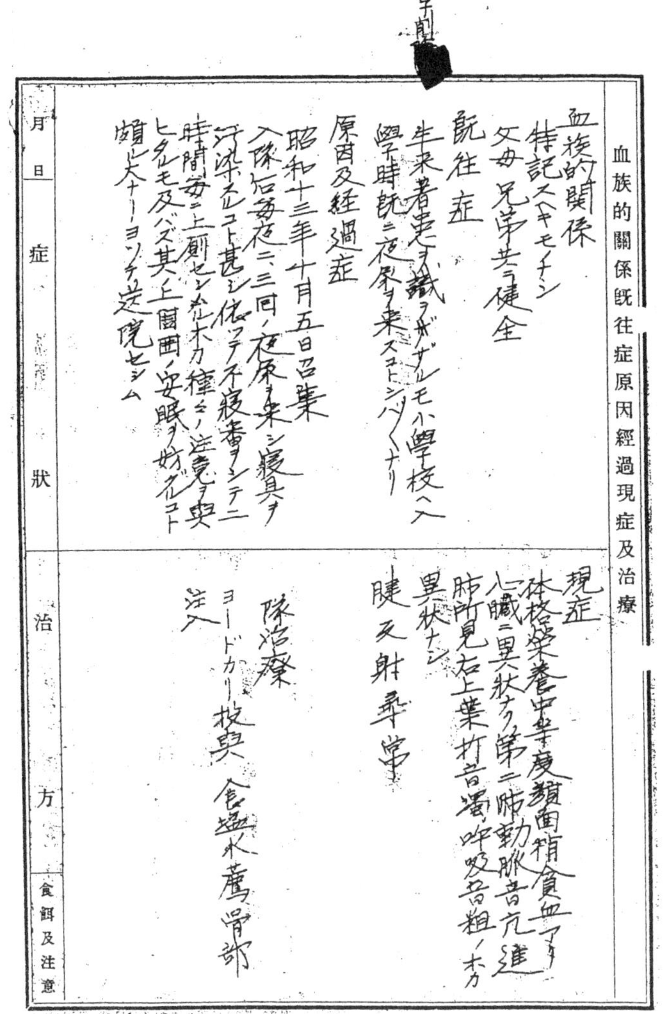

血族的關係既往症原因經過現症及治療

血族的關係
特記スベキモノナシ
父母兄弟共ニ健全

既往症
生来著患ヲ識ラザルモ小學校ヘ入學時既ニ夜尿ヲ来スコトシバシバナリ

原因及經過症
昭和十三年十月五日召集入隊后毎夜二、三回ノ夜尿ヲ来シ寝具ヲ汚染スルコト甚シ依ッテ不寝番ヲシテ二時間毎ニ上厠セシメルモ尚ホ稀ニハ遺尿ヲ来シタルモ及バズ其ノ上周囲ノ安眠ヲ妨グルコト頗ル大ナルヲ以テ送院セシム

現症
体格栄養中等度顔面稍貧血アリ
心臓ニ異狀ナク第二肺動脈音亢進
肺所見右上葉打音濁呼吸音粗ノホカ異狀ナシ
腱反射尋常

隊治療
ヨードカリ投與 食塩水薦骨部注入

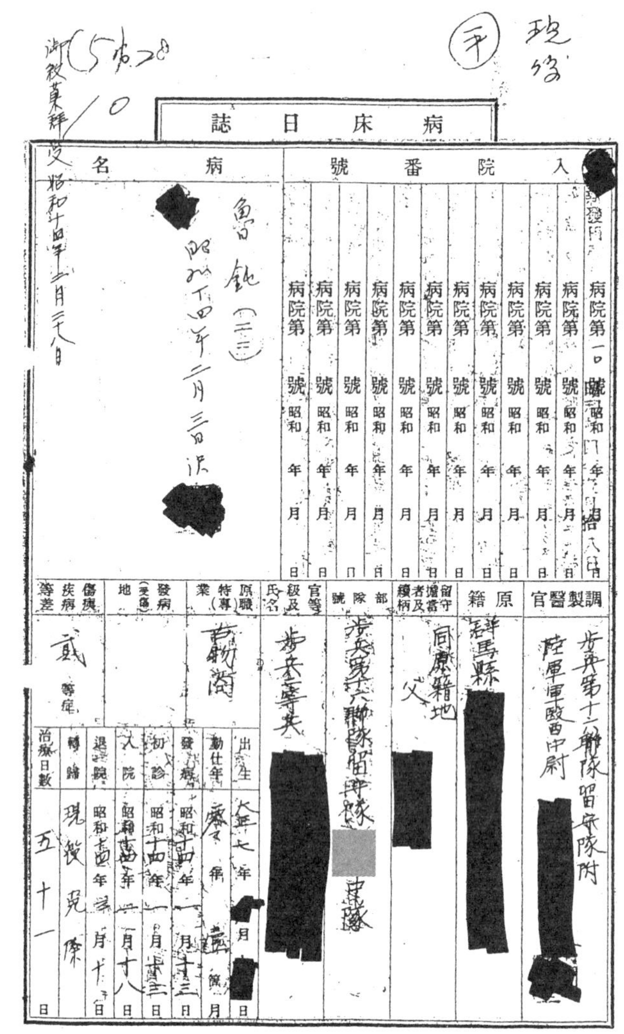

御救済　昭和十四年二月二十八日

病床日誌

入院番號	病名
病院第一〇號　昭和十四年一月十八日	魯鈍（二三）　昭和十四年二月三日決

調製醫官	原籍	留守擔當者及續柄	部隊號	官等級及氏名	原職(專)特業	發病(受傷)地	傷痍疾病等差
歩兵第十六聯隊留守隊附　陸軍軍醫中尉 ■	群馬縣 ■	同原籍地　父 ■	歩兵第十六聯隊留守隊 ■中隊	歩兵二等兵 ■	荒物商		貳等症

出生	勤仕年	發病	初診	入院	退院	轉歸	治療日數
大正七年■月■日	零年■箇月	昭和十四年一月十三日	昭和十四年一月十三日	昭和十四年一月十八日	昭和十四年三月十?日	現役免除	五十一日

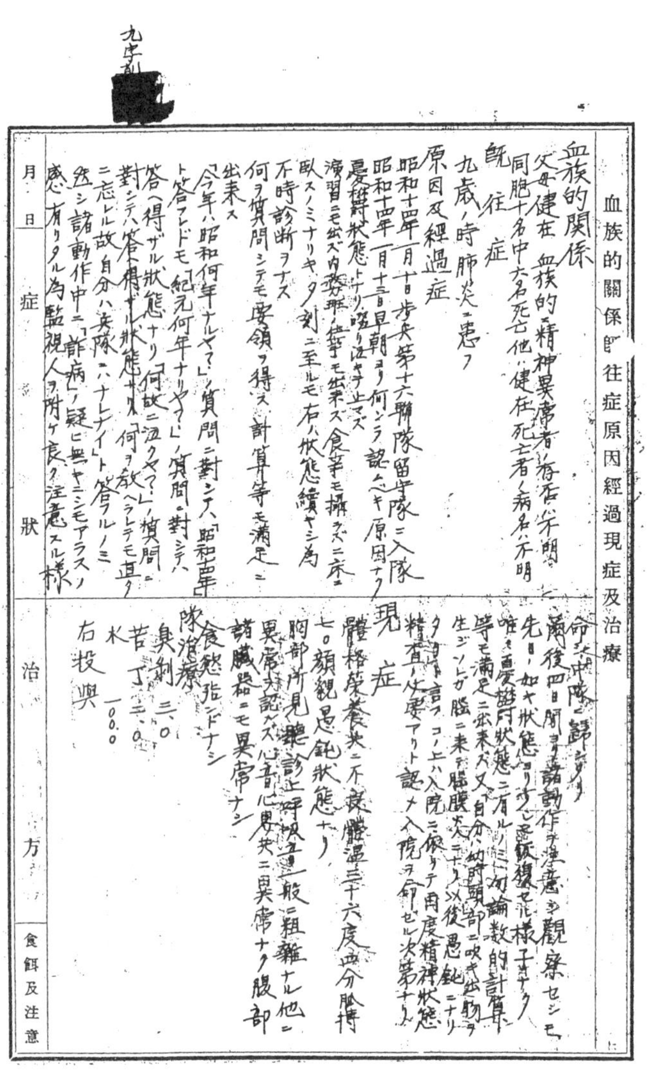

九字削

血族的關係既往症原因經過現症及治療

血族的関係
父母健在　血族的ニ精神異常者ノ有否ハ不明
同胞十名中六名死亡他ハ健在死亡者ノ病名ハ不明

既往症
九歳ノ時肺炎ニ患ノ

原因及經過症
昭和十四年一月十日歩兵第十六聯隊留守隊ニ入隊
昭和十四年一月十三日早朝ヨリ何ンラ認ムベキ原因ナク
憂鬱状態トナリ啜リ泣キテ止マズ
演習ニモ出ズ内務班ノ仕事モ出来ズ食事モ摂ラズニ床ニ
臥スノミナリキ夕刻ニ至ルモ右ハ状態續キシ為
不時診断ヲナス
何ヲ質問シテモ要領ヲ得ズ計算等モ満足ニ
出来ズ
「今年ハ昭和何年ナルヤ」ノ質問ニ對シテハ「昭和十四年」
ト答フレドモ「紀元何年ナリヤ」ノ質問ニ對シテハ
答ヘ得ザル状態ナリ「何故ニ泣クヤ」ノ質問ニ
對シテハ答ヘ得ザル状態ナリ「何ヲ考ヘテモ直グ
ニ忘レル故自分ハ兵隊ニハナレナイ」ト答フルノミ
然シ諸動作中ニ「詐病」ノ疑ヒ無キニシモアラズノ
感有リタル為監視人ヲ附ケ良ク注意スル様
命ジ中隊ニ歸シタリ
爾後四日間ヨリ諸動作ヲ注意シテ觀察セシモ
先日ノ如キ状態ヨリ少シク恢復セル様子ナク
唯々憂鬱状態ニ有ルノミニシテ加減数的計算
等モ満足ニ出来ズ又自分ハ幼時頭部ニ吹キ出物ヲ
生ジソレガ脳ニ来テ脳膜炎ニナリ以後愚鈍ニナリ
タリト言フ　コノ上ハ入院ニ依リテ再度精神状態
精査ノ必要アリト認メ入院ヲ命セル次第ナリ

現症
體格榮養共ニ不良　體温三十六度四分　脈搏
七〇　顔貌愚鈍状態ナリ
胸部所見聴診上呼吸音一般ニ粗雑ナル他ニ
異常ヲ認メズ心音心界共ニ異常ナク腹部
諸臓器ニモ異常ナシ
食慾指シドナシ

隊治療
臭剤　三.〇
苦丁　三.〇
水　一〇〇.〇
右投與

月日　症状　治方　食餌及注意

診斷書

歩兵第十六聯隊留守隊
陸軍歩兵二等兵 ■

右昭和十四年一月十日歩兵第十六聯隊ニ入隊同年一月十八日魯鈍ノ疑ニテ新發田陸軍病院ニ入院同年二月三日魯鈍ニ決定現今體格榮養共ニ不良顔貌遲鈍状ニシテ瞳孔ハ圓形同大ナルモ對光反應遲延記憶力計算力選別力注意力運動速度等孰レモ最劣等ニシテ「メンタルテスト」瞬發認識能檢査共ニ零點常時言動ニ常軌ヲ逸シ精神經器ノ用ヲ妨クルニ依リ永久服役ニ堪ヘサルモノト診斷ス

昭和十四年二月三日

主任　新發田陸軍病院附陸軍軍醫少尉 ■

參坐　新發田陸軍病院長陸軍軍醫中佐 ■

陸軍

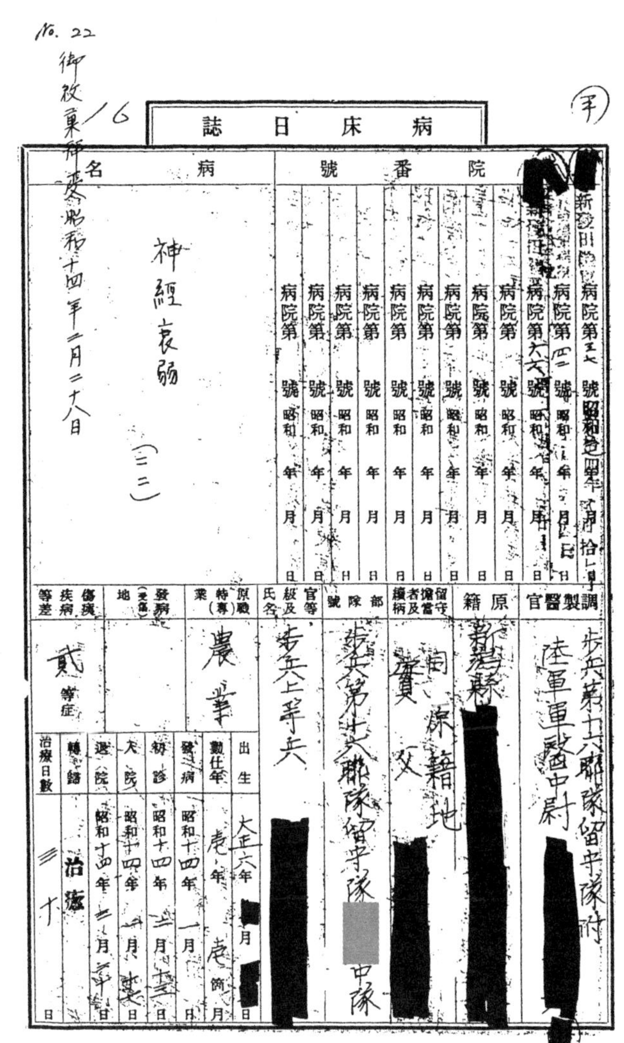

No. 22
御[illegible]棄府[illegible]昭和十四年二月二十八日
/16

㊢

病床日誌

院番號	
新発田陸軍病院第三七號	昭和拾四年一月拾七日
病院第四二號	昭和　年　月　日
病院第六六號	昭和　年　月　日
病院第　號	昭和　年　月　日
病院第　號	昭和　年　月　日
病院第　號	昭和　年　月　日
病院第　號	昭和　年　月　日
病院第　號	昭和　年　月　日
病院第　號	昭和　年　月　日
病院第　號	昭和　年　月　日
病院第　號	昭和　年　月　日

病名：神経衰弱（二二）

調製醫官	原籍	留守擔當者及續柄	部隊號	官等級及氏名	原職特（專）業	發病地（受傷）	傷痍疾病等差
歩兵第十六聯隊留守隊附 陸軍軍醫中尉 [redacted]	新潟縣 [redacted]	同原籍地 [redacted] 實父	歩兵第十六聯隊留守隊 [redacted] 中隊	歩兵上等兵 [redacted]	農業		貳等症

出生	勤任年	發病	初診	入院	退院	轉歸	治療日數
大正六年[redacted]月[redacted]日	壹年壹箇月	昭和十四年一月　日	昭和十四年二月十三日	昭和十四年二月十六日	昭和十四年二月二十八日	治癒	三十日

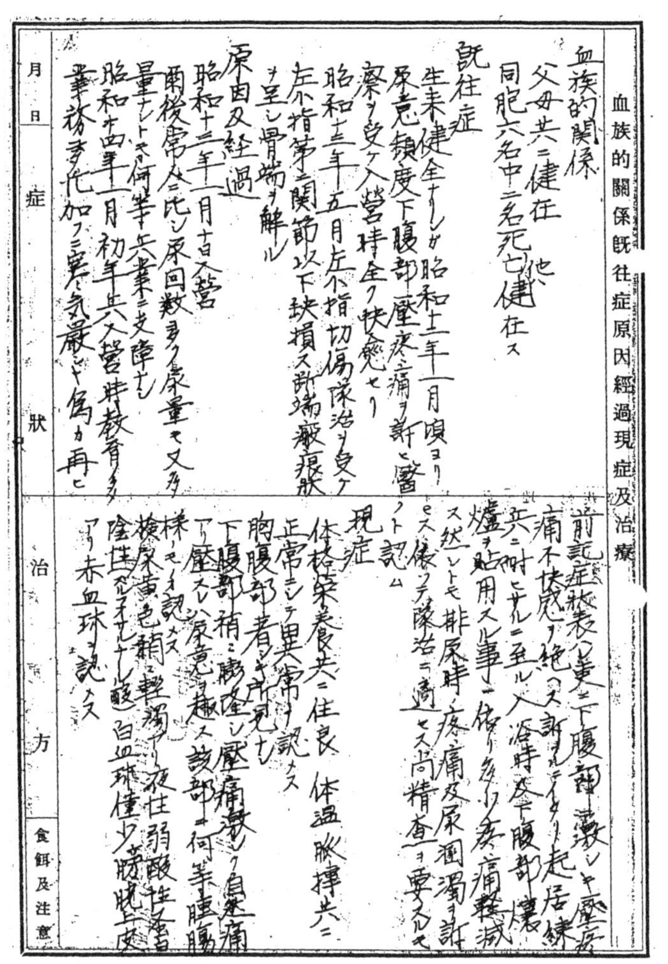

血族的關係既往症原因經過現症及治療

血族的関係
父母共ニ健在
同胞六名中二名死亡他健在ス

既往症
生来健全ナリシガ昭和十二年十一月頃ヨリ尿意頻度下腹部壓疼痛ヲ訴ヘ醫察ヲ受ケ入營時全ク快癒セリ
昭和十三年五月左小指切傷隊治ヲ受ケ左小指第二関節以下欠損ス斷端瘢痕状ヲ呈シ骨端ヲ觸ル

原因及經過
昭和十二年一月十日入營
爾後常ニ比シ尿回數多ク尿量モ又多量ナレドモ何等兵業ニ支障ナシ
昭和十四年一月初年兵入營時教育ノ多業務多忙加フルニ寒氣嚴シキ爲カ再ビ前記症状表ハレ更ニ下腹部ニ激シキ壓疼痛不快感ヲ絶ヘズ訴ヘテイタリ起居緩兵ニ耐ヘザルニ至ル入浴時及下腹部懐爐ヲ貼用スル事ニ依リ多少疼痛輕減ス然レドモ排尿時ノ疼痛及尿混濁ヲ訴ヘ依ツテ隊治ニ適セズ尚精査ヲ要スルモノト認ム

現症
体格栄養共ニ佳良 体温脈搏共ニ正常ニシテ異常ヲ認メズ
胸腹部著シキ所見ナシ
下腹部稍ニ膨隆シ壓痛アリ自発痛アリ壓スレバ尿意ヲ催ス該部ニ何等腫瘍様ノモノヲ認メズ
検尿黄色稍ニ輕濁ス夜性弱酸性蛋白陰性（ズルフオサルチル酸）白血球僅少ナルモ上皮アリ赤血球ヲ認メズ

月日 | 症状 | 治方 | 食餌及注意

事變

001862

病床日誌

番號

- [黒塗り]陸軍病院第四一三號 昭和十三年十一月三日
- 哈爾賓陸軍病院第七〇八一號 昭和十三年十二月二十日
- 旅順陸軍病院大連分院第34463號 昭和拾三年十二月二十六日
- [黒塗り]陸軍病院第4118號 昭和拾四年壹月九日
- 若松陸軍病院第九一號 昭和拾四年[illegible]月[illegible]日
- 新發田病院第三六號 昭和十四年三月七日
- 病院第　號 昭和　年　月　日（以下空欄）

病名

早發性痴呆（二）

左湿性胸膜炎 昭和十四年四月十日 兼發

調製官醫	歩兵第十六聯隊第二大隊附 陸軍軍醫中尉 [黒塗り]
原籍	新潟縣[黒塗り]
留守擔當者及續柄	同原籍地 實父 [黒塗り]
部隊號	歩兵第十六聯隊[黒塗り]中隊（新發田歩兵第十六聯隊留守隊）
官等級及氏名	歩兵一等兵 [黒塗り]
原職	[illegible]商
特業(専業)	／
發病(受傷)地	牡丹江省 穆稜站
傷痍疾病等差	貳等症
出生	大正六年[黒塗り]月[黒塗り]日
勤仕年	壹年零箇月
發病	昭和十三年十一月二十七日
初診	昭和十三年十二月二日
入院	昭和十三年十二月三日
退院	昭和十四年六月十三日
轉歸	永久服役免除
治療日數	百九十二日

月日	症狀	治方	食餌及注意

血族的關係既往症原因經過現症及治療

血族的関係

父系母系ノ祖父母死亡シ父母健在ス同胞[illegible]名中[illegible]名ハ夭折其ノ他健在ニシテ血族的ニ精神病其他ノ異常疾患遺傳ナシ

既往症

十八才ノ時胃病ニ罹患セル外特殊疾患ナシ但シ商業學校四年生ノ時ヨリ成績急ニ不良トナリ精神ノ異常ヲ来セルモノノ如シ

原因経過

本症ハ昭和十三年一月入營時ノ諸調査ニヨリ内種保護兵トシテ注意保育シ来レルモ最近左記症状ヲ呈シ隊治ニ適セザルヲ以テ送院ス

現症

栄養稍衰ヘ皮膚蒼白ニシテ稍贏痩性ナルモ發育障碍畸形等ハ之ヲ認メ得ス顔貌陰鬱性無氣力ヲ呈シ瞳孔反射稍鈍ク瞬目僅ニ頻數ヲ来ス眼瞼[illegible]綾ニシテ大ｏナ[illegible]ニ堅実腹壁反射等ニ異状ヲ認メス陰茎ハ包茎ニシテ包皮ノ末端ハ度々ノ尿失禁ノタメ糜爛シ両大腿内側赤混潤ス膝蓋腱反射ハ殆ト消失ス其他浮腫圧痛其等ナシ食思旺盛ニシテ紙屑箱中ヨリ食物ヲ探シ又床上ニ落ケル菓子等ヲ拾ヒテ食ス睡眠佳良ナリ言語動作何レモ緩慢ニシテ判断力思考力ハ稍鈍ニシテ理性感情ノ調和ヲ欠クモノアリ興味同情元氣等少ナク戰友ノ支援ニヨリ辛ウジテ行動シ得ルコトヲ[illegible]又時々奇異行動ヲナスコトアリ共同的動作ハ多少行ヒ得ルモ單獨ノ勤務ハ全然不能ナリ記憶力頗ル衰ヘ又甚ダ健忘性ナリ指南力ハ略々昇常ナリ床失禁ハ一時間ニ略々一回程度ニシテ晝間ニ限リ夜尿ハ之ヲ認メス之モ之ニ對スル羞恥ノ念ハ殆トナシ其他紙屑金屬屑等ノ蒐集癖アリ隊治療ハ之ヲ行ハス直チニ送院ス

（昭和十二、五 東京奥谷納）

診断書

歩兵第十六聯隊留守隊

陸軍歩兵一等兵 [黒塗り]

右昭和十三年十一月二十七日牡丹江省穆稜ニ於テ早發性痴呆症ニ罹リ同年十二月二十一日穆稜陸軍病院ニ入院爾後各地病院ヲ經テ還送セラレ昭和十四年三月六日新發田陸軍病院ニ轉入現今體格榮養共ニ中等度胸腹部ニ著變ヲ認メス顔貌無氣力性ニシテ痴呆状ヲ呈シ瞳孔円形左右同大ニシテ對光反應稍々遅鈍屢々空笑ス両側膝蓋腱反射遅鈍シ皮膚紋畫症ヲ認ヌ發汗唾液分泌増多アリ理解力指南力共ニ僅カニ制限幻覚アリ記憶力記銘力軽度ニ侵サレ考慮進行著シク不良感情遅鈍美的感情ナク軽度ノ常同症及拒絶症等ノ諸症ヲ貽シ精神機能ノ用ヲ妨クルニ依リ永久服役ニ堪ヘサルモノト診断ス

昭和十四年三月十七日

主任 新發田陸軍病院附陸軍軍醫少尉

參坐 新發田陸軍病院長陸軍軍醫中佐 [黒塗り]

陸軍

入院患者身上調書

（新發田陸軍病院）

項目	記入
本籍地	新潟縣■
戸主トノ續柄	■長男
寄留地	
官等級	陸軍歩兵一等兵
原部隊	歩兵第十六聯隊■中隊
氏名	■
現部隊	
生年月日	大正七年■月■日生
傷病名	早發性痴呆症
受傷地	
等症	貳
經過病院	穆稜陸軍病院 哈爾賓陸軍病院 旅順陸軍大連分院 小倉陸軍病院 若松陸軍病院 新發田陸軍病院
職業　本人ノ職業	石油商
職業　家ノ職業	石油商
家庭　家族ノ數、健康、職業	家族主人、石油商ヲ営ム 父■（五八才） 母■（五一才） 皆健在。
家庭　資産ノ狀況（本人ヲモ含ム）	可ナリ優良者
家庭ノ狀況	姉■（二十八才） 妹■（十八才） 弟■（十七才）
將來ノ職業　本人ノ希望　原職	石油商
將來ノ職業　本人ノ希望　新職	原職希望。
將來ノ職業　醫官ノ判斷　原職	
將來ノ職業　醫官ノ判斷　新職	
傷病治癒後ノ判斷	
傷病等差	
將來ノ經濟的影響	本人治癒退院セハ影響ナシ
職業輔導	要ナシ。
其他必要記事	特記事項ナシ。

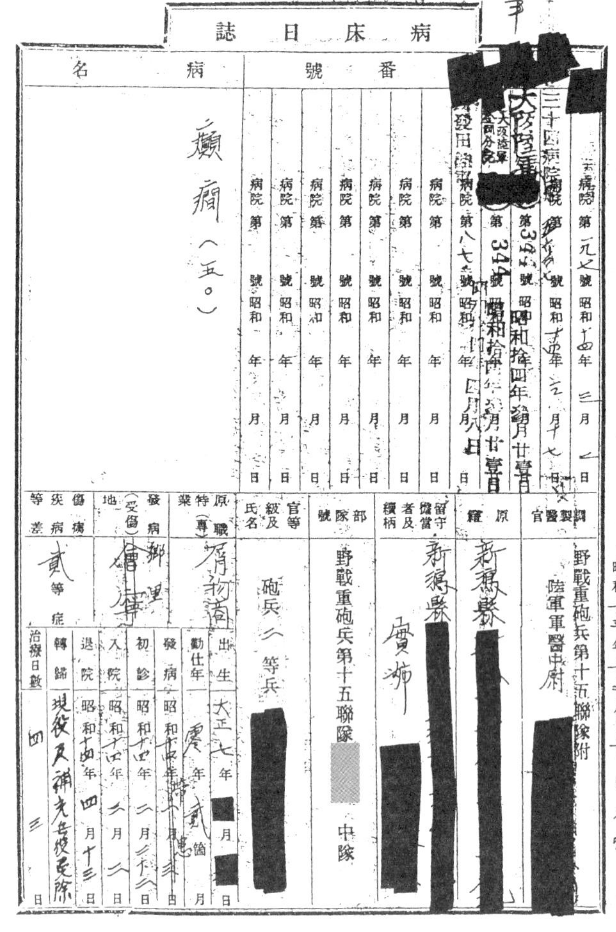

病床日誌

病名	番號
癲癇（五〇）	病院第一九之號 昭和十四年三月一日
	第344號 昭和十四年三月十七日
	第344號 昭和拾四年參月廿壹日
	第八七號 昭和十四年四月八日

調製醫官	原籍	留守擔當者及續柄	部隊號	官等級及氏名	原職（專）特業	發病（受傷）地	傷痍疾病等差
野戰重砲兵第十五聯隊附 陸軍軍醫中尉	新潟縣	新潟縣 實姉	野戰重砲兵第十五聯隊　中隊	砲兵二等兵	屑物商	會寧	貳等症

出生	勤仕年	發病	初診	入院	退院	轉歸	治療日數
大正七年　月　日	壹年　月	昭和十四年　月　日	昭和十四年二月二十八日	昭和十四年二月二日	昭和十四年四月十三日	現役免除	四三日

昭和十三年十二月十日入營

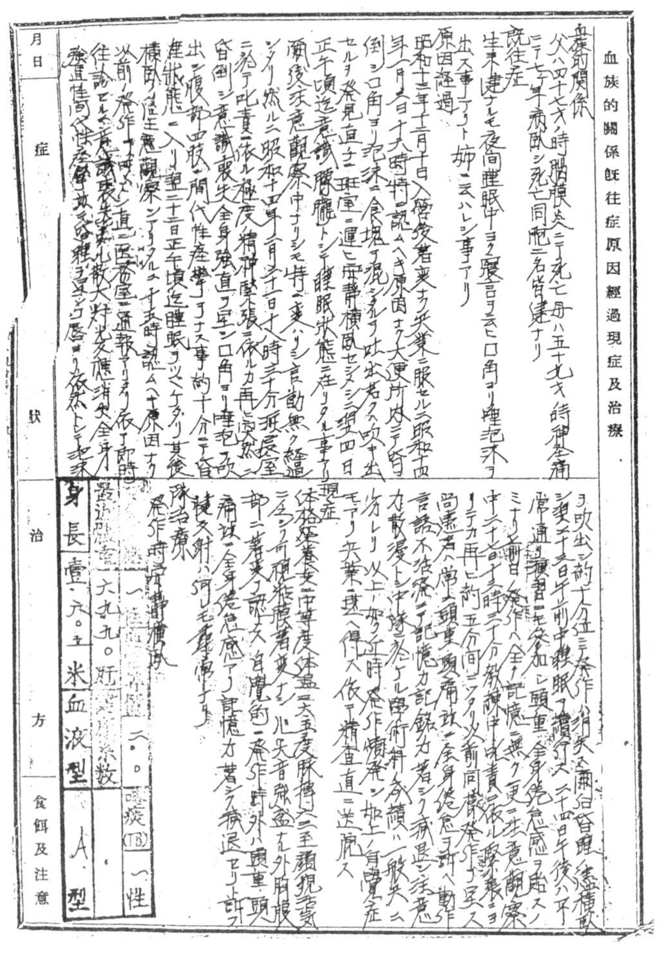

月日	症狀
	血族的關係既往症原因經過現症及治療

治方	食餌及注意

身長 壹・六〇五米　血液型 A型

診斷書

野戰重砲兵第十五聯隊　中隊

陸軍砲兵二等兵

右新潟縣　番地ニ於テ癲癇ニ罹リ昭和十三年十二月十日野戰重砲兵第十五聯隊ニ入隊昭和十四年三月二日會寧陸軍病院ニ入院ス現今體格榮養共ニ中等度微熱出没脈搏稍〻不安定顔貌病狀顔面蒼白瞳孔ハ正圓左右同大對光反射尋常舌咽頭著變ナシ胸部打聽診上著變ナク腹部異常ナシ下肢知覺異常浮腫ナク膝蓋腱反射稍〻亢進赤血球沈降速度中等價三・五粍マントー氏反應(一)精神力一般兵ニ比シ稍〻劣等在隊時三回入院後一回定型的癲癇發作ヲ認ム頭重眩暈全身倦怠等ノ症ヲ貽シ神經系ノ用ヲ妨クルニ依リ永久服役ニ堪ヘサル者ト診斷ス

壹字挿入

陸軍

昭和十四年三月十六日

主任 會寧陸軍病院附 陸軍軍醫大尉

參坐 會寧陸軍病院長 陸軍軍醫中佐

患者身上申告カード

項目	記入
所属部隊	新 朝鮮會寧野戦重砲兵 第拾五聯隊 ■■ 中隊五班
官等級 氏名	陸軍砲兵二等兵 ■■■
原職	古物商
現住所	新潟縣 ■■■

調査昭和拾四年[illegible]月貳五日

家族ノ状況	
妻	
子	ー
祖父祖母	ー
父 母	
同胞	
同居者	姉一人

家計ノ状況	
本人ノ職業年收	月収[illegible]
戸主ノ職業年收	屋[illegible]拾五年[illegible]
家族ノ職業年收	姉
資産ノ状況	畜五[illegible]

苦痛・心配	
本人	テレ胃病ノ為メ還送 為メ左近神経痛
家庭	首元モツノヒ痛イ
將來	至極[illegible]ガナイト[illegible]二系 重テ家ノ戸主ニノ暮ニモ コマリコスドウカヨロシク

希望	
	去年而[illegible]親類ノ人ロカラ送ラレタ入営ヒエノ又送ヒ物エゴノモラッテ而ニガヘルトワ前ヒンエノノ顔ガ出テナイカライヨウナラ付地ノ聯隊ニモヨイカラ一ワ御願ヒシマス

支05

新発田－010

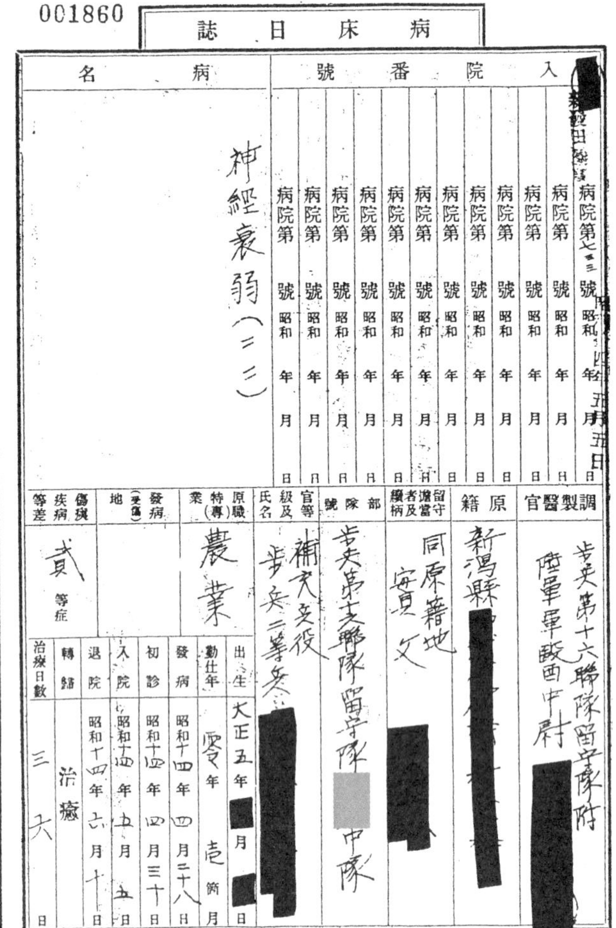

001860

病床日誌

入院番號
新發田陸軍病院第七五三號 昭和十四年五月五日
病院第　號 昭和　年　月　日
病院第　號 昭和　年　月　日
病院第　號 昭和　年　月　日
病院第　號 昭和　年　月　日
病院第　號 昭和　年　月　日
病院第　號 昭和　年　月　日
病院第　號 昭和　年　月　日
病院第　號 昭和　年　月　日
病院第　號 昭和　年　月　日
病院第　號 昭和　年　月　日

病名：神經衰弱（一三）

調製官醫	歩兵第十六聯隊留守隊附 陸軍軍醫中尉
原籍	新潟縣
留守擔當者及續柄	同原籍地　實父
部隊號	歩兵第十六聯隊留守隊　中隊
官等級及氏名	補充兵役 歩兵二等兵
原職（特業）	農業
發病地（受傷）	
傳染病 疾病等差	貳等症
出生	大正五年　月　日
勤仕年	零年壱箇月
發病	昭和十四年四月二十八日
初診	昭和十四年四月三十日
入院	昭和十四年五月五日
退院	昭和十四年六月十一日
轉歸	治癒
治療日數	三六日

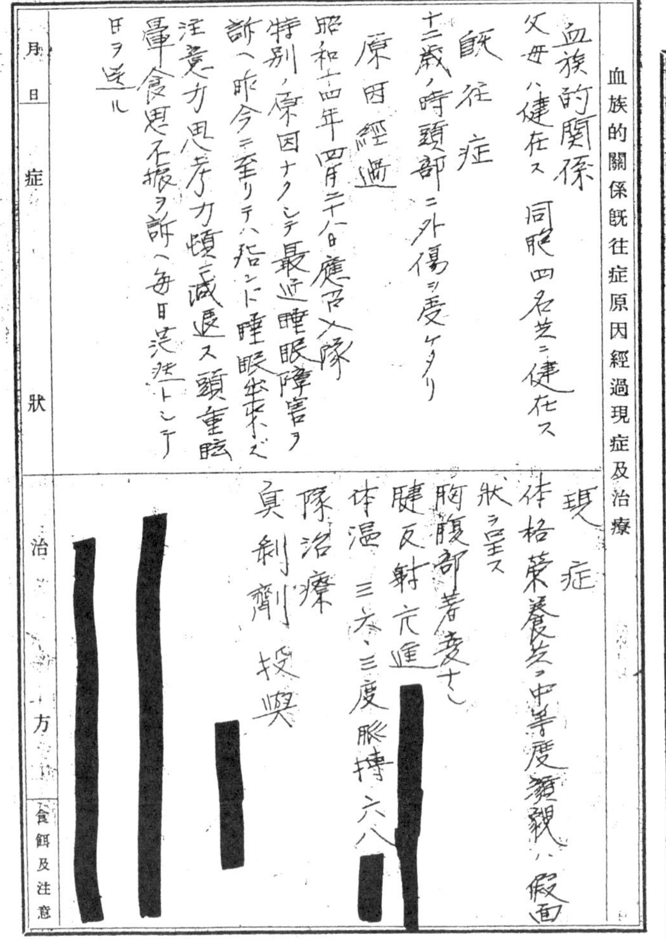

血族的關係既往症原因經過現症及治療

月日 / 症狀

血族的關係

父母ハ健在ス　同胞四名共ニ健在ス

既往症

十二歳ノ時頭部ニ外傷ヲ受ケタリ

原因經過

昭和十四年四月二十日應召入隊

特別ノ原因ナクシテ最近睡眠障害ヲ訴ヘ昨今ニ至リテハ殆ンド睡眠出来ズ注意力思考力頓ニ減退ス頭重眩暈食思不振ヲ訴ヘ毎日苦悶トシテ日ヲ送ル

治方 / 食餌及注意

現症

体格榮養共ニ中等度顔貌ハ假面狀ヲ呈ス

胸腹部著変ナシ

腱反射亢進

体温三六、三度　脈搏六八

隊治療

臭剥劑投與

新発田－011

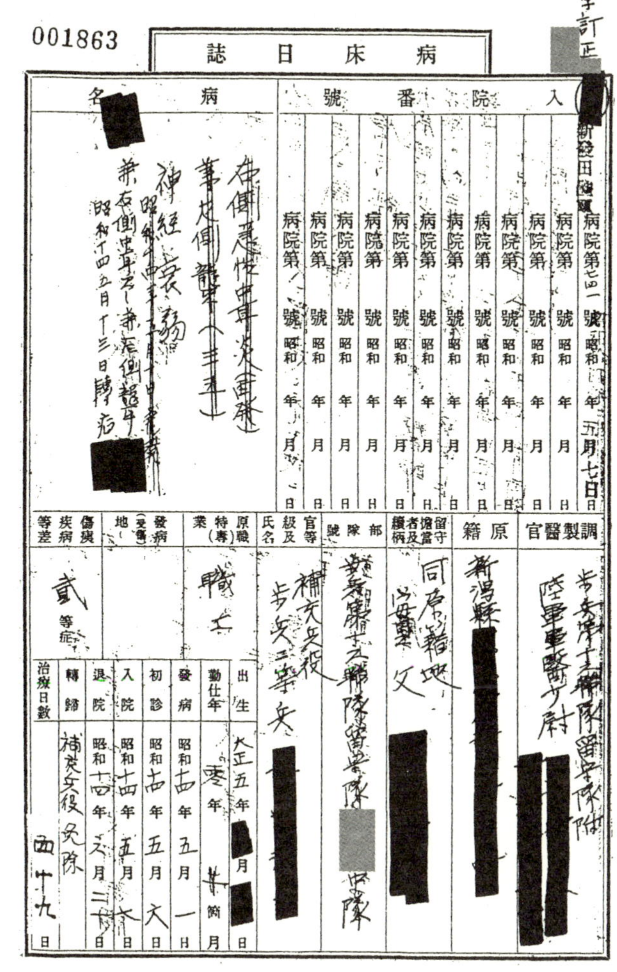

001863

病床日誌

入院番號	
病院第七四一號	昭和 年 五月七日
病院第 號	昭和 年 月 日

病名

右側急性中耳炎（再發）

兼左側聾（［illegible］）

神經衰弱

昭和十四年五月十日併發

兼右側急性中耳炎兼左側聾

昭和十四年五月十三日轉症

調製醫官	原籍	留守擔當者及續柄	部隊號	官等級及氏名	原職（特業）	發病地（受傷）	傷痍疾病等差
歩兵第十六聯隊留守隊附 陸軍軍醫少尉	新潟縣	同原籍地 父	歩兵第十六聯隊留守隊 中隊	補充兵役 歩兵二等兵	職工		貳等症

出生	勤仕年	發病	初診	入院	退院	轉歸	治療日數
大正五年 月 日	零年 廿箇月	昭和十四年五月一日	昭和十四年五月六日	昭和十四年五月七日	昭和十四年六月二十［illegible］日	補充兵役免除	四十九日

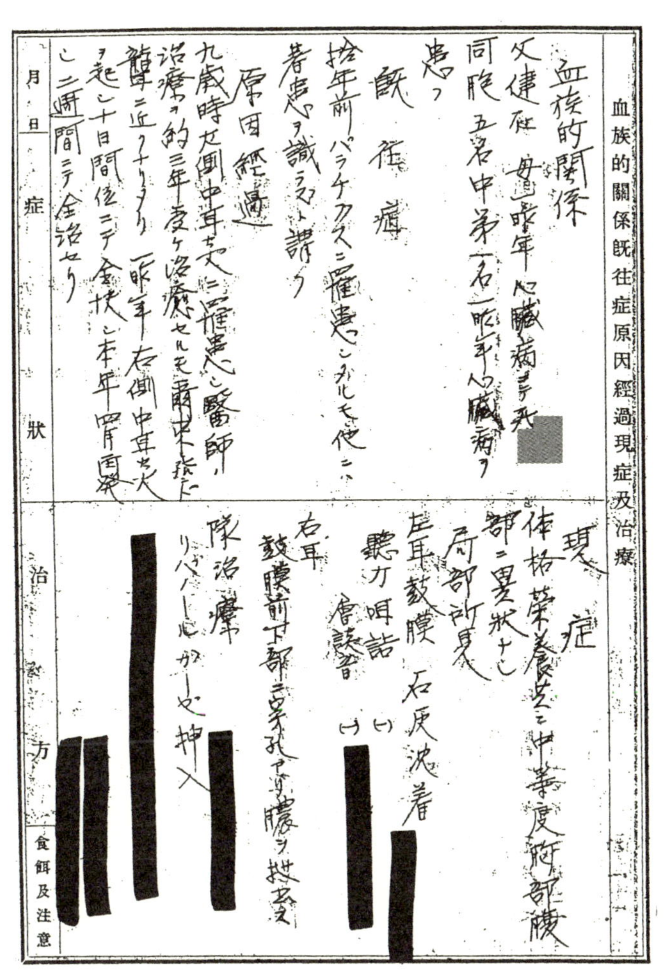

血族的關係既往症原因經過現症及治療

血族的關係

父健在 母ハ昨年心臓病ニテ死

同胞五名中弟一名ハ昨年心臓病ヲ患フ

既往症

拾年前パラチフスニ罹患シタル他ニハ著患ヲ識ラズト謂フ

原因經過

九歳時左側中耳炎ニ罹患シ醫師ノ治療ヲ約三年受ケ治癒セルモ爾来左耳聾ニ近クナリタリ 一昨年右側中耳炎ヲ起シ十日間位ニテ全快シ本年四月再發シ二週間ニテ全治セリ

現症

体格榮養共ニ中等度 胸部腹部ニ異状ナシ

局部所見

左耳鼓膜 石灰沈着

聽力 問話 (－) 會話音 (－)

右耳 鼓膜前下部ニ穿孔アリ膿ヲ排出ス

隊治療 リバノールガーゼ挿入

月日 症狀 治方 食餌及注意

診斷書

歩兵第十六聯隊留守隊

補充兵役陸軍歩兵二等兵

右昭和十四年四月二十八日歩兵第十六聯隊留守隊ニ應召入隊同年五月一日右側急性中耳炎兼左側聾ニ罹リ同月七日新發田陸軍病院ニ入院同月十日神經衰弱兼右側急性中耳炎兼左側聾ニ轉症現今体格榮養共ニ中等度胸腹部ニ著變ヲ認メス右耳鼓膜下部穿孔少量ノ排膿アリ左耳高度難聽呼語零尋常話聲ハ耳殻ニ接セサレハ解シ得ス顔貌神經質ニシテ蒼白頭痛眩暈食慾減退筋肉疲勞感亢進就眠困難手指振顫反射機能亢進多夢閉目時睫毛輕度顫動皮膚紋畫症理解力減退注意散亂判斷力減退精神作業減弱感情［illegible］戟性等ノ諸症ヲ貽シ精神機能ノ用ヲ妨クルニ依リ補充兵役ニ堪ヘサルモノト診斷ス

昭和十四年五月十五日

主任 新發田陸軍病院附陸軍軍醫少尉

参坐 新發田陸軍病院長陸軍軍醫中佐

陸軍

入院患者身上調書

（新發田陸軍病院）

本籍地	新潟縣[redacted]
戸主トノ續柄	[redacted] 三男
寄留地	
官等級	補歩二等兵
原部隊	歩一六〇[redacted]中
氏名	[redacted]
現部隊	
生年月日	大正五年[redacted]月[redacted]日生
傷病名	右側急性中耳炎（再発）、兼左側聾 神経衰弱
受傷地	
症等	貳
經過病院	新發田陸軍病院
職業　本人ノ職業	施盤工見習 新潟鉄工所[redacted]
職業　家ノ職業	農業
家庭　家族ノ數、健康、職業	父[redacted]（六十三）健在 農業 母[redacted] 死亡 兄[redacted]（三十四）健在 農業 嫂[redacted]（三二）健在 農業 弟[redacted]（十八）健在 農業
家庭　資產ノ狀況（本人ヲモ含ム）	田二町歩、畑約四分ノ一ハ小作、本人ハ給料月三十二、三円、現在ハ割支給、簡易保険若干 中
將來ノ職業　本人ノ希望　原職	施盤工見習
將來ノ職業　本人ノ希望　新職	軍職希望
將來ノ職業　醫官ノ判斷　原職	
將來ノ職業　醫官ノ判斷　新職	考慮中
傷病豫後ノ判斷	
治	除役
傷病等差	[illegible]
將來ノ經濟的影響	現在影響ハナキ様思ハルルモ病癒エザレバ影響大ナラン
職業輔導	
其他必要記事	特記事項ナシ

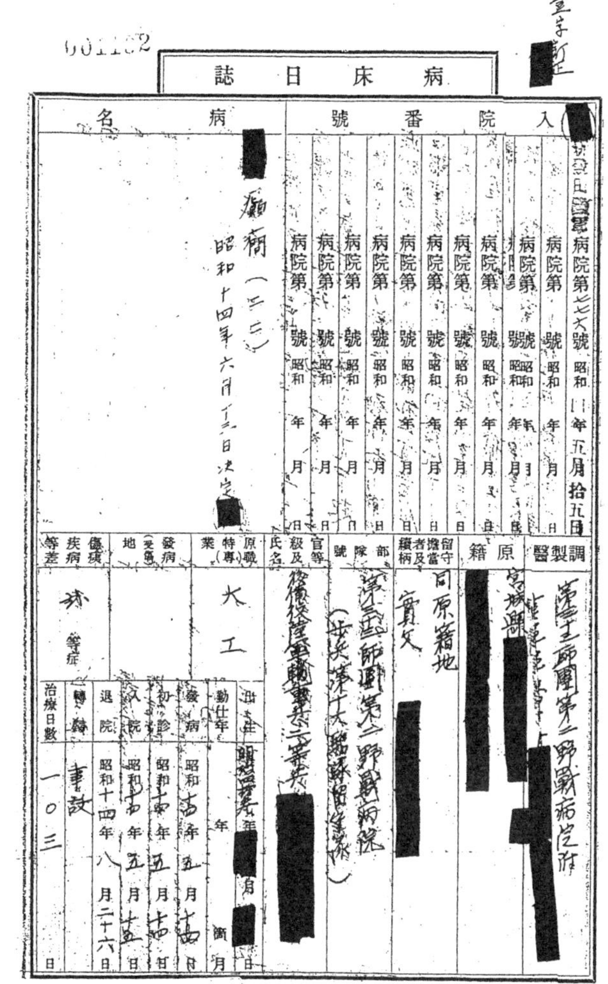

001162

壹字 [illegible] 証

病床日誌

入院番號：[illegible]陸軍病院第七七六號 昭和[illegible]年五月拾五日

病名：癲癇（二二） 昭和十四年六月十二日決定

調製醫	原籍	留守擔當者及續柄	部隊號	官等級及氏名	原職（專）特業	發病（受傷）地	傷痍疾病等差
第[illegible]師團第二野戰病院附 陸軍[illegible]	宮城縣	同原籍地 實父	第[illegible]師團第二野戰病院（歩兵第十六聯隊留守隊）	後備役陸軍輜重兵二等兵	大工		球 等症

出生	勤仕年	發病	初診	入院	退院	轉歸	治療日數
明治[illegible]年 月 日	年 箇月	昭和十四年五月十四日	昭和十四年五月十四日	昭和十四年五月十五日	昭和十四年八月二十六日	事故	一〇三

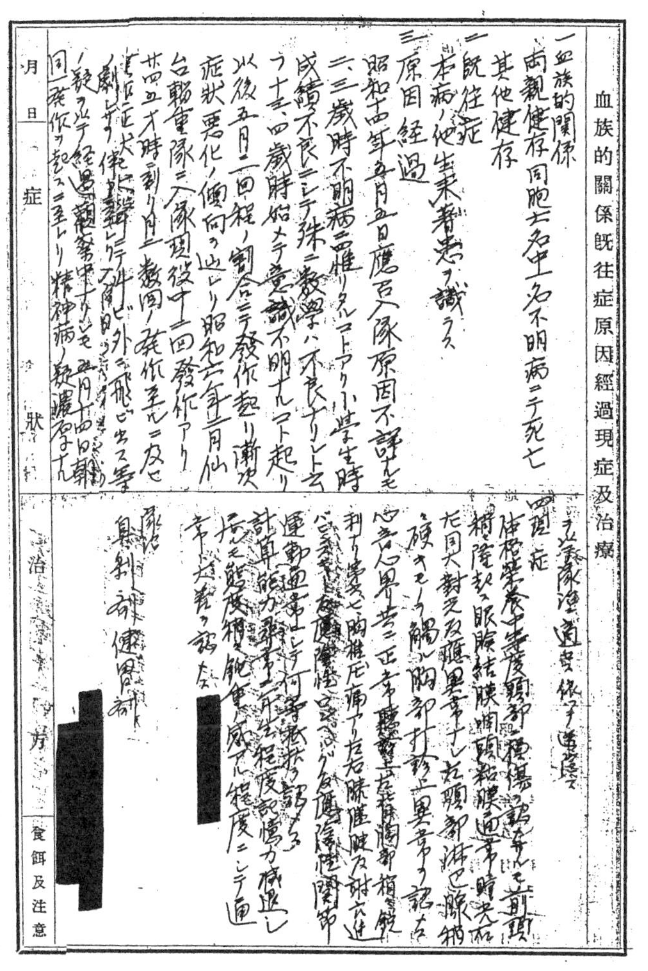

血族的關係既往症原因經過現症及治療

一、血族的關係
兩親健存 同胞六名中一名不明病ニテ死亡
其他健存
二、既往症
本病ノ他生來著患ヲ識ラス
三、原因經過
昭和十四年五月五日應召入隊 原因不詳ナルモ
二、三歳時不明病ニ罹リタルコトアリ 小學生時
成績不良ニシテ殊ニ數學ハ不良ナリシト云
フ 十三、四歳時始メテ意識不明ナルコト起リ
以後五月ニ一回程ノ割合ニテ發作起リ漸次
症狀悪化ノ傾向ヲ辿レリ 昭和十二年[illegible]月仙
台輜重隊ニ入隊現役中十二回發作アリ
廿四五才時ニ到リ月ニ數回ノ發作ヲ見ルニ及ビ
[illegible]
[illegible]
[illegible]精神病ノ疑濃厚ナル

四、現症
[illegible]
體格榮養中等度 頭部[illegible]
[illegible]眼瞼結膜[illegible]
左[illegible]
[illegible]
[illegible]
[illegible]
運動[illegible]
計算能力[illegible]記憶力[illegible]
[illegible]程度ニシテ[illegible]
[illegible]

診斷 健[illegible]

月日｜症狀｜治療方｜食餌及注意

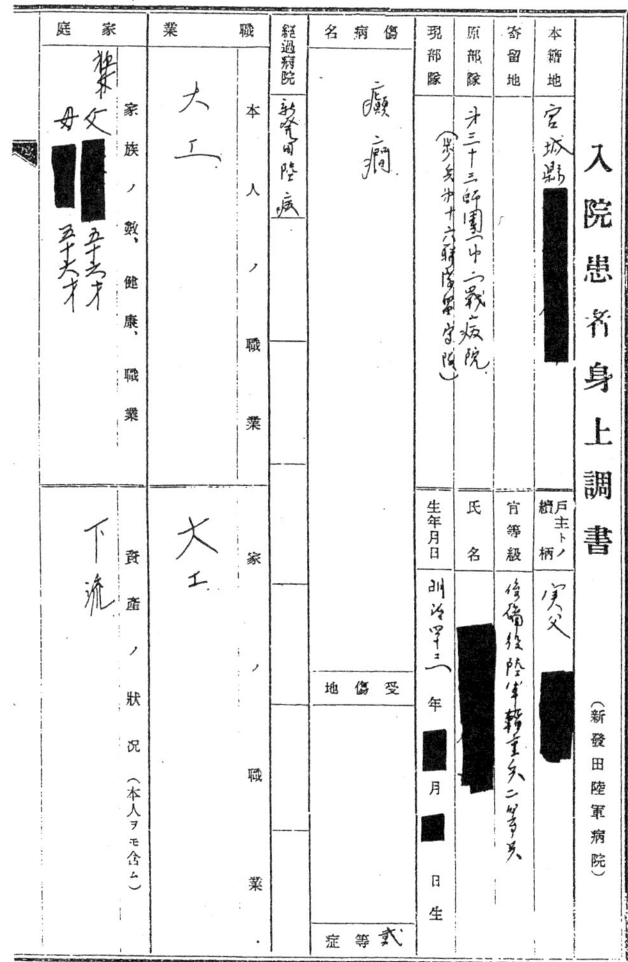

入院患者身上調書

（新發田陸軍病院）

本籍地	戸主トノ續柄	寄留地	官等級	原部隊	氏名	現部隊	生年月日	傷病名	受傷地	等症	經過病院
宮城縣	實父		後備役陸軍輜重兵二等兵	第三十二師團[illegible]野戰病院（歩兵第十六聯隊留守隊）			明治四十二年 月 日生	癲癇		貳	新發田陸病

	本人ノ職業	家ノ職業
職業	大工	大工

家庭	
家族ノ數、健康、職業	父 五十三才 母 五十六才
資産ノ狀況（本人ヲモ含ム）	下流

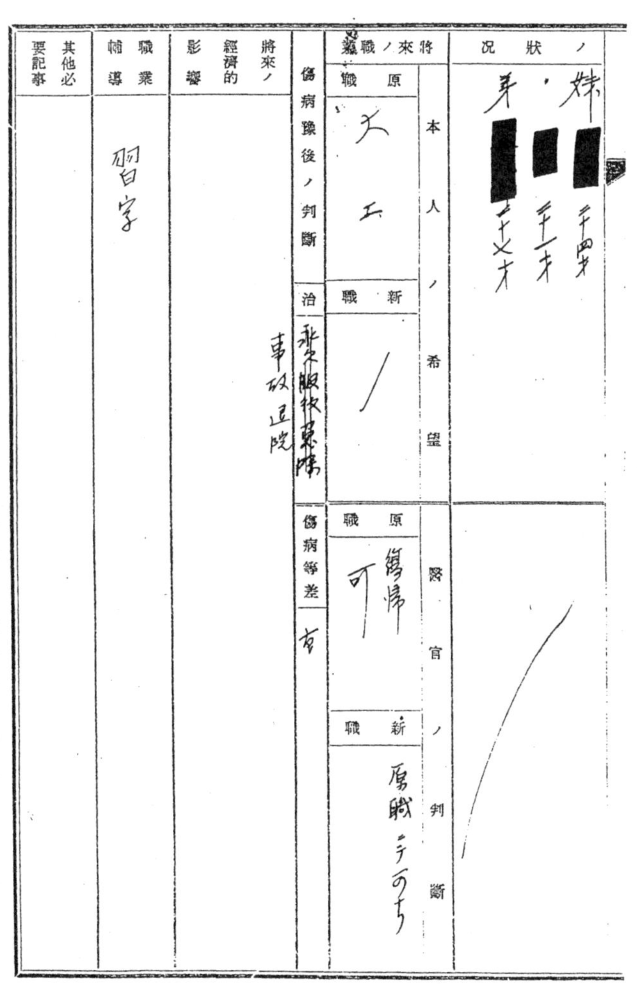

妹	二十四才
妹	二十一才
弟	十七才

將來ノ職業	本人ノ希望	軍醫官ノ判斷
原職	大工	復歸可
新職	／	原職ニテ可ナリ

傷病豫後ノ判斷	
治	兵役服役不能
傷病等差	甘

將來ノ經濟的影響	職業輔導	其他必要記事
	習字	

事故退院

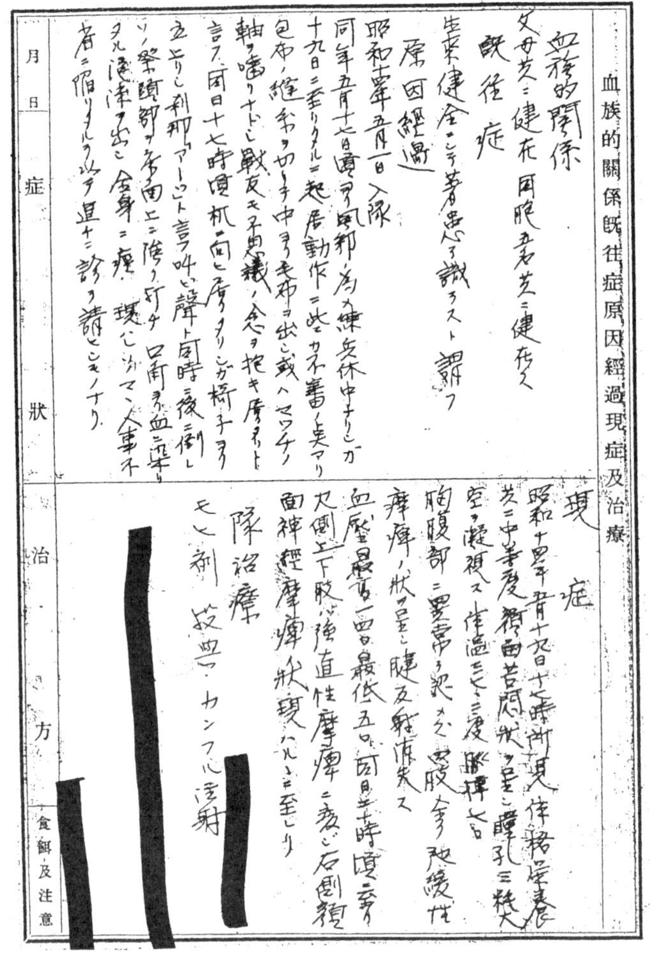

血族的關係既往症原因經過現症及治療

血族的関係
父母共ニ健在 同胞五名共ニ健在ス

既往症
生来健全ニシテ著患ヲ識ラスト謂フ

原因経過
昭和十四年五月一日入隊
同年五月十七日頃ヨリ感冒ノ為メ練兵休中ナリシカ十九日ニ至リタルニ起居動作ニ些カ不審ノ点アリ包布ノ縫糸ヲ切リテ中ヨリ毛布ヲ出シ或ハマッチノ軸ヲ噛リナドシ戦友モ不思議ノ念ヲ抱キ居タリト言フ。同日十七時頃机ニ向ヒ居タリシガ椅子ヨリ立上リシ刹那アーット言ヒ叫ビ聲ト同時ニ後ニ倒レソノ際頭部ヲ床面上ニ強ク打チ口内ヨリ血ニ染リタル流涎ヲ出シ全身ニ痙攣シ然シテ人事不省ニ陥リタルヲ以テ直ニ診ヲ請ヒシモノナリ

現症
昭和十四年五月十九日十七時所見 体格栄養共ニ中等度 顔面苦悶状ヲ呈シ瞳孔ニ散大 空ヲ凝視ス 体温三七・三度 脈搏七〇 胸腹部ニ異常ヲ認メス 四肢全ク弛緩性麻痺ノ状ヲ呈シ腱反射消失ス
血圧最高一四〇最低五〇 同日二十時頃ニ至リ左側上下肢ハ強直性痙攣ニ変シ右側顔面神経麻痺状現ハルニ至レリ

治方
隊治療
モヒ剤 [illegible] カンフル注射

食餌及注意

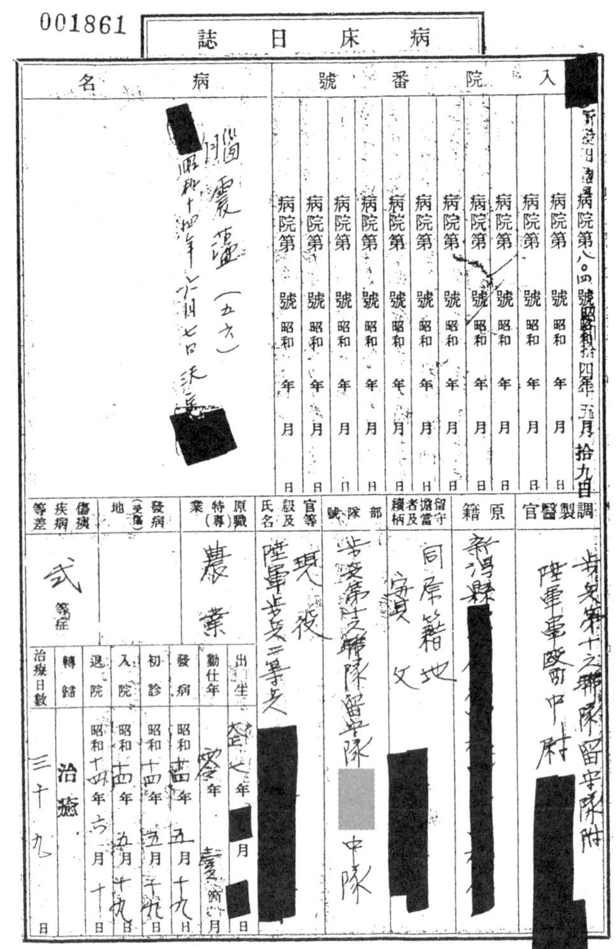

001861

病床日誌

入院番號
新発田陸軍病院第八〇四號 昭和拾四年五月拾九日
病院第　號 昭和　年　月　日
病院第　號 昭和　年　月　日
病院第　號 昭和　年　月　日
病院第　號 昭和　年　月　日
病院第　號 昭和　年　月　日
病院第　號 昭和　年　月　日
病院第　號 昭和　年　月　日
病院第　號 昭和　年　月　日
病院第　號 昭和　年　月　日
病院第　號 昭和　年　月　日

病名：脳震盪（五六） 昭和十四年六月七日 決定

調製醫官	原籍	留守擔當者及續柄	部隊號	官等級及氏名	原職(特業)	發病地(受傷)	傷痍疾病等差
歩兵第十六聯隊留守隊附 陸軍軍醫中尉 [illegible]	新潟縣 [illegible]	同原籍地 實父 [illegible]	歩兵第十六聯隊留守隊 [illegible] 中隊	現役 陸軍歩兵二等兵 [illegible]	農業		弐等症

出生	勤仕年	發病	初診	入院	退院	轉歸	治療日數
大正七年 [illegible] 月 [illegible] 日	零年 壹箇月	昭和十四年五月十九日	昭和十四年五月十九日	昭和十四年五月十九日	昭和十四年六月十[illegible]日	治癒	三十九日

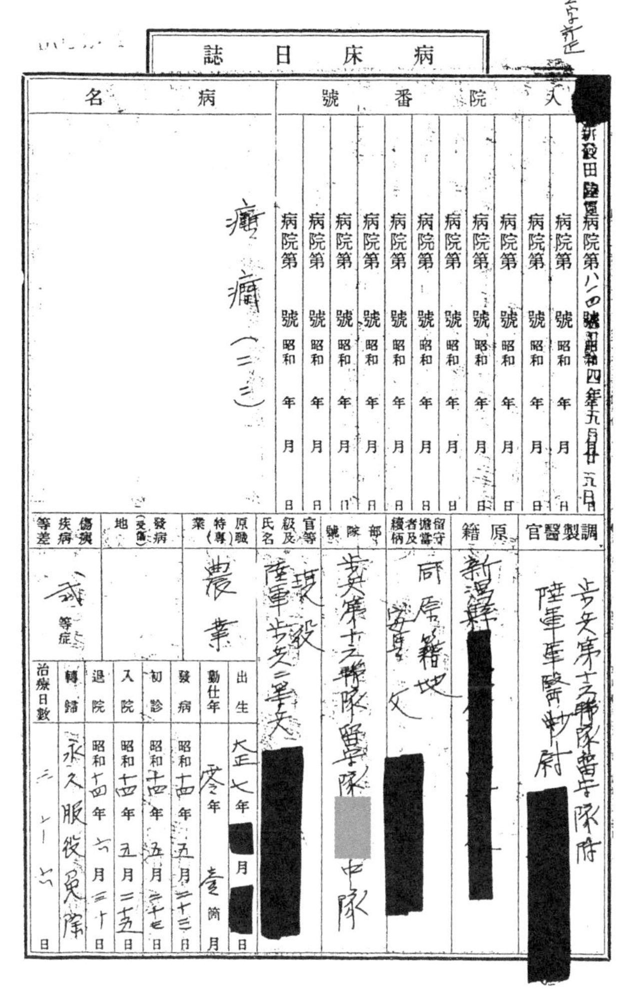

壹字訂正

病床日誌

入院番號	新發田陸軍病院第八〇號 昭和十四年五月廿五日
病名	癲癇（三三）
調製官醫	歩兵第十六聯隊留守隊附 陸軍軍醫少尉 ■
原籍	新潟縣 ■
留守擔當者及續柄	同居籍地 ■ 父
部隊號	歩兵第十六聯隊留守隊 ■中隊
官等級及氏名	現役 陸軍歩兵二等兵 ■
特業（原職）	農業
傷病等差	弐 等症
出生	大正七年 ■月 ■日
勤仕年	零年 壹箇月
發病	昭和十四年五月二十三日
初診	昭和十四年五月二十七日
入院	昭和十四年五月二十五日
退院	昭和十四年六月二十日
轉歸	永久服役免除
治療日數	二十六

血族的關係既往症原因經過現症及治療

（月日／症状／治方／食餌及注意）

血族的關係
祖父母 父母共ニ精神病癲癇ナシ
同胞十名精神病癲癇ナシ 弟二名妹二名幼少ニシテ死亡

既往症
七歳時兩側上顎竇蓄膿症根治手術セル他著患ヲ識ラズ

原因經過
昭和十四年五月一日入隊 十四歳頃ヨリ一年二、四、五回位ノ癲癇發作アリ 發作前アウラアリ 殊ニ發作ノアル前夜ハ常ニ前兆アリ
本年一月一回發作アリ以来發作ナカリシモ五月二十三日夜中ヨリ身体不調和感アリ十二時半教練ニ出ントシテ銃ヲ持チシニ人事不省ニ陥リ傍ニ居シ戰友ノ帶革ニツカマリ四肢痙攣ヲ起シ昏倒セリ 四五分ニシテ意識回復シ發汗アリタリ 發作中顔面ニチアノーゼ來リ眼ハ閉ヂタ儘ニシテ泡ハ吹カズ 十五時 二十二時頃發作アリ

現症
体格榮養共ニ中等度 脈搏整 体温三六、五度
瞳孔 頸部 正常
胸部腹部内臓異常ナシ
腱反射異常ナシ
頭部左眼瞼部ニ瘢痕アリ
隊治療
臭剤 若干 水
抜歯

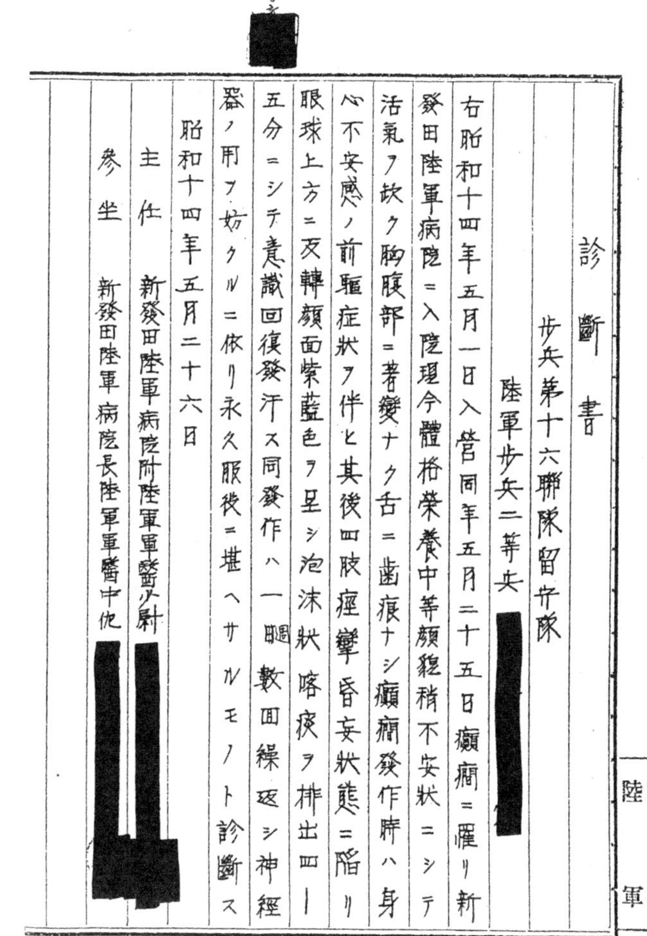

診斷書

歩兵第十六聯隊留守隊
陸軍歩兵二等兵 ■

右昭和十四年五月一日入營同年五月二十五日癲癇ニ罹リ新發田陸軍病院ニ入院現今體格榮養中等顔貌稍不安状ニシテ活氣ヲ欠ク胸腹部ニ著變ナク舌ニ齒痕ナシ癲癇發作時ハ身心不安感ノ前驅症状ヲ伴ヒ其後四肢痙攣昏妄状態ニ陷リ眼球上方ニ反轉顔面紫藍色ヲ呈シ泡沫状喀痰ヲ排出四―五分ニシテ意識回復發汗ス同發作ハ一箇月數回繰返シ神經器ノ用ヲ妨クルニ依リ永久服役ニ堪ヘサルモノト診斷ス

昭和十四年五月二十六日

主任 新發田陸軍病院附陸軍軍醫少尉 ■
參坐 新發田陸軍病院長陸軍軍醫中佐 ■

陸軍

入院患者身上調書

（新發田陸軍病院）

本籍地	新潟縣 ■
寄留地	全本籍地
原部隊	歩兵第十六聯隊留守隊 ■中隊
現部隊	
戸主ノ續柄	実父 ■ 長男
官等級	現役陸軍歩兵二等兵
氏名	■
生年月日	大正七年 ■月 ■日生
傷病名	癲癇
受傷地	
等症	弐
經過病院	新發田陸軍病院
職業 本人ノ職業	農業
家ノ職業	農業
家庭 家族ノ數、健康、職業	家族九名共ニ健在ス 父■ 五十才 母■ 四十二才 妹■ 十八才、次妹■ 十七才、弟■
資産ノ状況（本人ヲモ含ム）	家ハ自宅、田地三丁五段自作シ一丁五段ヲ小作セシム、畑四段アリ其中三段自作シ一段ヲ小作セシム、山林ハ若干有ス

ノ状況	
十才、次女[redacted]八才、弟[redacted]二才 祖母七十四才、 家族ハ農業ニ従事ス 本人ハ[redacted]尋常高等小学校高等科卒業後[redacted] 農学校一年修了後家ニ在リテ農業ニ 従事シ、農作人ヲ一名置ク	
年收ハ約三千六百円位 其他ノ資産ハ不明 負債ハナシ	

將來ノ職業		
本人ノ希望	原職	農業
	新職	軍職ヲ希望
醫官ノ判斷	原職	農業ヲ継続ニ適当ト認ム
	新職	軍職ニテ支障ナシ

傷病療後ノ判斷	
治	永久服役免除
傷病等差	

將來ノ經濟的影響	除役後軍職ニ復帰シ得ル故家庭ノ経済的影響ナシ
職業輔導	病状上実施セズ
其他必要記事	ナシ

001869

病床日誌

入院番號	新發田陸軍病院第八三〇號 昭和十四年五月廿九日
病名	魯鈍（二三） 昭和十四年六月一日決定
調製官醫	歩兵第十六聯隊留守隊附 陸軍衛生部見習士官 ■
原籍	新潟縣 ■
留守擔當者及續柄	同原籍地 實母 ■
部隊號	歩兵第十六聯隊留守隊歩兵砲中隊
官等級及氏名	現役 陸軍歩兵二等兵 ■
原職特業（專）	砥磨工
發病地（受傷）	
傷痍疾病等差	貳等症
出生	大正七年■月■日
勤仕年	零年壹箇月
發病	昭和不詳年月日
初診	昭和十四年五月二十九日
入院	昭和十四年五月二十九日
退院	昭和十四年六月三十日
轉歸	永久服役免除
治療日數	三十二日

血族的關係既往症原因經過現症及治療

無特別関係
父死亡 母六十二歳心臓病ニ罹患中
同胞四名共ニ健存ス

既往症
生来健全ニシテ著患ヲ識ラズ

原因經過
尋常小學校六年卒業成績劣等ナリシト言フ 青年學校四年間出席精勤證ヲ授與サレタリト言フモ教練ナド殆ンド覺ヘ居ラズ

現症
体格榮養共ニ中 顔色正常 顔貌稍々遅鈍状ヲ呈ス 体温脈搏正常 言語稍々不明瞭
胸腹部著変ナシ 智力程度稍々劣等ニシテ暗算ニテ二桁數ノ加減算出来ズ 文字ハ片假名ヲ讀ミ書キスル程度ニシテ中隊ニアリテ他兵ト共ニ教育ヲ受クルモ覺エ悪ク注意力散慢ナリ

除治療
健胃劑投與

月日 / 症狀 / 治方 / 食餌及注意

入院患者身上調書

（新發田陸軍病院）

本籍地	新潟縣 ■
寄留地	同本籍地
原部隊	歩兵第十六聯隊留守隊歩兵砲中隊
現部隊	
戸主トノ續柄	實母 ■ 長男
官等級	現役陸軍歩兵二等兵
氏名	■
生年月日	大正七年■月■日生
傷病名	魯鈍
受傷地	
症等	貳
經過病院	新發田陸軍病院
職業 本人ノ職業	研磨工 ■ 電器工場ニ勤務
家ノ職業	上欄ニ同じ
家庭 家族ノ數、健康、職業	家族四名中母ハ心臓病ニテ病弱 他ハ健在 母■六十二才、父ハ五十七才ノ時死亡 姉■二十四才 [illegible]
資産ノ状況（本人ヲモ含ム）	家ハ借家ニテ月貳拾円ノ家賃 [illegible] 五十五円ノ俸給 [illegible] 二十円 [illegible]

診斷書

歩兵第十六聯隊留守隊
陸軍歩兵二等兵 ■

右昭和十四年五月一日入營同年五月二十九日魯鈍ニテ新發田陸軍病院ニ入院現今體格榮養中等顔面貌假面状ヲ呈シ言動遲鈍言語不明瞭片假名ハ書キ得ルモ平假名ハ殆ント知ラス算數能力不良性能檢査上記憶力選別力構成力注意力運動機能等共劣等智能檢査（淡路圓治郎博士編ノモノニヨル）成績最下等ニシテ神經器ノ用ヲ妨クルニ依リ永久服役ニ堪ヘサルモノト診斷ス

昭和十四年六月二日

主任 新發田陸軍病院附陸軍軍醫少尉 ■
参坐 新發田陸軍病院長陸軍軍醫中佐 ■

陸軍

ノ状況

弟■十八才東京市池袋ニ居住シ居ル
妹■二十才東京ヘ嫁ス
本人ハ■年市立中学校ヲ卒業シ■青年学校四年修了

本人ハ入営前七円五十銭ヲ得ツツアリ
負債ナシ

将來ノ職業

本人ノ希望
原職　研磨工
新職　原職ヲ希望

醫官ノ判斷
原職　研磨工ヲ適當ト認ム
新職　原職ニテ支障ナシ

傷病豫後ノ判斷
治　永久的後遺障

傷病等差

將來ノ經濟的影響
本人除役後原職ニ復帰セバ家族ノ経済的影響ナシ
本人ハ普通ナルモ識ニ素直ニシテ除役ニ付事ヲ嫌フモ無限ニ計リ仰ギ半年計リ
家人ハ皆ナ家業ニ従事スルモ仰キ居ルト教育モ是ニシテ細注シ
家人ハ見テ親ニ孝行シ一生懸命ニ働キ銃後ノ務ヲ為スト考ヘアリ

職業輔導
実施セズ

其他必要記事

新発田−016

001900

病床日誌

入院番號
新發田陸軍病院第八三六號 昭和拾四年五月卅壹日調
病院第　號 昭和　年　月　日
病院第　號 昭和　年　月　日
病院第　號 昭和　年　月　日
病院第　號 昭和　年　月　日
病院第　號 昭和　年　月　日
病院第　號 昭和　年　月　日
病院第　號 昭和　年　月　日
病院第　號 昭和　年　月　日
病院第　號 昭和　年　月　日
病院第　號 昭和　年　月　日

病名
神經衰弱症（三三） 昭和十四年六月十三日決定

製醫官	原籍	留守擔當者及續柄	部隊號	官等級及氏名	原職特業（專）	發病地（受傷）	傷痍疾病等差
歩兵第十六聯隊留守隊附 陸軍軍醫少尉	新潟縣	同原籍地 妻	歩兵第十六聯隊留守隊　中隊	補充兵役 歩兵二等兵	農業		貳等症

出生	勤仕年	發病	初診	入院	退院	轉歸	治療日數
大正四年　月　日	年　箇月	昭和不年詳月　日	昭和十四年五月三日	昭和十四年五月三十一日	昭和十四年九月二十日	補充兵役免除	日

血族的關係既往症原因經過現症及治療

血族的関係
父 脳溢血ニテ死亡　母 精神病ニテ死亡
同胞 六名中三名夭折　同胞ニハ精神病ナシ

既往症
昭和七年頃蓄膿症ニ罹患セル他著患ヲ識ラズト謂フ

原因経過
昭和十四年四月二十八日入隊
昭和七年頃ヨリ頭痛 記憶力減退 食慾不振 睡眠不充分 疲労シ易ク憂鬱ヲクヨクヨ考ヘル様ニナリ地方醫師ヨリ神経衰弱ト言ハレ治療ヲ受ケ一時軽快セルモ本年初ヨリ前記ノ症状現レ特ニ睡眠中戦友ノ鼾音等ニスグ目ヲ覚マシ今デハ鼾音ガ身体ニ響キ又時々眩暈嘔吐ヲモヤラスニ至リ手足ニシビレ感アリ 依テ隊治ニ適セザルニヨリ送院ス

現症
体格栄養共ニ中等度 脈搏整 毎分八十三 体温三六、二 顔貌稍々不安状態 胸部腹部ニ異状ナシ 四肢異状ナシ 眼瞼ニ震顫アリ 腱反射亢進ス

隊治療
鎮静剤投与

入

診断書

歩兵第十六聯隊留守　中隊
補充兵役陸軍歩兵二等兵

右昭和十四年四月二十八日入営同年五月三日初診同月三十一日神経衰弱症ニテ新發田陸軍病院ニ入院現今体格中等度栄養稍々衰ヘ顔貌憂鬱皮膚蒼白貧血状ニシテ乾燥シ舌咽頭ニ異常ナク胸腹部内臓ニ著変ヲ認メズ眼瞼搐搦指尖振顫共ニ著明ニシテ皮膚紋畫症陽性ロンベルグ氏症候亦陽性膝蓋腱反射及其他ノ諸反射共ニ減退シ瞳孔對光反應稍々遅鈍ナリ常ニ頭重頭痛アリ頭内朦朧トシテ記憶力判断力著シク障碍セラレ物事ニ倦キ易ク忘レ易ク夜間強度ノ不眠ヲ訴ヘ終夜就眠セザルコト屡々ナリ為メニ精神作業能力著シク減退シ食思亦不良ナリ本症ハ昭和七年發病以来一進一退ノ状況ニアリ入院治療ノ効果見ルベキモノナク且本人實母ハ精神病ニ因リ死亡セシモノニシテ精神々経器ノ用ヲ妨クルニ依リ補充兵役ニ堪ヘザルモノト診断ス

昭和十四年七月二十五日

主任 新發田陸軍病院附 陸軍軍醫中尉
參坐 新發田陸軍病院長 陸軍軍醫中佐

陸軍

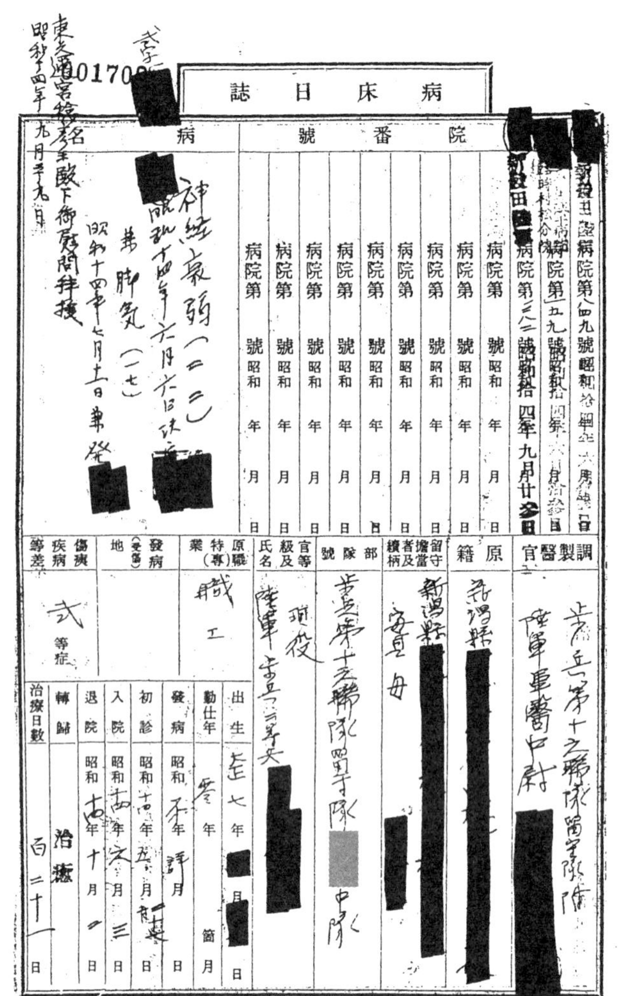

東久邇宮稔彦王殿下御慰問拝接 昭和十四年九月二十九日

001700

病床日誌

病名	院番號
神経衰弱（一二二） 昭和十四年六月六日決定 兼 脚気（一七） 昭和十四年七月十一日兼發	新発田陸軍病院第八四九號 昭和拾四年六月拾二日 臨時病院第一五九號 昭和拾四年六月拾参日 新発田陸軍病院第二八二號 昭和拾四年九月廿参日 病院第　號 昭和　年　月　日（以下空欄）

調製醫官	原籍	留守擔當者及續柄	部隊號	官等級及氏名	原職(專)特業	發病地(受傷)	傷痍疾病等差
步兵第十六聯隊留守隊附 陸軍軍醫中尉	新潟縣	新潟縣 母	步兵第十六聯隊留守隊 中隊	陸軍步兵二等兵 現役	職工		弐等症

出生	勤仕年	發病	初診	入院	退院	轉歸	治療日數
大正七年　月　日	零年　箇月	昭和不詳年　月　日	昭和十四年五月　日	昭和十四年六月三日	昭和十四年十月　日	治癒	百二十一日

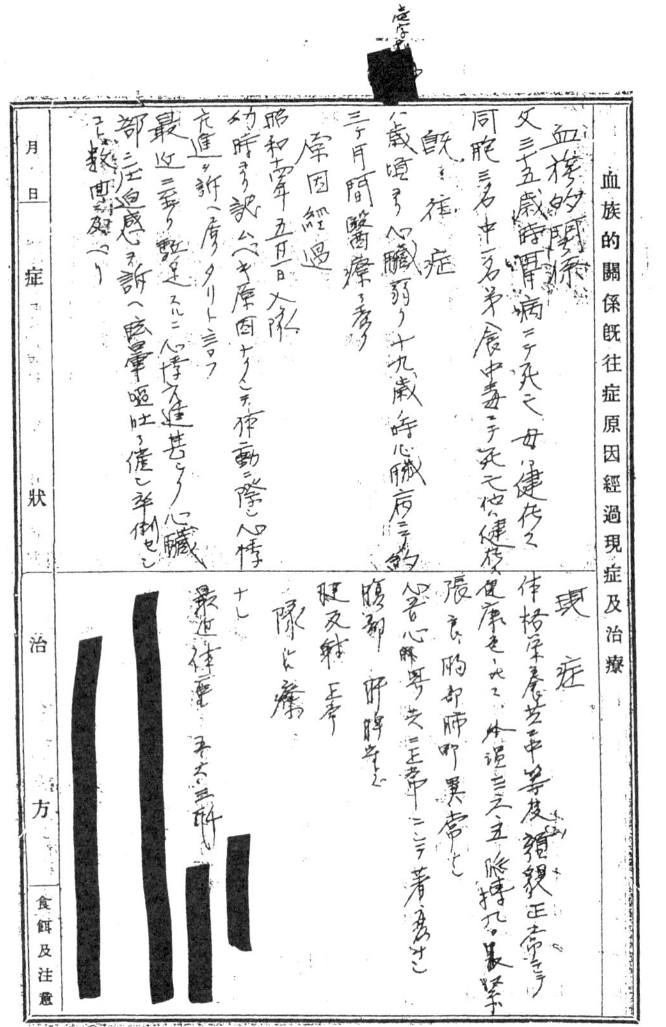

血族的關係既往症原因經過現症及治療

月・日	症状
	血族的關係 父三十五歳時胃病ニテ死亡 母ハ健在ス 同胞三名中一名弟食中毒ニテ死亡他ハ健在ス 既往症 八歳頃ヨリ心臓弱ク十九歳時心臓病ニテ約三ヶ月間醫療ヲ受ク 原因經過 昭和十四年五月一日入隊 幼時ヨリ訴ハキ原因ナクシテ運動ニ際シ心悸亢進ヲ訴ヘ屢タリトミロフ 最近ニ至リ歩足スルニ心悸亢進甚シク心臓部ニ圧迫感ヲ訴ヘ眩暈嘔吐ヲ催シ卒倒セシコト数回アリ

治方	
	現症 体格栄養共ニ中等度 顔貌正常ニシテ 脉搏九〇 緊張良 胸部肺ニ異常ナシ 心臓界共ニ正常ニシテ音清澄 腹部 肝脾触レズ 腱反射 正常 除ニ… 最近体重 五六・三瓩

食餌及注意

新発田-018

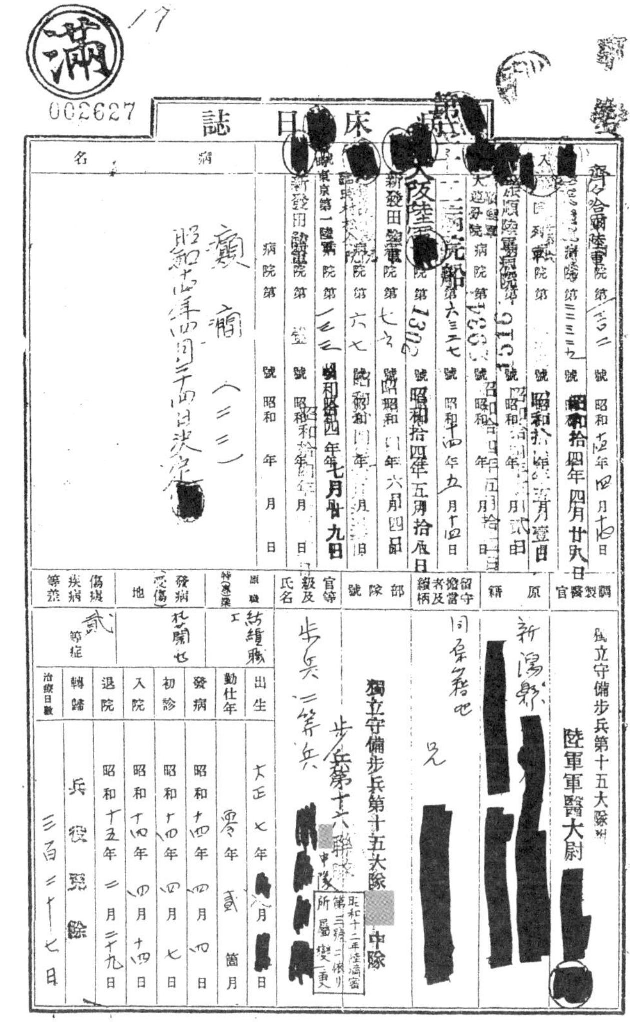

002627

病床日誌

病院	號	年月日
齊々哈爾陸軍病院第	三二	昭和十四年四月十四日
陸軍病院第	三三三七	昭和拾四年四月廿八日
列車病院第		昭和拾四年五月壹日
旅順陸軍病院第	9151	昭和 年 月弐日
大連分院病院第		昭和 年五月拾 日
二河丸病院船第	六三二七	昭和十四年五月十四日
大阪陸軍病院第	1302	昭和拾四年五月拾五日
新發田陸軍病院第	七〇	昭和 年六月四日
村松分院病院第	六七	昭和 年 月 日
東京第一陸軍病院第	一七二	昭和拾四年七月廿九日
新發田陸軍病院第		昭和拾 年 月 日
病院第		昭和 年 月 日

病名：癲癇（二三） 昭和十四年四月十四日決定

調製醫官	原籍	留守擔當者及續柄	部隊號	官等級及氏名	原職（家業）	發病（受傷）地	傷痍疾病等差
獨立守備歩兵第十五大隊附 陸軍軍醫大尉	新潟縣	同 兄	獨立守備歩兵第十五大隊 中隊 / 歩兵第十六聯隊 中隊（昭和十二年陸満密第三號ニ依リ所屬變更）	歩兵二等兵	紡績職工	札蘭屯	貳等症

出生	勤仕年	發病	初診	入院	退院	轉歸	治療日數
大正七年 月 日	零年貳箇月	昭和十四年四月四日	昭和十四年四月七日	昭和十四年四月十四日	昭和十五年二月二十九日	兵役免除	三百二十七日

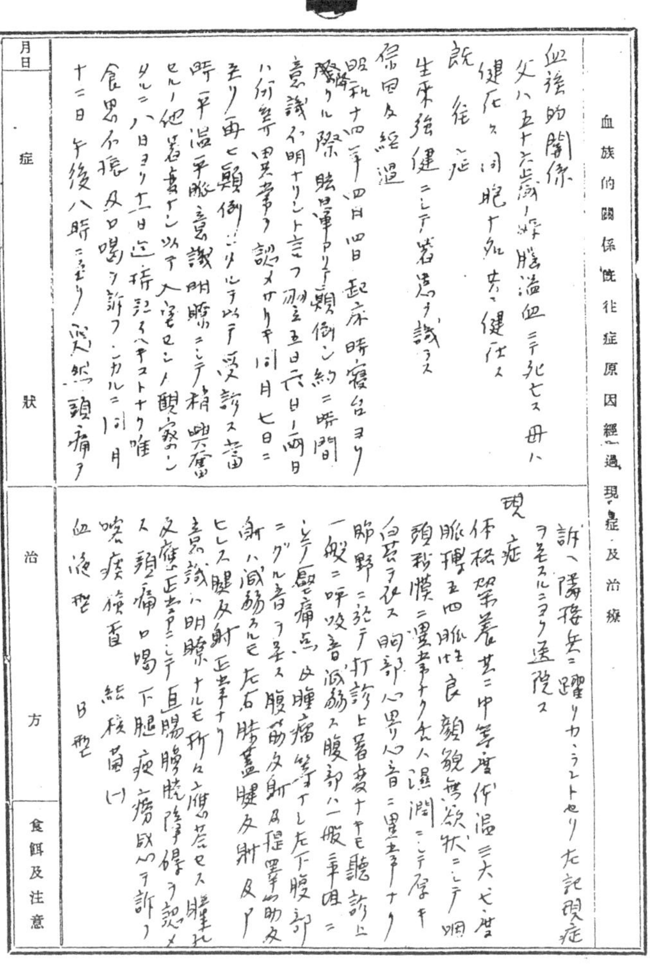

月日	症状 治方 食餌及注意	血族的關係・既往症・原因・經過・現症・及治療

血族的關係 父ハ五十六歳ノ時腦溢血ニテ死亡ス 母ハ健在ス 同胞十名共ニ健在ス

既往症 生來強健ニシテ著患ヲ識ラス

原因及經過 昭和十四年四月四日起床時寢台ヨリ降リル際眩暈アリテ顚倒シ約二時間意識不明ナリシト言フ 翌五日六日ノ両日ハ何等異常ヲ認メザリキ 同月七日ニ至リ再ビ顚倒シ意識不明ニ陥リテ以テ受診ス 當時平温平脈意識明瞭ニシテ精神興奮セル他著変ナシ 以テ入室セシメ観察シタルニ八日ヨリ十一日迄特記スヘキコトナク唯食思不振及口渇ヲ訴フ。シカルニ同月十二日午後八時ニ至リ突然頭痛ヲ訴ヘ陽痙性ニ躍リカヽラントセリ 左記現症ヲ呈スルニヨリ送院ス

現症 体格榮養共ニ中等度 体温三六・七度 脈搏五四 脈性良 顔貌無欲状ニシテ咽頭粘膜ニ異常ナク 舌ハ湿潤ニシテ厚キ白苔ヲ被ス 胸部心界心音ニ異常ナク 肺野ニ於テ打診上著変ナキモ聴診上一般ニ呼吸音減弱ス 腹部ハ一般ニ軍性ニシテ壓痛点及腫瘤等ナク 左下腹部ニ「グル」音ヲ呈ス 腹筋反射及提睾筋反射ハ減弱スルモ左右膝蓋腱反射及アヒレス腱反射正常ナリ 意識ハ明瞭ナルモ所々ニ應答セス 瞳孔反応正常ニシテ直腸膀胱障害ヲ認メス 頭痛口渇下腿疲労感ヲ訴フ

喀痰検査 結核菌（一）

血液型 B型

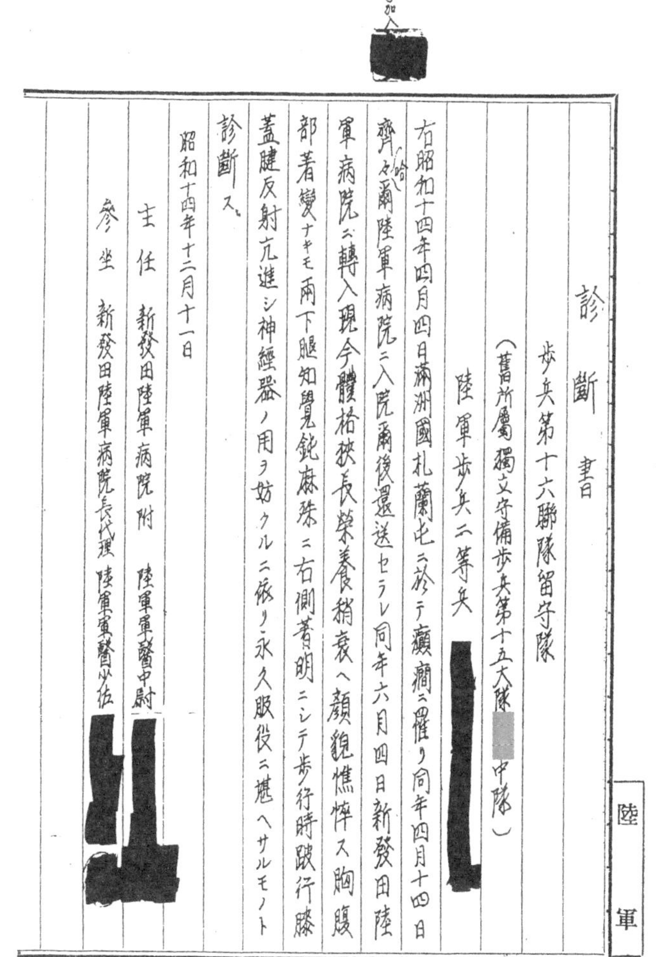

診断書

歩兵第十六聯隊留守隊

（舊所屬獨立守備歩兵第十五大隊 中隊）

陸軍歩兵二等兵

右昭和十四年四月四日滿洲國札蘭屯ニ於テ癲癇ニ罹リ向年四月十四日齊々哈爾陸軍病院ニ入院爾後還送セラレ同年六月四日新發田陸軍病院ニ轉入現今體格狭長榮養稍衰ヘ顔貌憔悴ス胸腹部著變ナキモ両下腿知覺鈍麻殊ニ右側著明ニシテ歩行時跛行膝蓋腱反射亢進シ神經器ノ用ヲ妨クルニ依リ永久服役ニ堪ヘサルモノト診断ス

昭和十四年十二月十一日

主任 新發田陸軍病院附 陸軍軍醫中尉

參坐 新發田陸軍病院長代理 陸軍軍醫少佐

陸軍

入院患者身上調書

（新發田陸軍病院）

本籍地	寄留地	原部隊	現部隊	傷病名	經過病院	職業	家庭
新潟縣	右ニ同ジ	獨立守備歩兵第十五大隊 中隊	歩兵第十六聯隊	癲癇	齊々哈爾陸病・奉天陸病・旅順陸病・大阪陸病・新發田陸病 村松陸病・東一陸病・新發田陸病	本人ノ職業：紡績職工（福井縣 市 方店） 家ノ職業：農業	家族ノ數、健康、職業：家族十三名ニシテ共ニ健在 父ハ 母 子十 才農業 兄 三十 才 兄 三十 才 姉 九才 弟 十五才 / 資産ノ状況（本人ヲモ含ム）：家ハ自宅 家計ハ兄カ所理スルヲ以テ不明ナルモ貯金ハ無シ 本人ハ月給ニ依リ生活ス

戸主トノ續柄	官等級	氏名	生年月日	受傷地	等症
兄 ノ弟	陸軍歩兵二等兵		大正七年 月 日生	札蘭屯	弐

ノ状況	
	[illegible]八才、[illegible]五才、[illegible]二才、本人ハ[illegible]高等小学校事務所勤務[illegible] 吉塚ニ勤務ス
	妻ハ時計工技術アリ.

将來ノ職業		
本人ノ希望	原職	紡績職工
	新職	目下考慮中
醫官ノ判斷	原職	
	新職	

傷病豫後ノ判斷	
治	陸軍病院
傷病等差	第四款症

將來ノ經濟的影響	家ハ兄カ多額ノ財産ヲ有シ居ルヲ以テ困ルコトナシ
職業輔導	病院ニ於テ修養ス
其他必要記事	本人ハ戦傷者ナルヲ世ニ知ラルルヲ拒絶セルモノナリ.

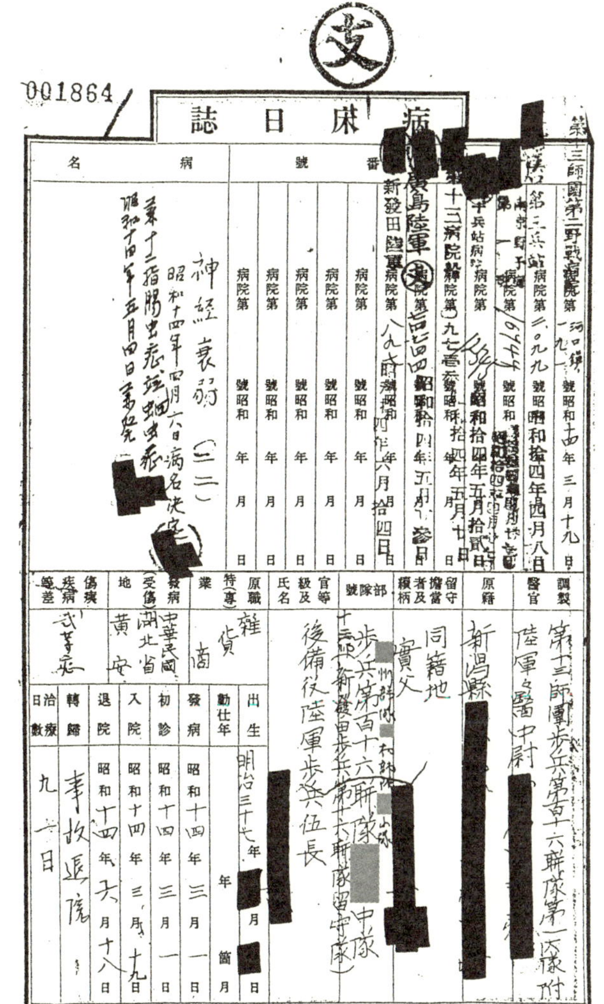

001864

病床日誌

番號:
第十三師團第二野戰病院第一九一號 昭和十四年三月十九日
第二兵站病院第二〇九九號 昭和拾四年四月八日
南京 病院第 6744 號 昭和拾四年
兵站病院病院第1545號 昭和拾四年五月拾貳日
第十三病院 院第九七壱六號 昭和拾四年五月廿日
廣島陸軍病院第壱四四四號 昭和拾四年五月廿參日
新發田陸軍病院第八九六號 昭和十四年六月拾四日

病名:
神經衰弱（二二） 昭和十四年四月六日病名決定
第十二指腸虫症 鞭虫症 昭和十四年五月四日

調製醫官: 第十三師團歩兵第百十六聯隊第一大隊附 陸軍々醫中尉
原籍: 新潟縣
留守擔當者及續柄: 同籍地 實父
部隊號: 歩兵第百十六聯隊 中隊（十三師 新發田歩兵第十六聯隊留守隊）
官等級及氏名: 後備役陸軍歩兵伍長
原職（專）特業: 雜貨商
發病（受傷）地: 中華民國湖北省黄安
傷痍疾病等差: 武等症
出生: 明治三十七年 月 日
勤仕年: 年 箇月
發病: 昭和十四年三月一日
初診: 昭和十四年三月一日
入院: 昭和十四年三月十九日
退院: 昭和十四年六月十八日
轉歸: 事故退院
治療日數: 九十一日

月日 / 症状 / 治方 / 食餌及注意

血族的關係既往症原因經過現症及治療

血族的関係 既往症共ニ不明

原因及經過

昭和十三年七月二十五日厩作製作業中突然卒倒シ後頭痛ハ常ニ存在セシモ最近一月ヨリ頭痛激シク睡眠不能ニ陥リ神經過敏怒リ易ク物事ニ傷キ易ク記憶力ノ減退著明トナリ今讀ミシ雑誌ノ小説ニテモ讀ミ終リシ後何ヲ讀ミシカ覺エテ居ラヌ状態ナリ又一日間ニテモ執ナセル事柄ヲ記憶シ居ラヌコト往々アリ非常ニ怒リ易ク物事ノ善悪ノ判定ハツクモ悪イト知リツヽ暴力ヲスグ用ヘタクナリ我慢出来ナクナルニ依ッテ送院セシメントス

現症

体格榮養共ニ良
体温三六度五分脈搏一一〇
胸部ニ著變ヲ認メズ
瞳孔反射普通 頭部ノ激痛
呃氣ハ今迄アリシモ現在ハナシ
口唇ノ疱疹以前アリシモ現在ハナシ
躁狂性亢奮状態一時的ニオコレリ
ケルニツヒ氏症状 陰性

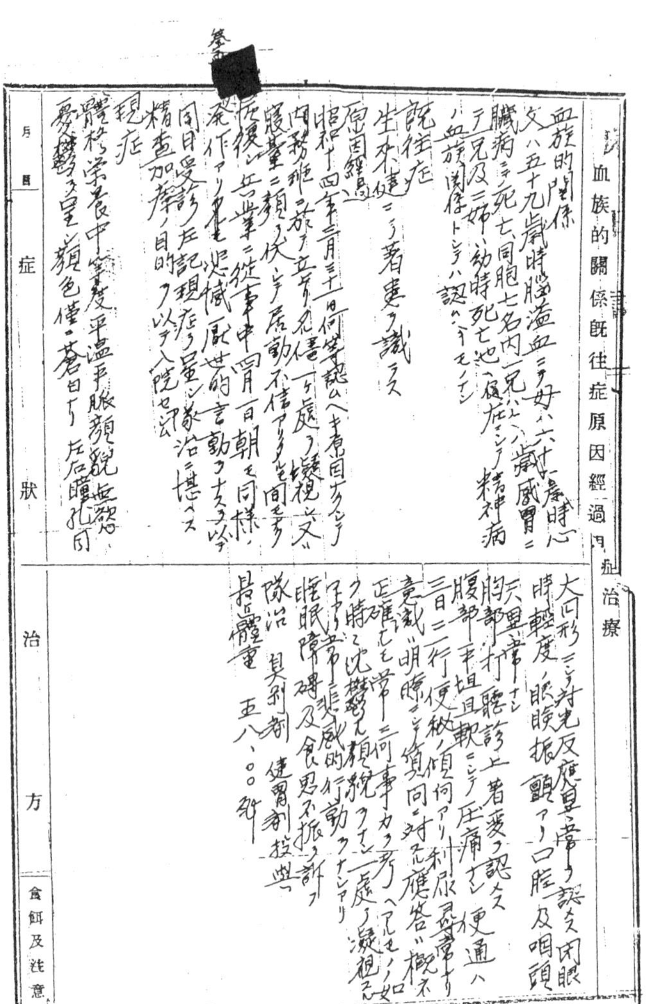

血族的關係既往症原因經過

血族的関係
父ハ五十九歳時脳溢血ニテ母ハ六十一歳ノ時心臓病ニテ死亡、同胞七名内一兄ハ八歳感冒ニテ兄及ニ姉ハ幼時死亡シ他ハ健在ニシテ精神病ノ血族関係トシテハ認ムベキモノナシ

既往症
生来健康ニテ著患ヲ識ラズ

原因経過
昭和十四年三月三十一日何等誘因ナク [illegible]

現症
[illegible]

治療

大同形ニシテ対光反応 [illegible]

月日 症状 治方 食餌及注意

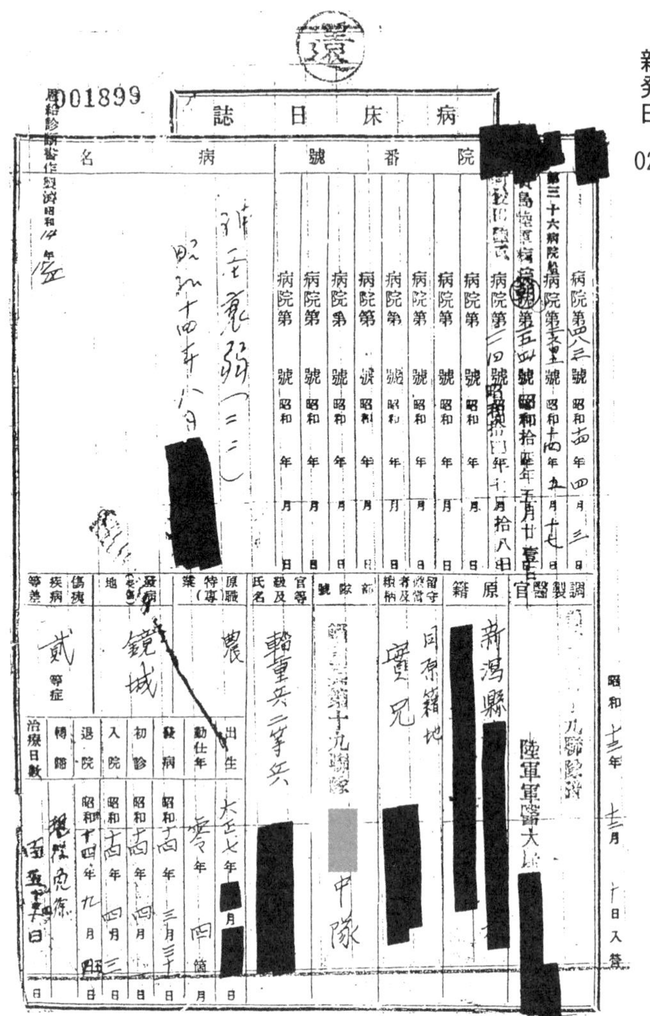

病床日誌

D01899

病名：神経衰弱（二）
昭和十四年八月

原籍：新潟縣
官等級及氏名：輜重兵二等兵
職業：農
部隊：輜重兵第十九聯隊 中隊
出生：大正七年 月
等差：貳等症
入院：昭和十四年四月三日
退院：昭和十四年九月

陸軍軍醫大尉

昭和十三年十二月十日入營

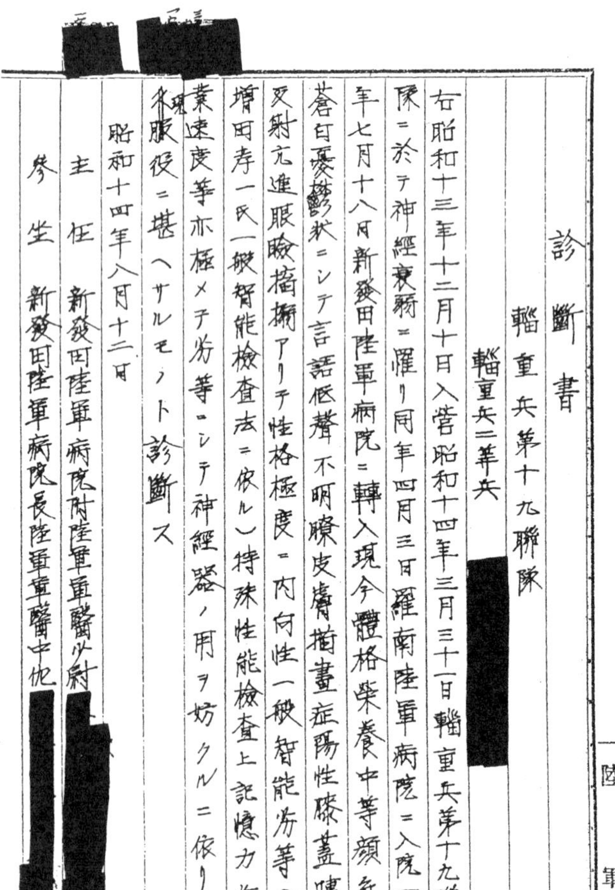

診斷書

輜重兵第十九聯隊
輜重兵二等兵

右昭和十三年十二月十日入營昭和十四年三月三十一日輜重兵第十九聯隊ニ於テ神經衰弱ニ罹リ同年四月三日羅南陸軍病院ニ入院同年七月十八日新發田陸軍病院ニ轉入現今體格榮養中等顏色蒼白憂鬱状ニシテ言語低聲不明瞭皮膚描畫症陽性膝蓋腱反射亢進眼瞼攣縮アリテ性格極度ニ内向性一般智能劣等（増田寿一氏一般智能検査法ニ依ル）特殊性能検査上記憶力作業速度等亦極メテ劣等ニシテ神經器ノ用ヲ妨クルニ依リ將來服役ニ堪ヘサルモノト診斷ス

昭和十四年八月十二日

主任 新發田陸軍病院附陸軍軍醫少尉

參坐 新發田陸軍病院長陸軍軍醫中佐

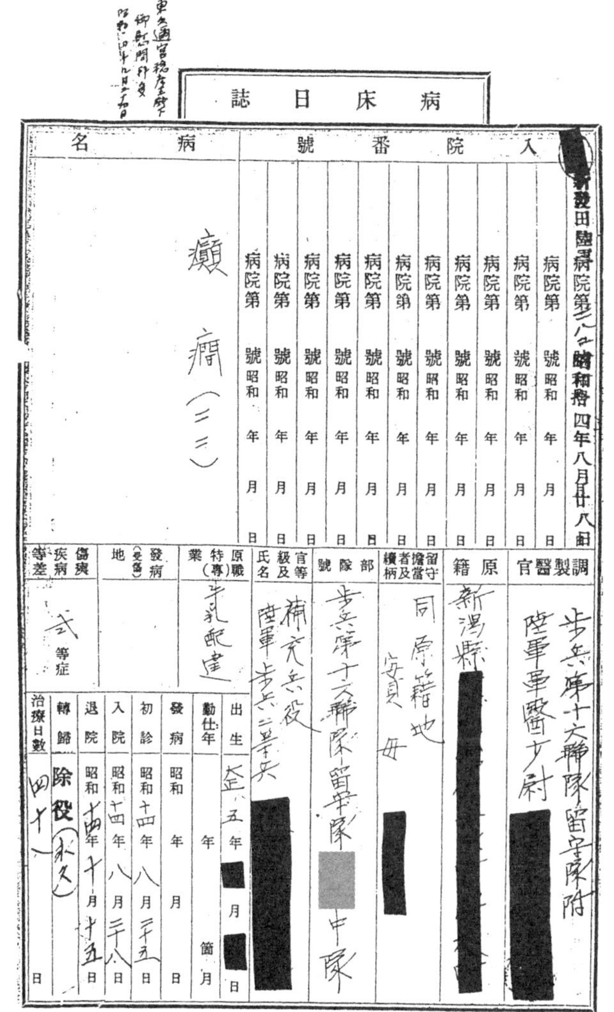

病床日誌

入院番號 新發田陸軍病院第二八〇號 昭和十四年八月廿八日

病名 癲癇（一二二）

調製醫官	原籍	留守擔當者及續柄	部隊號	官等級及氏名	原職（特業）	發病地（受傷）	傷痍疾病等差
歩兵第十六聯隊留守隊附 陸軍軍醫少尉 [redacted]	新潟縣 [redacted]	同原籍地 安貞 母 [redacted]	歩兵第十六聯隊留守隊 [redacted] 中隊	補充兵役 陸軍歩兵二等兵 [redacted]	牛乳配達		貳等症

出生	勤仕年	發病	初診	入院	退院	轉歸	治療日數
大正五年[redacted]月[redacted]日	年 箇月	昭和 年 月 日	昭和十四年八月二十五日	昭和十四年八月二十八日	昭和十四年十月十五日	除役（永久）	四十八日

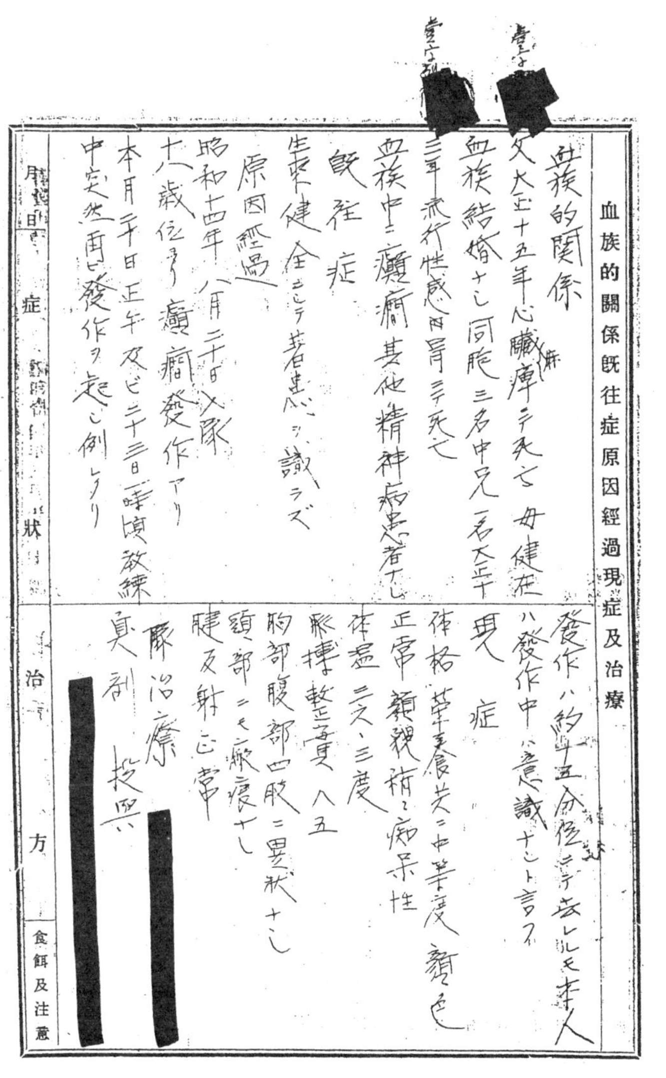

血族的關係既往症原因經過現症及治療

血族的関係
父大正十五年心臓痲痺ニテ死亡 母健在
血族結婚ナシ 同胞三名中兄一名大正十三年流行性感冒ニテ死亡
血族中ニ癲癇其他精神病患者ナシ

既往症
生来健全ニシテ著患ヲ識ラズ

原因經過
昭和十四年八月二十日入隊
十八歳位ヨリ癲癇發作アリ
本月二十日正午及ビ二十三日○時頃教練中突然再ビ發作ヲ起シ倒レタリ
發作ハ約十五分位ニテ去レルモ本人ハ發作中ハ意識ナシト言フ

現症
体格栄養共ニ中等度 顔色正常 顔貌稍ゝ痴呆性
体温 三六、三度
脈搏 整正毎分 八五
胸部腹部四肢ニ異状ナシ
頭部ニモ病変ナシ
腱反射正常

臨治療
臭剤 投與 [redacted]

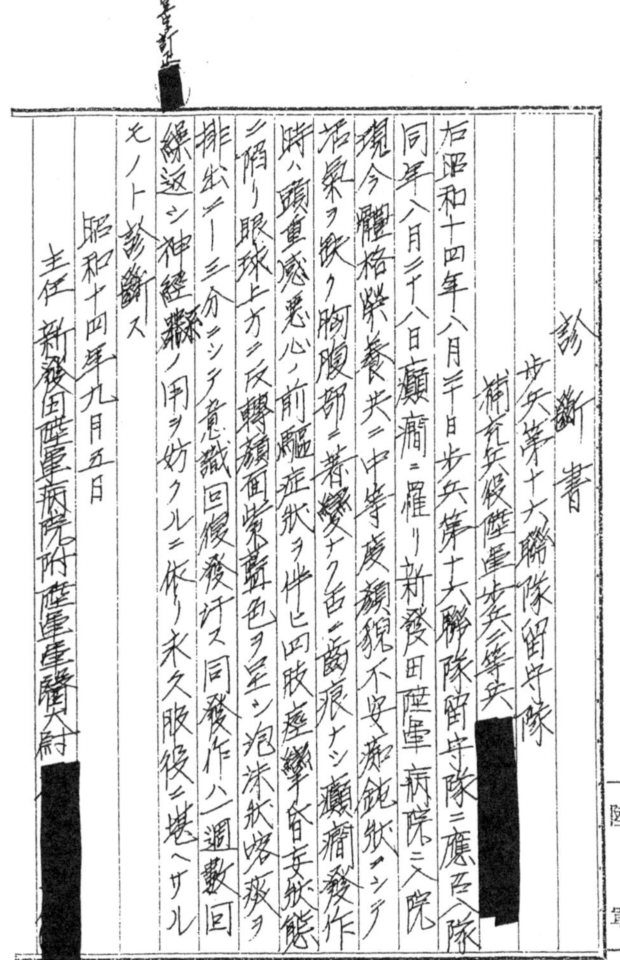

診斷書

歩兵第十六聯隊留守隊
補充兵役陸軍歩兵二等兵 [redacted]

右昭和十四年八月二十日歩兵第十六聯隊留守隊ニ應召入隊同年八月二十八日癲癇ニ罹リ新發田陸軍病院ニ入院現今體格栄養共ニ中等度顔貌不安痴鈍状ニシテ活氣ヲ缺ク胸腹部ニ著變ナク舌ニ齒痕ナシ癲癇發作時ハ頭重感悪心ノ前驅症状ヲ伴ヒ四肢痙攣昏妄状態ニ陥リ眼球上方ニ反轉顔面紫藍色ヲ呈シ泡沫状喀痰ヲ排出シ一－三分ニシテ意識回復發汗ス同發作ハ一週數回繰返シ神經機ノ用ヲ妨クルニ依リ永久服役ニ堪ヘサルモノト診斷ス

昭和十四年九月五日

主任 新發田陸軍病院附陸軍軍醫少尉 [redacted]

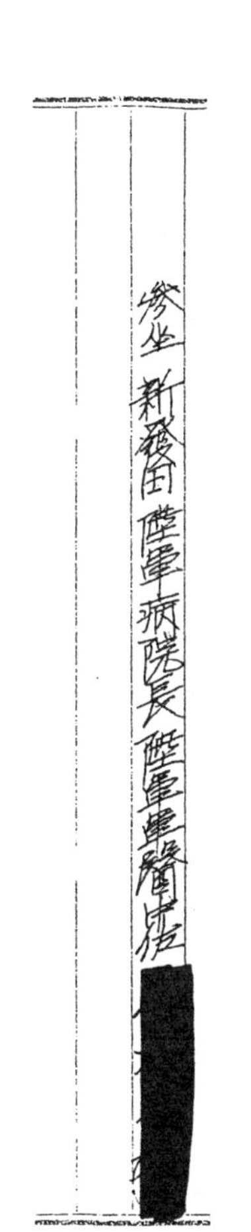

參坐 新發田陸軍病院長陸軍軍醫大佐 [redacted]

陸軍

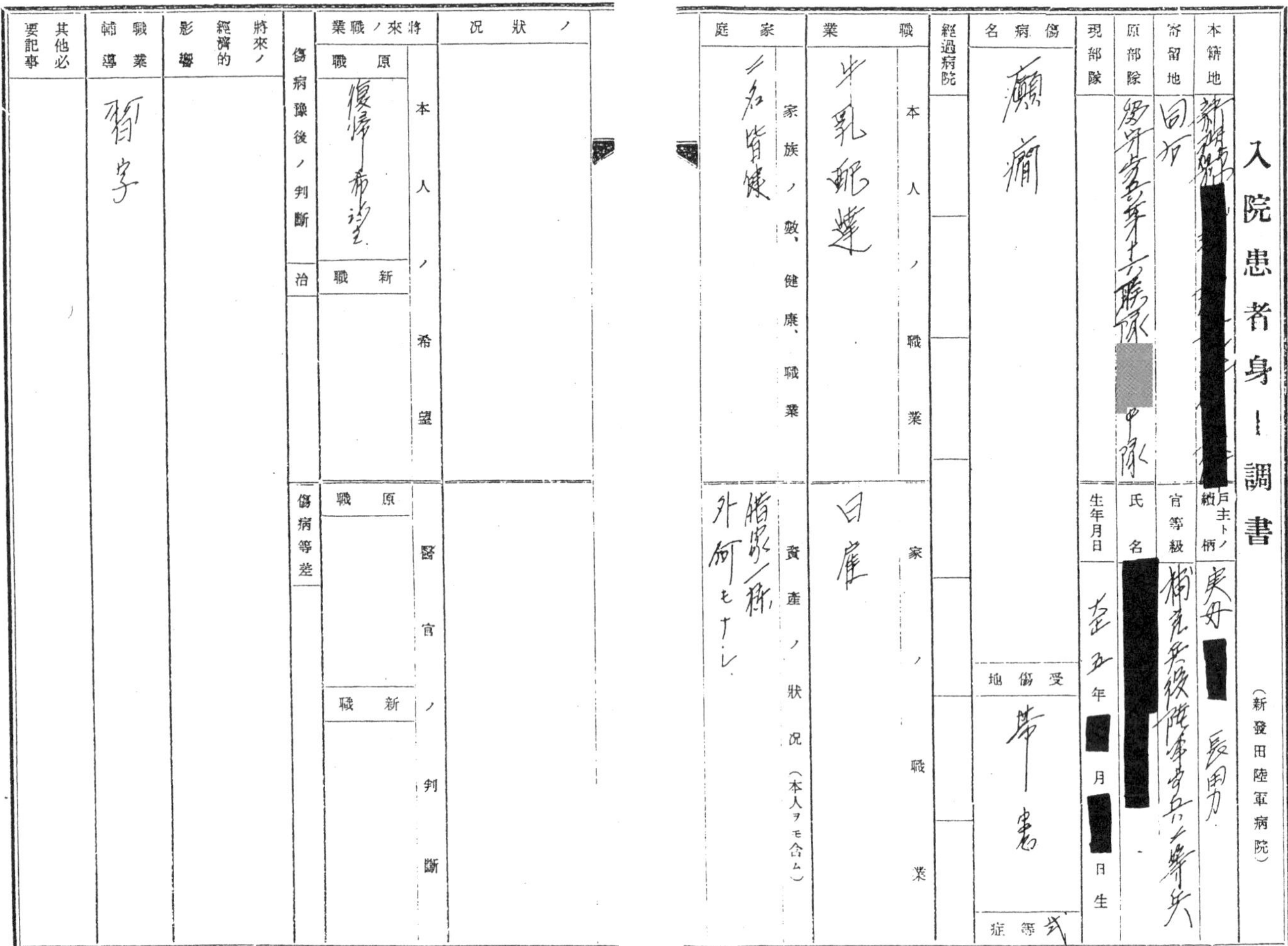

入院患者身上調書

（新發田陸軍病院）

- 本籍地：新潟県[黒塗り]
- 寄留地：同右
- 戸主トノ続柄：実母[黒塗り] 長男
- 官等級：補充兵役陸軍歩兵一等兵
- 原部隊：歩兵第十六聯隊[黒塗り]中隊
- 氏名：[黒塗り]
- 現部隊：
- 生年月日：大正五年[黒塗り]月[黒塗り]日生
- 傷病名：癩病
- 受傷地：帯患
- 症等：弐
- 経過病院：
- 職業　本人ノ職業：牛乳配達
- 職業　家ノ職業：日雇
- 家庭　家族ノ数、健康、職業：一名皆健
- 家庭　資産ノ状況（本人ヲモ含ム）：借家一棟外何モナシ
- 将來ノ職業　傷病豫後ノ判断　本人ノ希望　原職：復帰希望
- 将來ノ職業　傷病豫後ノ判断　本人ノ希望　新職：
- 治
- 傷病等差　醫官ノ判断　原職：
- 傷病等差　醫官ノ判断　新職：
- ノ状況：
- 将來ノ経済的影響：
- 職業輔導：習字
- 其他必要記事：

血族的關係既往症原因經過現症及治療

月日	症状
	血族的關係 父母共ニ健在同胞九名共ニ健 既往症 二十二歳時腦神經ニテ医療ヲ受ク 原因及經過 昭和十四年八月二十日入隊 生來精神発育状況不良ニシテ学業モ芳シカラス入隊以來緊張セル軍隊生活ニ順應シ得ザルモノヽ如ク最近ニ至リ睡眠障碍不安感ヲ訴ヘ日常ノ言語動作モ全ク氣力ナク茫然自失ノ態ヲ呈スルニ至レリ 現症

治方	
	体格栄養共ニ中等度顔貌無欲 表情無氣力ニシテ憂鬱病様 状態ヲ示ス 試験力記憶力計算力不充分ニシテ特ニ科學的方面算数ニ於テ著シク缺陥ヲ示ス 胸腹部ニ異常ヲ認メズ 瞳孔對光反應正常 腱反射正常 [illegible]治療 臭素剤投與

食餌及注意

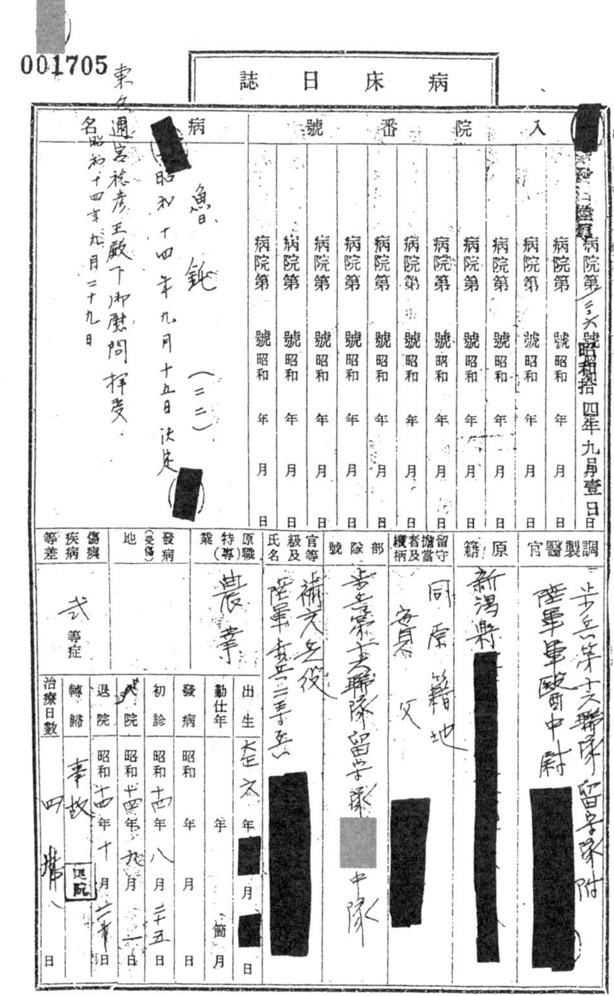
001705

病床日誌

入院番號	病院第三六號 昭和拾四年九月壹日
病名	魯鈍（二二） 昭和十四年九月十五日決定 東久邇宮稔彦王殿下御慰問拝受 昭和十四年九月二十九日
調製醫官	歩兵第十六聯隊留守隊附 陸軍軍醫中尉
原籍	新潟縣
留守擔當者及續柄	同原籍地 父
部隊號	歩兵第十六聯隊留守隊 中隊
官等級及氏名	補充兵役 陸軍歩兵二等兵
原職（特業）	農業
傷病疾病等差	弐等症
出生	大正 年 月 日
入院	昭和十四年九月一日
初診	昭和十四年八月二十五日
退院	昭和十四年十月二十六日
轉歸	事故退院
治療日數	四十六日

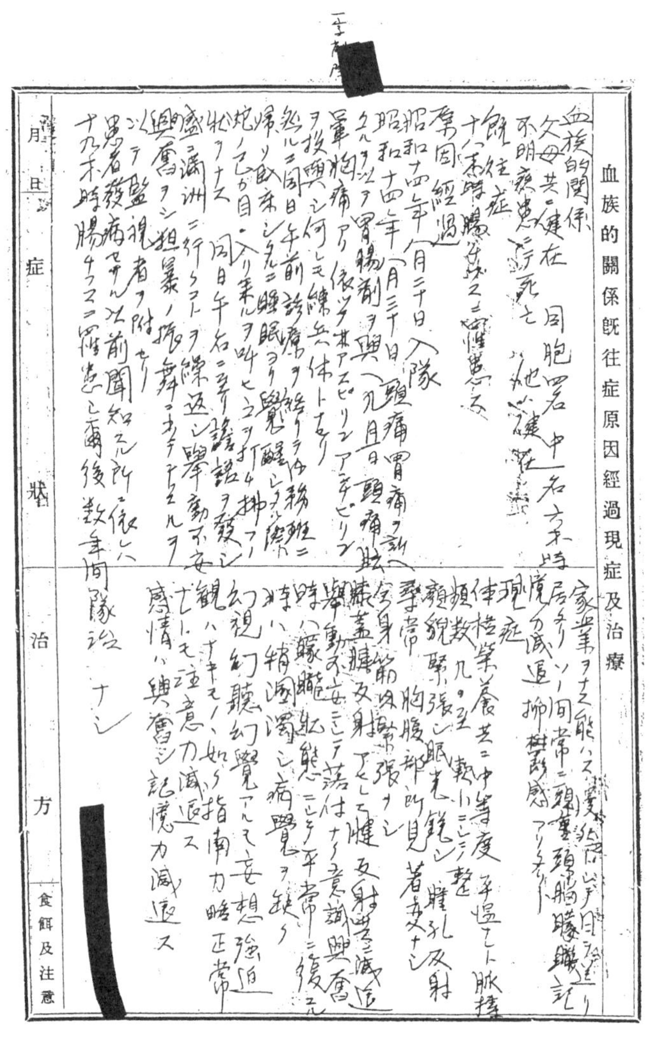

血族的關係既往症原因經過現症及治療

血族的関係
父母共ニ健在 同胞四名中一名六才時不明疾患ニテ死亡シ 他ハ健在

既往症
十八才時腸チフスニ罹患ス

原因經過
昭和十四年八月二十日入隊
昭和十四年八月三十日頭痛胃痛ヲ訴ヘタルヲ以テ胃腸剤ヲ與ヘ九月一日頭痛眩暈胸痛アリ依ツテ[illegible]アスピリンアンチピリンヲ投與シ何レモ練兵休トセリ
翌二日午前診療ヲ終リテ内務班ニ帰リ臥床シ先ニ睡眠ヨリ覺醒シタル際枕ノ己ガ目ニ入リ来ルヲ叫ビ之ヲ打チ払フ狀アリ 同日午后ニ至リ譫語ヲ發シ盛ニ満洲ニ行クコトヲ繰返シ挙動不安興奮シ粗暴ノ振舞ニ出ヅルヲ以テ監視者ヲ附セリ
患者發病セザル以前聞知スル所ニ依レバ十九才時腸チフスニ罹患シ爾後数年間[illegible]ナシ
家業ヲナス能ハズ[illegible]居タリシノ同常ニ頭重頭脳朦朧ヲ訴ヘ記憶力減退抑鬱感アリタリト

現症
体格栄養共ニ中等度 体温[illegible]脈搏頻数ナラズ[illegible]ニシテ整
顏貌緊張シ眼光鋭シ 瞳孔反射著変ナシ 胸腹部所見
全身筋肉緊張ナシ 膝蓋腱反射[illegible]
挙動不安ニシテ落付ナク意識興奮時ハ朦朧状態ニシテ平常ニ復スルモ精神溷濁シ病覺ヲ缺ク
幻視幻聴幻覺アリテ妄想強迫觀ハナキモノノ如ク指南力略正常ナレドモ注意力減退ス
感情ハ興奮シ記憶力減退ス

月日 症狀 治方 食餌及注意

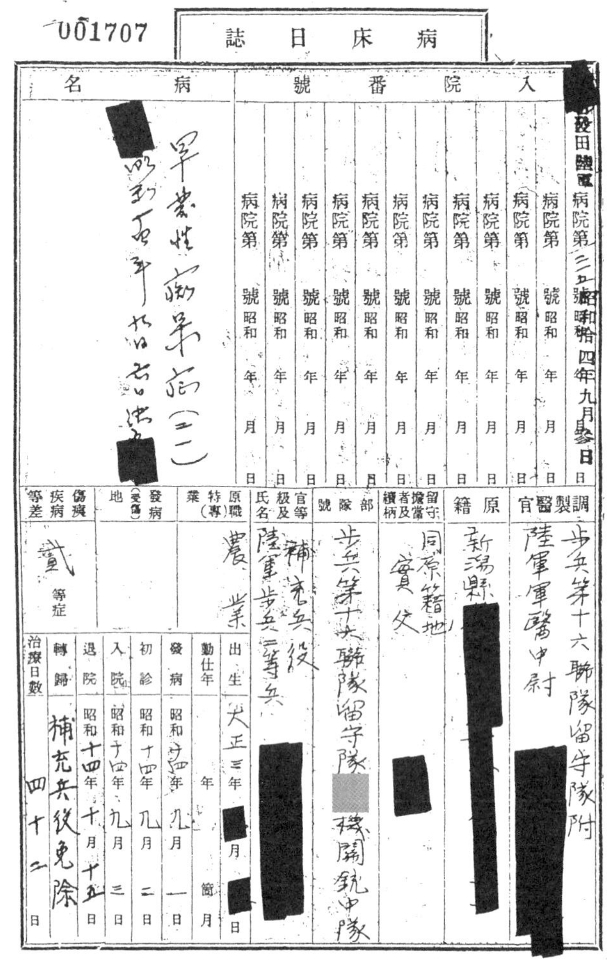

001707

病床日誌

入院番號	病名
新發田陸軍病院第二五[illegible]號 昭和十四年九月三日	早發性痴呆(二) 昭和十四年[illegible]治[illegible]

調製官	陸軍軍醫中尉
原籍	新潟縣
留守擔當者續柄	同原籍地 實父
部隊號	歩兵第十六聯隊留守隊 機關銃中隊
官等級氏名	補充兵役 陸軍歩兵二等兵
原職	農業
特業(專)	
發病地(受傷)	
傷痍疾病等差	貳等症
出生	大正三年 月 日
勤仕年	年 月
發病	昭和十四年九月一日
初診	昭和十四年九月二日
入院	昭和十四年九月三日
退院	昭和十四年十月十五日
轉歸	補充兵役免除
治療日數	四十二日

診断書

歩兵第十六聯隊留守隊
補充兵役陸軍歩兵二等兵

右昭和十四年八月二十日歩兵第十六聯隊留守隊ニ應召入隊
同年九月一日早發性痴呆ニ罹リ同月三日新發田陸軍病院
ニ入院現今體格栄養共ニ中等度胸腹部ニ異狀ヲ認メズ
顏貌痴鈍性ニシテ瞳孔両側共稍散大シ對光反應遅鈍
両側膝蓋腱反射亢進皮膚紋畫症ヲ認ム時與奮
シ理解力侵サレ注意力減退時間場所ノ観念ニ乏シク幻覺
幻視多ク記憶力記銘力軽度ニ侵サレ考慮進行不良
妄想アリ判断力著シク侵サレ病覺ナク感情遅鈍
意志發動不活潑常同症等ノ諸症ヲ貽シ精神機能
ノ用ヲ妨クルニ由リ永久服役ニ堪ヘサルモノト診断ス

昭和十四年九月六日

主任 新發田陸軍病院附 陸軍軍醫少尉
右 新發田陸軍病院長 陸軍軍醫中佐

陸軍

入院患者身上調書

（新發田陸軍病院）

本籍地　新潟縣■■■■

寄留地

原部隊　歩兵十六聯隊留守隊

現部隊

戸主トノ續柄　■長男

官等級　補充兵役陸軍歩兵二等兵

氏名　■■■

生年月日　大正三年■月■日生

傷病名　早發性痴呆症

受傷地

症等　貳

經過病院　新発田陸軍病院

本人ノ職業　農業

家ノ職業　農業

家庭ノ状況

家族ノ數、健康、職業

父　■（四七）健在　農業
母　■（四五）〃　〃
弟　■（一三）〃　高一
弟　■（八）健在　尋一
妻　■（二六）健在　農業
長男　■（四）〃
次男　■（三）〃

資産ノ状況（本人ヲモ含ム）

農業ニシテ本人ノ言ニ依レバ三丁五段位ノ收穫ヲ得ル耕作、發動機及調製器一具ヲ所有シ、自己ノモノハ勿論、村内各家ノ米穀調製ヲナスト（昨年迄ハ本人其ノ任ニ當リ居レル様子ナリ、發動機ノ組立テ、運轉等ハイト易キコトナリト）

將來ノ職業

原職

新職

本人ノ希望

傷病豫後ノ判斷

治

傷病等差

原職

新職

醫官ノ判斷

將來ノ經濟的影響

職業輔導

其他必要記事

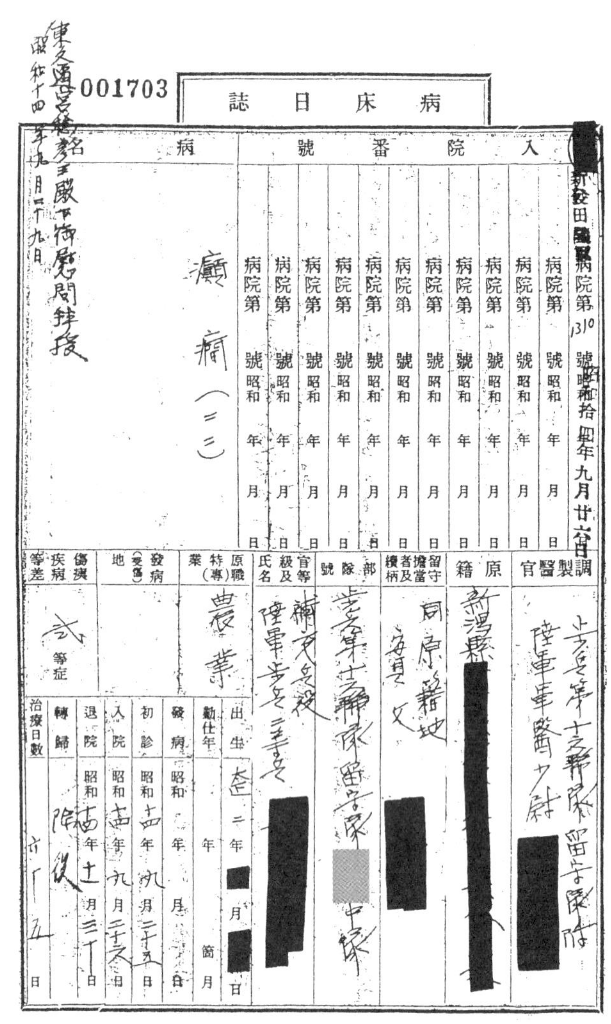

病床日誌

001703

東久邇宮稔彦王殿下御慰問拝授 昭和十四年九月二十九日

項目	記入
入院番號	新發田陸軍病院第1310號 昭和拾四年九月廿六日
病名	癲癇（二三）
調製醫官	歩兵第十六聯隊留守隊附 陸軍軍醫少尉 ■
原籍	新潟縣 ■
留守擔當者及續柄	同原籍地 ■ 父
部隊號	歩兵第十六聯隊留守隊 ■ 中隊
官等級及氏名	補充兵役 陸軍歩兵二等兵 ■
原職（特業）	農業
傷痍疾病等差	弐等症
出生	大正二年 ■ 月 ■ 日
勤仕年	年 箇月
發病	昭和 年 月 日
初診	昭和十四年九月二十五日
入院	昭和十四年九月二十六日
退院	昭和十四年十月三十一日
轉歸	除役
治療日數	卅五日

血族的關係既往症原因經過現症及治療

血族的關係

父母共ニ健在同胞六名中弟一名十歳時股関節炎ニテ夭亡シ妹一名癲癇ノ既往アリ其他ハ健在ス

既往症

十歳頃ヨリ毎年癲癇ノ發作アリ本年ニ至リ四月一回 五月一回 六月二回 最近八月中旬再ビ發作アリタリト言フ

其他本年三月胃腸カタルニテ五十日間醫師ノ治療ヲ受ケタリ

原因及經過

昭和十四年八月二十日入隊

昭和十四年九月廿五日午前[illegible]一回ヲ出ダスル時術草訓ム（中隊因ナリシテ）人事不省トナリ之ナタル儘一週転セル後倒レントスルヲ傍ノ兵ニヨリ支ヘラレタルモ四肢痙攣ヲ起シ直チニ醫務室ニ搬入セシニ顔面チアノーゼヲ呈シ眼ヲ開キタルママ泡ヲ吹キ全身冷汗アリ約四五分ニシテ意識ヲ回復シタルモ暫時頭痛ヲ訴ヘアリ

前記發作時常ニアウラトシテ嘔氣ヲ催セリト言フ

現症

体格栄養共ニ中等度 脈搏整 ■ 体温三六五度 顔色正常 顔貌無苦悶

胸部腹部四肢異常ナシ

腱反射異常ナシ 頭部其他ニ外傷ラシキ瘢痕ナシ

療法

安静

食餌及注意

診斷書

歩兵第十六聯隊留守隊

補充兵役陸軍歩兵二等兵 ■

右昭和十四年八月二十日入隊同年九月二十五日歩兵第十六聯隊留守隊ニ於テ定型的癲癇發作ヲ起シ之ヲ現認シタルヲ以テ癲癇ニ決定同年九月二十六日新發田陸軍病院ニ入院現今體格榮養中等胸腹部内臓ニ異常ナシ常時頭痛アリテ概ネ一箇月一回ノ發作アリテ神經器ノ用ヲ妨クルニ依リ永久服役ニ堪ヘサルモノト診斷ス

昭和十四年十月十六日

主任 新發田陸軍病院附陸軍軍醫中尉 ■

參坐 新發田陸軍病院長陸軍軍醫中佐 ■

陸軍

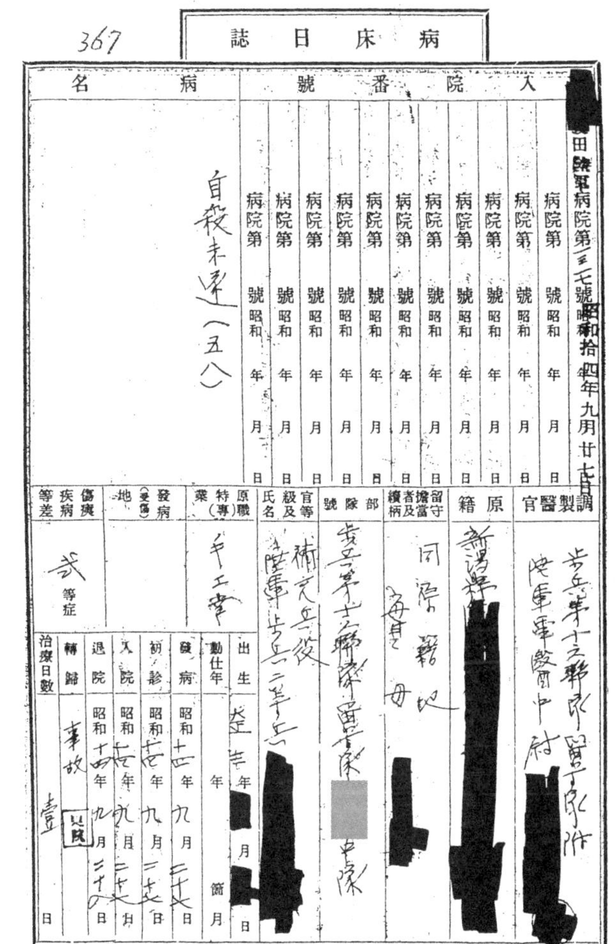

367

病床日誌

新發田陸軍病院第三七號 昭和拾四年九月廿七日調

病名	入院番號
自殺未遂（五八）	病院第　號昭和　年　月　日

製表官醫	原籍	留守擔當者續柄	部隊號	官等級及氏名	原職（特業）	發病地	傷病疾病	等差
歩兵第十六聯隊留守隊附 陸軍軍醫中尉	新潟縣	同 原籍地 母	歩兵第十六聯隊留守隊 中隊	補充兵役 陸軍歩兵二等兵	手工業			貳等症

出生	勤仕年	發病	初診	入院	退院	轉歸	治療日數
大正 年 月	年 箇月	昭和十四年九月二十日	昭和十四年九月二十七日	昭和十四年九月二十七日	昭和十四年九月二十八日	事故	壹

血族的關係既往症原因經過現症及治療

血族的關係 父ハ六十三歳ニテ狭心症ノ為メ死亡シ母健在 同胞六名中兄一名夭折 他ハ健在ス 又遺傳的精神病変質者ヲ家族ニ認メズ

既往症 生来健康体ニシテ時折睡眠障碍アリシト謂フ

現病歴（原因及経過） 昭和十四年九月二十日入隊 同年九月二十七日食券下ゲ後大便所内ニ於テ剃刀ヲ以テ頸部ヲ切傷シ自殺ヲ計リ発見セラレ直チニ医務室ニ運ビ創ノ処置後薬物中毒ノ疑ヒヲ以テ胃洗滌ヲ行ヒシモ既往症アルニ依リ直チニ送院ス

現症 体格栄養共ニ中等度 顔貌蒼白 睡状ヲ呈シ眼瞼ヲ閉ヂ口ヲ堅ク結ビ意識朦朧タリ 心音心界共ニ正常 体温三十六度八 脈搏五四 胸腹部異状ヲ認メズ 瞳孔反射前膊反射共ニ欠如シ膝反射稍亢進セリ 頸部ハ甲状軟骨上縁ノ高サニ約一糎ノ切創アリ其他数條ノ切創アリ

療治療 胃洗滌 創部ニリヴァノールガーゼ貼用

昭和拾四年九月貳十七日 外科病室ニ收容

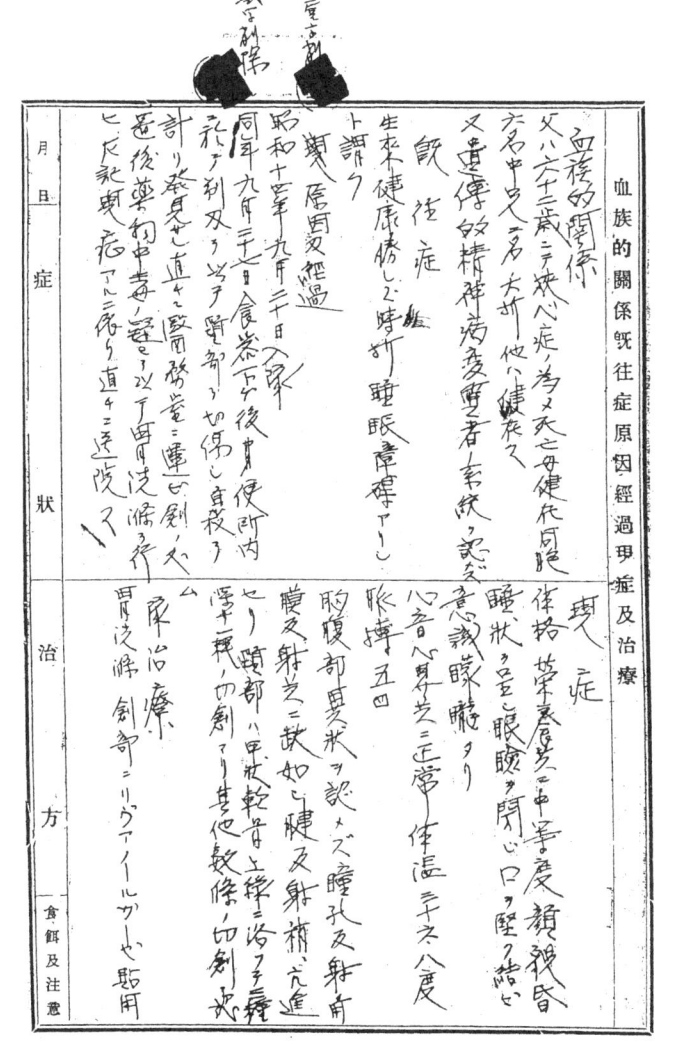

新發田陸軍病院第三[illegible]病室診療主任 陸軍軍醫中尉

轉入時 体温三六、五度 脈拍五四 体重 瓩

轉入時所見

体格中等栄養中 胸腹部外観一寄異ナキヲ認ム 顔貌平静ニシテ苦悶ナキモ[illegible] 血色[illegible] 瞳孔反射[illegible] 舌乾燥[illegible] 脈搏緊張[illegible] 自覚症状ハ[illegible] 其ノ他[illegible]

(一)胃洗滌（[illegible]） (二)[illegible] (三)[illegible] (四)[illegible] (五)高張液注射 (六)浣腸 (七)ズルキン注射 (八)創部[illegible]

[illegible] 依テ経過良好 諸症緩解セシニ依リ翌朝食事ヲ与ヘ[illegible] 依テ事故退院セシム

軍醫中尉

昭和十四年九月二十八日 事故 退院

入院治療日數 壹 日

新發田陸軍病院第三[illegible]病室診療主任

陸軍軍醫中尉

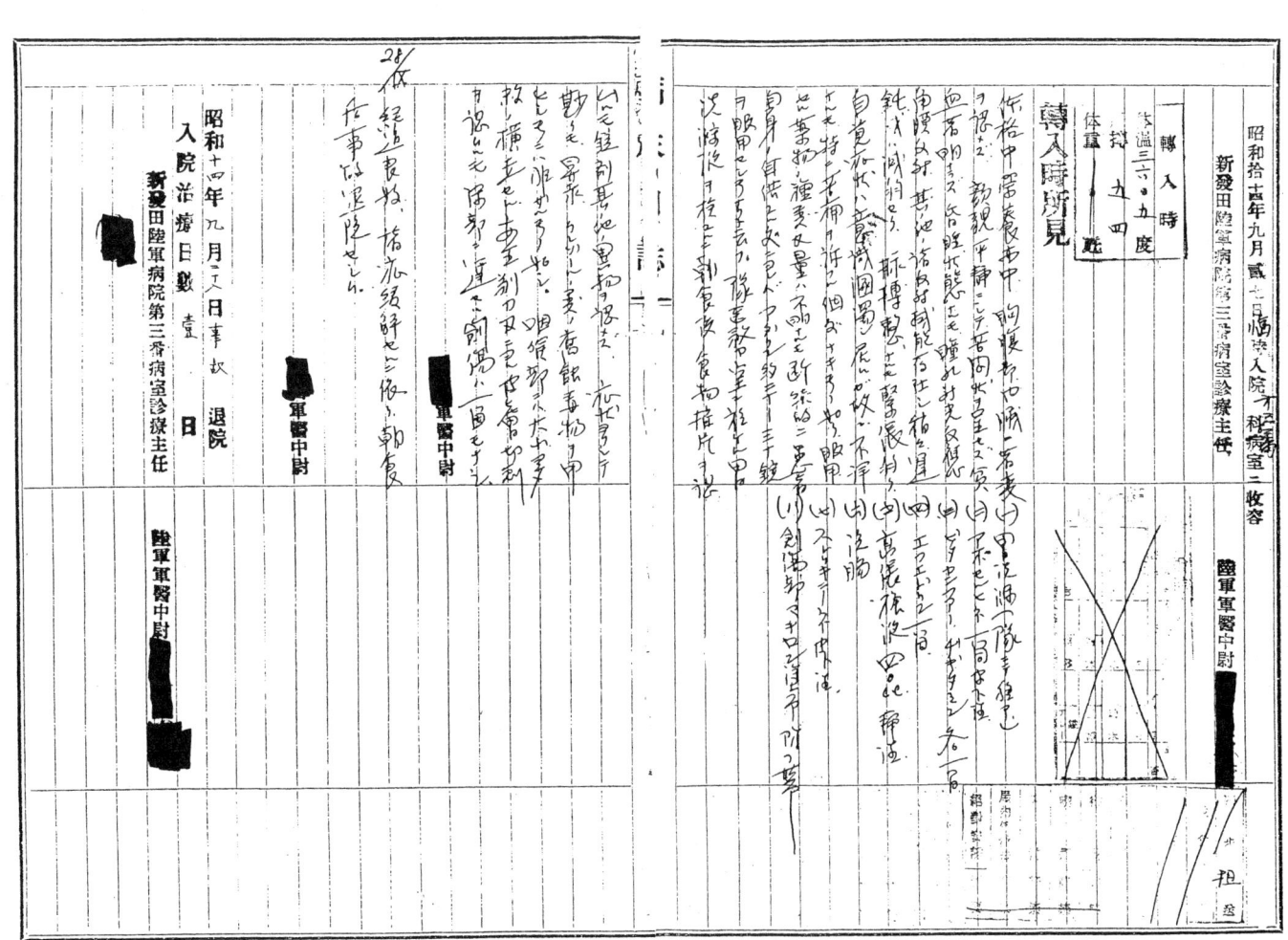

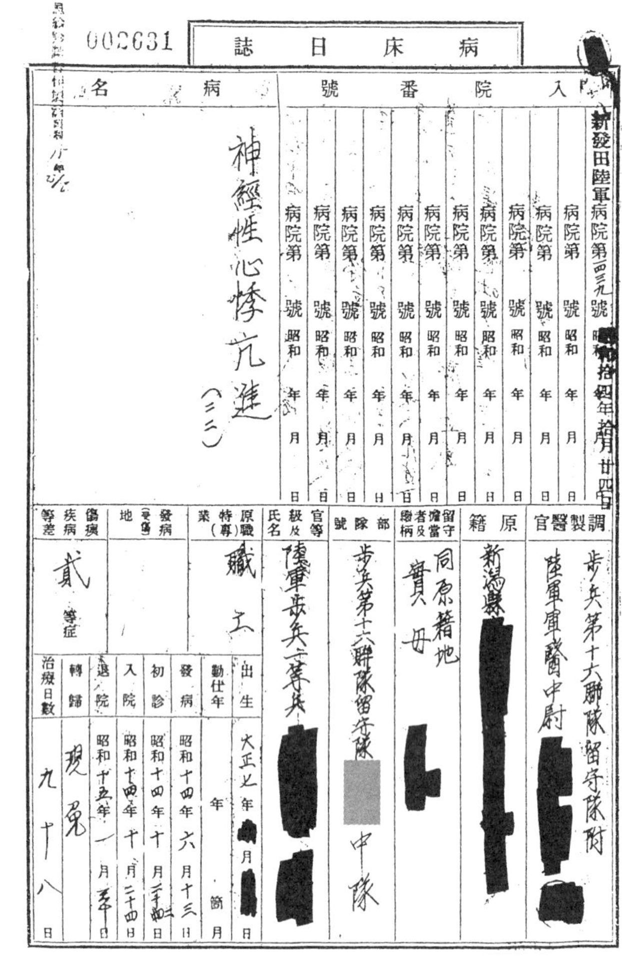

病床日誌 002631

新發田陸軍病院第四三九號　昭和拾四年拾月廿四日

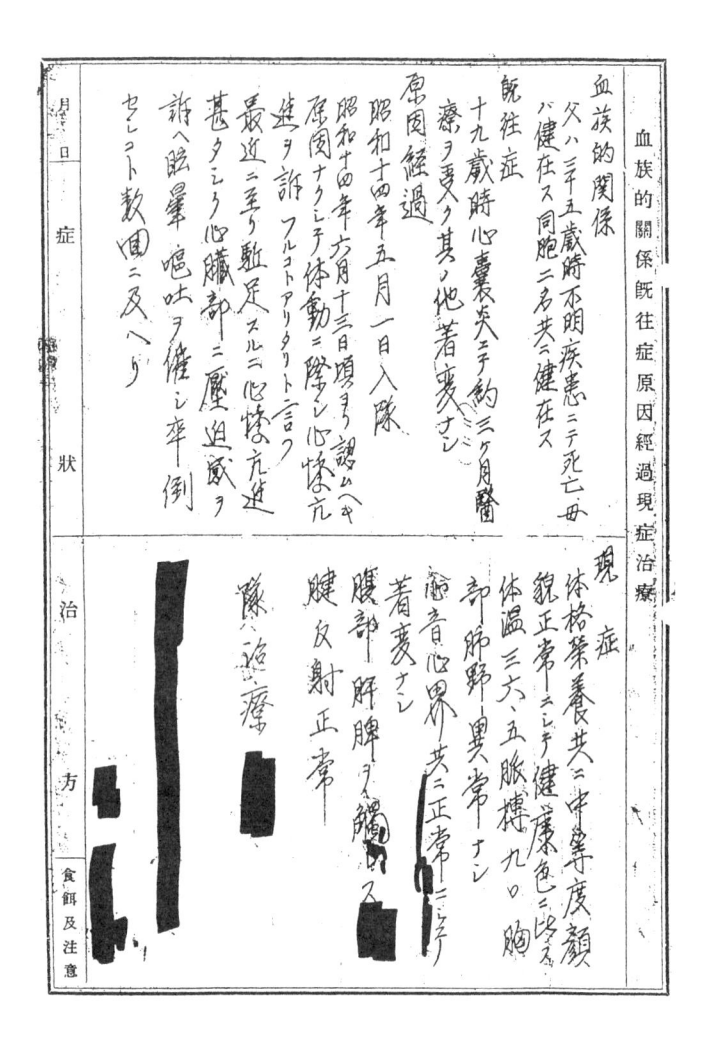

入院番號
病院第　號　昭和　年　月　日
病院第　號　昭和　年　月　日
病院第　號　昭和　年　月　日
病院第　號　昭和　年　月　日
病院第　號　昭和　年　月　日
病院第　號　昭和　年　月　日
病院第　號　昭和　年　月　日
病院第　號　昭和　年　月　日
病院第　號　昭和　年　月　日
病院第　號　昭和　年　月　日
病院第　號　昭和　年　月　日

病名：神經性心悸亢進（三二）

調製醫官	歩兵第十六聯隊留守隊附　陸軍軍醫中尉
原籍	新潟縣
留守擔當者及續柄	同原籍地　實父　母
部隊號	歩兵第十六聯隊留守隊　中隊
官等級及氏名	陸軍歩兵一等兵
原職（特業）	職工
發病地	
傷病等差	貳等症
出生	大正七年　月　日
勤仕年	年　箇月
發病	昭和十四年六月十三日
初診	昭和十四年十月二十四日
入院	昭和十四年十月二十四日
退院	昭和十五年一月三十一日
轉歸	現免
治療日數	九十八日

血族的關係既往症原因經過現症治療

月日　症状　治方　食餌及注意

血族的関係

父ハ三十五歳時不明疾患ニテ死亡、母ハ健在ス同胞二名共ニ健在ス

既往症

十九歳時心囊炎ニテ約三ヶ月醫療ヲ受ク其ノ他著変ナシ

原因經過

昭和十四年五月一日入隊

昭和十四年六月十三日頃ヨリ認ム(?)原因ナクシテ体動ニ際シ心悸亢進ヲ訴フルコトアリタリト言フ

最近ニ至リ駈足スルニ心悸亢進甚タシク心臓部ニ壓迫感ヲ訴ヘ眩暈嘔吐ヲ催シ卒倒セシコト數回ニ及ヘリ

現症

体格榮養共ニ中等度顔貌正常ニシテ健康色ニ比ス(?)

体温三六、五脈搏九〇胸部肺野異常ナシ

聽音心界共ニ正常ニシテ著変ナシ

腹部　肝脾ヲ觸レス

腱反射正常

隊ニ治療(?)

診斷書

歩兵第十六聯隊留守隊
陸軍歩兵一等兵

右昭和十四年五月一日入營以来神經性心悸亢進ニ罹リ同年十月二十四日新發田陸軍病院ニ入院現今體格榮養中等胸部ハ心界梢左ニ擴張（左界左乳線外一横指）心尖第一音不純第二肺動脈音亢進著明膝蓋腱反射亢進腓腸筋緊張ス胸部「エツキス」放線檢査上心臓梢左ニ擴大シ左肺門部ニ軟ナル陰影アリ赤血球沈降速度中等價四・七五粍（ウエスターグレン氏法）輕度ノ體動ニ依リ脈搏呼吸増加（安静時脈搏數八四至呼吸數二二回ナルニ百米常歩直後脈搏數一二四至呼吸數三二回ヲ算ス）激動時ニ際シテハ心臓部疼痛眩暈嘔吐等ノ諸症ヲ呈シ時ニ卒倒スルコトアリ三七・五度ノ微熱、心悸亢進、心臓部疼痛下肢倦怠感等ノ諸症ヲ貽シ循環器ノ用ヲ妨クルニ依リ現役ニ堪ヘサルモノト診斷ス

昭和十四年十二月十四日

主任　新發田陸軍病院附陸軍軍醫中尉

參坐　新發田陸軍病院長陸軍軍醫中佐

陸軍

入院患者身上調書

（新發田陸軍病院）

項目	記入
本籍地	新潟縣■
戸主トノ續柄	實母■長男
寄留地	同右
官等級	陸軍歩兵一等兵
原部隊	歩兵十六聯隊留守隊■中隊
氏名	■
現部隊	
生年月日	大正七年■月■日生
傷病名	神經性心悸亢進
受傷地	新發田
症等	貳
經過病院	新發田陸病
職業 本人ノ職業	職工（■株式會社■工場）
職業 家ノ職業	仕立物（母）
家庭 家族ノ數、健康、職業	家族四名共ニ健在。父ハ大正五年七月十六日ニ死亡ス。母■五十五才ハ健在ニテ仕立物ヲナス。姉■二十二才ハ家ニ在リテ裁縫ヲナス。妹一人。本人■高等小學校卒業後■工場ニ勤
資産ノ状況（本人ヲモ含ム）	家ハ自宅。家ノ收入ハ母ト姉ニテ月約十二圓位。家ハ負債等ナシ。本人ハ日給五拾銭ヲ貰ヒ家ノ生計ニ入ル。本人ハ貯金九拾圓アリ
將來ノ職業 本人ノ希望 原職	職工
將來ノ職業 本人ノ希望 新職	〃 原職ヲ希望ス
醫官ノ判斷 原職	職工ニテ支障ナシ
醫官ノ判斷 新職	原職ヲ適當ト認ム
傷病豫後ノ判斷 治	除役退院
傷病等差	ナキ見込
將來ノ經濟的影響	原職復歸ハ經濟的ニ影響ナシ。
職業補導	必要ナシ
其他必要記事	ナシ

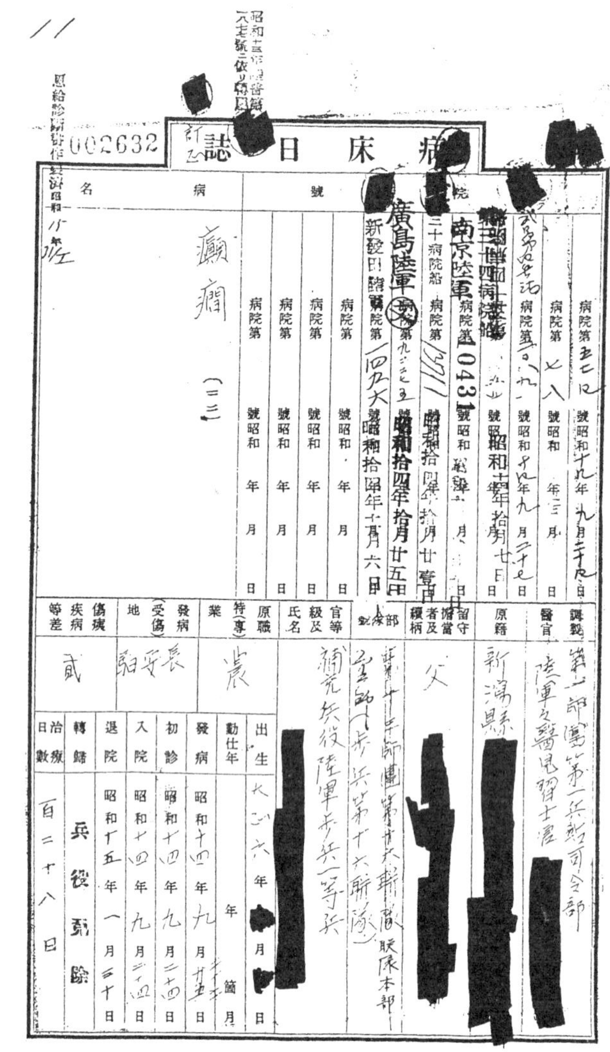

恩給診斷書作製済 昭和15年11月

昭和十五年恩給第一六七號ニ依リ病歴

002632

病床日誌

病院	號	
病院第五七七號	昭和十九年九月二十九日	
病院第七八號	昭和　年三月　日	
病院第一〇九一號	昭和十九年九月二十七日	
第十三師團第四野戰病院 病院第　號	昭和十四年拾月七日	
南京陸軍病院第10431號	昭和　年　月　日	
第三十病院船 病院第1311號	昭和拾四年拾月廿壹日	
廣島陸軍病院第九二七五號	昭和拾四年拾月廿五日	
新發田陸軍病院第一四九六號	昭和拾四年十壹月六日	

病名：癲癇（一三）

調製	醫官	原籍	留守擔當者及續柄	部隊	官等級及氏名	原職（專特）	業	發病（受傷）地	傷痍疾病等差
第一師團第一兵站司令部 陸軍々醫見習士官 ■		新潟縣■	父■	第十三師團第百十六聯隊聯隊本部 (歩兵第十六聯隊)	補充兵役陸軍歩兵一等兵 ■		農	長安駐	貳

出生	勤仕年	發病	初診	入院	退院	轉歸	治療日數
大正六年■月■日	年　箇月	昭和十四年九月廿二日	昭和十四年九月二十四日	昭和十四年九月二十四日	昭和十五年一月二十日	兵役免除	百二十八日

血族的關係既往症原因經過現症及治療

月日	症狀	治方
	家族歴 兩親健在 同胞二名皆健 既往症 五才ノ時腦膜炎 六才ノ時腸チフス 昭和十四年一月癲癇發作ヲ起ス 原因經過 昭和十四年九月二十二日夜就寝中突如癲癇發作ヲ起シ續イテ翌二十三日夜同樣發作ヲ起セリ	原症 体格榮養中等度平温平脈 胸部臓部ニ特記スベキ所見ナシ 治方 未ダ施サズ

食餌及注意

診斷書

歩兵第十六聯隊留守隊

舊所屬歩兵第百十六聯隊聯隊本部

補充兵役陸軍歩兵一等兵 ■

右昭和十四年九月二十二日（及同年同月二十三日）中支長安駐ニ於テ癲癇發作ヲ起シ同年同月二十四日野戰豫備病院長安駐患者療養所ニ収容爾後還送セラレ同年十一月六日新發田陸軍病院ニ轉入現今體格榮養共ニ中等度胸腹部著變ナキモ常時頭痛アリテ四肢腱反射亢進シ神經器ノ用ヲ妨クルニ依リ永久服役ニ堪ヘサルモノト診斷ス

昭和十四年十一月十日

主任　新發田陸軍病院附陸軍軍醫中尉 ■

參坐　新發田陸軍病院長陸軍軍醫中佐 ■

陸軍

入院患者身上調書

（新發田陸軍病院）

本籍地	新潟縣■
戸主トノ續柄	父
寄留地	同右
官等級	補充兵役陸軍歩兵一等兵
原部隊	第十三師團歩兵第百十六聯隊聯隊本部
氏名	■
現部隊	
生年月日	大正六年■月■日生
傷病名	癲癇
受傷地	長安駐
症等	
經過病院	野戰予備第十三班長安駐患者療養所 / 南京陸病 / 廣島陸病 / 新發田陸病
職業　本人ノ職業	農業
職業　家ノ職業	表具師
家庭　家族ノ數、健康、職業	家族五名ニテ母ハ肝臓病ニテ病弱。父■五十才、母■四十五才。父ハ表具師ヲ業トス。妹■十二才、弟■七才
家庭　資産ノ状況（本人ヲモ含ム）	家ハ自宅、生活ハ至ッテ安住。[illegible]多少アルト思ハル。[illegible]モノアリ。

ノ狀況

本人ハ■■高等小學校卒業後[illegible]農業ニ從事ス

將來ノ職業		
本人ノ希望	原職	農業
	新職	原職復歸ヲ希望
醫官ノ判斷	原職	農業ニ支障ナシ
	新職	原職ヲ適當ト認ム

項目	記事
傷病豫後ノ判斷	治癒後退院
傷病等差	
將來ノ經濟的影響	原職ニ復歸シテ農業ニ從事セバ經濟的ニ影響ナシ
職業輔導	實施セズ
其他必要記事	軍事扶助月額拾貳圓ヲ貰フ

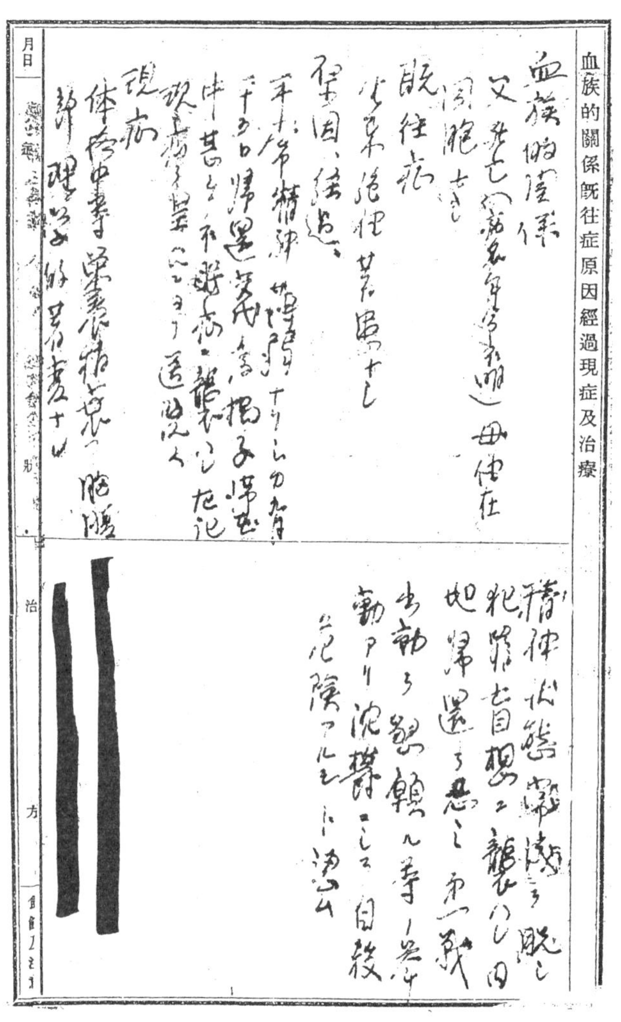
血族的関係既往症原因経過現症及治療

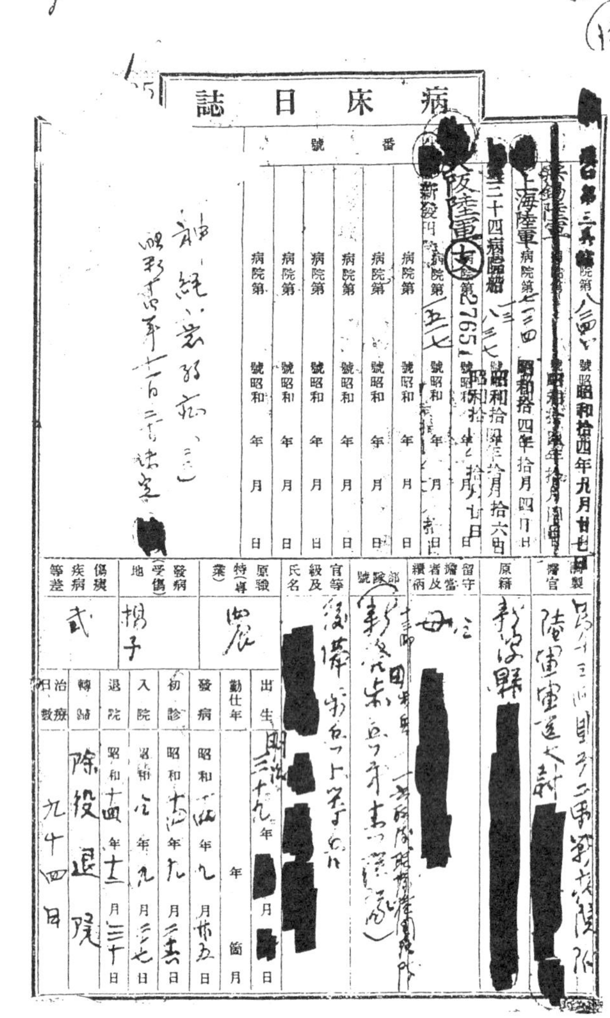
病床日誌

原籍 新潟県

特業 無

発病地 揚子

傷病等差 武

転帰 除役退院

治療日数 九十四日

診断書

歩兵第十六聯隊留守隊

旧 歩兵第百十六聯隊聯隊機関銃隊

後備役陸軍歩兵上等兵 ■■■■

右昭和十四年九月二十五日帰還交代ノ為メ中支湖北省揚子滞在中甚シク不眠症ニ陥リ精神状態常識ヲ脱シ犯罪盲想ニ襲ハレ内地帰還ヲ忌ミ第一線出場ヲ懇願スル等ノ挙動アリ沈鬱ニシテ自殺ノ危険アルヲ以テ同年九月二十七日漢口第三兵站病院ニ収容爾後轉送セラレ各地陸軍病院ヲ経テ同年十一月九日新発田陸軍病院ニ轉入同年十一月二十日病名ヲ神経衰弱症ニ決定現今體格中等度栄養稍衰ヘ胸腹部臓器ニ著變ナク顔貌蒼白ニシテ疲労感強ク注意散乱精神作業減弱感情刺戟性ニシテ脊柱疼痛眩暈睡眠不良手指ノ振顫反射機能亢進閉目時睫毛顫動皮膚紋畫症等ノ諸症ヲ貽シ精神機能ノ用ヲ妨クルニ依リ後備役ニ堪ヘサルモノト診断ス

昭和十四年十一月二十四日

主任 新発田陸軍病院附陸軍軍医中尉 ■■■■

参坐 新発田陸軍病院長陸軍軍医中佐 ■■■■

陸軍

入院患者身上調書

（新發田陸軍病院）

本籍地	新潟縣[墨消し]
寄留地	右同
原部隊	歩兵第百十六聯隊聯隊機関銃隊
現部隊	
戸主トノ續柄	本人戸主
官等級	後備役歩兵上等兵
氏名	[墨消し]
生年月日	明治三十九年[墨消し]月[墨消し]日生
傷病名	神經衰弱症
受傷地	中支 揚子
症等	
經過病院	漢口第三兵站病院 / 上海陸軍病院 / 第二十四病院船 / 大阪陸軍病院 / 新發田陸軍病院
職業　本人ノ職業	農業
職業　家ノ職業	同
家庭　家族ノ數、健康、職業	
家庭　資産ノ状況（本人ヲモ含ム）	

現状況	
將來ノ職業　本人ノ希望　原職	
將來ノ職業　本人ノ希望　新職	
將來ノ職業　醫官ノ判斷　原職	
將來ノ職業　醫官ノ判斷　新職	
傷病豫後ノ判斷	
治	
傷病等差	
將來ノ經濟的影響	
職業輔導	
其他必要記事	

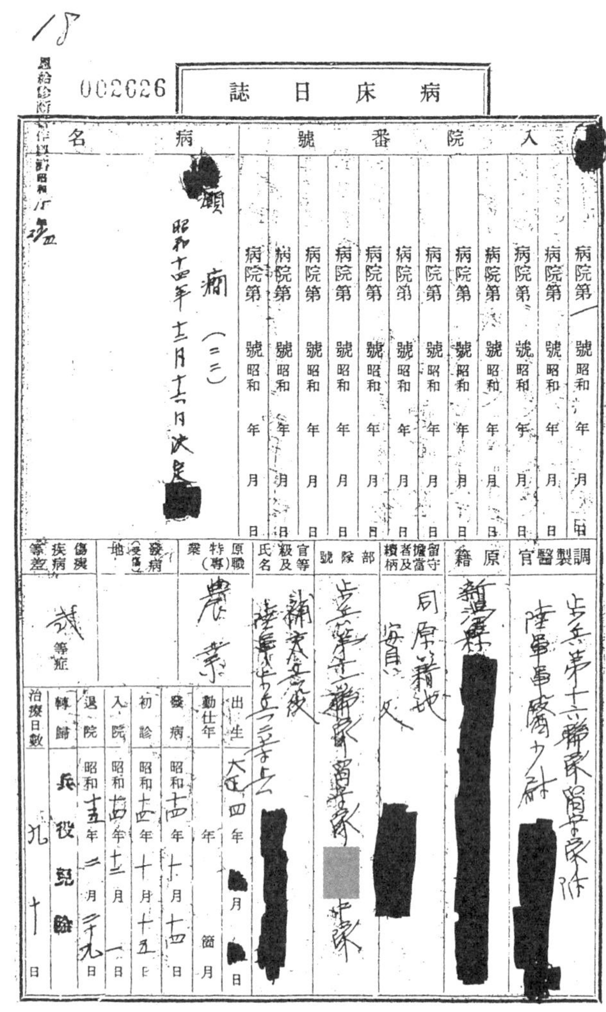

15

恩給診断書作製済 昭和15 年五

002626

病床日誌

入院番號	
病院第 號 昭和 年 月 日	（×12欄）

病名：癲癇（二三）昭和十四年十二月十六日決定

調製醫官	原籍	留守擔當者及續柄	部隊號	官等級及氏名	原職(特業)	發病(受傷)地	傷痍疾病等差
歩兵第十六聯隊留守隊附 陸軍軍醫少尉	新潟縣	同原籍地 實父	歩兵第十六聯隊留守隊［ ］中隊	補充兵役 陸軍歩兵二等兵	農業		貳等症

出生	勤仕年	發病	初診	入院	退院	轉歸	治療日數
大正四年 月 日	年 箇月	昭和十四年十月十四日	昭和十四年十月十五日	昭和十四年十二月一日	昭和十五年二月二十九日	兵役免除	九十日

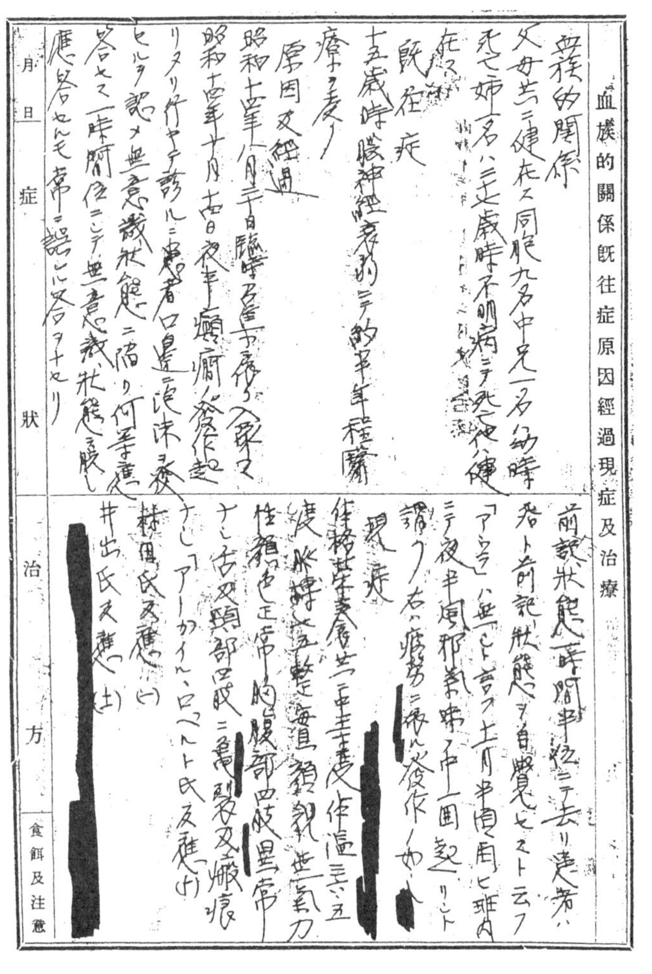

血族的關係既往症原因經過現症及治療

血族的関係

父母共ニ健在ス同胞九名中兄一名幼時ニ死亡シ姉一名ハ三歳時不明病ニテ死亡他ハ健在ス

既往症

十五歳時脳神經衰弱ニテ約半年程醫療ヲ受ク

原因及經過

昭和十四年八月二十日臨時召集ヲ以テ入隊ス

昭和十四年十月十四日夜半癲癇ノ發作起リタリ其ノ時ニ診ルニ患者口邊ニ泡沫ヲ發セルヲ認メ無意識状態ニ陥リ何等應答セズ一時間位ニテ無意識状態ヲ脱シ應答セルモ常ニ誤レル答ヲナセリ

前記状態ハ一時間半位ニテ去リ患者ハ發作ト前記状態ヲ自覺セズト云フ

「アウラ」ハ無シト言フ十一月半頃同七班内ニテ夜半同様ノ發作一回起リシト謂フ右ハ疲勞ニ依ル發作ノ如シ

現症

体格栄養共ニ中等度体温三六・五度脈搏七五整調顔貌無気力性格正常胸腹部四肢異常ナシ舌及顔部四肢ニ咬創及瘢痕ナシ「アーカイン」ロムベルト氏反應（－）

林田氏反應（－）

井出氏反應（±）

月日	症状	治方	食餌及注意

陸軍

診斷書

補充兵役陸軍歩兵二等兵 歩兵第十六聯隊留守隊［ ］中隊

右昭和十四年八月二十日應召入隊同年十月十五日歩兵第十六聯隊留守隊ニ於テ癲癇ニ罹リ同年十二月一日新發田陸軍病院ニ入院現今體格榮養中等胸腹部ニ著變ナキモ常時頭痛アリテ膝蓋腱反射減弱シ癲癇發作回數入院以來二回發作時ハ意識溷濁瞳孔散大口角ヨリ泡沫排出上肢攣縮シ約二十分ニシテ覺醒ス等ノ症ヲ貽シ神經系ノ用ヲ妨クルニ依リ永久服役ニ堪ヘサルモノト診斷ス

昭和十五年一月十七日

主任 新發田陸軍病院附陸軍軍醫中尉

参坐 新發田陸軍病院長陸軍軍醫中佐

入院患者身上調書

（新發田陸軍病院）

本籍地	新潟縣
寄留地	同右
原部隊	歩兵第十六聯隊留守隊［ ］中隊
現部隊	
戸主トノ續柄	父［ ］三男
官等級	補充兵役陸軍歩兵二等兵
氏名	
生年月日	大正四年 月 日生
傷病名	
受傷地	
症等	貳
經過病院	新發田陸病
本人ノ職業	職工（農業）（［ ］株式會社［ ］工場ニ勤ム）
家ノ職業	農業
家族ノ數、健康、職業	家族九名共ニ健在、父［ ］六十六才ニシテ農業ヲ営ム、母［ ］六十一才 兄［ ］三十八才 家事手傳 兄［ ］鐵道員
資産ノ状況（本人ヲモ含ム）	家ハ自宅、田地六反歩ヲ持ツ、年收五百円位ナリ、本人ハ月給六十円ナリ家族ハ生活ニ不自由セザルモ［ ］

項目		記入
ノ状況		[illegible]従軍中負傷[illegible]故ニ[illegible]農業ニ従事中[illegible] [illegible]応召中[illegible]直ニ満州ニ入営[illegible] [illegible]ニ帰リ、 本人ハ四ツ[illegible]学校卒業後[illegible]職工ヲナス
		本人ハ[illegible]
将来ノ職業 本人ノ希望	原職	職工
	新職	原職復帰ヲ希望
将来ノ職業 医官ノ判断	原職	職工トシテ支障ナシ
	新職	原職ヲ適当ト認ム
傷病予後ノ判断		治癒
傷病等差		
将来ノ経済的影響		本人ガ働カナクテモ別ニ一家ノ経済ニ影響ナシ、然シ本人ハ早ク元ノ職ニ復シ働イテ 家ヲ援助シタイト云フ
職業補導		必要ナシ
其他必要記事		必要事項ナシ

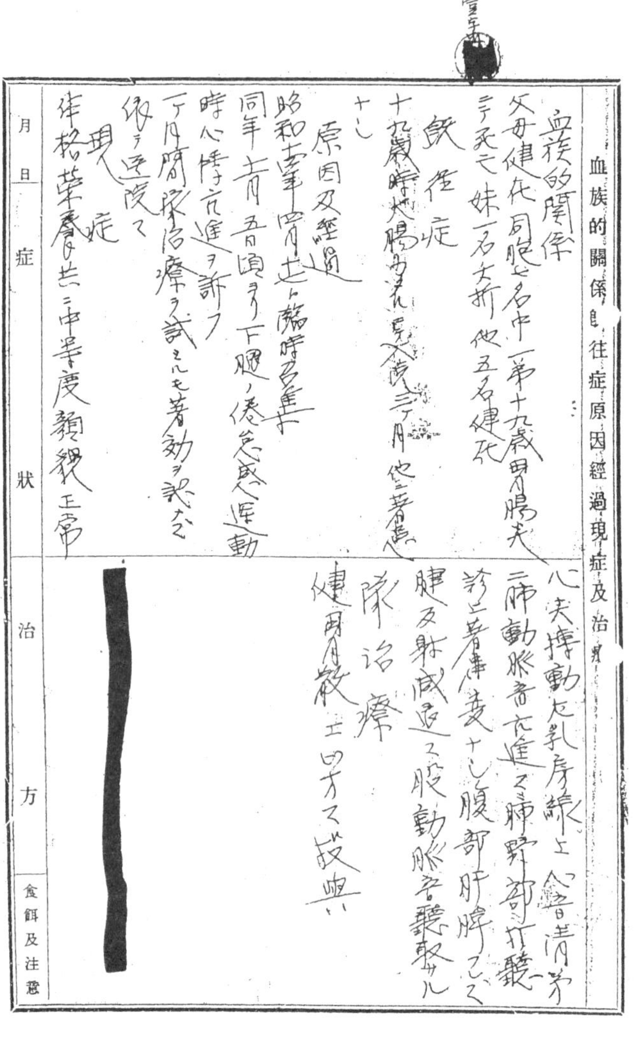

壹号（印）

月日	血族的關係、既往症、原因、經過、現症及治療
症状	血族的関係 父母健在 同胞七名中一弟十九歳ニテ腸チフスニテ死亡 妹一名夭折 他五名健在 既往症 十九歳時腸チフスニ罹患ス 三ケ月ニテ全治 他ニ著患ナシ 原因及経過 昭和十三年四月十五日臨時召集 同年十二月五日頃ヨリ下腿ノ倦怠感ト運動時心悸亢進ヲ訴フ 一ケ月隊治療ヲ試ミシモ著効ヲ認メズ 依テ入院ス 現症 体格栄養共ニ中等度 顔貌正常
治方	心尖搏動左乳房線上 心音清 第二肺動脈音亢進ス 肺野部打聴診上著変ナシ 腹部肝脾ナシ 腱反射減退ス 股動脈音聴取サル 隊治療 健用月報 十四才ヲ抜典
食餌及注意	

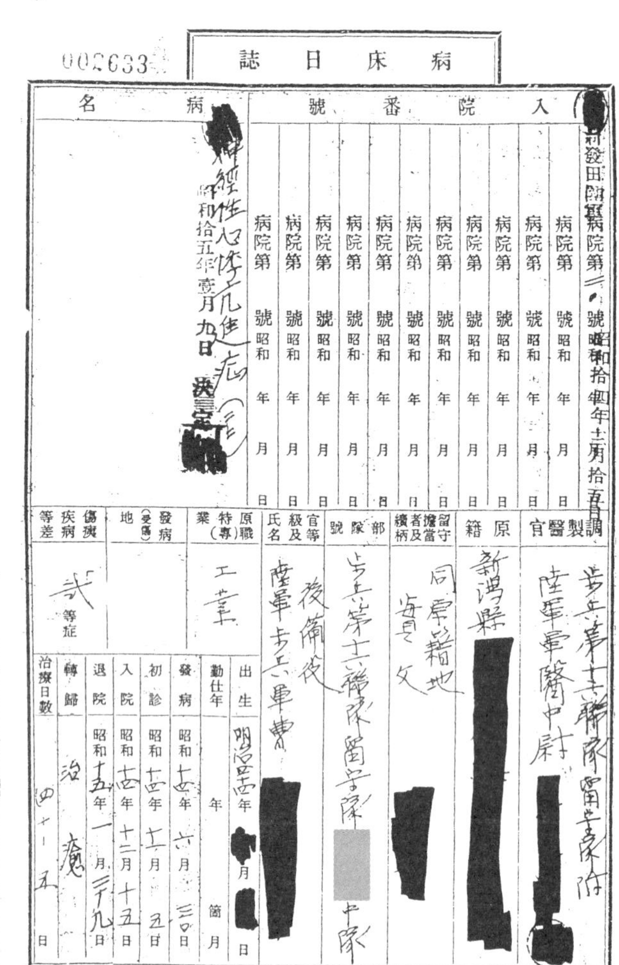

10

002633

病床日誌

入院番號	病名
新發田陸軍病院第二八號 昭和拾四年十二月拾五日調	神經性心悸亢進症 昭和拾五年壹月九日 決定
病院第　號 昭和　年　月　日	

製醫官	原籍	留守擔當者及續柄	部隊號	官等級及氏名	原職特業（專）	發病地（受傷）	傷痍疾病等差
歩兵第十六聯隊留守隊附 陸軍軍醫中尉	新潟縣	同原籍地 父	歩兵第十六聯隊留守隊 中隊	後備役 陸軍歩兵上等兵	工業		貳等症

出生	勤仕年	發病	初診	入院	退院	轉歸	治療日數
明治四十四年 月 日	年 箇月	昭和十四年六月 日	昭和十四年十一月 日	昭和十四年十二月十五日	昭和十五年一月二十九日	治癒	四十一日

其他必要記事	職業輔導	將來ノ經濟的影響	傷病療後ノ判斷	將來ノ職業	状況
ナシ	官ノ指セヌ	原職ニ復歸スルモ家庭ノ経済ニ影響ナシ	治：治癒退院	本人ノ希望 原職：洋食器業 新職：原職復歸ヲ希望	本人ハ[illegible]
			傷病等差	醫官ノ判斷 原職：洋食器製造業ニ差支ナシ 新職：原職復歸ヲ適当ト認ム	

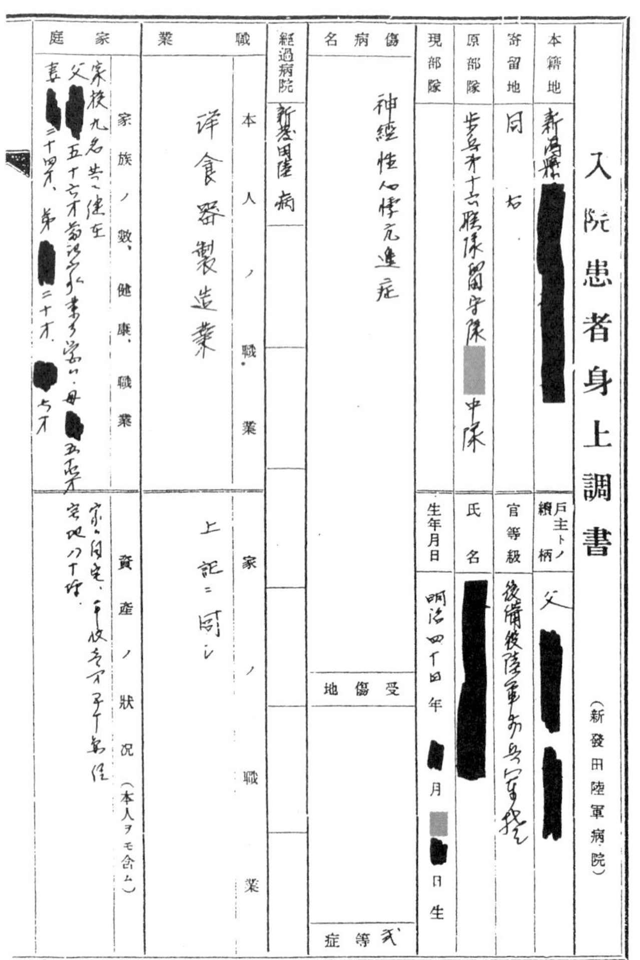

入院患者身上調書

（新發田陸軍病院）

本籍地	新潟縣
寄留地	同右
原部隊	歩兵第十六聯隊留守隊 中隊
現部隊	
戸主ト續柄	父
官等級	後備役陸軍歩兵上等兵
氏名	
生年月日	明治四十四年 月 日生
傷病名	神經性心悸亢進症
受傷地	
等症	貳
經過病院	新發田陸病
職業 本人ノ職業	洋食器製造業
家ノ職業	上記ニ同シ
家庭 家族ノ數、健康、職業	家族九名 共ニ健在 父 五十六才 洋食器製造業 母 五十才 妻 二十四才 弟 二十才 七才
資産ノ状況（本人ヲモ含ム）	家ハ自宅 年収 円ノ[illegible] 宅地 ノ[illegible]

13.

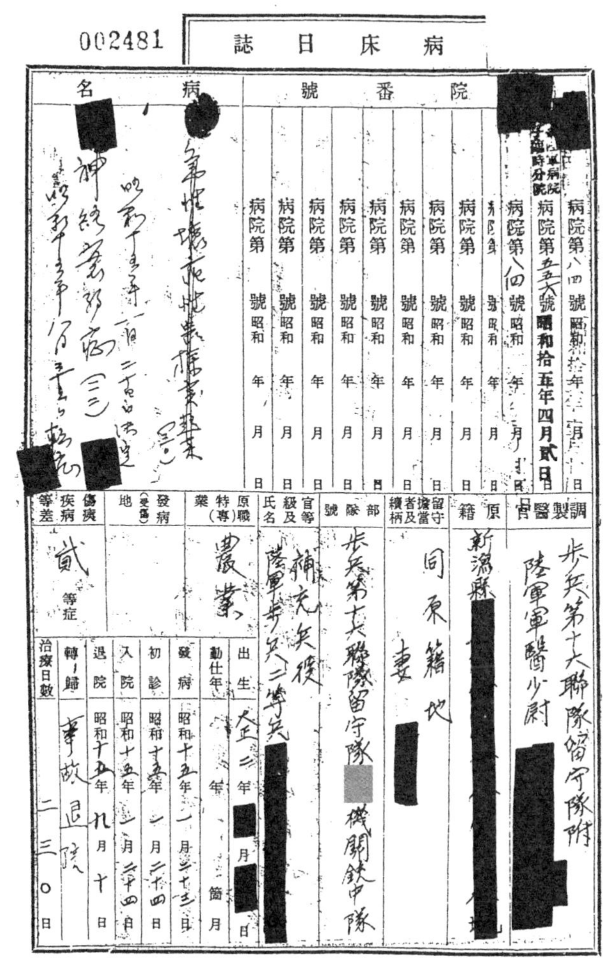

002481

病床日誌

病名
急性[illegible]（三）
昭和十五年一月二十四日決定
神經衰弱症（三）
昭和十五年[illegible]月[illegible]日轉症

院番號
病院第八四號 昭和拾五年一月二十四日
新発田陸軍病院臨時分院 病院第五五六號 昭和拾五年四月貳日
病院第八四號 昭和 年 月 日
病院第 號 昭和 年 月 日
病院第 號 昭和 年 月 日
病院第 號 昭和 年 月 日
病院第 號 昭和 年 月 日
病院第 號 昭和 年 月 日
病院第 號 昭和 年 月 日
病院第 號 昭和 年 月 日
病院第 號 昭和 年 月 日

調製醫官	歩兵第十六聯隊留守隊附 陸軍軍醫少尉
原籍	新潟縣
留守擔當者及續柄	同原籍地 妻
部隊號	歩兵第十六聯隊留守隊 機關銃中隊
官等級及氏名	補充兵役 陸軍歩兵二等兵
原職（專）特業	農業
發病（受傷）地	
傷痍疾病等差	貳等症
出生	大正二年 月 日
勤仕年	年 箇月
發病	昭和十五年一月二十三日
初診	昭和十五年一月二十四日
入院	昭和十五年一月二十四日
退院	昭和十五年九月十日
轉ノ歸	事故退院
治療日數	二三〇日

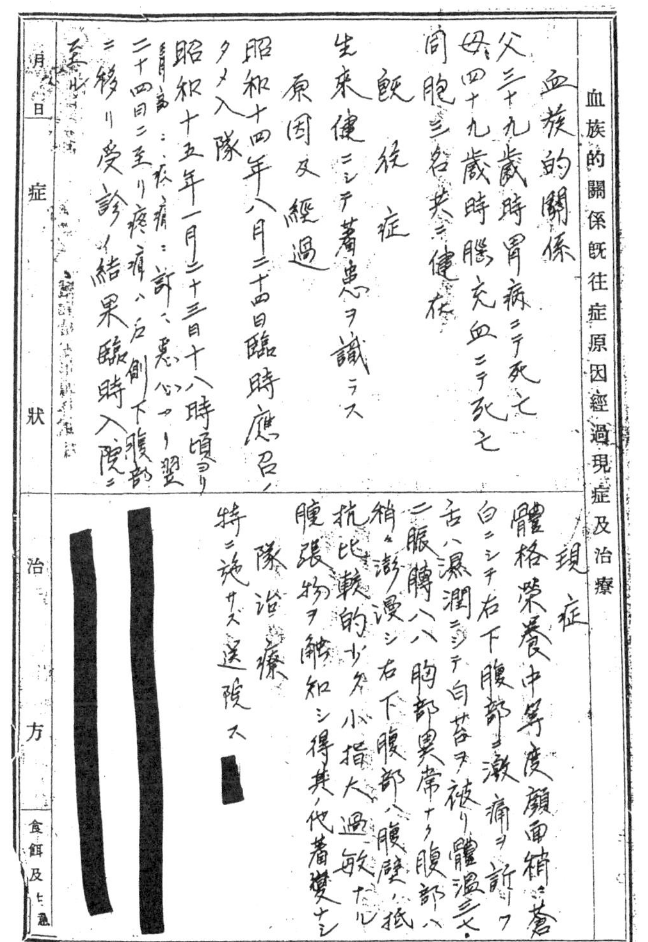

血族的關係既往症原因經過現症及治療

血族的關係
父三十九歳時胃病ニテ死亡
母四十九歳時腦充血ニテ死亡
同胞三名共ニ健在

既往症
生來健ニシテ著患ヲ識ラス

原因及經過
昭和十四年八月二十四日臨時應召ノタメ入隊
昭和十五年一月二十三日十八時頃ヨリ臍部ニ疼痛ヲ訴ヘ悪心アリ翌二十四日ニ至リ疼痛ハ右側下腹部ニ移リ受診ノ結果臨時入院ニ

現症
體格榮養中等度顔面稍ミ蒼白ニシテ右下腹部ニ激痛ヲ訴ヘ舌ハ濕潤ニシテ白苔ヲ被リ體温三七・[illegible]脈膊ハ八[illegible]胸部異常ナク腹部ハ稍々膨滿シ右下腹部ハ腹壁ハ抵抗比較的少ク小指大過敏ナル腫張物ヲ觸知シ得其ノ他著變ナシ

隊治療
特ニ施サス送院ス

月日 症状 治方 食餌及[illegible]

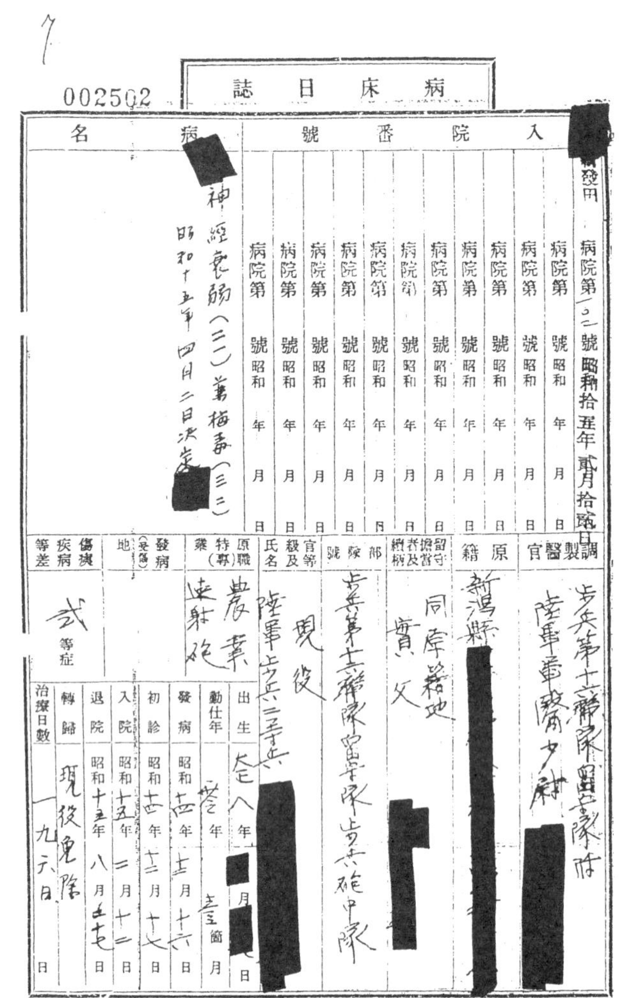

7

002502

病床日誌

入院番號	
新發田 病院第一二號	昭和拾五年貳月拾六日
病院第　號	昭和　年　月　日
病院第　號	昭和　年　月　日
病院第　號	昭和　年　月　日
病院第　號	昭和　年　月　日
病院第　號	昭和　年　月　日
病院第　號	昭和　年　月　日
病院第　號	昭和　年　月　日
病院第　號	昭和　年　月　日
病院第　號	昭和　年　月　日
病院第　號	昭和　年　月　日

病名：神經衰弱（三一）兼梅毒（三三）　昭和十五年四月二日決定

調製官	歩兵第十六聯隊留守隊附 陸軍軍醫少尉
原籍	新潟縣
留守擔當者族稱及續柄	同本籍地 實父
部隊號	歩兵第十六聯隊留守隊歩兵砲中隊
官等級及氏名	現役 陸軍歩兵二等兵
原職	農業
特業	速射砲
發病地	
傷病等差	貳等症
出生	大正八年　月　日
勤仕年	参年壹箇月
發病	昭和十四年十二月十六日
初診	昭和十四年十二月十七日
入院	昭和十五年二月十二日
退院	昭和十五年八月二十七日
轉歸	現役免除
治療日數	一九六日

血族的關係既往症原因經過現症及治療

月日	症狀
	血族的關係 父母共ニ健在同胞ハ兄一名二十三歳時戦死他ハ健存ス 既往症 生来健全ニテ著患ヲ識ラス 原因及經過 昭和十四年十二月一日入隊 昭和十四年十二月十六日ヨリ頭重眩暈耳鳴夜間便排泄ス依テ同月十七日受診セシム以後現症ニ記スカ如キ症状ヲ呈スルニ至ル 現症 体格栄養中等度 昭和十四年十二月二十日ヨリ耳ニ人ノ聲ガ響キ鼻塞ヲ感ス頭重頭痛眩暈アリテ歩行困難ナリ

治方
記憶障碍アリ 入浴時皮膚ニ擦痕アリ頭部顔面潮紅ヲ呈ス 鼻中隔彎曲アリ為メ右方ハ特ニ鼻閉塞ヲ感ズ瞳孔對光反應(+) 胸腹部異常ナシ 腱反射亢進其他異常反射ナシ 味覺異常両指端知覺鈍麻アリ 温覺脱失セルカ如シ 趾端知覺鈍麻アリ皮膚紋畫症 …ナリ 除治療 沃剤臭剤投與

歩兵第十六聯隊留守隊

陸軍歩兵二等兵

右昭和十四年十二月一日歩兵第十六聯隊留守隊ニ入隊昭和十五年二月十二日神經衰弱症ニテ新發田陸軍病院ニ入院爾今頭痛、眩暈、顔貌變態状、言語動作遅鈍、諸腱反射亢進、皮膚紋畫症強陽性、記憶力減退、耳鳴、變態等ノ諸症ノ出シ神經系ノ用フルニ依リ現役ニ堪ヘザルモノト診斷ス

昭和十五年七月二十九日

新發田陸軍病院附陸軍軍醫中尉

新發田陸軍病院長陸軍軍醫少佐

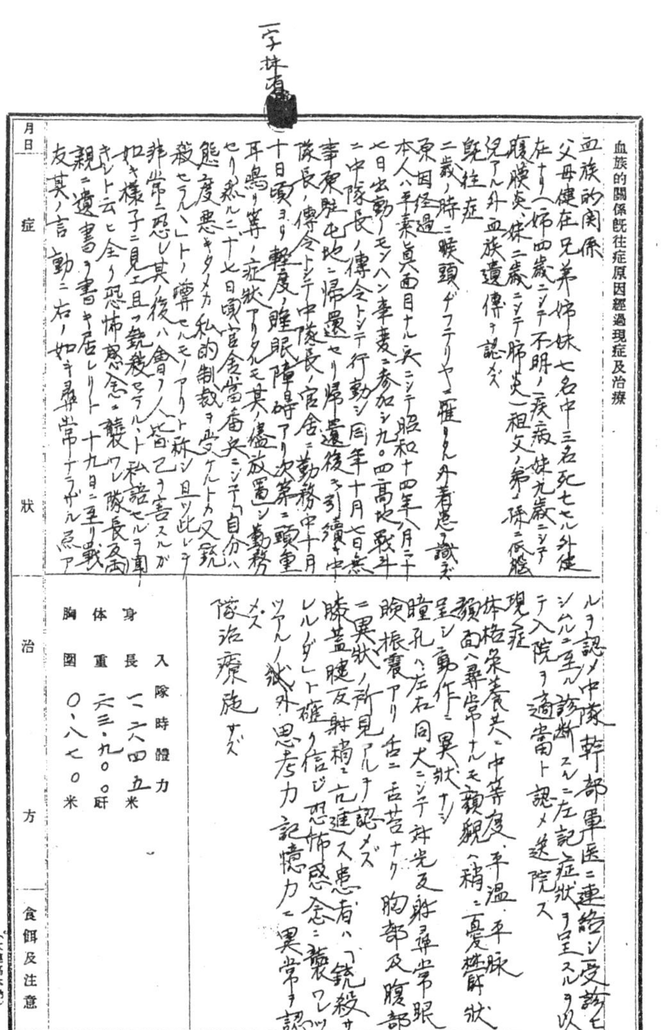

一字抹消

月日	血族的關係既往症原因經過現症及治療
症状	血族的関係 父母健在兄弟姉妹七名中三名死亡セル外健在ナリ（姉四歳ニシテ不明ノ疾病、妹九歳ニシテ腹膜炎、妹二歳ニシテ肺炎）祖父ノ弟ニ陳ニ低能児アルノ外血族遺傳ヲ認メズ 既往症 二歳ノ時ニ喉頭ヂフテリヤニ罹リタル外著患ヲ識ラズ 原因経過 本人ハ平素真面目ナル兵ニシテ昭和十四年八月二十七日出動ノモンハン事変ニ参加シ九〇四高地戦斗ニ中隊長ノ傳令トシテ行動シ同年十月七日無事原駐屯地ニ帰還セリ帰還後モ引續キ中隊長ノ傳令トシテ中隊長ノ官舎ニ勤務中十月十日頃ヨリ軽度ノ睡眠障碍アリ次第ニ頭重耳鳴リ等ノ症状アリタルモ其ノ儘放置シ勤務セリ然ルニ十七日頃官舎當番兵ニシテ「自分ハ態度悪キタメカ私的制裁ヲ受ケルトカ又銃殺セラレル」トノ噂セルモノアリト称シ且ツ此レヲ非常ニ恐レ其ノ後ハ會フ人皆己ヲ害スルガ如キ様子ニ見エ且ツ銃殺セラレルト私語セルヲ聞キシト云ヒ全ク恐怖観念ニ襲ワレ隊長及両親ニ遺書ヲ書キ居レリト十九日ニ至リ戦友其ノ言動ニ右ノ如キ異常ナラザル点アルヲ認メ中隊幹部軍医ニ連絡シ受診セシムルニ至ル診断スルニ左記症状ヲ呈スルヲ以テ入院ヲ適當ト認メ送院ス
治方	入隊時體力 身長 一・六四五米 体重 六三・九〇〇瓩 胸囲 〇・八七〇米
	現症 体格栄養共ニ中等度、平温、平脈 顔面ハ異常ナルモ顔貌ハ稍ニ憂鬱状ヲ呈シ動作ニ異状ナシ 瞳孔ハ左右同大ニシテ対光反射異常 眼瞼振震アリ 舌ニ舌苔ナク胸部及腹部ニ異状ノ所見アルヲ認メズ 膝蓋腱反射稍亢進ス 患者ハ「銃殺サレルノダ」ト確ク信ジ恐怖観念ニ襲ワレツツアルノ状ノ外思考力記憶力ニ異常ヲ認メズ 隊治療施サズ
食餌及注意	

（大連高木納）

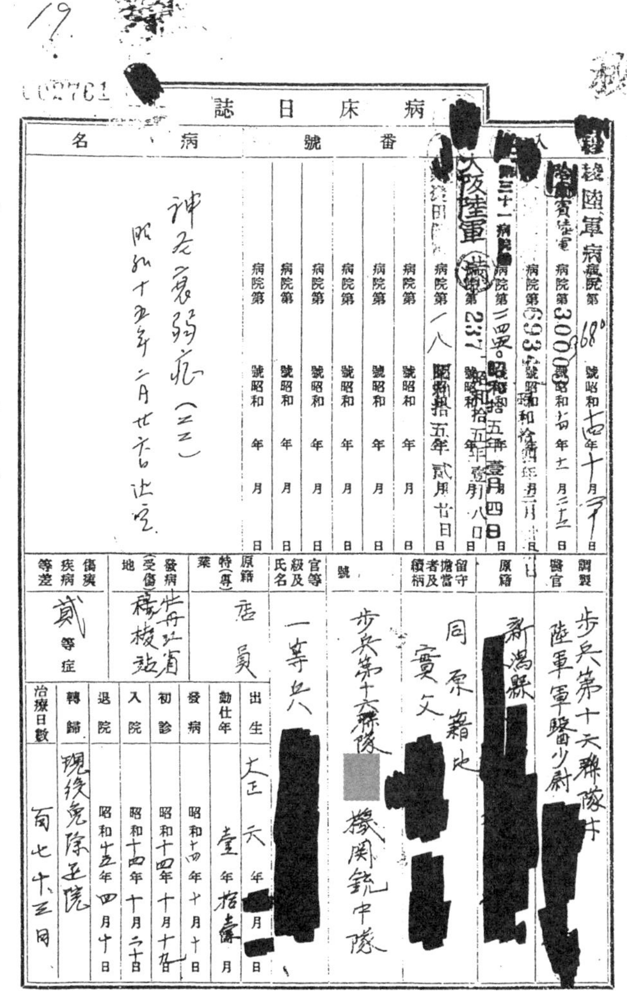

19

002761

病床日誌

番號	病名
陸軍病院第68號 昭和十四年十月十九日 陸軍病院第3000號 昭和十四年十一月二十五日 陸軍病院第693號 昭和拾五年一月 日 第三十一病院 病院第三四五〇號 昭和拾五年壹月四日 大阪陸軍病院 病院第2337號 昭和拾五年壹月八日 新発田陸軍病院 病院第一八號 昭和拾五年貳月廿日	神経衰弱症（二二） 昭和十五年二月廿六日 治定

調製醫官	歩兵第十六聯隊付 陸軍軍醫少尉
原籍	新潟縣
留守擔當者及續柄	同 原籍地 實父
號	歩兵第十六聯隊 機関銃中隊
官等級及氏名	一等兵
原籍特(専)業	店員
發病(受傷)地	牡丹江省穆稜站
傷痍疾病等差	貳等症
出生	大正六年 月 日
勤仕年	壹年拾壹月
發病	昭和十四年十月十日
初診	昭和十四年十月十九日
入院	昭和十四年十月二十日
退院	昭和十五年四月十日
轉歸	現役免除退院
治療日數	百七十三日

診斷書

歩兵第十六聯隊留守隊

舊歩兵第十六聯隊　機関銃中隊

陸軍歩兵一等兵

右昭和十四年十月十九日満洲國牡丹江省穆稜站ニ於テ神經衰弱症ニ罹リ昭和十五年二月二十日新發田陸軍病院ニ轉入現今體格榮養中等顔貌憂鬱状動作遅鈍眼瞼及手指ノ振顫著明膝蓋腱反射アヒレス腱反射亢進皮膚描畫症陽性輕度ノ幻聽被害妄想憂鬱等ノ諸症ヲ貽シ神經器ノ用ヲ妨クルニ依リ現役ニ堪ヘサルモノト診斷ス

昭和十五年二月二十七日

主任　新發田陸軍病院附陸軍軍醫中尉

參坐　新發田陸軍病院長陸軍軍醫中佐

陸軍

新発田－033

新発田－034

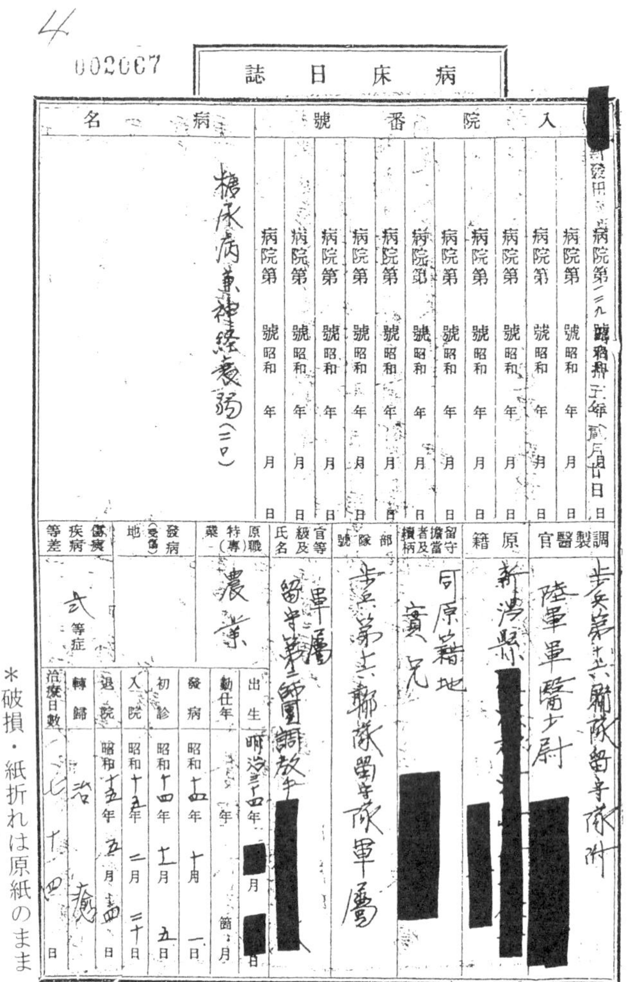
4

002067

病床日誌

入院番號	新發田陸軍病院第一二九號 昭和十五年貳月廿日
病名	糖尿病兼神経衰弱(三口)
調製醫官	歩兵第十六聯隊留守隊附 陸軍軍醫少尉
原籍	新潟縣
留守擔當者及續柄	同原籍地 實兄
部隊號	歩兵第十六聯隊留守隊軍屬
官等級及氏名	軍屬 留守第十三師團雇
原職(專)特業	農業
發病(受傷)地	
傷痍疾病等差	弐等症
出生	明治三十四年　月　日
勤任年	年　箇月
發病	昭和十五年十月一日
初診	昭和十四年十一月五日
入院	昭和十五年二月二十日
退院	昭和十五年五月十四日
轉歸	治癒
治療日數	八十四日

＊破損・紙折れは原紙のまま

血族的關係既往症原因經過現症及治療

血族的關係
父七十歳時不詳死母七十六歳健在同胞十四名内姉一名脚氣ニテ死亡妹一名産後死亡兄四十八歳健在ス
妻三十四歳子供三名健

既往症
生来健康ナリシモ二十七歳時横痃ノ手術ヲ受ケ二ヶ月ニシテ全治昭和十年冬落馬シ胸部ヲ強打シ約三週間新發田陸軍病院ニ入院爾来健全ナリト謂フ

原因経過
昭和十五年二月十五日退院シ勤務ニツキタルニ眩暈不眠肩凝空腹感下腹部疼痛等アリテ気分悪ク二月十九日受診ス

現症
体格中等度栄養稍々不良体温三十六度五分脈搏五七(若シクナリタル時直ニ増加ス)瞳孔口腔胸腹ニ他覚的ニ著変ナシ腱反射亢進アシユネル氏徴候陽性
尿蛋白(一)　糖(十)
隊治療ノ

＊破損・紙折れは原紙のまま

一宇...

血族的關係既往症原因經過現症及治療

血族的関係
祖母健在 祖父不明病ニテ死亡
父壊血症ニテ昭和十四年四月七日死亡
母健在 同胞五名中弟一名不明疾患
ニテ死亡 其他健在ナリ

既往症
満洲國佳木斯陸軍病院入院後肺尖炎
ニテ三ケ月 書脳症等三週間治療ヲ受ク
其他著患ナシ

原因経過
昭和十三年一月二十五日新発田陸軍病院ニ
應召 爾后健在ナリシガ昭和十五年一月
二十一日急性咽頭炎ニテ發熱三十八度ニテ
加療 今日ニ至ルモ日哺潮熱（三六度—三七・三度）
アリ 食慾不振 全身倦怠感加ハリ精神
不安状態 頭重ヲ訴ヘ歩行困難ナリ

現症
体格榮養中等度 体温三六・五度 脈搏
正常 顔貌稍不安状ニシテ眼瞼振顫
著明ナルモ アーガイル ロバートソン氏症状陽性
デルモグラフ陽性 アツシユネル氏症状陽性
手指振顫著明ナリ
胸部右肺尖時々吾羽濁 右背上部呼気
延長ス 心音ベ界正常
腹部平坦ニシテ肝脾觸レズ 腹壁反射亢
膝蓋腱反射亢進シクローヌスヲ認ム
ロンベルグ氏症状陽性 バビンスキー・メンデル氏
病的反射ナキモ アクネレーヲ認ム
知覚鈍麻ナシ 血沈三・〇 一時間二中等度 一

月日 | 症状 | 治方 | 食餌及注意

臨床治療
ブロムカリ投與

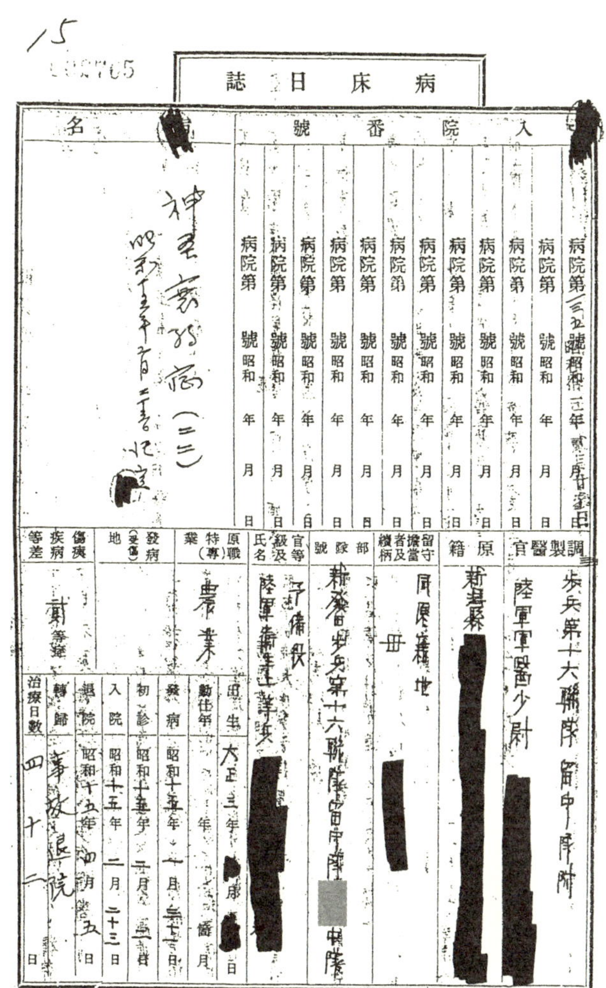

15

病床日誌

入院番號
病院第（二五）號 昭和十五年二月二十三日

名
神経衰弱症（二三）
昭和十五年一月二十三日 ...

調製官醫	歩兵第十六聯隊留守隊附 陸軍軍醫少尉
原籍	新潟県
留守擔當者及續柄	同県 ... 父
部隊號	新発田歩兵第十六聯隊留守隊 ... 中隊
官等級及氏名	予備役 陸軍衛生上等兵
原職特業（專）	農業
發病地（受傷）	
傷痍疾病等差	貳等症
出生	大正三年 月 日
發病	昭和十五年一月二十一日
初診	昭和十五年一月二十二日
入院	昭和十五年二月二十三日
轉歸	昭和十五年四月五日
轉歸	事故退院
治療日數	四十二日

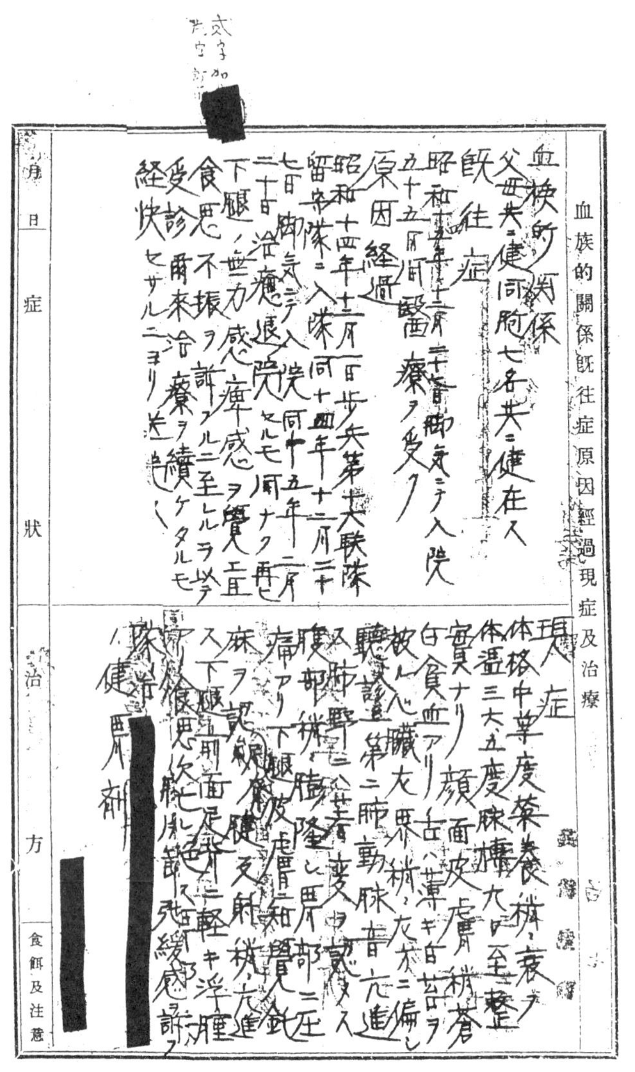

血族的關係既往症原因經過現症及治療

血族的関係 父母共健 同胞七名共ニ健在ス

既往症 昭和十四年十二月二十日脚気ニテ入院 五十五日間医療ヲ受ク

原因経過 昭和十四年十二月一日歩兵第十六聯隊留守隊ニ入隊 同十四年十二月二十七日脚気ニテ入院 同十五年二月二十日治癒退院セルモ間ナク再ビ下腿ノ無力感麻痺感ヲ覚エ 食思不振ヲ訴フルニ至レル 受診 爾来治療ヲ続ケタルモ経快セサルニヨリ

現症 体格中等度 栄養稍衰ヘ 体温三六・五度 脈搏九〇

月日 症状 治療方 食餌及注意

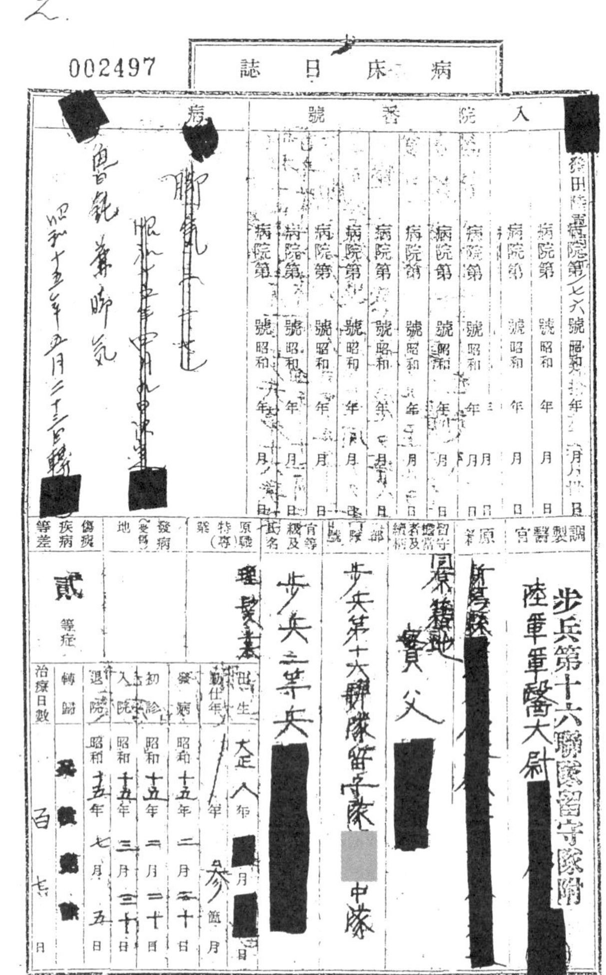

002497

病床日誌

病名 脚気 魯鈍

入院 新発田陸軍病院第七六號 昭和十五年二月廿日

調製醫官 陸軍軍醫大尉

部隊 歩兵第十六聯隊留守隊 中隊

官等級 歩兵二等兵

原籍 新潟縣

傷病等差 貳等症

生 大正八年 月 日

發病 昭和十五年二月二十日

入院 昭和十五年二月二十日

退院 昭和十五年七月五日

治療日數 百七十日

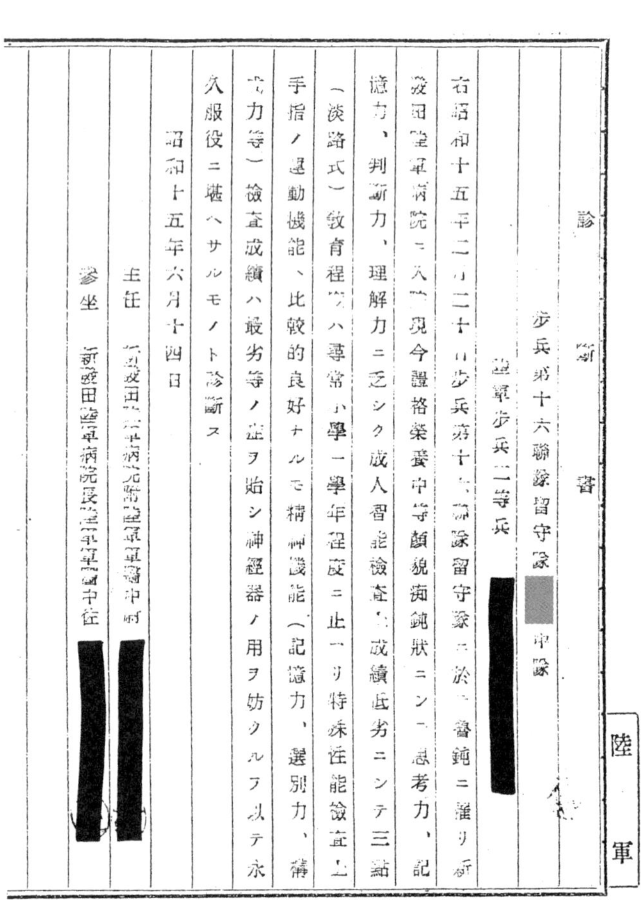

診断書

歩兵第十六聯隊留守隊 中隊

陸軍歩兵二等兵

右昭和十五年二月二十日歩兵第十六聯隊留守隊ニ於テ魯鈍ニ罹リ新発田陸軍病院ニ入院現今體格栄養中等顔貌痴鈍状ニシテ思考力、記憶力、判断力、理解力ニ乏シク成人智能検査ノ成績低劣ニシテ三點（淡路式）教育程度ハ尋常小學一學年程度ニ止マリ特殊性能検査上手指ノ運動機能、比較的良好ナルモ精神機能（記憶力、選別力、構成力等）検査成績ハ最劣等ノ域ヲ示シ神経器ノ用ヲ妨クルヲ以テ永久服役ニ堪ヘサルモノト診断ス

昭和十五年六月十四日

主任 新発田陸軍病院附陸軍軍醫中尉

参坐 新発田陸軍病院長陸軍軍醫中佐

陸軍

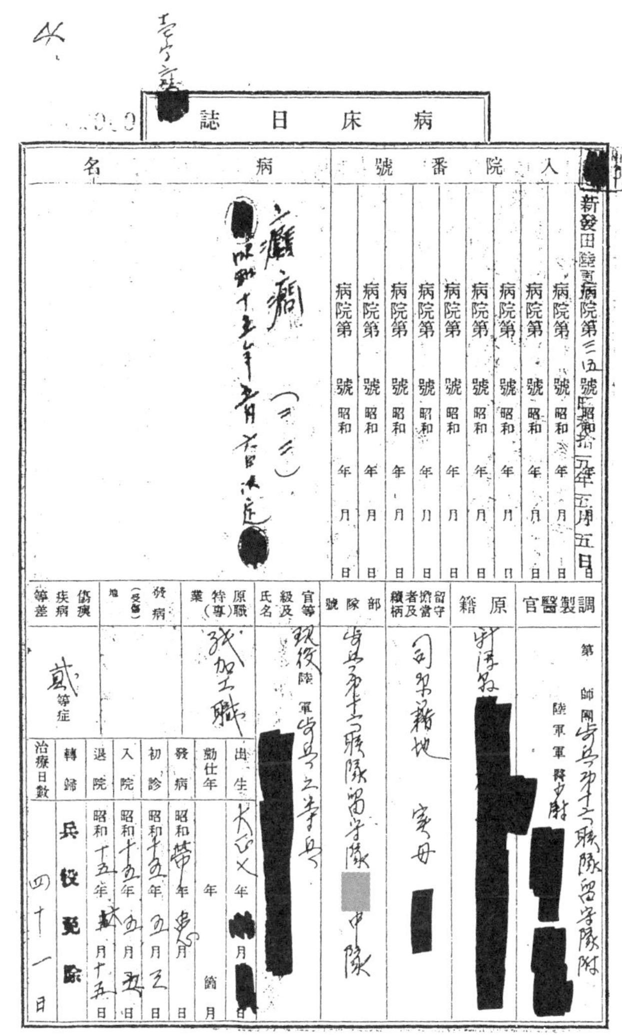

病床日誌

入院番號	
新發田陸軍病院第三五號	昭和十五年五月五日
病院第　號	昭和　年　月　日

病名：癲癇（二二）　昭和十五年五月十五日決定

調製醫官	原籍	留守擔當者及續柄	部隊號	官等級及氏名	原職（特業）	發病（受傷）地	傷痍疾病等差
第　師團 歩兵第十六聯隊留守隊附 陸軍軍醫中尉 ■	新潟縣 ■	同縣籍地 実母 ■	歩兵第十六聯隊留守隊■中隊	現役陸軍歩兵二等兵 ■	鉄加工職		貳等症

出生	勤仕年	發病	初診	入院	退院	轉歸	治療日數
大正八年■月■日	年　箇月	昭和十五年四月　日	昭和十五年五月三日	昭和十五年五月五日	昭和十五年六月十五日	兵役免除	四十一日

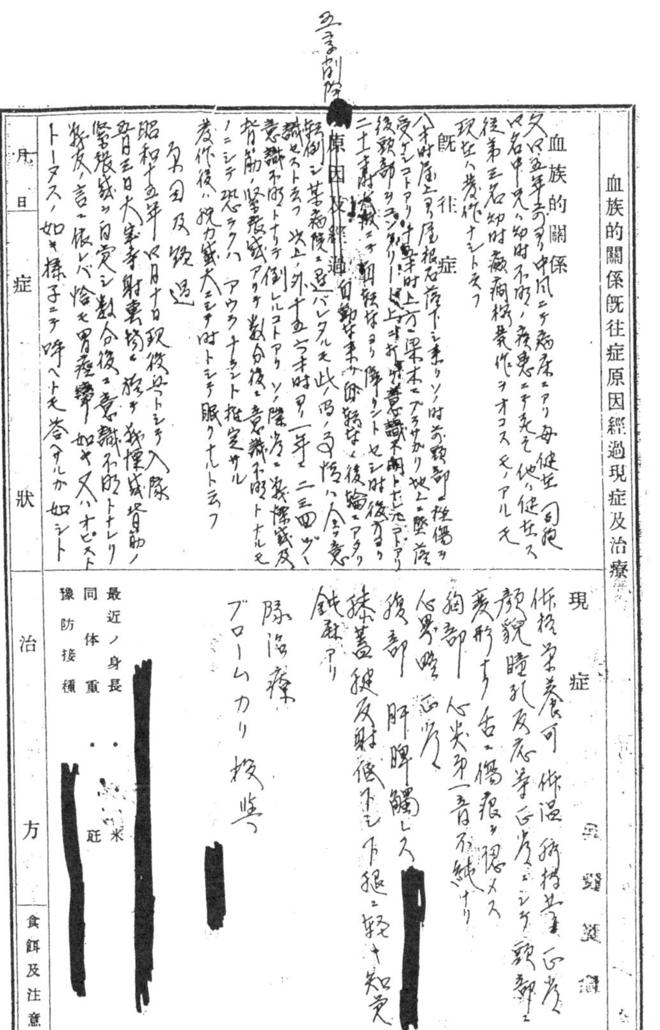

血族的關係既往症原因經過現症及治療

血族的關係
父ハ五年前ヨリ中風ニテ病床ニアリ 母健在 同胞ハ四名中兄ハ幼時不明ノ疾患ニテ死亡 他ハ健在ス 従弟三名幼時癲癇様發作ヲオコスモノアルモ現在ハ發作ナシト云フ

既往症
八才ノ時屋上ヨリ屋根石落下シ来リソノ時前頭部ニ挫傷ヲ受ケシコトアリ [illegible] 栗木ニ登リ [illegible] 地上ニ墜落 後頭部ヲ [illegible] 二十才ノ時 [illegible] 昏倒シ [illegible] ト云フ [illegible]

原因及經過
昭和十五年四月十日現役兵トシテ入隊 五月三日大宮射撃場ニ於テ [illegible] 緊張感ヲ自覚シ數分後ニ意識不明トナレリ 戦友ノ言ニ依レバ恰モ胃痙攣ノ如キ又ハオピストトーヌスノ如キ様子ニテ呼ベトモ答ヘザルカ如シト

現症
体格栄養可 体温 脈搏共ニ正常 顔貌瞳孔反応等正常ニシテ 頸部ニ変形ナク舌ニ傷痕ヲ認メズ
胸部 心尖ニ第一音不純ナリ 心界略正常
腹部 肝脾觸レズ
膝蓋腱反射低下シ下腿ニ軽キ知覚鈍麻アリ

治療
隊治療
ブロームカリ投與

最近ノ身長 ■ 米
同体重 ■ 瓩
豫防接種 ■

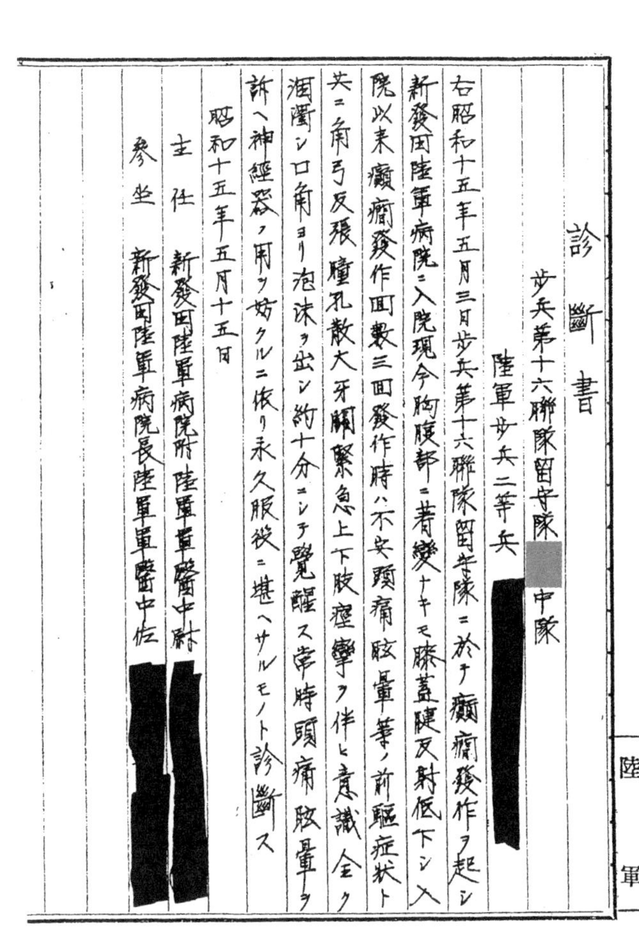

診斷書

歩兵第十六聯隊留守隊■中隊
陸軍歩兵二等兵 ■

右昭和十五年五月三日歩兵第十六聯隊留守隊ニ於テ癲癇發作ヲ起シ膝蓋腱反射低下シ入院以来癲癇發作回數三回發作時ハ不安頭痛眩暈等ノ前驅症状ト共ニ角弓反張瞳孔散大牙關緊急上下肢痙攣ヲ伴ヒ意識全ク涸濁シ口角ヨリ泡沫ヲ出シ約十分ニシテ覺醒ス常時頭痛眩暈ヲ訴ヘ神經系ノ用ヲ妨クルニ依リ永久服役ニ堪ヘサルモノト診斷ス

昭和十五年五月十五日

主任 新發田陸軍病院附 陸軍軍醫中尉 ■

參坐 新發田陸軍病院長陸軍軍醫中佐 ■

新発田－038

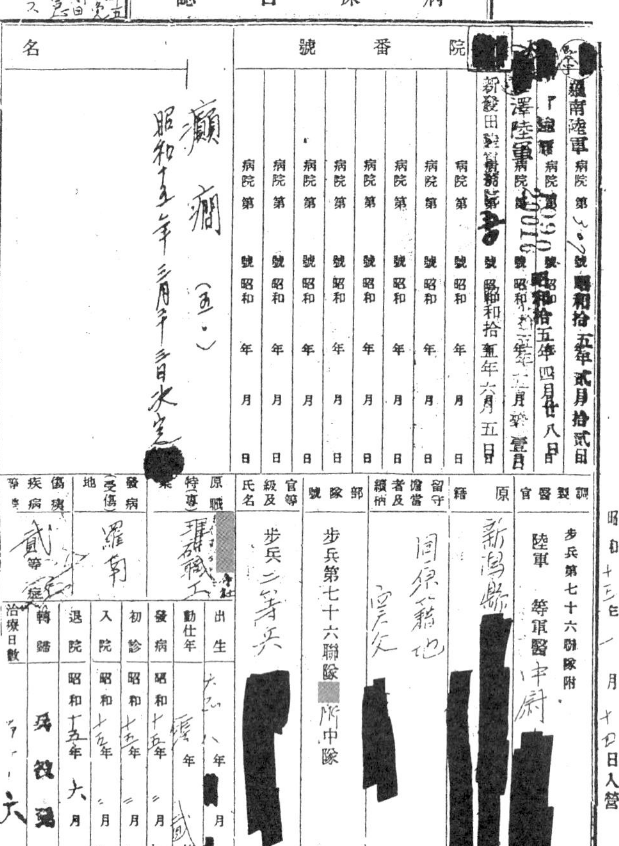

病床日誌

院番號	
新潟陸軍病院第　號	昭和拾五年貳月拾貳日
陸軍病院第　號	昭和拾五年四月廿八日
新發田衛戍病院第　號	昭和拾五年六月五日

名　癲癇（五・一）　昭和十五年[illegible]

官等	陸軍　等軍醫中尉
原籍	新潟縣[illegible]
留守擔當者及續柄	同保養地　實父
部隊號	歩兵第七十六聯隊[illegible]中隊
官等級及氏名	歩兵二等兵
原職	[illegible]
發病地	[illegible]
傷病	貳等症
出生	大正八年　月
勤仕年	壹年貳箇月
發病	昭和十五年二月十一日
初診	昭和十五年二月十一日
入院	昭和十五年二月十一日
退院	昭和十五年六月七日
轉歸	免役
治療日數	[illegible]六日

昭和十三年一月十日入營

血族的關係既往症原因經過現症及治療

血族的関係

両親健在 同胞十名中一兄ニ姉一弟ハ幼時不明病ニテ死亡 一妹ハ四才時脳膜炎ニテ死亡 他ハ健在ナリ

血族的ニ精神病、癲癇患者ナシ

既往症

十七才時脚気ニテ四十日間[illegible]

十一才頃ヨリ時々卒倒セルコトアリト

原因及經過

昭和十五年二月十一日二十三時頃帰途中[illegible]ニテ卒倒（頭部打撲ト[illegible]ル）ニヨリ倒レ当時顔面蒼白意識不明両下肢硬直性ナリシモ四肢痙攣ナク[illegible]等ヲ認メサリシト 直チニ[illegible]ニ搬入セラレタリ 入院時（約[illegible]後）顔色尋常 顔貌[illegible]状[illegible]ニテ脈搏六六至[illegible]ニテ瞳孔[illegible]同大正円 対光反射不常ニテ眼球結膜[illegible]

現症

認ム[illegible]意識不明[illegible]四肢ハ[illegible]ヨリ特ニ強直[illegible]ヲ認ム 諸反射ハ膝蓋腱反射著明亢進シ 膝蓋[illegible]

[illegible]

胸部ハ[illegible]常ナリ 腹部平坦柔軟

[illegible]内部諸臓器異常ナシ

[illegible]覚醒ヲ待ツモ翌十二日七時ニテ覚醒[illegible]

入院ロシ

現症 初診時ノ症状ト大差ナク 体温[illegible]

偏癱ナシ 尿中 蛋白(一)

體重	
入營時	・　瓩
最近	五〇・二　瓩
最近身長	一・五七〇米
現在 體温	三六・一度
現在 脈搏	九五至

治方

食餌及注意

＊破損・紙折れは原紙のまま

＊破損・紙折れは原紙のまま

診斷書

歩兵第七十六聯隊[illegible]機關銃中隊

陸軍歩兵二等兵

癲癇症

右昭和十四年十月中旬頃郷里ニ於テ癲癇様發作アリ入營後昭和十五年二月十一日二十三時ヨリ翌朝ニ亘リ所屬中隊ニ於テ人事不省トナリ全身痙攣發作反復出現シ翌十二日[illegible]時状態ノ儘新潟陸軍病院ニ入院當時意識不明[illegible]乳[illegible]反應微弱四肢爪「チアノーゼ」指趾末端厥冷諸腱反射消失及四肢[illegible]筋強直性痙攣等ノ症ヲ現認ス同日二十一時三十分ニ出リ忽然覺醒セルモ[illegible]來發作因ニ要求ヲ來シ顔貌痴鈍状[illegible]黙指南力不良トナリ同三月二十三日癲癇ト病名決定現今體格營養共ニ中等度（身長一、五七三米體重五六、〇瓩胸圍〇、八四五米）時々微熱アリ呼吸胸部並腹部[illegible]變ナク顔貌遲鈍放心状言語[illegible]作萎シク緩慢[illegible]記憶記銘並判斷力減退[illegible]迷合[illegible]弱遲滯諸腱反射[illegible]血液[illegible]毒反應陰性赤血球沈降速度中等價二、〇耗マントー氏反應陰性等ノ症ヲ貽シ陸軍兵ノ用ヲ妨クルニ依リ永久服役ニ堪ヘサル者ト診斷ス

昭和十五年四月二十日

主任　新潟陸軍病院附陸軍軍醫大尉

新潟陸軍病院長陸軍軍醫中佐

陸軍

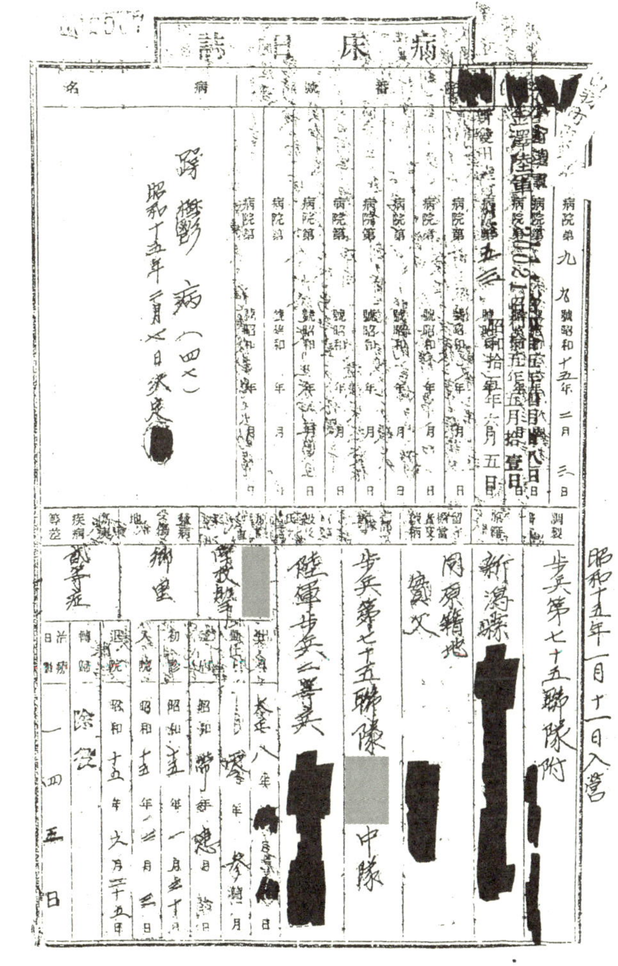

病床日誌

病名：躁鬱病（四七）　昭和十五年二月七日決定

昭和十五年一月十一日入營　歩兵第七十五聯隊附

新潟縣

同原籍地

農　父

歩兵第七十五聯隊　中隊

陸軍歩兵二等兵

除役

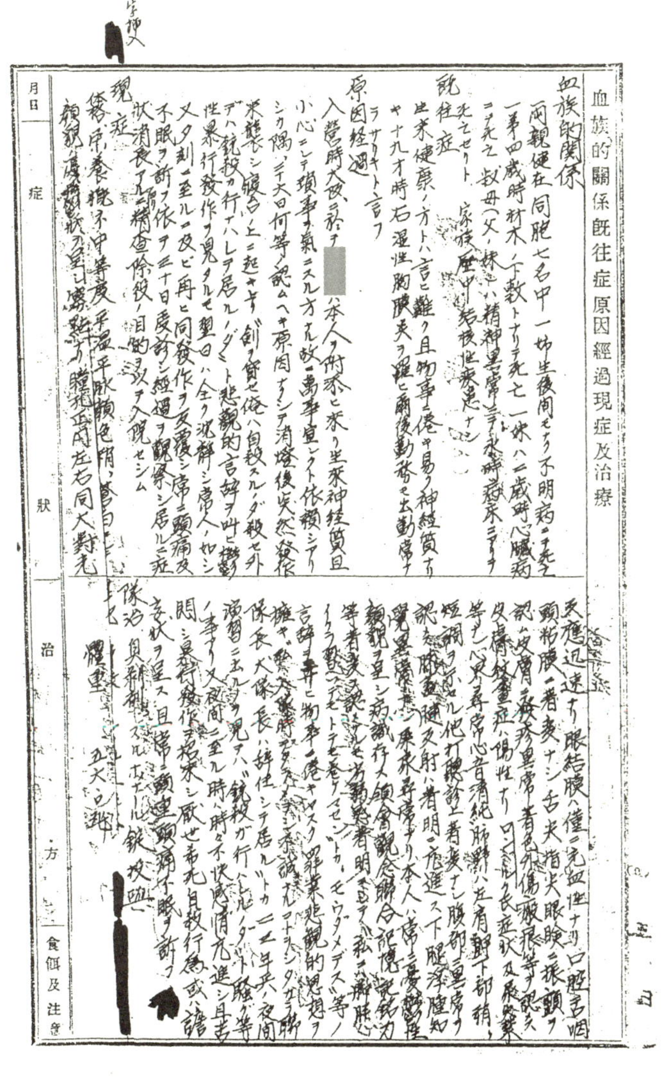

血族的關係既往症原因經過現症及治療

診斷書

歩兵第七十五聯隊　中隊

陸軍歩兵二等兵

右新潟縣ニ於テ躁鬱病ニ罹リ昭和十五年一月十日歩兵第七十五聯隊ニ入隊同年二月三日會寧陸軍病院ニ入院ス現今體格榮養中等度身長一五八七米體重五六、〇瓩胸圍〇、八一五米體温概ネ赤線以下脈搏七〇至内外ヲ動搖額貌憂鬱狀表情ニ乏シク顔面稍ミ蒼白皮膚ニ紋畫症ヲ認メ舌ニ白苔ヲ衣シ胸腹部異常ナク膝蓋腱反射兩側著明亢進精神狀態沈鬱小心輕度ノ幻聽視アリ罪業妄想ヲ抱キ從命自動拒絶症ヲ示シ運動遲鈍シ自己悲觀ノ念ニ驅ラレ記憶力ノ輕度障碍アルモ指南力理解力概ネ良好脳脊髄液壓測臥位一四二粍（水壓）細胞數多症蛋白質增加ヲ認メス頭痛不眠不安等ノ症ヲ貽シ神經系ノ用ヲ妨クルニ依リ現役及補充兵役ニ堪ヘサル者ト診斷ス

昭和十五年二月八日

主任　會寧陸軍病院附陸軍軍醫中尉

參坐　會寧陸軍病院長陸軍軍醫大佐

陸軍

大阪・廣本納

血族的關係既往症原因經過現症及治療

一血族的関係
両親共ニ健 同胞健康
一既往症
十七才時胸膜炎ヲ経過シ四十日間入院治療ヲ受ケタルコトアリト
尚昨年マラリヤニ罹患ス
一原因経過
約一週間前ヨリ現勤務地ニ於テ勤務中何トナク異常ナル行動アリシガロクナリ夜中突然起キ上リ他兵ヲ呼ビ起シ被害妄想ヲ抱キ殺害ヲ恐レ或ハ勤務ニ就カント称シ他兵ノ止ムルモ肯カザルコトアリ時ニハ全ク食事ヲトラズ床ニ就キテ醒メテハ意義全ク不詳ナル言語ヲ放ツ
以来兵一名ヲシテ監視セシメアリシモ軽快ニ至ラズ
一現症
身体的ニハ特ニ変化ヲ認メズ
只顔貌ハ幾分愉悦ナル感ヲ呈シアリ
従来ノ記憶ハ精確實ニ保持セルモ記銘理解批評ニ関シテハ不確實ナリ 拒否的行動モ軽度ニ認メラレ冗長ナル癖アリ
被害妄想 幻覚等ハ之ヲ認メズ
一治療
隊ニ於テ不適ト認メ送院ス

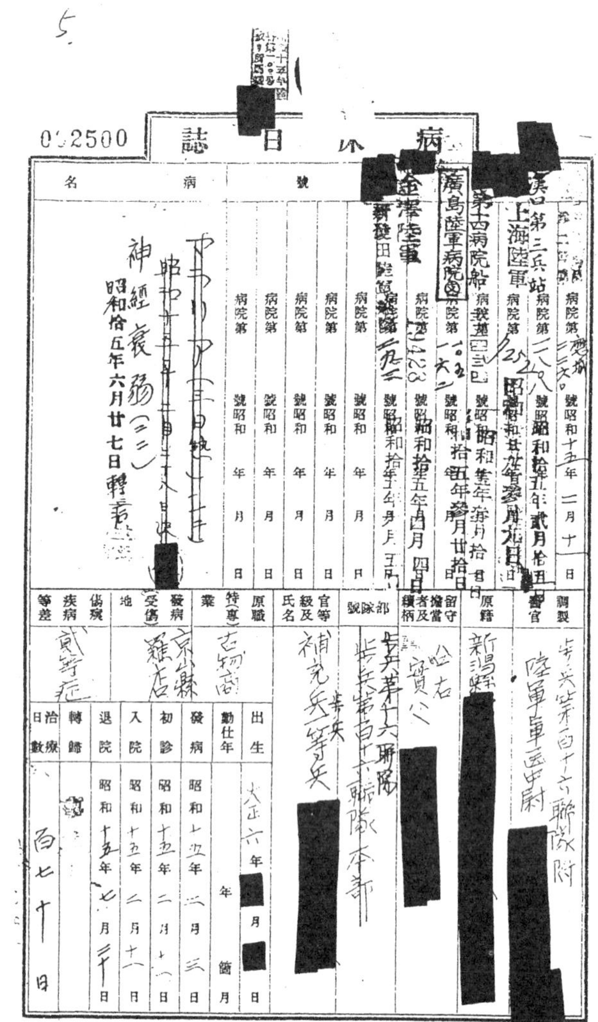

02500 病牀日誌

漢口第三兵站病院 上海陸軍病院 第十四病院船 廣島陸軍病院 金澤陸軍病院 新發田陸軍病院

病名 神經衰弱（二二） 昭和拾五年六月廿七日 轉

原籍	新潟縣
部隊號	歩兵第百十六聯隊本部
官等級及氏名	補充兵 一等兵
原職	古物商
發病地	京山縣雜店
傷痍疾病等差	貳等症

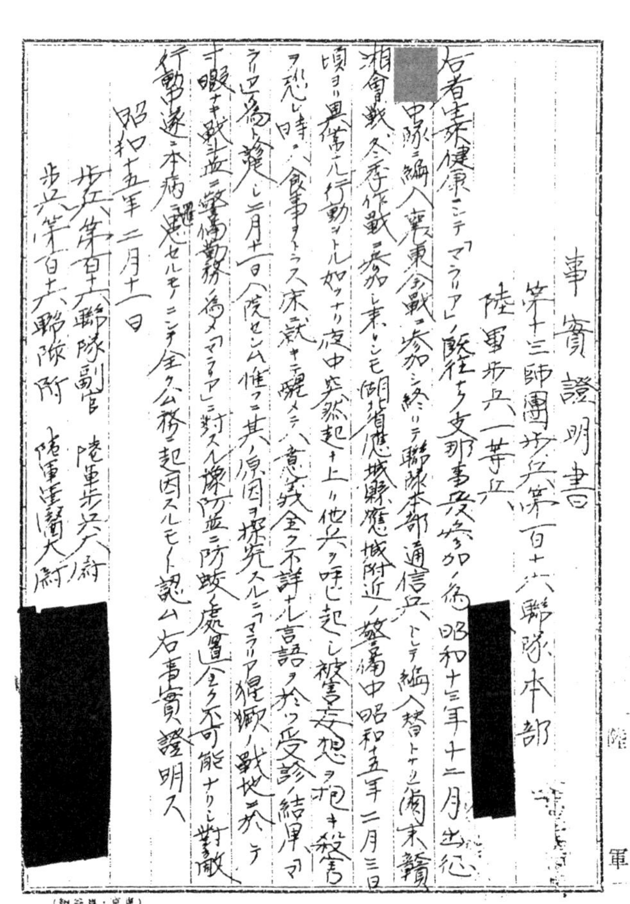

事實證明書

第十三師團歩兵第百十六聯隊本部
陸軍歩兵一等兵

右者生來健康ニシテ「マラリア」ノ既往ナク支那事変参加ノ為昭和十三年十二月出征中隊ニ編入 粤東会戦ニ参加シ終リテ聯隊本部通信兵トシテ編入替トナリ爾来贛湘会戦冬季作戦ニ参加シ来リシモ湖北省應城縣應城附近ノ警備中昭和十五年二月三日頃ヨリ異常ナル行動ヲトル如クナリ夜中突然起キ上リ他兵ヲ呼ビ起シ被害妄想ヲ抱キ殺害ヲ恐レ時ニハ食事ヲトラズ床ニ就キテ醒メテハ意義全ク不詳ナル言語ヲ放ツ受診ノ結果マラリアト診断シ二月十一日入院セシム惟フニ其ノ原因ヲ探究スルニマラリア猖獗ノ戦地ニ於テ寸暇ナキ戦斗竝ニ警備勤務ノ為メ「マラリア」ニ対スル豫防竝ニ防蚊ノ処置ハ全ク不可能ナリシ對敵行動中遂ニ本病ニ罹患セルモノニシテ全ク公務ニ起因スルモノト認ム右事實證明ス

昭和十五年二月十一日
歩兵第百十六聯隊副官 陸軍歩兵大尉
歩兵第百十六聯隊附 陸軍軍醫大尉

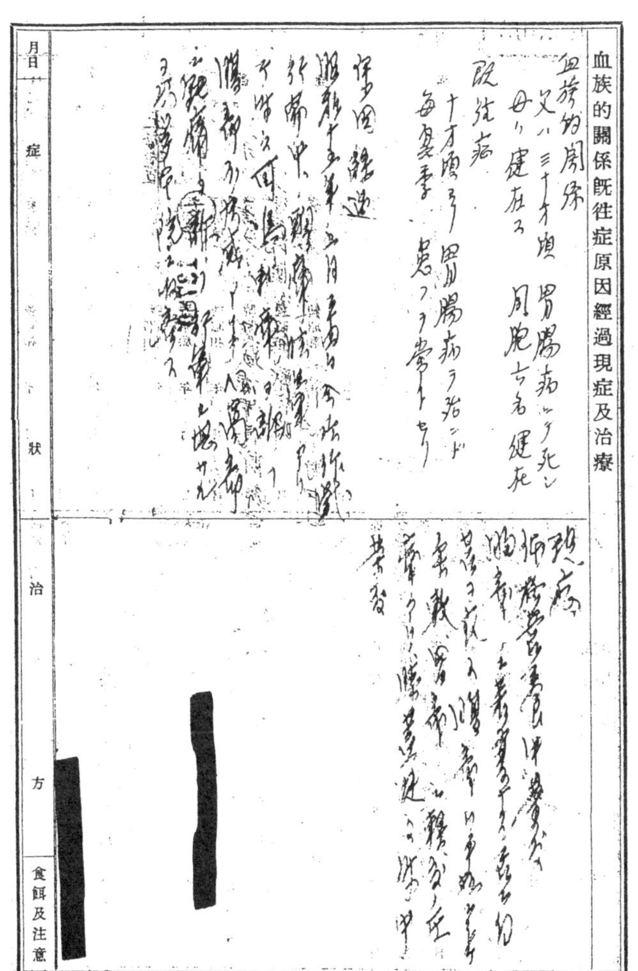

月日	血族的關係既往症原因經過現症及治療
症状	血族的関係 父ハ三十才頃 胃腸病ニテ死シ 母ハ健在ス 同胞六名 健在 既往症 十才頃ヨリ胃腸病ヲ病ミシモ 毎夏季ニ患フヲ常トセリ 原因経過
治方	現症
食餌及注意	

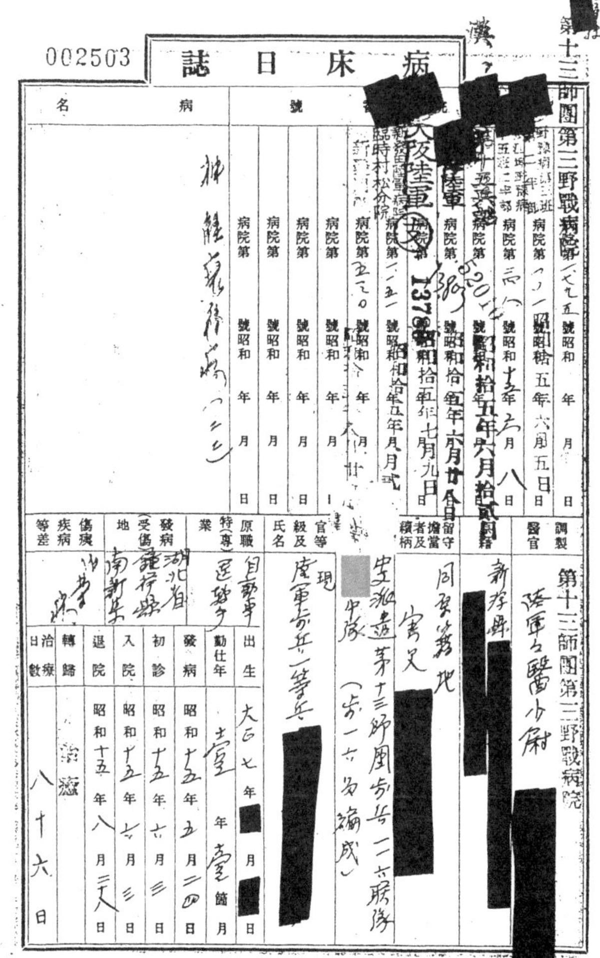

002503

病床日誌

病名	號	
神経衰弱症	第十三師團第三野戰病院 第　號	昭和十五年六月五日
	病院第　號	昭和十五年六月八日
	病院第　號	昭和拾五年六月拾貳日
	大阪陸軍病院 第1378號	昭和拾五年六月廿日
	病院第　號	昭和拾五年七月九日
	病院第　號	昭和拾五年月貳
	臨時村松分院 病院第　號	昭和　年　月　日

調製	醫官	留守擔當者	官等級及氏名	原職	特業(専)	發病地	受傷地	傷病疾等差
第十三師團第三野戰病院	陸軍々醫少尉	同實父	現 陸軍歩兵一等兵	自動車運転手		湖北省		

出生	勤仕年	發病	初診	入院	退院	轉歸	治療日數
大正七年　月　日	年　月	昭和十五年五月二〇日	昭和十五年六月三日	昭和十五年六月三日	昭和十五年八月二八日	治癒	八十六日

13

002420 病床日誌

院番號

- 〔■〕陸軍病院第一二三號 昭和十五年六月　日
- 會寧陸軍病院第〔■〕號 昭和拾五年八月廿七日
- 新發田陸軍病院第一〇一號 昭和拾五年九月九日
- 病院第　號 昭和　年　月　日（以下空欄）

病名

脚気（三・二）
〔■〕月　日決定
神経衰弱症（十一・九）
昭和十六年三月　日
脚気兼神経衰弱
昭和十六年四月廿四日除役〔■〕

調製醫官	歩兵第七十五聯隊附 陸軍軍醫中尉 〔■〕
原籍	新潟縣〔■〕
留守擔當者及續柄	同原籍地 〔■〕 實父
部隊號	歩兵第七十五聯隊〔■〕中隊
官等級及氏名	歩兵二等兵 〔■〕 昭和十六年四月二十六日現免
原職（特業）	農業 印刷
發病（受傷）地	會寧
傷痍疾病等差	貳等症
出生	大正八年〔■〕月〔■〕日
勤仕年	零年六箇月
發病	昭和十五年五月十一日
初診	昭和十五年五月十三日
入院	昭和十五年六月二日
退院	昭和十六年四月二十六日
轉歸	現免
治療日數	三百二十八日

昭和十五年一月十一日入營

血族的關係既往症原因經過現症及治療

血族的關係
祖父母老死ス　両親健在
同胞六名中弟三名妹一名ハ幼析ス

既往症
昭和十四年十一月脚氣ニ罹患セルモ医治ヲ受ケス

原因經過
患者ハ昭和十五年二月脳震盪ニテ療治ヲ受ケシコトアリ　同五月十一日両下腿シビレ感及易疲労性ヲ訴ヘ受診シ療治ヲ加ヘツヽアリタルモ病状荏苒延セルヲ以テ加療ノ目的ニテ送院ス

現症
体格栄養中等度平温　脈搏七二至小整
貧ス　顔貌活氣ナシ　咽頭粘膜正常
諸淋巴腺腫脹ナシ

胸部　心界正常
心動亢進スレドモ心音清澄ニシテ第二肺動脈音亢進ス　腹部平坦柔軟
肝脾臍ヲ解レス
膝蓋腱反射両側亢進ス　下腿前面下方ニ軽度ノ「シビレ」感アリ腓腸筋握痛ナシ　排便排尿正常　尿蛋白（一）
膝関節部易疲労性ニシテ擾ノ体動及精神緊張ニヨリ心悸亢進ヲ訴フ

療治
安静　ブラノーゼ　健胃剤投與

参考事項
身長　一、五七三米
体重　五九、七瓩
呼吸停止時間　三五秒
心肺系數　一四点
血壓　一四〇—七〇

診斷書

歩兵第七十五聯隊〔■〕中隊
陸軍二等兵 〔■〕

右昭和十五年五月十一日朝鮮會寧ニ於テ脚氣ニ罹リ會寧陸軍病院ニ於テ内地還送昭和十六年二月八日新發田陸軍病院ニ於テ神經衰弱ニ轉症、現今體格榮養中等顔貌憂鬱状眼目眼瞼振顫、手指指尖振顫、顔皮膚紋畫症等強陽性、膝蓋腱反射並其他腱反射高度亢進兩下肢著明ナル知覺鈍麻、歩行時膝關節ノ脱力感ノ爲歩行困難、著明ナル不眠、疲勞容易等ノ症ヲ貽シ神經器ノ用ヲ妨クルニ依リ現役ニ堪ヘサルモノト診斷ス

昭和十六年三月二十七日

主任　新發田陸軍病院附陸軍軍醫中尉 〔■〕

診斷　新發田陸軍病院長陸軍軍醫中佐 〔■〕

陸軍

新発田－043

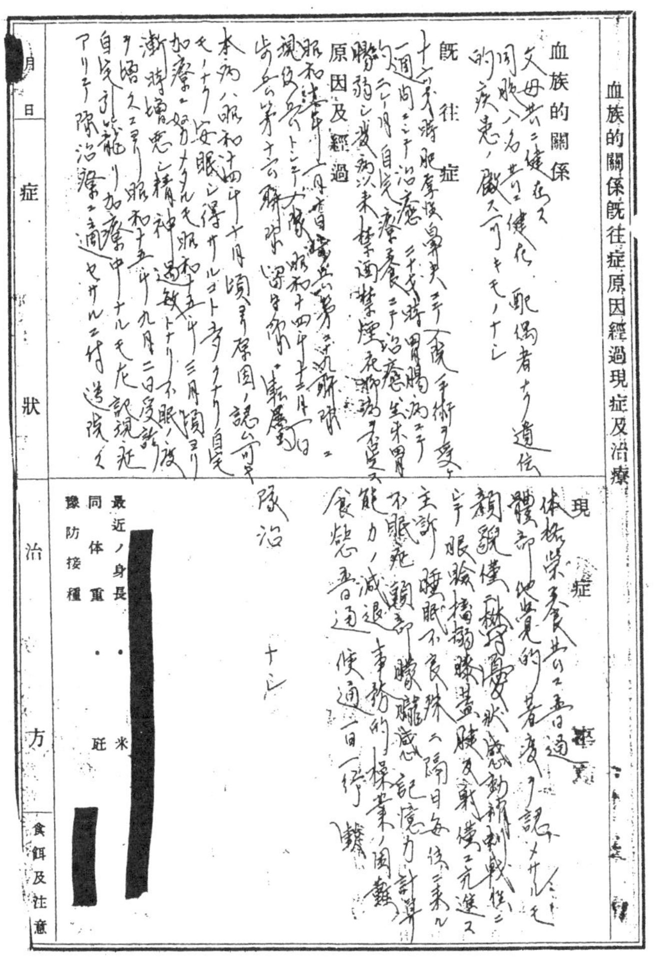

血族的關係既往症原因經過現症及治療

血族的關係

既往症

原因及經過

現症

最近ノ身長

同体重

豫防接種

月日

症狀

治方

食餌及注意

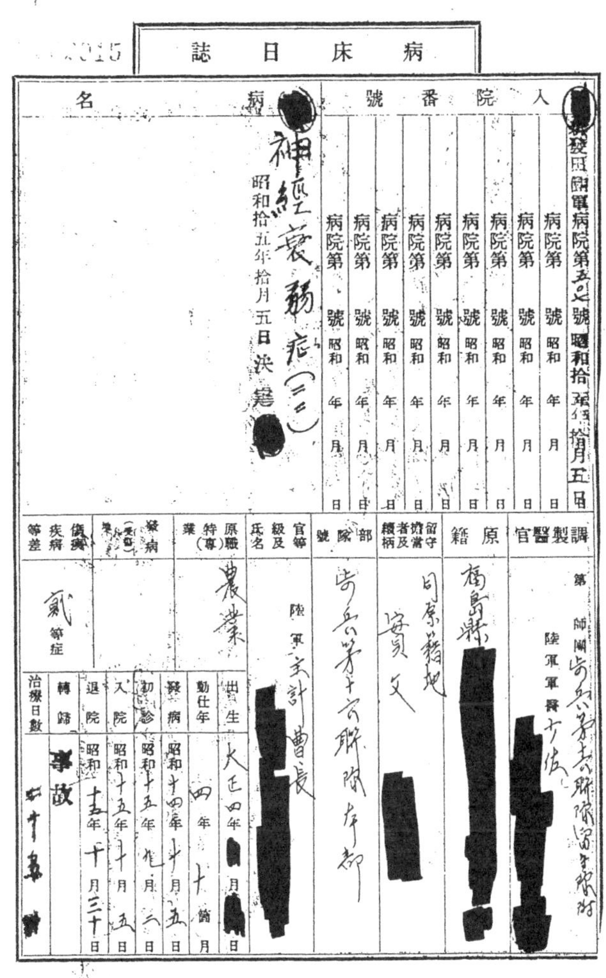

病床日誌

入院番號

病名 神經衰弱症(二二)

昭和拾五年拾月五日決定

等差	疾病	傷痍	發病	原職(專)特業	官等級及氏名	部隊號	留守擔當者及續柄	原籍	調製醫官
貳等症				農業	陸軍主計曹長	歩兵第十六聯隊本部	安貝	福島縣	第 師團 陸軍軍醫少佐

出生	勤任年	發病	初診	入院	退院	轉歸	治療日數
大正四年 月 日	四年十箇月	昭和十四年十月五日	昭和十五年九月二日	昭和十五年十月五日	昭和十五年十月三十日	事故	

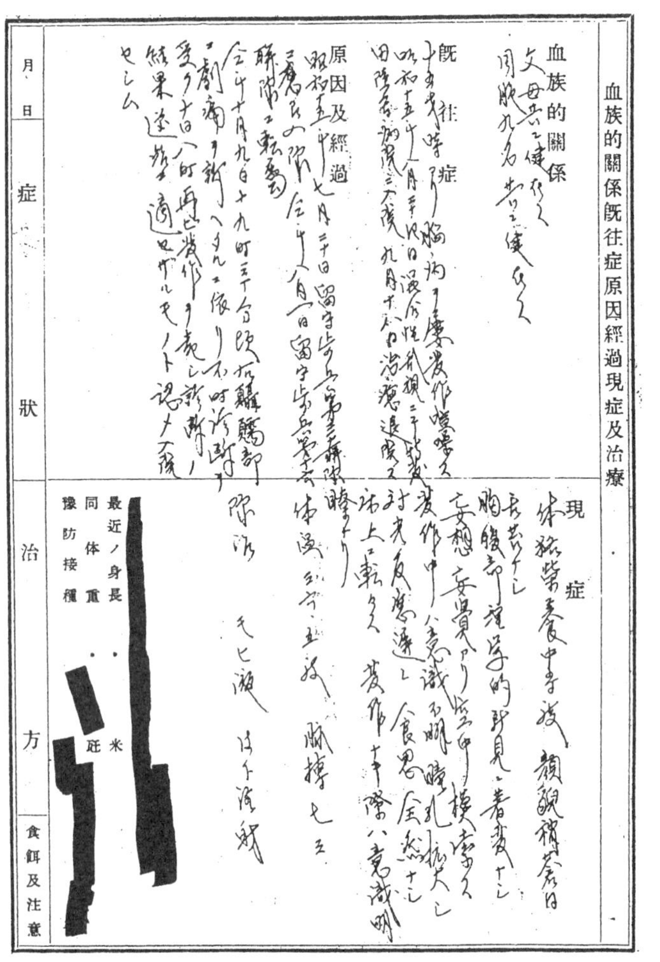

血族的關係既往症原因經過現症及治療

月日	症狀
	血族的關係 父母共ニ健在 同胞九名共ニ健在
	既往症
	原因及經過 昭和十五年十月九日 留守歩兵第十六聯隊
	現症

治方	
最近ノ身長	
同 体重	
豫防接種	
食餌及注意	

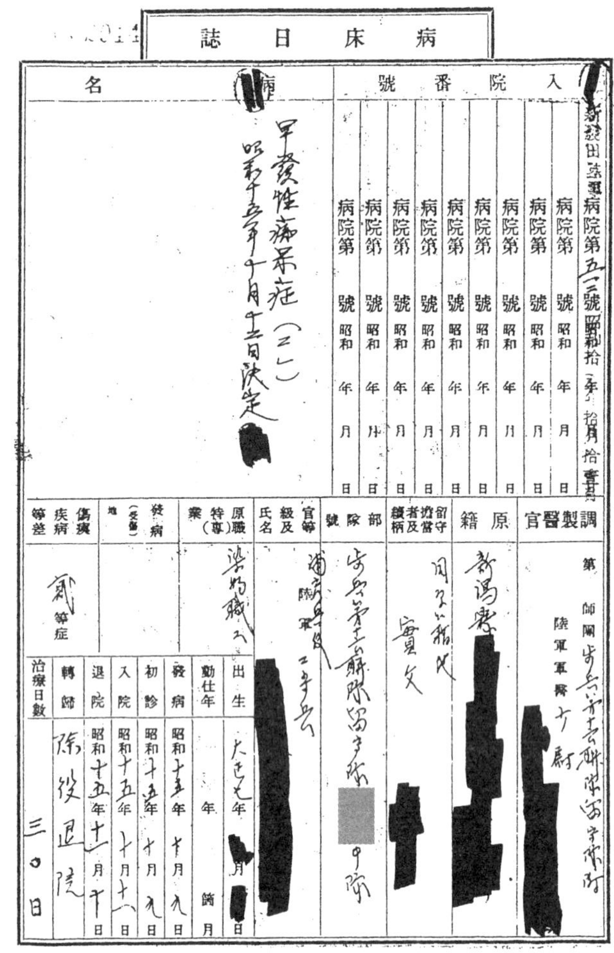

病床日誌

入院番號	
新發田陸軍病院第五一三號	昭和拾五年拾月拾壹日

病名
早發性痴呆症（三） 昭和十五年十一月十三日決定

調製醫官	第 師團 歩兵第十六聯隊留守隊 陸軍軍醫少尉
原籍	新潟縣
留守擔當者及續柄	同上 實父
部隊號	歩兵第十六聯隊留守隊 ■中隊
官等級及氏名	陸軍二等兵
原職	染物職
傷痍疾病等差	貳等症
出生	大正七年 月 日
發病	昭和十五年十月九日
入院	昭和十五年十月十一日
退院	昭和十五年十一月 日
轉歸	除役退院
治療日數	三〇日

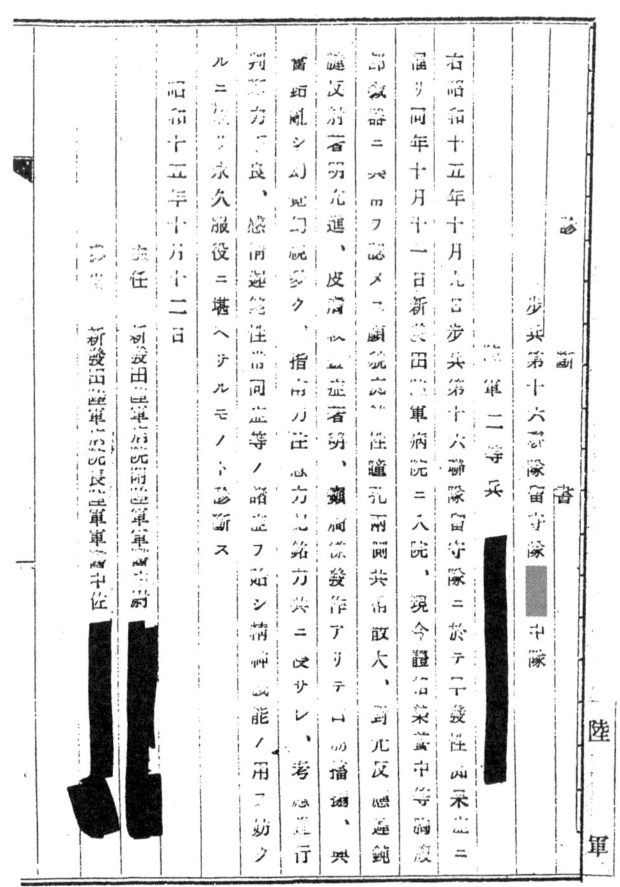

診斷書

歩兵第十六聯隊留守隊■中隊

陸軍二等兵

右昭和十五年十月九日歩兵第十六聯隊留守隊ニ於テ早發性痴呆症ニ罹リ同年十月十一日新發田陸軍病院ニ入院、現今體格榮養中等胸腹部臓器ニ異常ヲ認メズ顔貌痴呆樣瞳孔兩側共稍散大、對光反應遲鈍腱反射著明亢進、皮膚紋畫症著明、癲癇樣發作アリテ口部搐搦、興奮話亂シ幻覺幻聽多ク、指南力注意力記銘力共ニ侵サレ、考慮遂行判斷力不良、感情遲鈍性ニ同症等ノ諸症ヲ貽シ精神機能ノ用ヲ妨クルニ依リ永久服役ニ堪ヘザルモノト診斷ス

昭和十五年十月十二日

主任 新發田陸軍病院附陸軍軍醫中尉

診斷 新發田陸軍病院長陸軍軍醫中佐

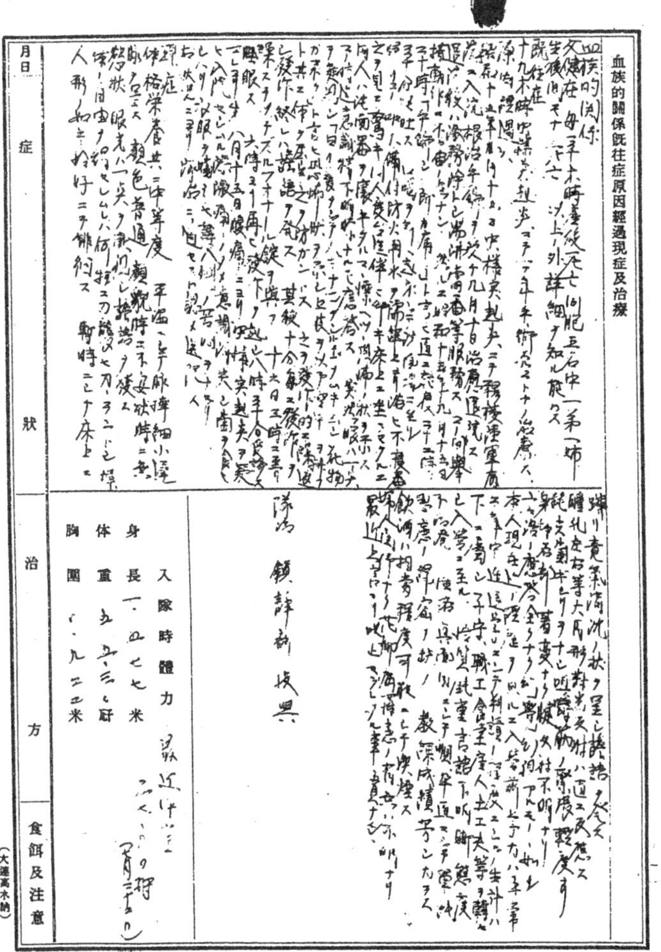
血族的関係既往症原因経過現症及治療

月日　症状　治方　食餌及注意

治方：鎮静剤投与

入隊時體力
身長 一、四七七米
体重 五五、三〇瓩
胸囲 〇、九二五米

（大蓮高木納）

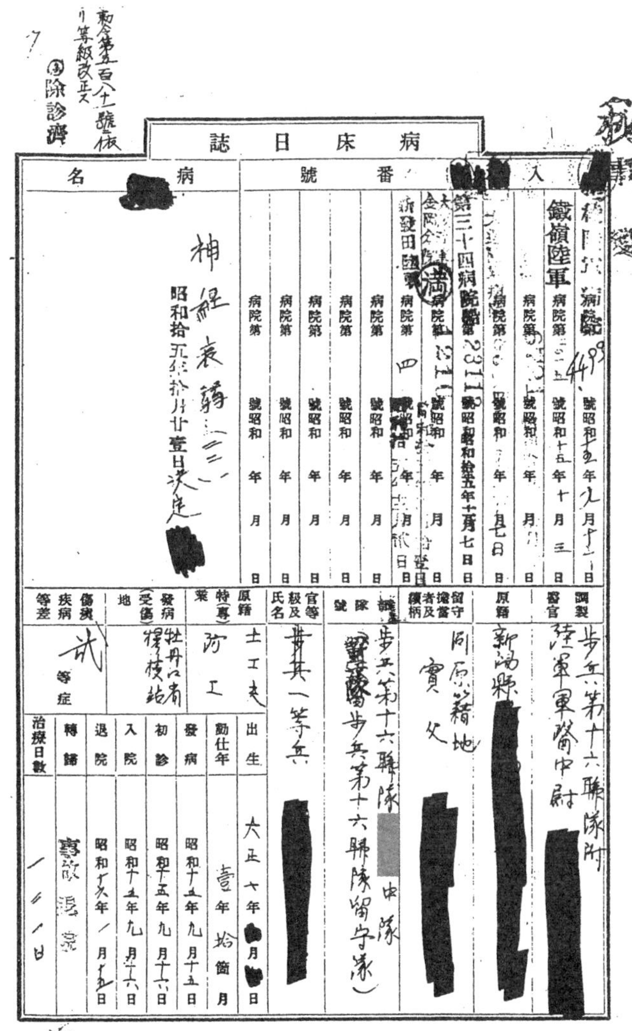
勅令第五百八十一號ニ依リ等級改正ス
除診濟

病床日誌

病名	番號
神経衰弱（二） 昭和拾五年拾月廿壹日決定	鐵嶺陸軍病院第　號　昭和十五年九月十一日 病院第　號　昭和十五年十月三日 第三十四病院第2311號　昭和拾五年十月七日 新發田陸軍病院第四號　昭和　年　月　日

調製醫官	原籍	留守擔當者及續柄	隊號	官等級及氏名	原籍 特（專）業	發病（受傷）地	傷痍疾病等差
歩兵第十六聯隊附 陸軍軍醫中尉 [redacted]	新潟縣 [redacted]	同原籍地 實父 [redacted]	歩兵第十六聯隊 [redacted] 中隊（歩兵第十六聯隊留守隊）	歩兵一等兵 [redacted]	土工夫 旋工	牡丹江省穆棱站	式等症

出生	勤仕年	發病	初診	入院	退院	轉歸	治療日數
大正七年[redacted]月[redacted]日	壹年拾箇月	昭和十五年九月十五日	昭和十五年九月十六日	昭和十五年九月十六日	昭和十六年一月十五日	事故退院	一一一日

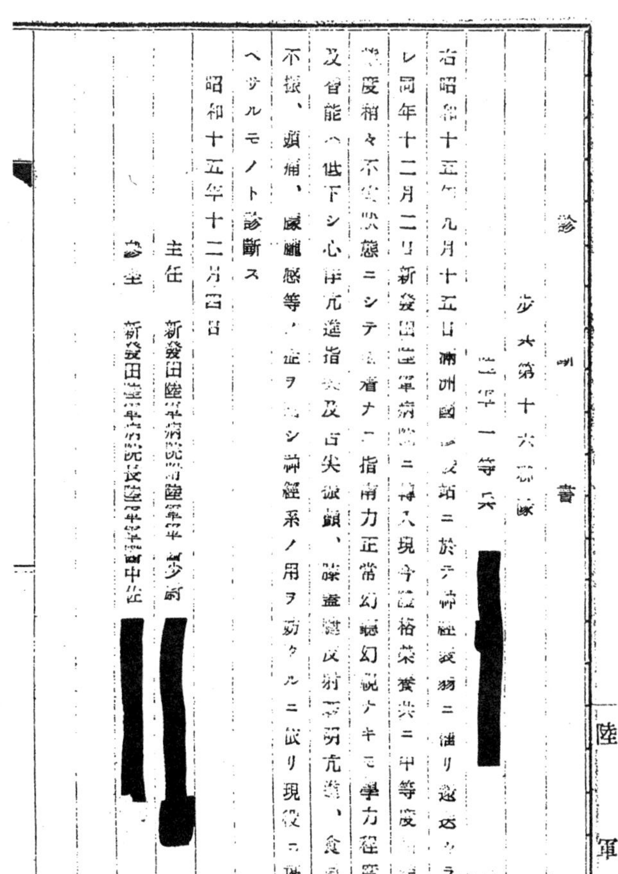
診斷書

歩兵第十六聯隊
陸軍一等兵 [redacted]

右昭和十五年九月十五日満洲國□□站ニ於テ神經衰弱ニ罹リ還送セラレ同年十二月二日新發田陸軍病院ニ轉入現今體格榮養共ニ中等度□□度稍々不安状態ニシテ沈着ナ[illegible]指南力正常幻聴幻視ナキモ學力程度及智能ハ低下シ心悸亢進指□及舌尖振顫、膝蓋腱反射稍亢進、食慾不振、頭痛、眩暈感等ノ症ヲ□シ神經系ノ用ヲ努タルニ依リ現役ニ堪ヘザルモノト診斷ス

昭和十五年十二月四日

主任　新發田陸軍病院附陸軍軍醫少尉 [redacted]
診斷　新發田陸軍病院長陸軍軍醫中佐 [redacted]

陸軍

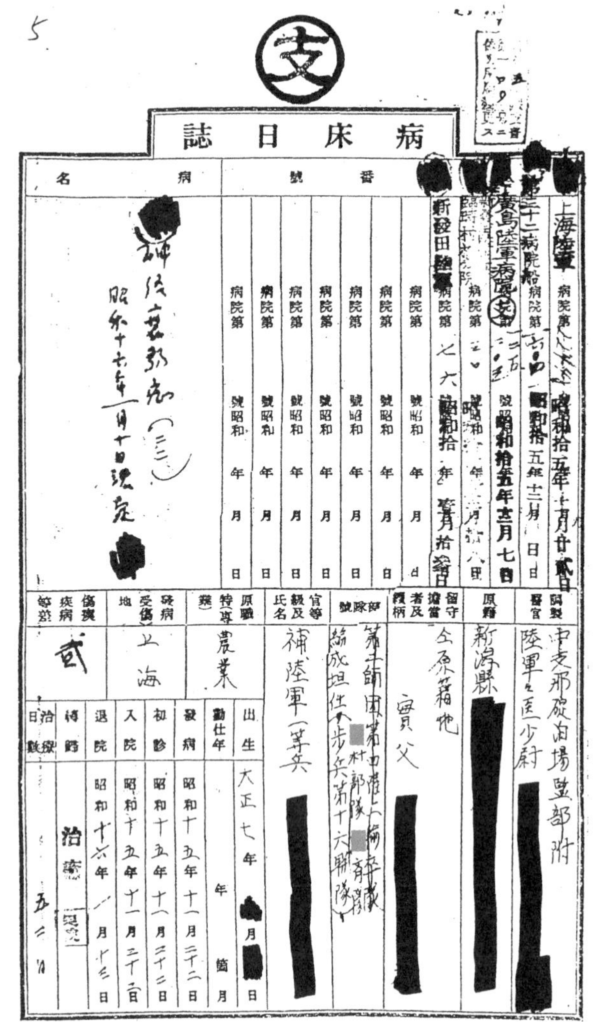
病床日誌

番號	
上海陸軍病院第[illegible]號	昭和拾五年十一月廿貳日
第三十二病院船病院第一[illegible]號	昭和拾五年十二月 日
廣島陸軍病院第二二〇五號	昭和拾五年十二月七日
[illegible]病院第二〇號	昭和 年 月廿八日
新發田陸軍病院第七六號	昭和拾 年壹月拾 日
病院第 號	昭和 年 月 日
病院第 號	昭和 年 月 日
病院第 號	昭和 年 月 日
病院第 號	昭和 年 月 日
病院第 號	昭和 年 月 日
病院第 號	昭和 年 月 日

病名：精神衰弱症（三） 昭和十六年一月十日決定

調製醫官	原籍	留守擔當者及續柄	部隊號	官等級及氏名	原職（特業）	發病受傷地	傷痍疾病等差
中支那碇泊場監部附 陸軍々医少尉	新潟縣	仝原籍地 實父	第十三師團第四[illegible]編成担任■村部隊 歩兵第十六聯隊■部隊	補陸軍一等兵	農業	上海	貳

出生	勤仕年	發病	初診	入院	退院	轉歸	治療日數
大正七年 月 日	年 箇月	昭和十五年十一月二十二日	昭和十五年十一月二十二日	昭和十五年十一月二十二日	昭和十六年一月十三日	治癒 退院	五二日

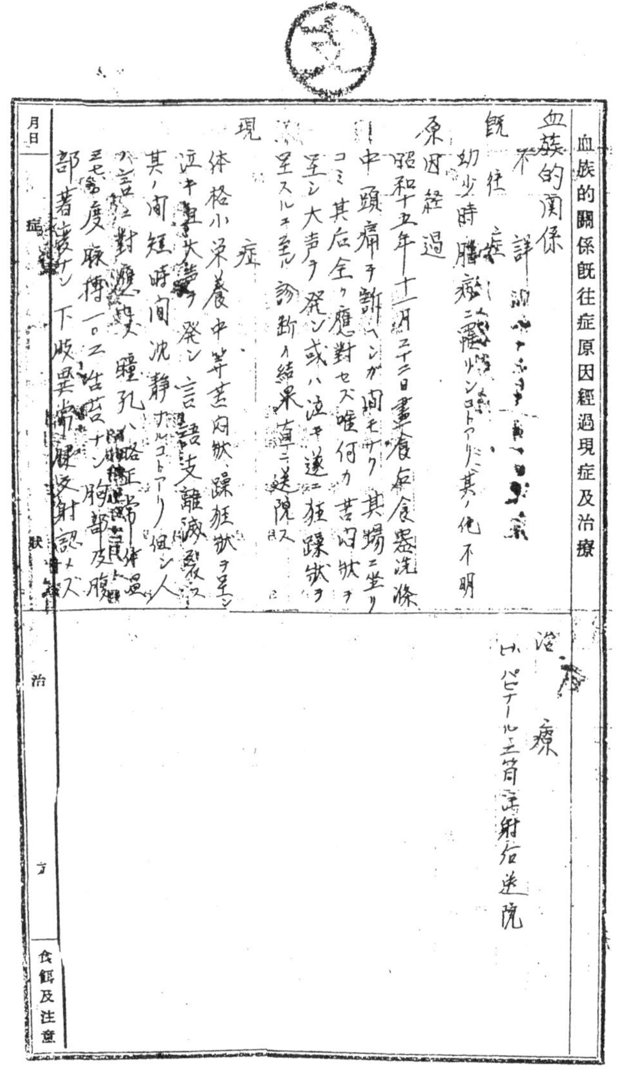
血族的關係既往症原因經過現症及治療

血族的關係
不詳 [illegible]

既往症
幼少時腸窒扶斯ニ罹患シタルコトアリ其ノ他不明

原因經過
昭和十五年十一月二十二日晝食后食器洗滌中頭痛ヲ訴ヘシガ間モナク其場ニ坐リコミ其后全ク應對セズ唯何カ苦悶状ヲ呈シ大声ヲ發シ或ハ泣キ遂ニ狂躁状ヲ呈スルニ至ル診斷ノ結果直ニ送院ス

現症
体格小榮養中等苦悶状、躁狂状ヲ呈シ泣キ且ツ大声ヲ發シ言語支離滅裂ス其ノ間短時間沈静ナルコトアリ但シ人ノ言語ニ對シ應答セズ瞳孔ハ正円[illegible]体温三七、度脈搏一〇二諸臓器ナシ胸部及腹部著変ナシ下肢異常腱反射認メズ

治療
ハ）パピナール二筒注射后送院

新発田－047

病床日誌

入院番號	病名
新発田陸軍病院第二五號 昭和拾五年十二月廿日	癲癇（二二）

調製醫官	原籍	留守擔當者及續柄	部隊號	官等級及氏名	原職（専）特業	發病（受傷）地	傷痍疾病等差
第十三師團歩兵第十六聯隊附 陸軍軍醫中尉 ■	新潟県 ■	同原籍地 ■ 實父	歩兵第十六聯隊歩兵砲中隊	陸軍二等兵 ■	農業		貳等症

出生	勤仕年	發病	初診	入院	退院	轉歸	治療日數
大正九年■月■日	年 箇月	昭和十五年十二月十七日	昭和十五年十二月十七日	昭和十五年十二月二十日	昭和十六年一月三十一日	兵役免除	四十二日

血族的關係既往症原因經過現症及治療

月日 / 症狀

血族的關係

父母共ニ健在ス同胞六名中男一名ニ十七歳ノ時不明病ニテ死亡他健在ス精神病ニ罹患セルモノナシ

既往症

生来健康ニシテ十六歳ノ時神経衰弱症ニ罹リ約一ケ月医療ヲ受ケ治癒ス其後健康ナリ

小学校ノ成績ハ普通以下

原因及經過

昭和十五年十二月十日現役兵トシテ歩兵第十六聯隊ニ入隊シ其ノ後異常ヲ認メズシテ十二月十七日午前中隊下ニ転倒ス意識不明、強直ニ陥リ痙攣アリ、顔面赤色ヲ呈シ精神朦朧トシテ入室、経過観察セルモ療治ニ適セス発現ス

現症

胸腹部ニ異常ナシ 体格中等 体温三六・五

發作時ノ症状

両手ヲ握リ顔面蒼白トナリ右ニ倒ル口ヨリ少シク泡ヲ出ス意識溷濁言語不明瞭トナリ約十分位ニテ安静トナリ昏睡状態ニ入ル

瞳孔反射遅鈍、強度頭痛アリ

治方

処方

臭剤 二、〇

重曹 二、〇

苦丁 二、〇

水 一〇〇、〇

最近ノ身長 ・ 米

同体重 ・ 瓩

豫防接種

食餌及注意

陸軍

診斷書

歩兵第十六聯隊歩兵砲中隊

陸軍二等兵 ■

右昭和十五年十二月十日歩兵第十六聯隊歩兵砲中隊ニ入隊同年同月十七日癲癇ニ罹リ同月二十日新発田陸軍病院ニ入院同月二十一日典型的癲癇發作アリタルヲ觀察ス、現今體格中等ニシテ榮養不良貧血アリ、視覺系ニシテ無氣力狀態、胸腹部ニ著變ナク筋力及腦力不良推理、記銘力、指南力等モ概ネ不良ニシテ神經系統ノ用ヲ妨ゲルニヨリ永久服役ニ堪ヘザルモノト診斷ス

昭和十五年十二月二十六日

主任代理 新発田陸軍病院附陸軍軍醫中尉 ■

立會 新発田陸軍病院長陸軍軍醫中佐 ■

新発田-048

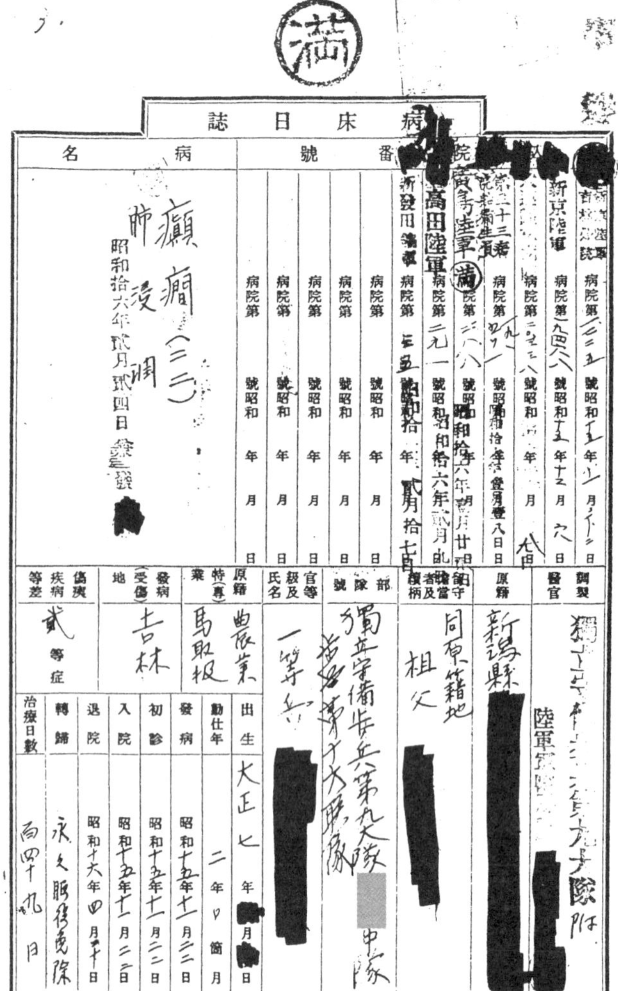

病床日誌

病名
癲癇（三二） 肺浸潤 昭和拾六年貳月貳四日[illegible]

病院番號	年月日
[illegible]病院第一〇二五號	昭和十五年十一月二二日
新京陸軍病院第一九四八號	昭和十五年十一月[illegible]日
[illegible]病院第二〇三八號	昭和[illegible]年[illegible]月[illegible]日
[illegible]病院第[illegible]號	昭和拾六年壹月壹八日
第二十三[illegible]病院第三八八號	昭和拾六年貳月廿[illegible]日
高田陸軍病院第二九一號	昭和拾六年貳月[illegible]日
新發田陸軍病院第三五號	昭和拾六年貳月拾七日

調製醫官	原籍	留守擔當者及續柄	部隊號	官等級及氏名	原籍	特（專）業	發病（受傷）地	傷痍疾病等差
獨立守備步兵第九大隊附 陸軍軍醫[redacted]	新潟縣[redacted]	同原籍地 祖父[redacted]	獨立守備歩兵第九大隊[redacted]中隊	一等兵[redacted]	農業	馬取扱	吉林	貳等症

出生	勤仕年	發病	初診	入院	退院	轉歸	治療日數
大正七年[redacted]月[redacted]日	二年〇箇月	昭和十五年十一月二二日	昭和十五年十一月二二日	昭和十五年十一月二二日	昭和十六年四月廿日	永久服役免除	百四十九日

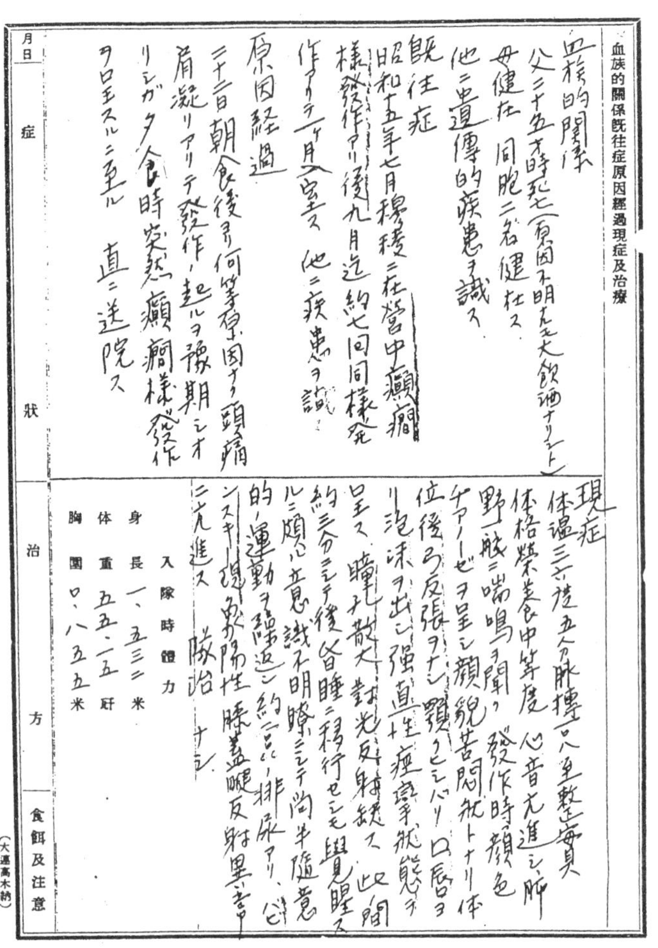

血族的關係既往症原因經過現症及治療

血族的關係
父三十五才時死亡（原因不明ナルモ大飲酒ナリシト）
母健在 同胞二名健在ス
他ニ遺傳的疾患ヲ識ス

既往症
昭和十五年七月穆稜ニ在營中癲癇様發作アリ後九月迄約七回同様發作アリテ一ケ月入室ス 他ニ疾患ヲ識[illegible]

原因經過
二十二日朝食後ヨリ何等原因ナク頭痛肩凝リアリテ發作ノ起ルヲ豫期シオリシガ夕食時突然癲癇様發作ヲ起スルニ至ル 直ニ送院ス

現症
体温三六度五分脈搏一〇八至整[illegible]
体格榮養中等度 心音亢進シ肺野一般ニ喘鳴ヲ聞ク 發作時顔色チアノーゼヲ呈シ顔貌苦悶状トナリ体位後弓反張ヲナシ[illegible]口唇ヨリ泡沫ヲ出シ強直性痙攣状態ヲ呈ス 瞳孔散大對光反射鈍ス 此間約三分ニシテ後昏睡ニ移行セシモ覺醒スルニ頗ル意識不明瞭ニシテ尚半随意的運動ヲ操返シ約二〇分ノ排尿アリ [illegible]ンスキー現象陽性膝蓋腱反射異常ニ亢進ス 險治ナシ

入隊時體力
身長 一、五三二米
体重 五五、一五瓩
胸圍 〇、八五五米

月日 | 症狀 | 治方 | 食餌及注意

（大連高木納）

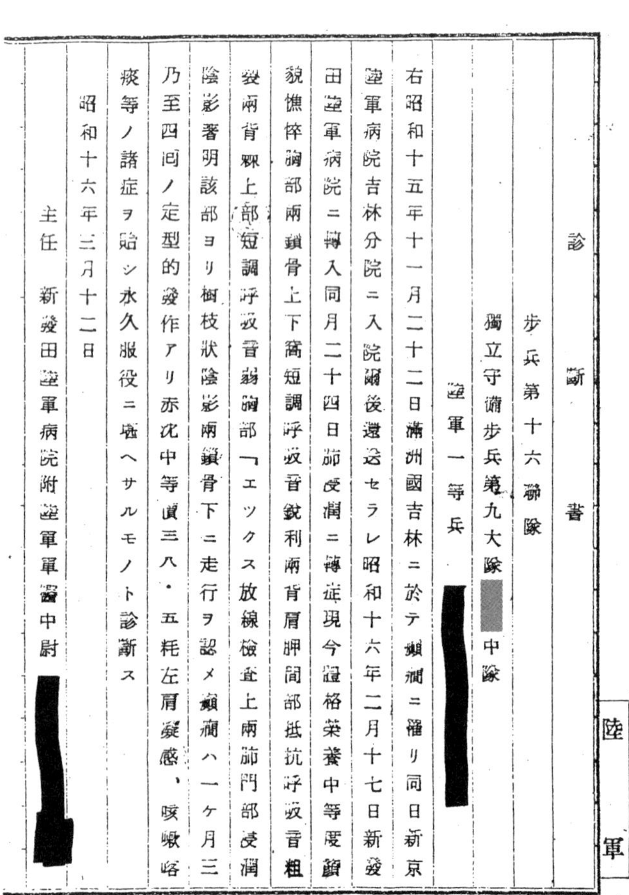

診斷書

歩兵第十六聯隊
獨立守備歩兵第九大隊[redacted]中隊
陸軍一等兵[redacted]

右昭和十五年十一月二十二日滿洲國吉林ニ於テ癲癇ニ罹リ同日新京陸軍病院吉林分院ニ入院爾後遷送セラレ昭和十六年二月十七日新發田陸軍病院ニ轉入同月二十四日肺浸潤ニ轉症現今體格榮養中等度顔貌憔悴胸部兩鎖骨上下窩短調呼吸音鋭利兩背肩胛間部抵抗呼吸音粗發兩背棘上部短調呼吸音弱胸部「エックス」放線檢査上兩肺門部浸潤陰影著明該部ヨリ樹枝狀陰影兩鎖骨下ニ走行ヲ認メ癲癇ハ一ケ月三乃至四回ノ定型的發作アリ赤沈中等値三八・五粍左肩凝感、咳嗽略痰等ノ諸症ヲ貽シ永久服役ニ堪ヘサルモノト診斷ス

昭和十六年三月十二日

主任 新發田陸軍病院附陸軍軍醫中尉[redacted]

陸軍

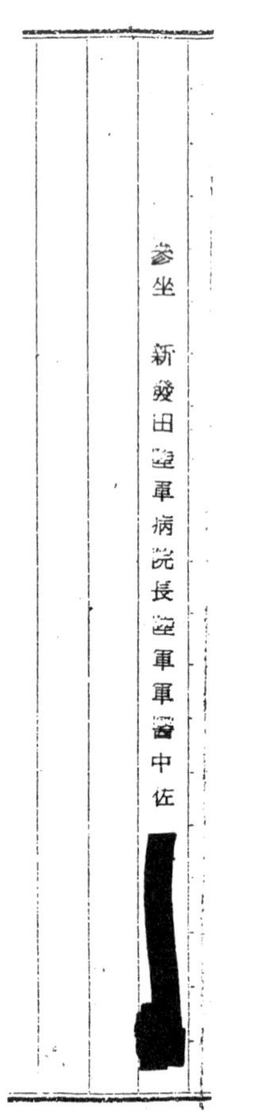

參坐 新發田陸軍病院長陸軍軍醫中佐[redacted]

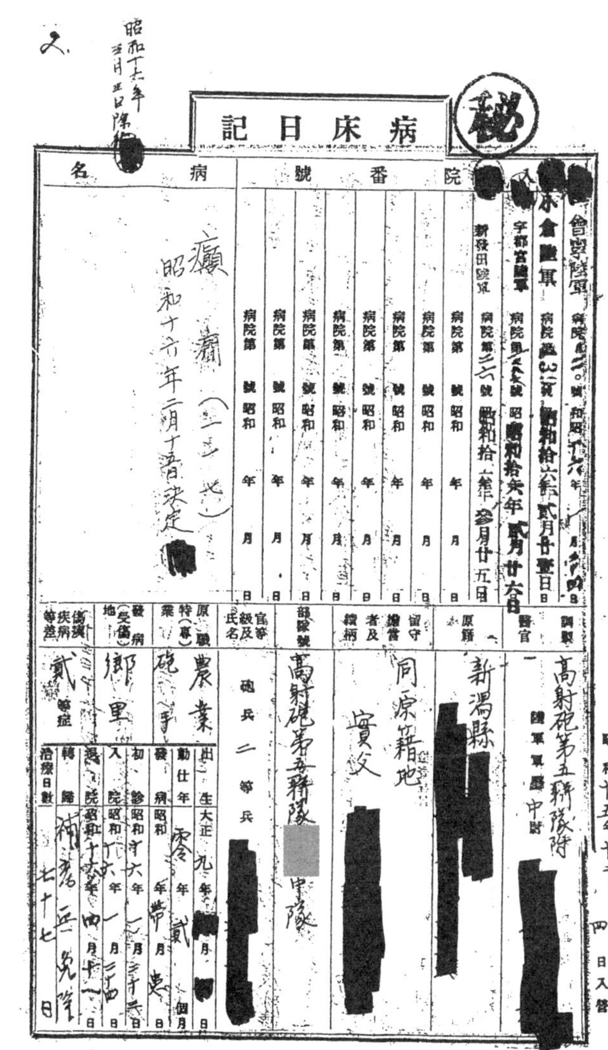
昭和十六年三月五日除

病床日記

㊙

院番號	
會寧陸軍病院第一〇四〇號	昭和十六年一月廿四日
小倉陸軍病院第三〇二號	昭和拾六年貳月廿壹日
宇都宮陸軍病院第八五〇號	昭和拾六年貳月廿六日
新發田陸軍病院第二一六號	昭和拾六年參月廿五日

病名：癲癇（二三七）　昭和十六年二月十五日決定

調製	醫官	原籍	留守擔當者及續柄	部隊號	官等級及氏名	原職（專）特業	發病（受傷）地	傷痍疾病等差
高射砲第五聯隊附 陸軍軍醫中尉	一	新潟縣	同原籍地 實父	高射砲第五聯隊　中隊	砲兵二等兵	農業　砲手	郷里	貳等症

出生	勤仕年	發病	初診	入院	退院	轉歸	治療日數
大正九年　月　日	零年貳個月	昭和　年　月患	昭和十六年一月二十五日	昭和十六年一月二十四日	昭和十六年四月十一日	補充兵免除	七十七日

昭和十五年十二月四日入營

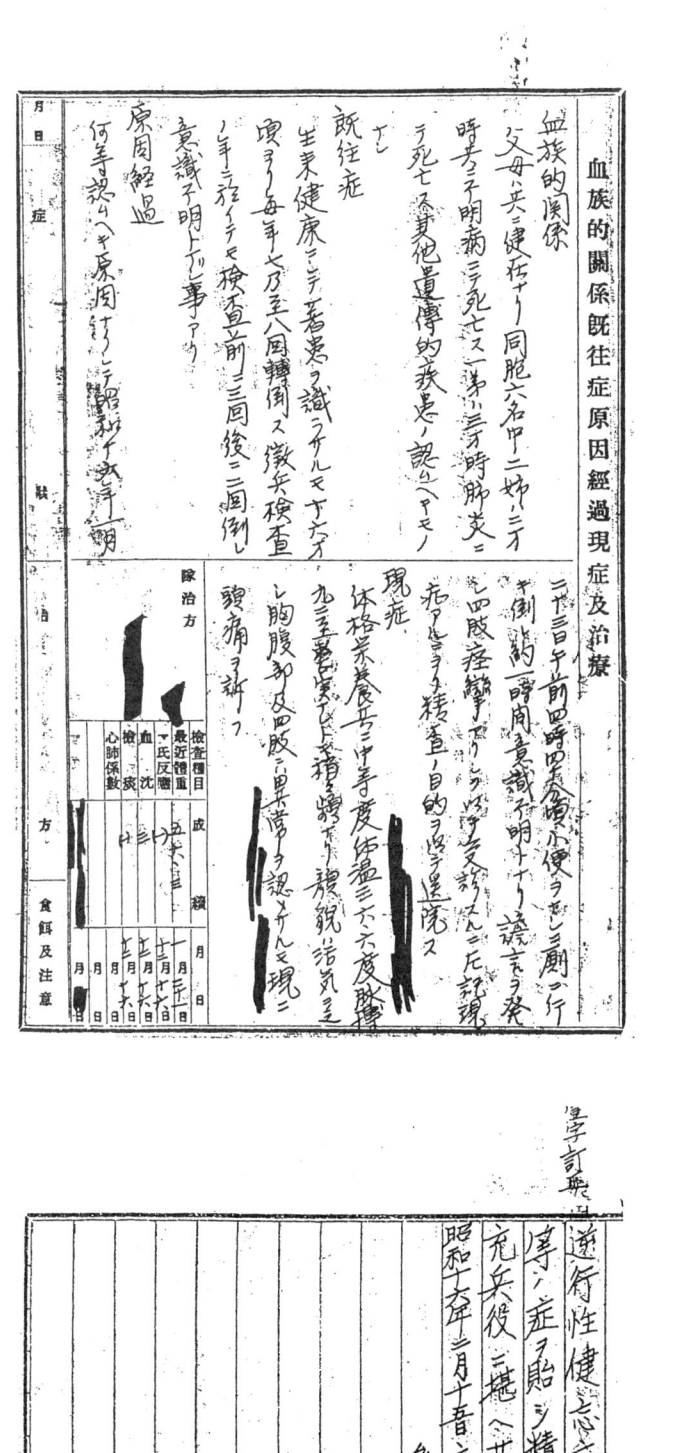

血族的關係既往症原因經過現症及治療

血族的関係
父母ハ共ニ健在ナリ同胞六名中ニ姉ハ二才時共ニ不明病ニテ死亡ス一弟ハ三才時肺炎ニテ死亡ス其他遺傳的疾患ノ認ムヘキモノナシ

既往症
生来健康ニシテ著患ヲ識ラサルモ十六才頃ヨリ每年七乃至八回轉倒ス徴兵検査ノ年ニ於イテモ検査前ニ三回後ニ二回倒レ意識不明トナリシ事アリ

原因經過
何等認ムヘキ原因ナクシテ昭和十六年一月二十三日午前四時四十分頃小便ヲナシニ厠ニ行キ倒ル約一時間意識不明ナリ譫言ヲ發シ四肢痙攣アリシガ間モナク覺醒スルニ左記現症アルニヨリ精査ノ目的ヲ以テ入院ス

現症
体格栄養共ニ中等度体温三六・六度脈搏九三呼吸　ニシテ稍々蒼白顔貌ハ活氣乏シ胸腹部及四肢ニハ異常ヲ認メサルモ現ニ頭痛ヲ訴フ

検査種目	成績	月日
最近體重	五六・〇	
ワ氏反應		
血沈		
検痰		
心肺係數	廿三	

宣字訂正一
宣字削除
宣字挿入

診斷書

高射砲第五聯隊　中隊
陸軍二等兵

右新潟縣　二於テ癲癇ニ罹リ昭和十五年十二月四日高射砲第五聯隊ニ入隊昭和十六年一月二十三日兵營内ニ於テ發作シ同月二十四日會寧陸軍病院ニ入院ス現今體格榮養中等度顔貌稍々沈鬱状ニシテ顔面蒼白皮膚描畫症膝蓋腱反射亢進ス二月四日眼華閃發耳鳴等ノ前兆ヲ伴ヒテ定型的癲癇發作アリ突然卒倒意識消失顔面蒼白瞳孔散大眼球上竄シ全身諸筋ノ強直性痙攣起リ牙關緊急シ口角ヨリ泡沫ヲ出シ次テ間代性痙攣ニ移行シ昏睡状態トナリ皮膚及腱反射消失シ三十分ニシテ覺醒スルモ後ニ遂行性健忘症頭重記憶力注意力減退感情動搖等ノ症ヲ貽シ精神機能ノ用ヲ妨クルニ依リ現役及補充兵役ニ堪ヘサル者ト診斷ス

昭和十六年二月十五日　主任會寧陸軍病院附陸軍軍醫中尉

參坐會寧陸軍病院長陸軍軍醫中佐

陸軍

秘

7.

病床日誌

入院番號	
新發田衛戍病院第一七二號	昭和十六年五月拾八日
病院第 號	昭和 年 月 日

病名：魯鈍 昭和十六年六月二日決定（一十一）

所屬	第二師團 歩兵第十六聯隊附 陸軍軍醫中尉
原籍	新潟縣
留守擔當者及續柄	同原籍地 實父
部隊號	歩兵第十六聯隊 中隊 昭和十六年六月二十五日除役
官等級及氏名	陸軍二等兵
原籍	人絹會社
特（專）業	職工
發病（受傷）地	営内
傷痍疾病等差	貳等症
出生	大正八年 月 日
勤仕年	零年壹箇月
發病	昭和一六年四月二六日
初診	昭和一六年四月二六日
入院	昭和一六年五月一八日
退院	昭和一六年六月二五日
轉歸	兵役免除
治療日數	三十八日

二字訂正

血族的關係既往症原因經過現症及治療

血族的関係

父健在、母二十八才時中風ニテ死亡

同胞三名共ニ健在

既往症

二十一才時急性淋毒性尿道炎ニ罹患スルモ醫療ヲ受ケズ

昭和十五年一月十日「ト」部隊「ミハ」隊ニ入隊即日歸郷ス（病名記憶セズ）

二十一才時脳貧血ニテ本劇入院（其後同症状ニテ三回卒倒セシコトアリ

原因及經過

昭和十六年四月十日現役兵トシテ歩兵第十六聯隊ニ入隊爾来異常ナカリシモ四月十八日起床時嘔吐シ人事不省ニ陥リ入室加療ヲ受ケ治癒ス

四月二十三日前記症状ニテ卒倒入室加療スルモ爾後經過良好ナラズ　又両足蹠發疹シ歩行時疼痛ヲ訴ヘ加療スルモ經過良好ナラズ依テ精査ノ急ヲ以テ送院ス

現症

体格栄養共ニ中等度　体温三六・五　脈膊六五

顔貌稍阿呆状ヲ呈ス

胸腹部著變ヲ認メザルモ左半身知覺鈍麻、痛覺鈍麻アリ左側膝蓋腱反射稍減弱シ「ロンベルグ」氏現象陽性　ワッセルマン氏反應陰性

両足蹠ニ湿疹状湿疹ヲ認ム

隊治

(1) 臭剝　投與

(2) 重曹　投與

硬膏　貼用

(3) 亜鉛華軟膏貼用

入隊時體力

身長　一・五七一米

体重　五五・八〇瓩

胸囲　〇・八三〇米

月日	症狀・治方	食餌及注意

（大還高木納）

五字加入

診斷書

歩兵第十六聯隊 中隊

陸軍二等兵

右昭和十六年四月十日同隊ニ入隊同年五月十八日新發田陸軍病院ニ入院同年六月二日病名魯鈍ニ決定現今體格榮養共ニ中等度顔貌痴鈍状應答遅延、巧緻運動不確實ニシテ指ノ指、指ノ鼻、膝ノ踵試驗不良記憶力、選別力、構成力、作業速度、運動速度（成績最低位）共ニ甚ダ不良（成績最低位）教育程度ハ尋常二學年程ニ低下シ其ノ諸症ヲ貽シ神經器ノ用ヲ妨クルニ依リ永久服役ニ堪ヘサルモノト診斷ス

昭和十六年六月四日

主任新發田陸軍病院附陸軍軍醫中尉

參坐新發田陸軍病院長陸軍軍醫中佐

陸軍

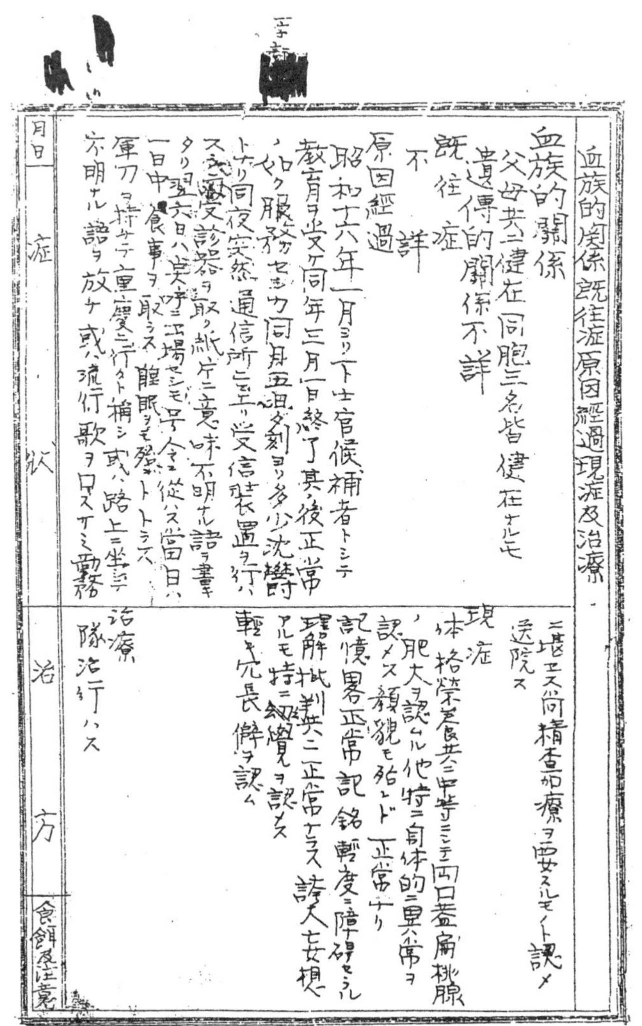

血族的関係既往症原因經過現症及治療

血族的關係
父母共ニ健在同胞三名皆健在ナルモ
遺傳的關係不詳

既往症
不詳

原因經過
昭和十六年一月ヨリ下士官候補者トシテ教育ヲ受ケ同年三月一日終了其ノ後正常ノ如ク服務セシカ同月五日夕刻ヨリ多少沈鬱トナリ同夜突然通信所ニ至リ受信装置ヲ行ハス受話器ヲ取リ紙片ニ意味不明ナル語ヲ書キタリ翌六日ハ工場セシモ号令ニ従ハス當日ハ一日中食事ヲ取ラス睡眠ヲモ殆トトラス軍刀ヲ持チテ重慶ニ行カントト称シ或ハ路上ニ坐シテ不明ナル語ヲ放ナ或ハ流行歌ヲ口スサミ勤務ニ堪エス尚精査加療ヲ要スルモノト認メ送院ス

現症
体格栄養良共ニ中等ニシテ両口蓋扁桃腺ノ肥大ヲ認ムル他特ニ身体的ニ異常ヲ認メス顔貌モ殆ド正常ナリ
記憶略正常記銘軽度ニ障碍セラル
理解批判共ニ正常ナラス誇大妄想アルモ特ニ幻覚ヲ認メス
軽キ兒長僻ヲ認ム

治療
隊治行ハス

月日 / 症状 / 治方 / 食餌及注意

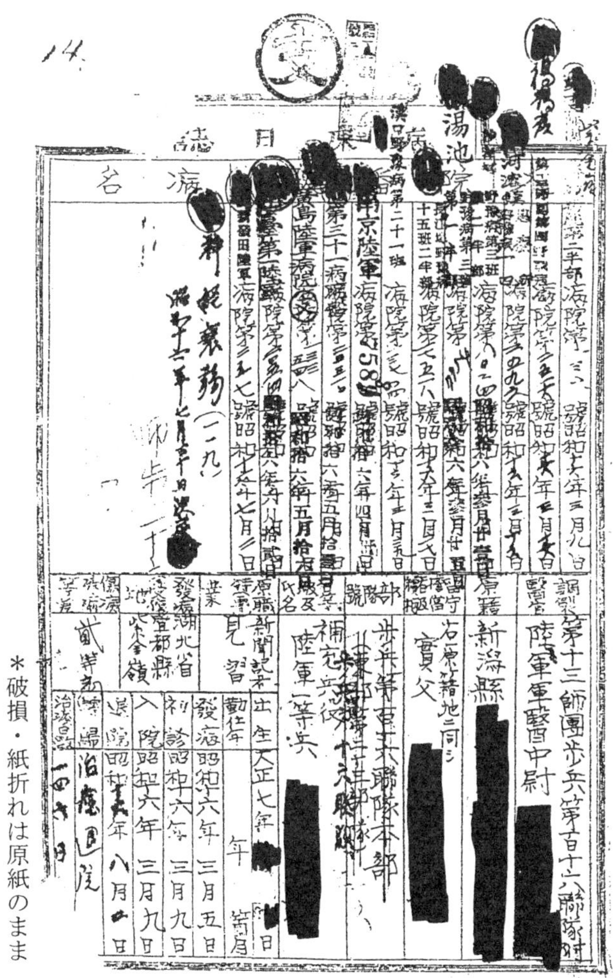

14.

病床日誌

…部病院第三八號 昭和十六年三月九日
…病院第二五七六號 昭和十六年三月十六日
…病院第二四九六號 昭和十六年三月十八日
…病院第八〇四號 昭和十六年三月廿三日
湯池分院 …病院第二五八號 昭和十六年三月廿七日
漢口第一陸軍病院第二十一班 病院第三三〇號 昭和十六年四月一日
南京陸軍病院第5887號 昭和十六年四月十日
第三十一病院船 第二五二〇號 昭和十六年五月十日
廣島陸軍病院 第二四八號 昭和十六年五月十日
…第一陸軍病院第…號 昭和十六年六月十二日
新發田陸軍病院第三五七號 昭和十六年七月二日

病名：精神衰弱（一一九）
昭和十六年七月十一日

調製者官職氏名	第十三師團歩兵第百十六聯隊附 陸軍軍醫中尉
原籍	新潟縣
留守擔當者	右原籍地ニ同シ 實父
部隊號	歩兵第百十六聯隊本部
兵種及官等級	補充兵役 陸軍一等兵
原職	新聞記者
待遇	見習
發病地	湖北省當陽縣…嶺
傷病等差	貳等症
出生	大正七年　月　日
勤仕年	年　箇月
發病	昭和十六年三月五日
初診	昭和十六年三月九日
入院	昭和十六年三月九日
退院	昭和十六年八月　日
轉歸	治癒退院
治療日数	一四七日

＊破損・紙折れは原紙のまま

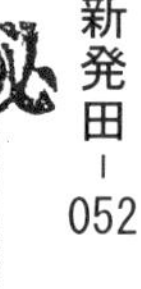

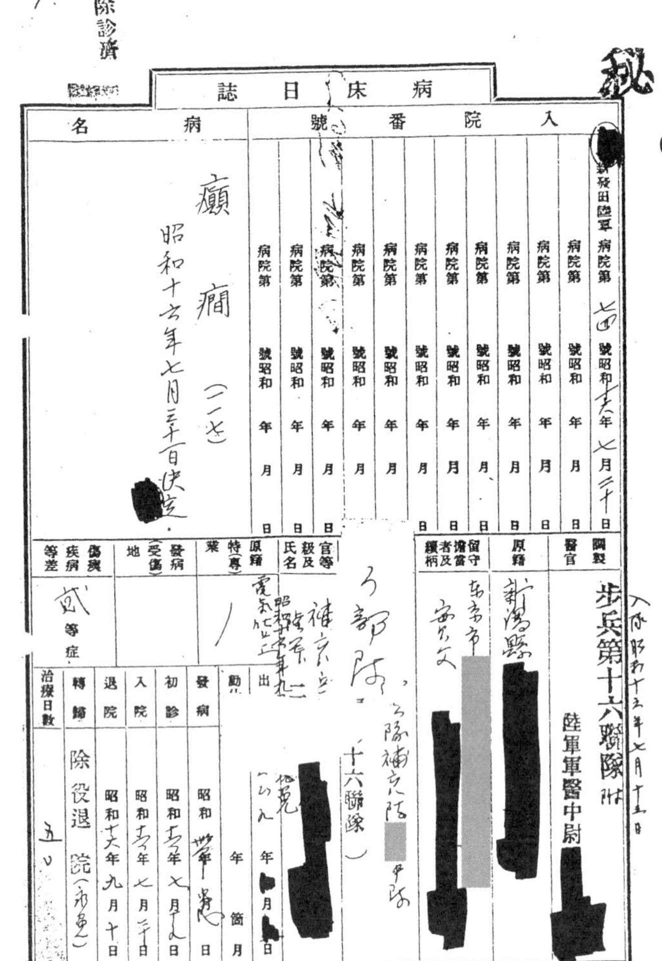

病床日誌

入院番号 新発田陸軍病院第七〇四号 昭和十六年七月二十日

病名 癲癇（一七） 昭和十六年七月三十日決定

調製医官	原籍	留守担当者及続柄	官等級及氏名	特業	原籍	発病地	傷病等差
歩兵第十六聯隊附 陸軍軍医中尉	新潟県	東京市 安太	補充兵 陸軍二等兵	電気器具仕上工			弍等症

部隊 歩兵第十六聯隊補充隊

発病	初診	入院	退院	転帰	治療日数
昭和 年 月 日	昭和十六年七月十九日	昭和十六年七月二十日	昭和十六年九月十日	除役退院（兵免）	五二

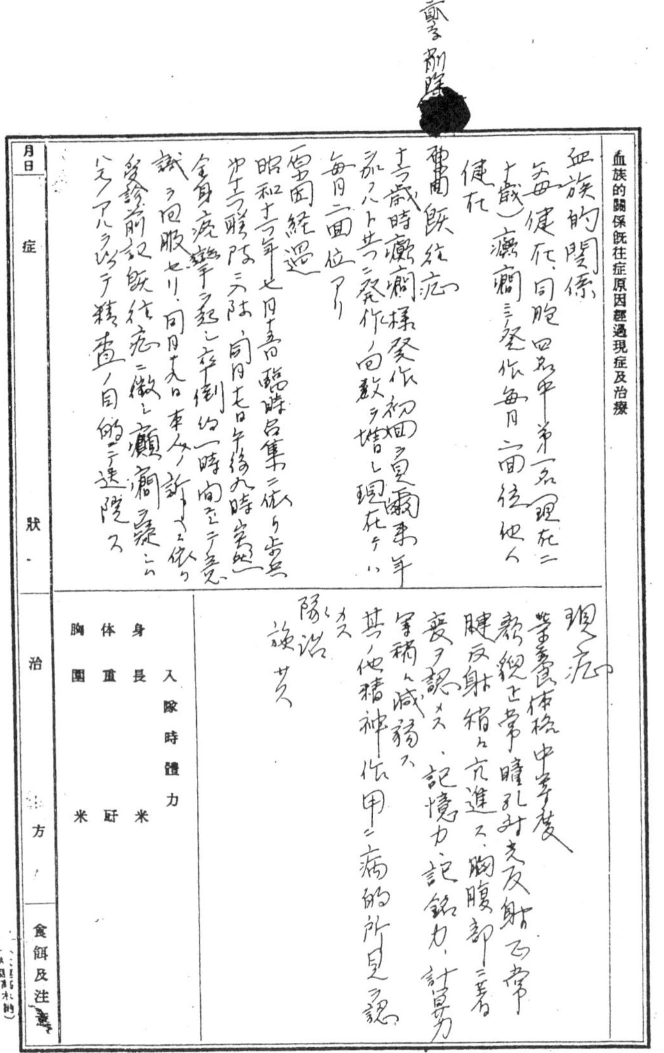

血族的関係既往症原因経過現症及治療

血族的関係
父母健在、同胞四名中第一名（現在二十歳）癲癇ニ発作毎日一回位 他ハ健在

本人既往症
十三歳時癲癇様発作初出現爾来年二回乃至十回発作回数ヲ増シ現在ハ毎日一回位アリ

要因経過
昭和十六年七月十五日臨時召集ニ依リ歩兵第十六聯隊ニ入隊 同月十七日午後九時突然全身痙攣ヲ起シ卒倒約一時間ニテ意識ヲ回復セリ 同月十九日本人ノ訴ヘニ依リ受診 前記既往症ニ徴シ癲癇ノ疑ヒアルヲ以テ精査ノ目的ニテ送院ス

現症
栄養体格中等度 瞳孔対光反射正常 腱反射稍々亢進ス 胸腹部ニ著変ヲ認メズ 記憶力記銘力計算力稍々減弱ス 其他精神作用ニ病的所見ヲ認メズ

入隊時体力 身長 米 体重 瓩 胸囲 米

食餌及注意

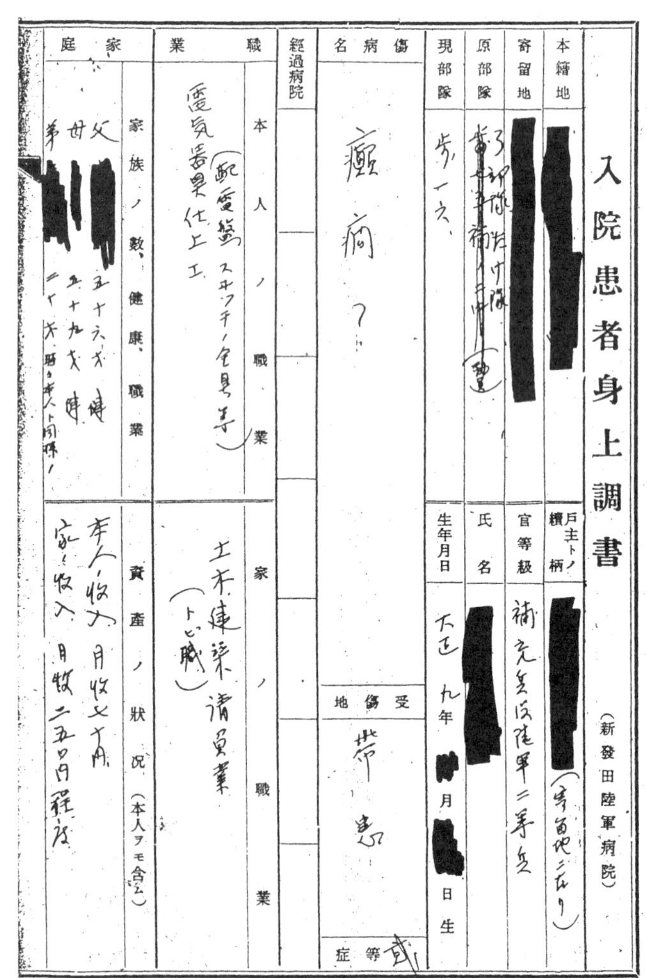

入院患者身上調書（新発田陸軍病院）

本籍地	寄留地	原部隊	現部隊
		歩兵第十六聯隊補充隊	歩一六

戸主トノ続柄	官等級	氏名	生年月日
	補充兵陸軍二等兵		大正九年 月 日生

傷病名 癲癇

受傷地 帯患

傷病等差 弍

本人ノ職業 電気器具仕上工（配電盤スイッチノ金具等）

家族ノ数、健康、職業 父 五十六才 健 母 五十九才 健 弟 妹

家ノ職業 土木建築請負業（トビ職）

資産ノ状況（本人ヲモ含ム） 本人収入 月收七十円 家ノ収入 月收二五〇円程度

本人ノ状況

将来ノ職業 原職 原職復帰 新職

傷病等差

医官ノ判断

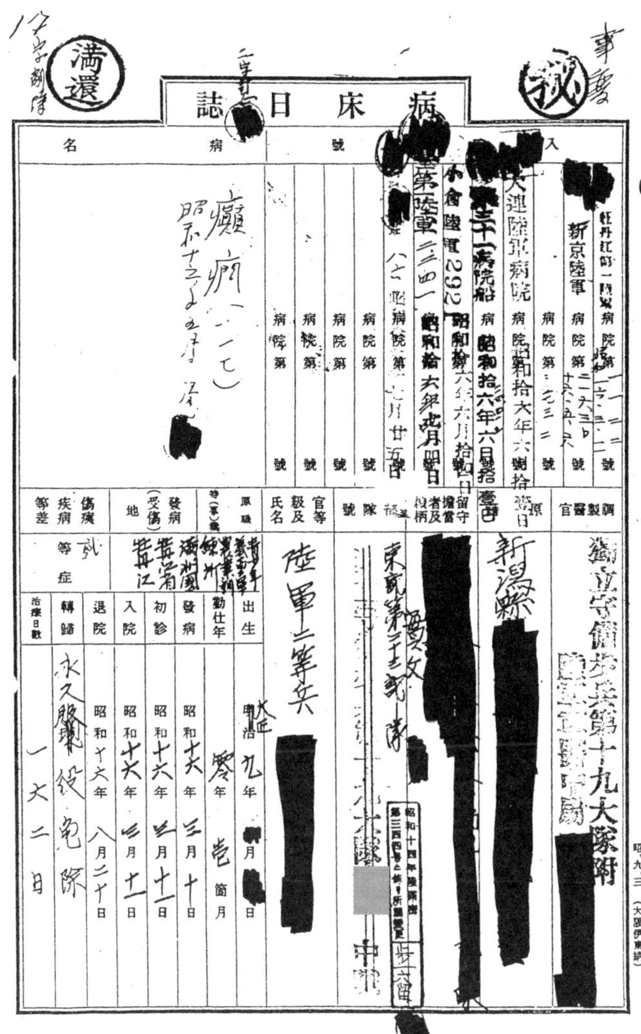

満還

病床日誌

病名 癲癇（一一七）

昭和十六年

牡丹江第一陸軍病院 病院第　号

新京陸軍病院 病院第　号

大連陸軍病院 病院第　号

第三十一病院船 病院船 昭和拾六年六月

小倉陸軍 292 昭和拾六年六月

第陸軍二〇四 昭和拾六年七月

原籍 新潟縣

官等級 陸軍二等兵

所属 獨立守備歩兵第十九大隊附

出生 大正九年　月　日

勤仕年 零年壱箇月

發病 昭和十六年三月十日

初診 昭和十六年三月十一日

入院 昭和十六年三月十一日

退院 昭和十六年八月二十日

轉歸 永久服役免除

治療日數 一六二日

血族的關係既往症原因經過現症及治療

血族的関係

父母共ニ健在ス同胞三名皆健在ス

既往症

生来健ナルモ十六才時及十九才時今回ノ如キ症ヲ見タコトアリトスルノ他ニ著患ヲ識ラス

原因経過

本症ハ昭和十六年三月十日午前時頃頭痛ヲ訴ヘタルヲ以テ就寝セシメタル所発作アリ引続キ左記ノ如キ症ヲ呈シ隊治ニ適セズ後送入院ス

現症

体格栄養共ニ中等度体温三六度脈搏五三至整実顔貌正常胸腹部諸臓器ニ異常ヲ認メズ

下腿腱反射亢進シ便通一日一行普通便ナルモ本日ハナシ

尿、蛋白・糖陰性

発作所見

起床時ハ頭痛ヲ訴ヘ就寝セシ後発作ナク就寝時ハ一時間半位ノ間隔ヲオイテ発作ハ連続ヲ見ル

意識消失乃至ハ溷濁ヲ伴ツタ横隔膜ノ痙攣ヲ主徴トスル他著変ヲ認メズ

頭痛ヲ訴フルヲ以テ就寝セシメアリシ所恰モ睡眠スルガ如キ形ニテ意識消失乃至溷濁ヲ見同時ニ健康人ニ見ル吃逆ノ如キ状ヲ呈ス其ノ持続時間約三分間ナルモ名ヲ呼ビ揺リ動ス等ノ刺戟ヲ与フレバ甲ク覚醒ス覚醒時ハ深キ呼気ヲ行ヒ軽度ノ胸内苦悶ヲ訴ヘ睡眠ヲ要求ス放置スレバ深キ睡眠ニ陥ル、カクテ発作後一時半位ノ後再ビ発作ハ繰返サ

発作中脈搏ニ著変ヲ認メズ

十日午時ヲ第一回トシ発作九回ニ及ブ

隊治方 ナシ

診断書

歩兵第十六聯隊

（獨立守備歩兵第十九大隊■中隊）

陸軍二等兵 ■

右昭和十六年三月十日滿洲國牡丹江省牡丹江ニ於テ癲癇ヲ發病シ爾後還送セラレ同年七月二十五日新發田陸軍病院ニ轉入、現今體格榮養中等度顔貌遲鈍状、皮膚紋畫著明、肉體的瞳孔正圓左右同大シ對光反應迅速、膝蓋腱反射亢進シ概ネ一ケ月二乃至三回ノ定型的發作アリテ全身倦怠感、記憶力稍々減退等ヲ貽シ神經器ノ用ヲ妨クルニ依リ永久服役ニ堪ヘサルモノト診斷ス

昭和十六年八月四日

主任 新發田陸軍病院附陸軍軍醫中尉 ■

參坐 新發田陸軍病院長陸軍軍醫中佐 ■

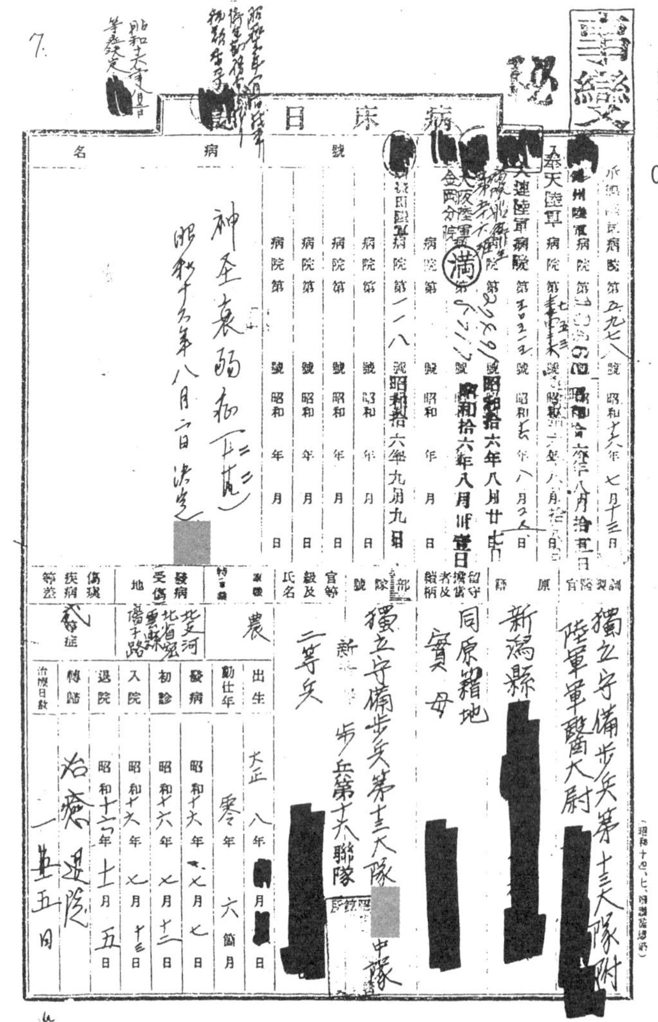

7.

昭和十六年十月十日 等症決定

病床日誌

病院	號	年月日
承徳陸軍病院	第五九七號	昭和十六年七月十三日
錦州陸軍病院	第[illegible]號	昭和拾六年八月拾二日
奉天陸軍病院	第[illegible]號	昭和十六年八月拾八日
大連陸軍病院	第五三二號	昭和十六年八月二八日
大阪陸軍病院金岡分院	第[illegible]號	昭和拾六年八月卅壹日
新発田陸軍病院	第一一八號	昭和拾六年九月九日

病名　神経衰弱症（下二）　昭和十六年八月二日決定

官職	陸軍軍医大尉　獨立守備歩兵第十三大隊附
原籍	新潟縣
留守擔當者及續柄	同原籍地　實母
部隊號	獨立守備歩兵第十三大隊　中隊　新　歩兵第十六聯隊
官等級及氏名	二等兵
職業	農
發病受傷地	北支河北省雲縣墻子路
傷痍疾病等差	[illegible]款症
出生	大正八年　月　日
勤仕年	零年六箇月
發病	昭和十六年七月七日
初診	昭和十六年七月十二日
入院	昭和十六年七月十三日
退院	昭和十六年十二月五日
轉歸	治癒退院
治療日數	一五五日

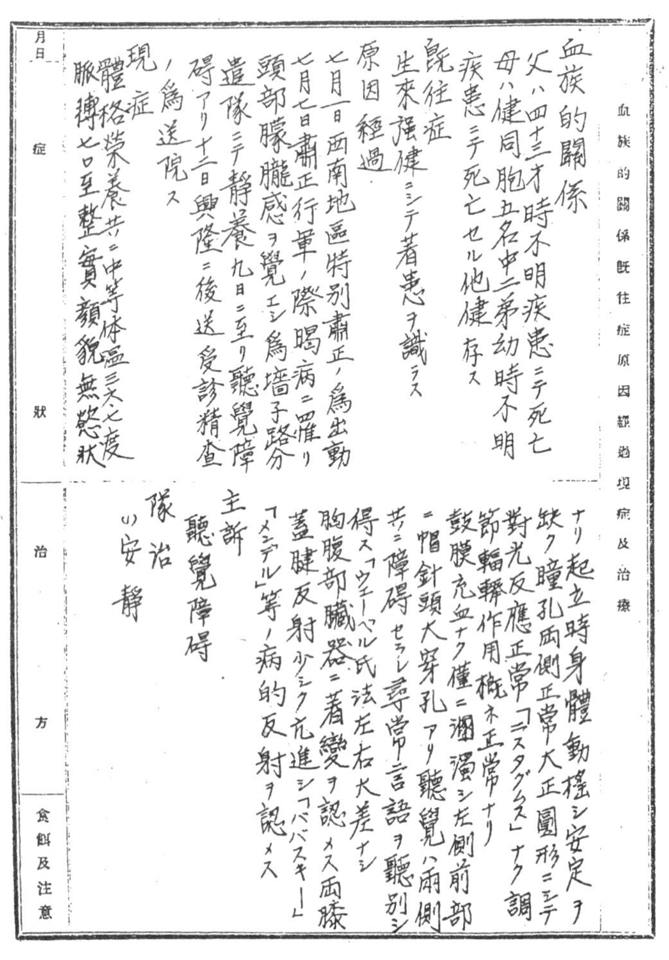

血族的關係
父ハ四十三才時不明疾患ニテ死亡
母ハ健同胞五名中二弟幼時不明疾患ニテ死亡セル他健存ス

既往症
生來強健ニシテ著患ヲ識ラス

原因經過
七月一日西南地區特別肅正ノ為出動七月七日肅正行軍ノ際暍病ニ罹リ頭部朦朧感ヲ覺エシ為墻子路分遣隊ニテ靜養九日ニ至リ聽覺障碍アリ十二日興隆ニ後送受診精査ノ為送院ス

現症
體格榮養共ニ中等体温三六、七度脈搏七〇至整實顏貌無慾狀ナリ起立時身體動搖シ安定ヲ缺ク瞳孔兩側正常大正圓形ニシテ對光反應正常「ニスタグムス」ナク調節輻輳作用概ネ正常ナリ鼓膜充血ナク僅ニ溷濁シ左側前部ニ帽針頭大穿孔アリ聽覺ハ兩側共ニ障碍セラレ尋常言語ヲ聽別シ得ス「ウェーベル」氏法左右大差ナシ胸腹部臟器ニ著變ヲ認メス兩膝蓋腱反射少シク亢進シ「バビンスキー」「メンデル」等ノ病的反射ヲ認メス

主訴
聽覺障碍

治療
(1) 安靜

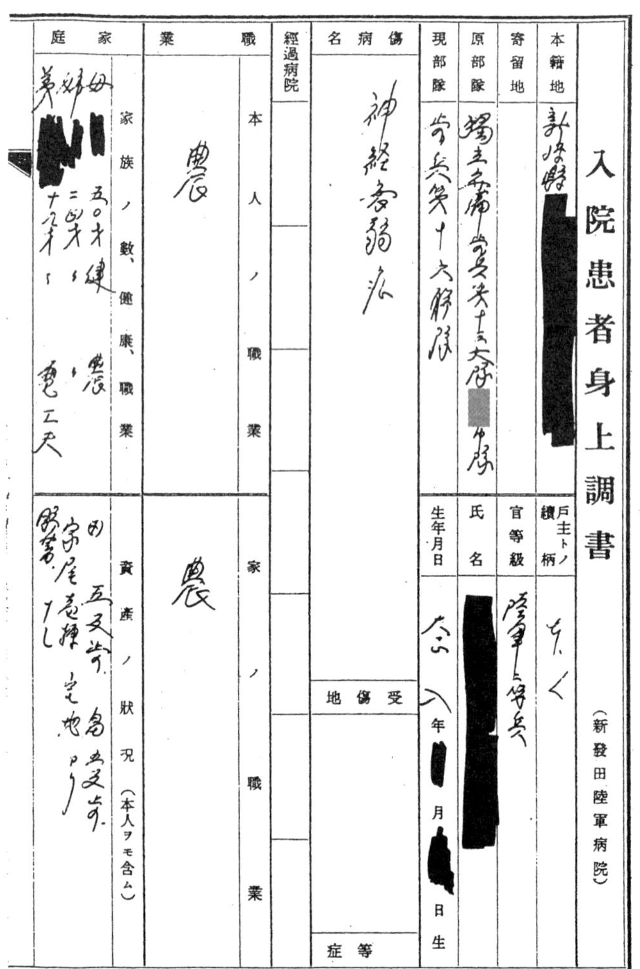

入院患者身上調書

（新發田陸軍病院）

本籍地	新潟縣
寄留地	
原部隊	獨立守備歩兵第十三大隊　中隊
現部隊	歩兵第十六聯隊
傷病名	神経衰弱症
受傷地	
戸主トノ續柄	[illegible]
官等級	陸軍二等兵
氏名	
生年月日	大正八年　月　日生
本人ノ職業	農
家ノ職業	農
家族ノ數、健康、職業	母　五〇才　健　農 弟　二四才　〃 妹　十八才　〃　電工夫
資産ノ状況（本人ヲモ含ム）	田　五反歩　畑　五反歩　宅地　アリ 家屋　[illegible] 負債　ナシ

將來ノ職業　本人ノ希望　原職	農
將來ノ職業　本人ノ希望　新職	農
將來ノ職業　醫官ノ判斷　原職	
將來ノ職業　醫官ノ判斷　新職	
ノ狀況	円満
傷病豫後ノ判斷	
傷病等差	
將來ノ經濟的影響	影響ナシ
職業輔導	
其他必要記事	十四年徴集　高田入営

新発田－055

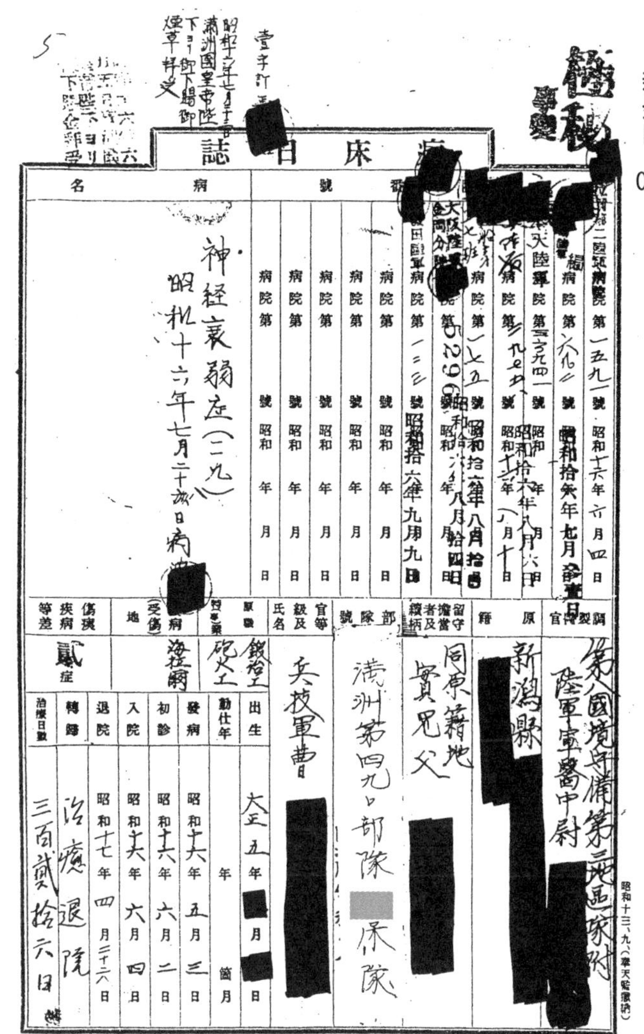

昭和十六年七月二十三日 満洲國皇帝陛下ヨリ御下賜御煙草拝受

壹本

病床日誌

病名
神経衰弱症（二九）
昭和十六年七月二十四日病

番號
第二國境病院第一五九一號 昭和十六年六月四日
病院第六八〃號 昭和拾六年七月貮拾壹日
奉天陸軍病院第三六九四一號 昭和拾六年八月六日
病院第三九〇九號 昭和十六年八月十日
病院第一七〇五號 昭和拾六年八月拾四日
大阪陸軍病院金岡分院第五二九〇號 昭和拾六年八月拾四日
新発田陸軍病院第一一三號 昭和拾六年九月九日

官等級及氏名	兵技軍曹
原職	鍛冶工
特業	砲火工
病	海拉爾
傷痍疾病等差	貳症
部隊號	満洲第四九〇部隊　保隊
留守擔當者及續柄	同原籍地　實兄父
原籍	新潟縣
調製官	第八國境守備第三地區隊附　陸軍軍醫中尉
出生	大正五年　月　日
勤仕年	年　箇月
發病	昭和十六年五月三日
初診	昭和十六年六月二日
入院	昭和十六年六月四日
退院	昭和十七年四月二十六日
轉歸	治癒退院
治療日數	三百貳拾六日

昭和十三、九、（奉天監獄納）

血族的關係既往症原因經過現症及治療

血族的關係
父ハ四十九歳時關節炎ニテ左肢切断スルモ健在 母健在 同胞七名中一兄五歳時不明疾患ニテ死亡 他ハ健在ス

既往症
生來健ニシテ著患ヲ識ラス

原因經過
昭和十六年五月初旬頃ヨリ仕事ニ對シ興味ガナクナリ精神集注散慢トナリ計算力低下ス
同月下旬頃ヨリ前記症状増悪シ、睡眠障碍ヲ訴ヘ同年六月二日受診
左記現症ヲ呈スルニ依リ同年六月四日海拉爾第二陸軍病院ニ定時入院セシム

現症
體格榮養共ニ中等度 胸腹部内臓ニ著變ヲ認メズ
疲勞シ易ク仕事ニ對シ興味ガ少ク計算力低下シ事務ニ誤謬ヲ來ス
就寢中空想ニ耽リ睡眠十分ナラズ
眼瞼搐搦皮膚紋畫症著明
腱反射稍亢進ス

療治
臭剥剤
並食 獨歩

新発田－056

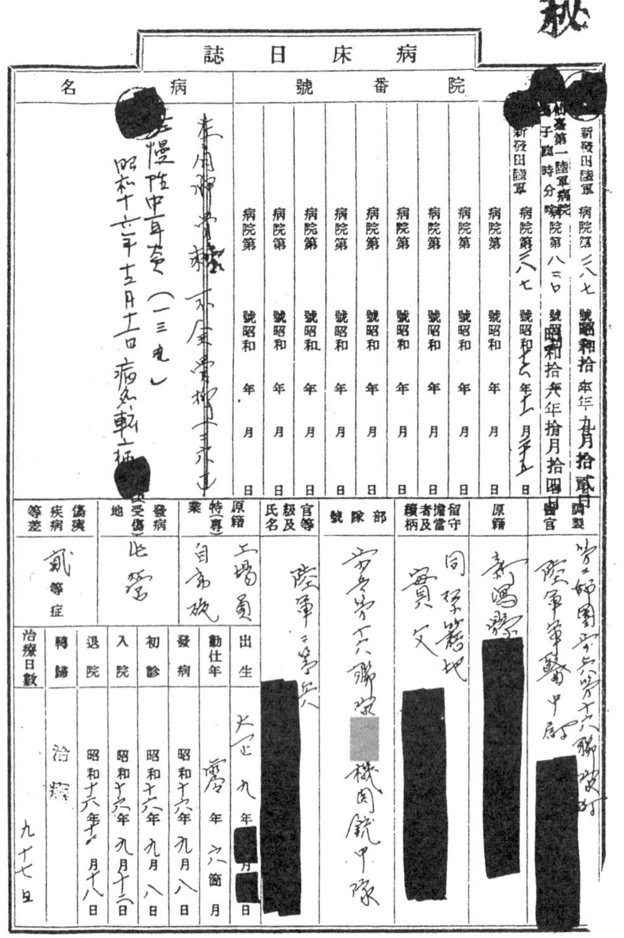
秘

病床日誌

院番號	
新發田陸軍病院第二八七號	昭和拾六年九月拾貳日
[illegible]第一陸軍病院[illegible]分院第八二口號	昭和拾六年拾月拾四日
新發田陸軍病院第二八七號	昭和十六年十一月十五日
病院第　號	昭和　年　月　日

病名：左肩胛骨不全骨折（一三六）（抹消）
左慢性中耳炎（一三九）
昭和十六年十一月十日病名轉[illegible]

調製官	原籍	留守擔當者及續柄	部隊號	官等級及氏名	原籍	特(專)業	發病(受傷)地	傷痍疾病等差
步兵第百十六聯隊附 陸軍軍醫中尉 [illegible]	新潟縣[illegible]	同籍地 [illegible] 實父	步兵第百十六聯隊[illegible]機関銃中隊	陸軍一等兵 [illegible]	工場員	自家旋	比營	貳等症

出生	勤仕年	發病	初診	入院	退院	轉歸	治療日數
大正九年[illegible]月[illegible]日	零年六箇月	昭和十六年九月八日	昭和十六年九月八日	昭和十六年九月十二日	昭和十六年十一月十八日	治癒	九十七日

血族的関係既往症原因經過現症及治療

血族的関係
祖父母死亡 父母健在
同胞八名中姉一名兄四名死亡

既往症
八歳時ヨリ中耳炎ニ罹患シ十八歳時ニヶ月醫療ヲ受ク

原因及經過
昭和十六年四月十日現役兵トシテ入隊
同年九月八日午前三十分頃歩兵第百十六聯隊[illegible]機関銃中隊兵舎二階窓ヨリ自殺ノ目的ヲ以テ飛下リ左記現症ヲ呈スルニ依リ送院ス

現症
体格榮養共ニ中等度 顔貌憂鬱様ニシテ活氣ヲ欠ク
胸腹部打診聽診觸診上著變ナシ
左肩胛部外見的ニ發赤腫脹等ノ變化ナシ
「レ」線上肩胛骨刺ニ不全骨折ヲ認ム

隊治
(1) 安静
(2) 固定
(3) 冷濕布

入隊時體力
身長 一・六三〇米
体重 五七・五〇瓩
胸囲 〇・八五三米
既往症（一） [illegible] 正常 [illegible]

月日　症状　治方　食餌及注意

（大連高木納）

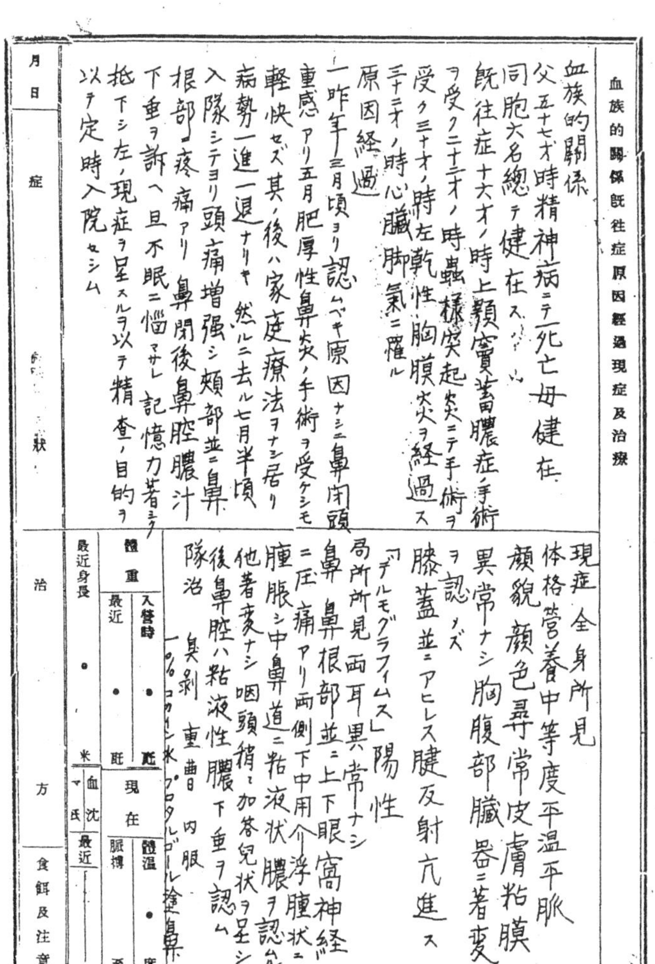

血族的關係既往症原因經過現症及治療

月日	症狀
	血族的關係 父五十七才時精神病ニテ死亡 母健在 同胞六名總テ健在ス 既往症 十六才ノ時上顎竇蓄膿症ノ手術ヲ受ク 二十才ノ時蟲様突起炎ニテ手術ヲ受ク 三十才ノ時左乾性胸膜炎ヲ経過ス 三十六才ノ時心臓脚氣ニ罹ル 原因経過 一昨年二月頃ヨリ認ムベキ原因ナシニ鼻閉頭重感アリ 五月肥厚性鼻炎ノ手術ヲ受ケシモ軽快セズ 其ノ後ハ家庭療法ヲナシ居リ病勢一進一退ナリシヤ 然ルニ去ル七月半頃入隊シテヨリ頭痛増強シ頬部並ニ鼻根部ニ疼痛アリ 鼻閉後鼻腔膿汁下垂ヲ訴ヘ且不眠ニ惱マサレ記憶力著シク抵下シ左ノ現症ヲ呈スルヲ以テ精査ノ目的ヲ以テ定時入院セシム

治方	
體重 入營時 ・ 最近 ・ 瓩	現症 全身所見 体格営養中等度 平温平脈 顔貌顔色尋常 皮膚粘膜異常ナシ 胸腹部臓器ニ著変ヲ認メズ 膝蓋並ニアヒレス腱反射亢進ス 「デルモグラフイムス」陽性 局所所見 両耳異常ナシ 鼻 鼻根部並ニ上下眼窩神経ニ圧痛アリ 両側下中甲介浮腫状ニ腫脹シ中鼻道ニ粘液状膿ヲ認ム 他著変ナシ 咽頭稍ゝ加答児状ヲ呈シ後鼻腔ハ粘液性膿下垂ヲ認ム 隊治 臭剥 重曹 内服 一%コカイン水 プロタルゴール塗鼻
最近身長 ・ 米	
血沈 最近 粍	
現在 體温 ・ 度 脈搏 至	
食餌及注意	

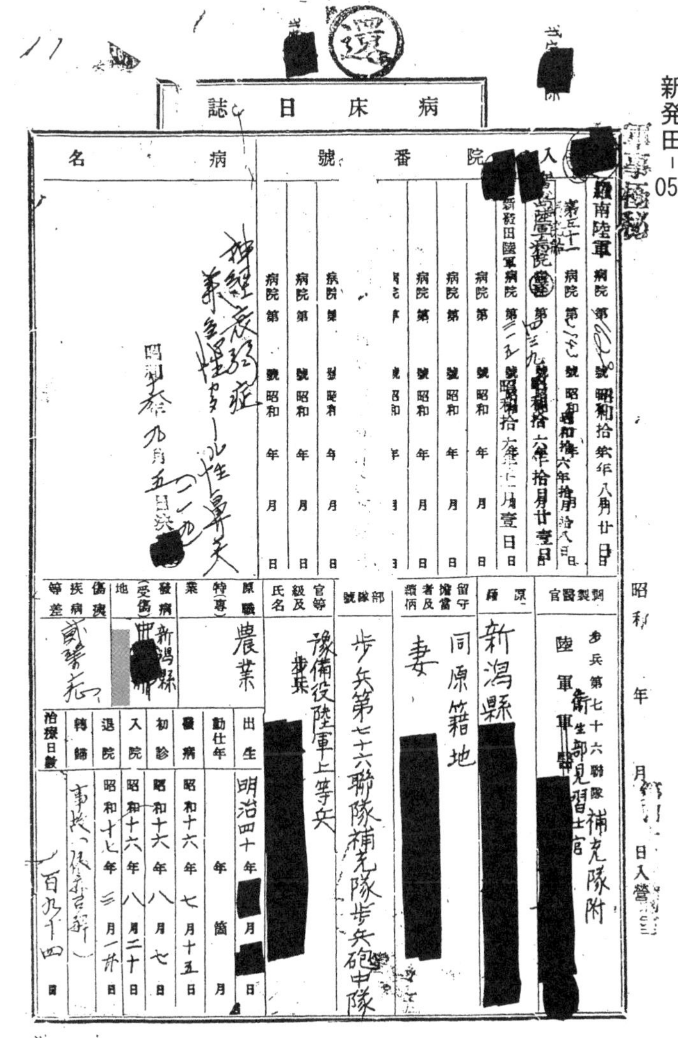

新発田－057

病床日誌

入院	院番號	病名
新潟南陸軍病院 第6624號 昭和拾六年八月廿日 第五十一病院 第 號 昭和拾六年拾月拾八日 高田陸軍病院 第四三九號 昭和拾六年拾月廿壹日 新發田陸軍病院 第二五號 昭和拾六年十二月壹日	病院第 號 昭和 年 月 日	神経衰弱症 兼 慢性カタール性鼻炎 昭和拾六年九月五日

項目	記載
製表醫官	歩兵第七十六聯隊補充隊附 陸軍衛生部見習士官 軍醫
族籍	新潟縣
原籍	同原籍地
留守擔當者及續柄	妻
部隊號	歩兵第七十六聯隊補充隊歩兵砲中隊
官等級及氏名	豫備役陸軍上等兵 歩兵
原職	農業
特業	
發病地	新潟縣
傷病等差	
出生	明治四十年 月 日
勤仕年	年 箇 月
發病	昭和十六年七月十五日
初診	昭和十六年八月七日
入院	昭和十六年八月二十日
退院	昭和十七年三月一廾日
轉歸	事故
治療日數	一百九十四日

昭和 年 月 日入營

新発田－058

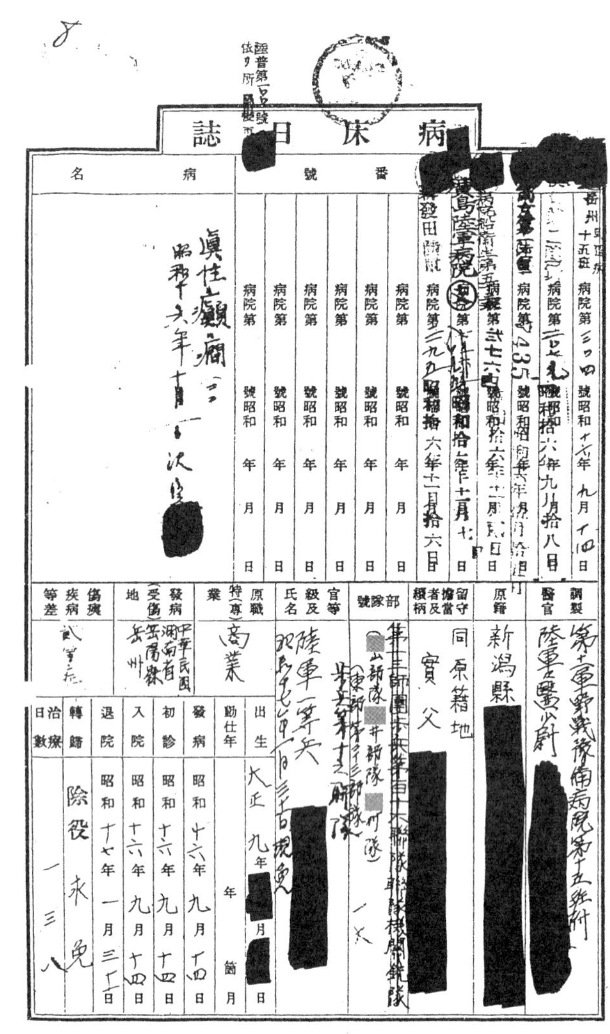
病床日誌

病名：眞性癲癇（二）　昭和十六年十一月一〇日　沢

番號：
病院第二〇〇四號　昭和十七年九月十四日
病院第二〇七九號　昭和拾六年九月拾八日
病院第435號　昭和拾六年十月拾日
病院第弐七六號　昭和拾六年十一月弐日
病院第　號　昭和拾六年十一月十七日
新發田陸軍病院　病院第二九九號　昭和拾六年十一月拾六日

調製醫官	原籍	留守擔當者及續柄	部隊號	官等級及氏名	原職（專業）	發病（受傷）地	傷痍疾病等差
第十一軍野戦後備病院第十五班附　陸軍軍醫少尉	新潟縣	同原籍地　實父	第十三師團歩兵第百十六聯隊聯隊砲中隊	陸軍一等兵　昭和十七年一月三十日現免	商業	中華民国湖南省岳陽縣岳州	武第二六

出生	勤仕年	發病	初診	入院	退院	轉歸	治療日數
大正九年　月　日	年　箇月	昭和十六年九月十四日	昭和十六年九月十四日	昭和十六年九月十四日	昭和十七年一月三十一日	除役　永免	一三八

血族的關係既往症原因經過現症及治療

血族的関係
父母共健在同胞九名共健在ス
結核的素因遺傳的疾患ヲ認メス
既往症
十才時ニ三回入營前一回意識喪失（ヲ）痙攣
發作ヲ伴ヘル癲癇様發作ヲ経驗セシコトア
ル他著患ヲ識ラス
原因經過
昭和十六年九月十四日湖南省岳陽縣岳州ニ部
隊集結到着時突然頭痛眩暈アリテ卒
倒意識喪失（ヲ）痙攣發作ヲ伴ヘル癲癇
様發作ヲアリタルヲ以テ同時受診
今次部隊行動ノ爲隊治療ニ不適當ト
認メ送院ス

現症
体格榮養共ニ中等度ニシテ顏貌
尋常ニシテ瞳孔正円同大對光反
應尋常ナリ
舌咽頭可視粘膜ニ著変ヲ認メス
頸部淋巴腺腫脹存セス
胸部心界心音共ニ尋常ニシテ肺野
著変ヲ認メス
腹部平坦柔軟ニシテ肝脾共ニ
觸知セス
両膝蓋腱反射稍亢進ス異常
反射知覺障礙運動障礙ハ認メ
得ス
食思睡眠良好便通一日一行
普通便ヲ排ス

92

月日	血族的關係既往症原因經過現症及治療
症状	一、遺伝的関係 両親健在 同胞八人中六人健 一児約二年前溺死、一姉幼時パテナスニテ死亡 二、既往症 昭和十六年五月十日細菌性赤痢ニ罹患セシ人 三、原病経過 昭和十五年七月不眠ノ動機トナリテ麻薬中毒(モルヒネ)ニ陥リ翌十五年八月郡山市太田病院ニ入院加療ノ後約十日間ニテ全治退院ス 昭和十六年二月不眠ヲ訴ヘ再ビ(モルヒネ)中毒ニ陥リ爾来引続キ注射中ナリシモ十一月二十五日頃ヨリ麻薬ノ入手困難トナリ遂ニ同月二十六日禁断現象現ル、昨日禁断状態ニ陥リ精査加療ノ目的ヲ以テ即時入院セシム 四、現症 体格栄養共ニ中等度ニテ諸内体的所見
治方	入隊時體力 身長 米 体重 瓩 胸囲 米 顔貌無欲状ヲ有シ震顫ニテ皮膚ハ蒼 上膊ニ硬結ヲ認ムル他色澤並彈性常ナリ腱反射両下肢膝蓋腱反射亢進シ胸部打診上著変ナシ 腹部ニ何等異常ヲ認メズ 精神的ニ譫妄性ヲ覚ヲ有スル昏迷状態ニアリ指南力喪失記憶障碍並追想錯誤緋細等ノ症状アリテ多少動揺多辨ナリ 療治 一、強心剤(カンフル)注射 三日 二、[illegible]剤
食餌及注意	

(大還高木納)

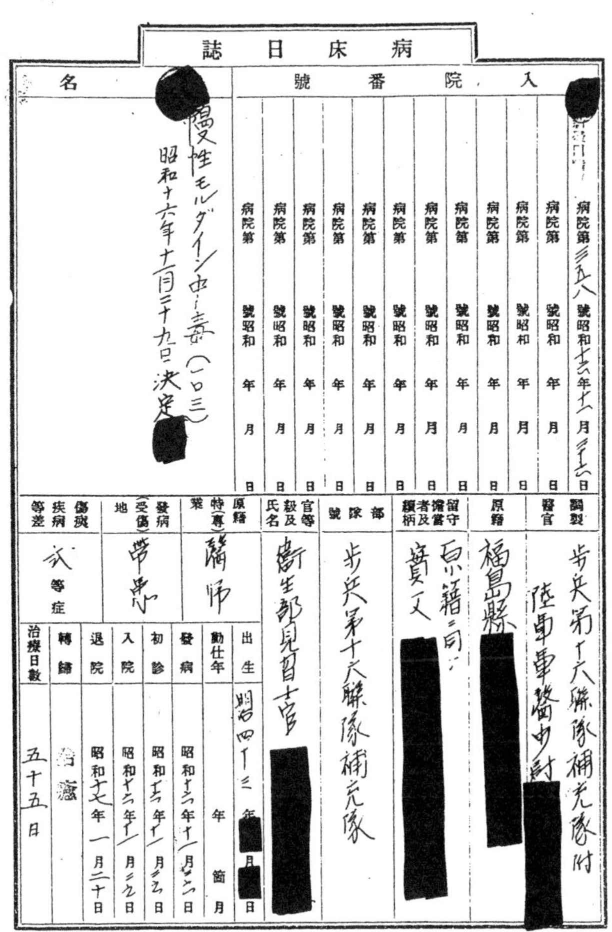

病床日誌

入院番號	
病院第三五八號	昭和十六年十一月二十六日
病院第 號	昭和 年 月 日
病院第 號	昭和 年 月 日
病院第 號	昭和 年 月 日
病院第 號	昭和 年 月 日
病院第 號	昭和 年 月 日
病院第 號	昭和 年 月 日
病院第 號	昭和 年 月 日
病院第 號	昭和 年 月 日
病院第 號	昭和 年 月 日
病院第 號	昭和 年 月 日

名：慢性モルヒネ中毒(一〇三) 昭和十六年十二月二十九日決定

調製官醫	原籍	留守擔當者及續柄	部隊號	官等級及氏名	原籍特業	發病(受傷)地	傷病疾病等差
歩兵第十六聯隊補充隊付 陸軍軍醫中尉	福島縣	原籍ニ同ジ 實父	歩兵第十六聯隊補充隊	衛生部見習士官	醫師	帯患	試等症

出生	勤仕年	發病	初診	入院	退院	轉歸	治療日數
明治四十三年 月	年 箇月	昭和十六年十一月二十六日	昭和十六年十一月二十六日	昭和十六年十一月二十六日	昭和十七年一月二十日	治癒	五十五日

新発田－060

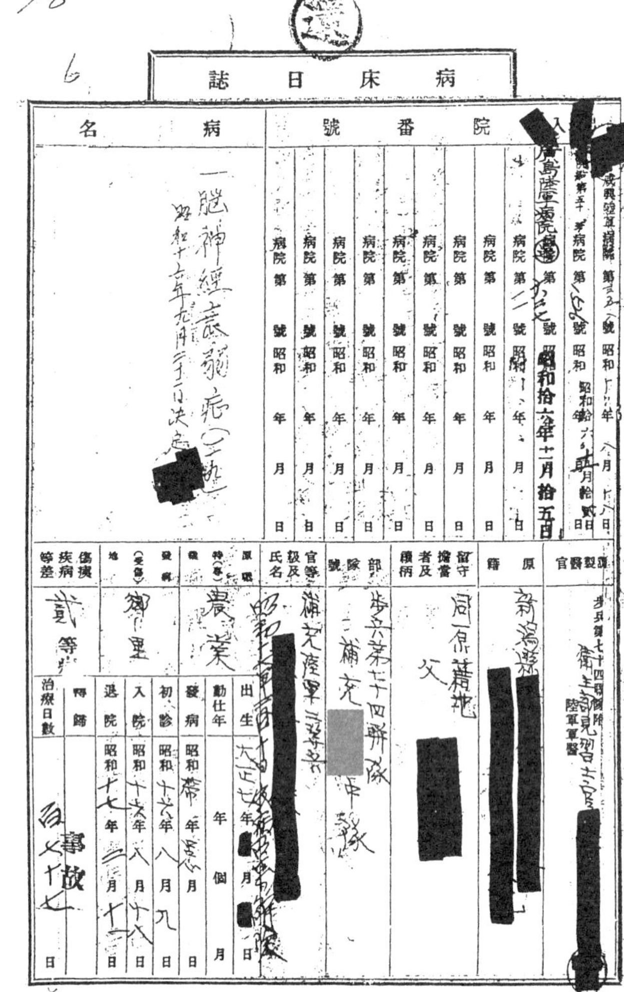

10

6

病床日誌

病名

一、脳神経衰弱症（一一九）
昭和十六年九月二十一日決定

院番號

- 成興鏡東病院 第三五八號 昭和十六年八月十八日
- 第五十一病院 第一〇〇號 昭和拾六年十月拾貳日
- 廣島陸軍病院 第八三七號 昭和拾六年十二月拾五日
- 病院第二號 昭和十七年 月 日

官等級及氏名：補充役陸軍一等兵 昭和十六年八月十八日

部隊號：歩兵第七十四聯隊 補充 中隊

留守擔當者及續柄：同原籍地 父

原籍：新潟縣

職業：農業

發病地：郷里

傷病疾病等差：貳等

出生：大正七年 月 日

發病：昭和十六年五月

初診：昭和十六年八月九日

入院：昭和十六年八月十八日

退院：昭和十七年二月十一日

轉歸：事故

治療日數：百七十七日

調製醫官：歩兵第七十四聯隊附 衛生部見習士官 陸軍軍醫

昭和十六年七月十六日

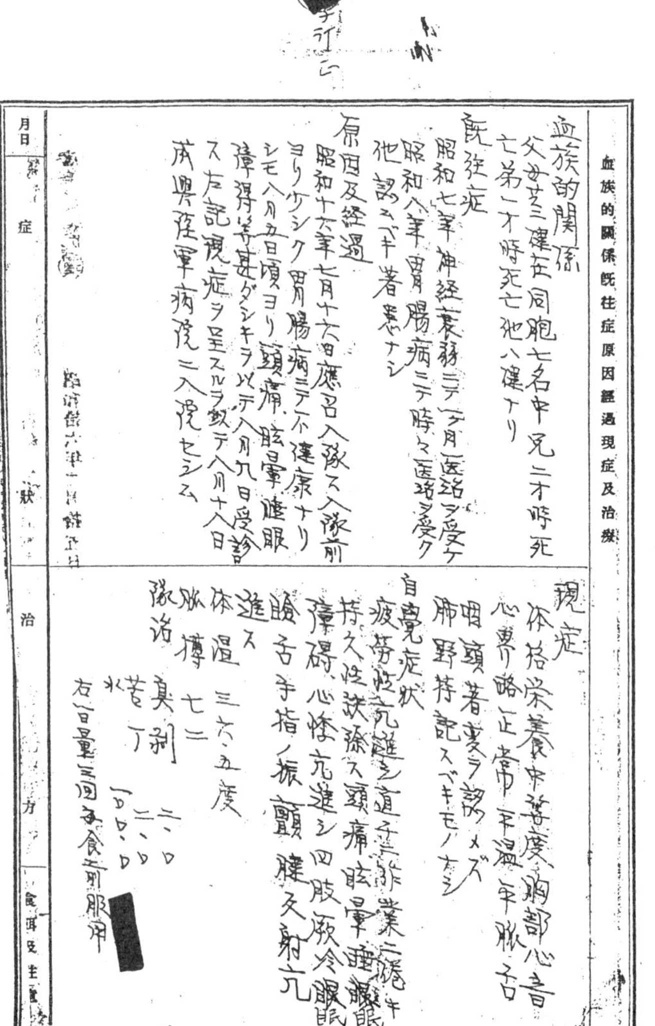

血族的關係既往症原因經過現症及治療

血族的関係
父母共ニ健在 同胞七名中兄二才時死亡 弟一才時死亡 他ハ健ナリ

既往症
昭和七年神経衰弱ニテ一ヶ月医治ヲ受ケ
昭和八年胃腸病ニテ時々医治ヲ受ク
他認ムベキ著患ナシ

原因及経過
昭和十六年七月十六日應召入隊ス 入隊前ヨリ少シク胃腸病ニテ不健康ナリシモ 八月五日頃ヨリ頭痛、眩暈、睡眠障碍等甚ダシキヲ以テ 八月九日受診ス 左記現症ヲ呈スルヲ以テ 八月十八日成興陸軍病院ニ入院セシム

現症
体格栄養中等度、胸部心音心界略正常 平温 平脈 舌
咽頭著変ヲ認メズ
肺野特記スベキモノナシ
自覚症状
疲労性亢進シ 直ニ…業ニ…持久性減ズ 頭痛 眩暈 睡眠障碍、心悸亢進シ 四肢厥冷 眼瞼 舌 手指ノ振顫 腱反射亢進ス
体温 三六、五度
脈搏 七二
隊治 臭剤
苦丁
右一日量三回毎食前服用

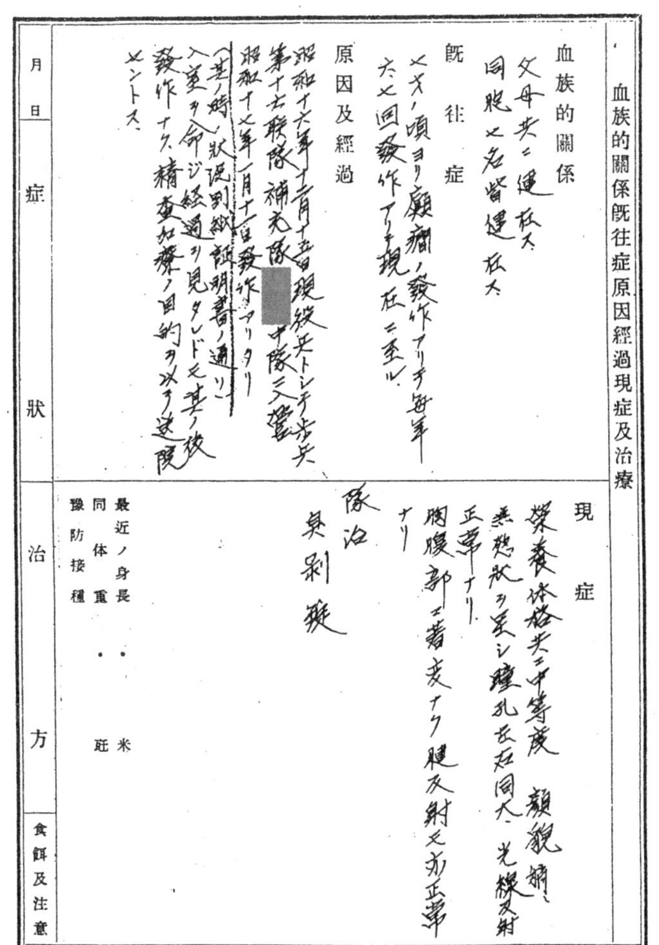

血族的關係既往症原因經過現症及治療

血族的關係
父母共ニ健在ス
同胞七名皆健在ス

既往症
七才ノ頃ヨリ癲癇ノ發作アリテ毎年六七回發作アリテ現在ニ至ル

原因及經過
昭和十六年十二月十五日現役兵トシテ歩兵第十六聯隊補充隊[redacted]中隊ニ入營
昭和十七年一月十日發作アリタリ
（其ノ時ノ状況別紙證明書ノ通リ）
入室ヲ命ジ經過ヲ見タレドモ其ノ後發作ナク精査加療ノ目的ヲ以テ送院セシメントス。

現症
榮養体格共ニ中等度　顔貌[illegible]、無熱状ヲ呈シ瞳孔左右同大、光線反射正常ナリ
胸腹部ニ著変ナク腱反射モ亦正常ナリ

療治
臭剝散

月日	症状	治方	食餌及注意
		最近ノ身長　米	
		同　体重　瓩	
		豫防接種	

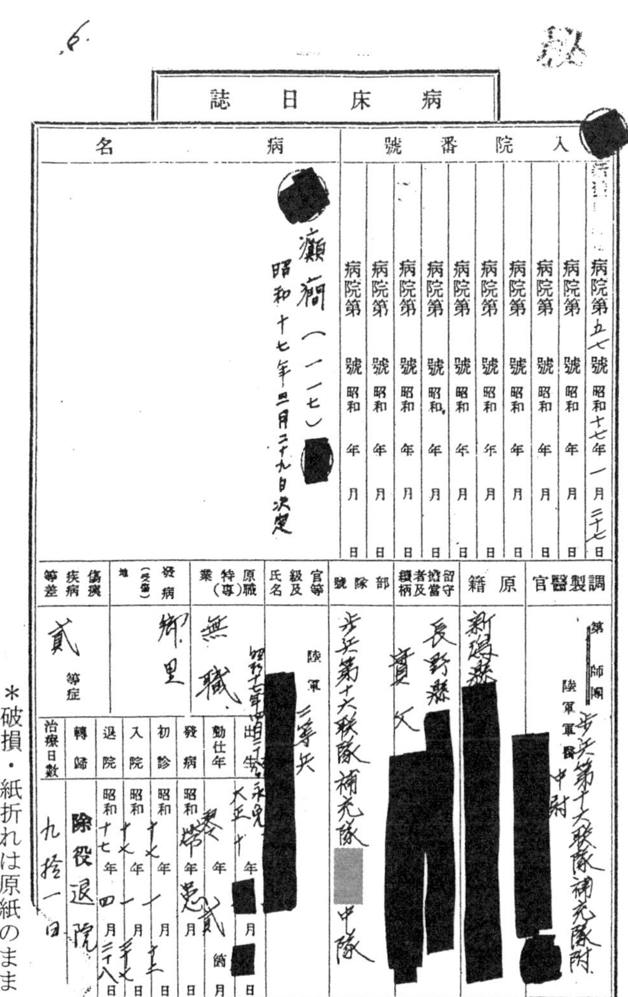

病床日誌

入院番號
病院第五七號　昭和十七年一月二七日
病院第　號　昭和　年　月　日
病院第　號　昭和　年　月　日
病院第　號　昭和　年　月　日
病院第　號　昭和　年　月　日
病院第　號　昭和　年　月　日
病院第　號　昭和　年　月　日
病院第　號　昭和　年　月　日
病院第　號　昭和　年　月　日
病院第　號　昭和　年　月　日

病名
癲癇（一一七）
昭和十七年三月二十九日決定

調製醫官	原籍	留守擔當者及續柄	部隊號	官等級及氏名	原職業特（専）	發病地（受傷）	傷痍疾病等差
第　師團　歩兵第十六聯隊補充隊附　陸軍軍醫中尉 [redacted]	新潟縣 [redacted]	長野縣 [redacted] 實父 [redacted]	歩兵第十六聯隊補充隊[redacted]中隊	陸軍二等兵 [redacted]	無職	郷里	貳等症

出生	勤仕年	發病	初診	入院	退院	轉歸	治療日數
大正十年[redacted]月[redacted]日	[illegible]年貳箇月	昭和[illegible]年[illegible]月日	昭和十七年一月十二日	昭和十七年一月二十七日	昭和十七年四月二十八日	除役退院	九拾一日

＊破損・紙折れは原紙のまま

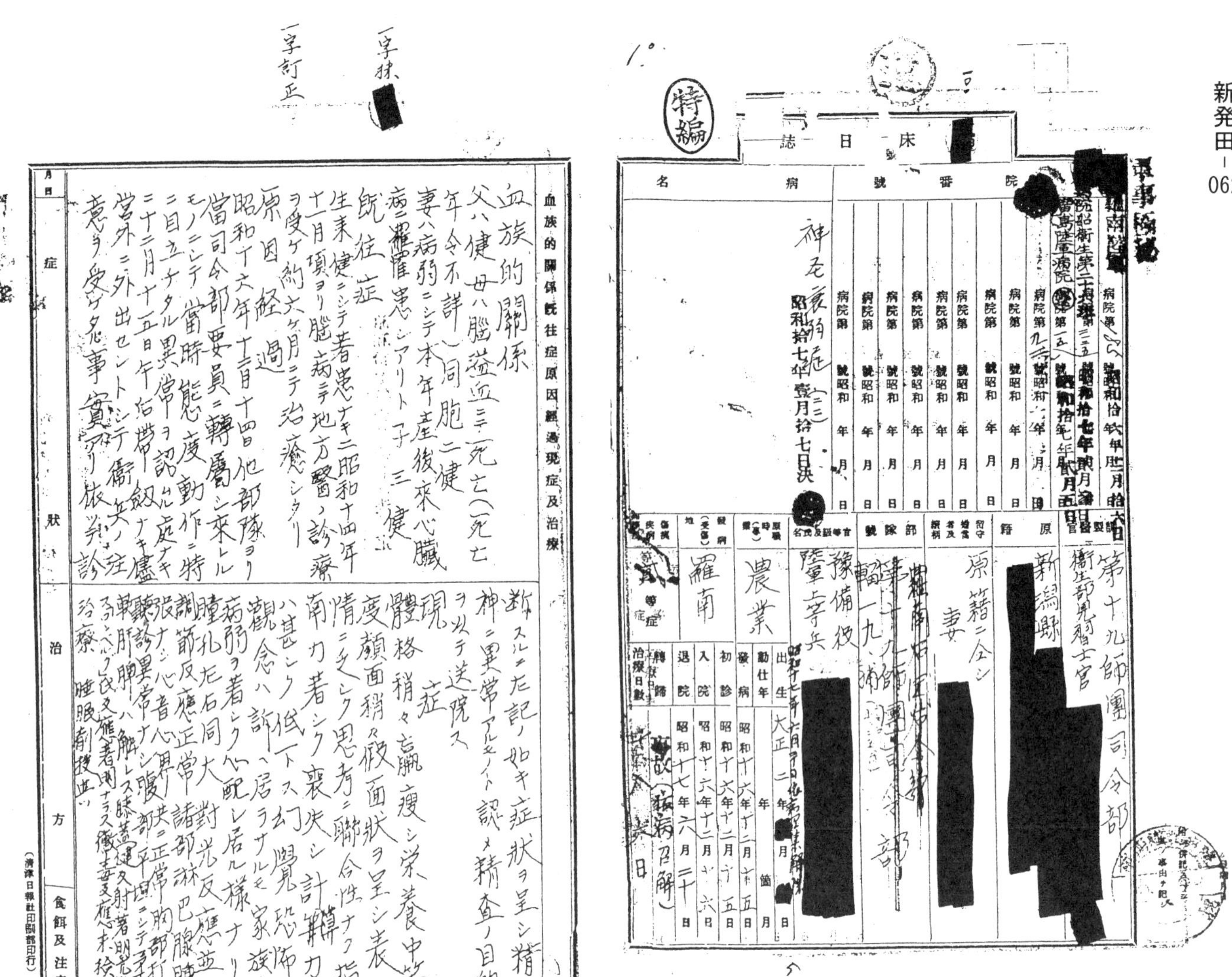

一字訂正　一字抹

血族的關係、既往症、原因、經過、現症及治療

血族的關係
父ハ健、母ハ脳溢血ニテ一九三七（一九三七）死亡、年令不詳、同胞ニ健
妻ハ病弱ニシテ本年産後來心臓病ニ罹患シアリ。子　三　健

既往症
生来健ニシテ著患ナキニ昭和十四年十一月頃ヨリ脳病ニテ地方醫ノ診療ヲ受ケ約六ヶ月ニテ治癒シタリ

原因經過
昭和十六年十二月十四日他部隊ヨリ當司令部要員ニ轉屬シ來レルモノニシテ當時態度動作ニ特ニ目立チタル異常ヲ認ムル處ナキニ十二月十五日午后帶劍ナキ儘営外ニ外出セントシテ衛兵ノ注意ヲ受ケタル事實アリ依ツテ診斷スルニ左記ノ如キ症狀ヲ呈シ精神ニ異常アルモノト認メ精査ノ目的ヲ以テ送院ス

現症
體格稍々羸瘦シ榮養中等度、顔面稍々假面狀ヲ呈シ表情ニ乏シク思考ニ聯合性ナク指南力著シク衰失シ計算力ハ甚シク低下ス、幻覺恐怖觀念ハ訴ヘ居ラサルモ家族ノ病弱ヲ著シク心配シ居ル様ナリ、瞳孔左右同大對光反應並ニ調節反應正常、諸部淋巴腺腫張ナシ、心音ハ界共ニ正常、胸部打聴診異常ナシ、腹部平坦ニシテ柔軟、肝脾ハ觸レス、膝蓋腱反射著明亢進、ロンベルグ氏症著明ナラス、黴毒反應未検

治療
睡眠劑投與

病床日誌

特編

病院第　號　昭和拾七年壹月拾六日

病名：神経衰弱症（三三）　昭和拾七年壹月拾七日決

原籍：新潟縣

官等級：第十九師團司令部　衛生部見習士官

職業：農業

部隊號：第十九師團司令部

出生：大正　年　月　日

發病：昭和十六年十二月十五日

入院：昭和十六年十二月十六日

退院：昭和十七年六月二十日

轉歸：事故（病召解）

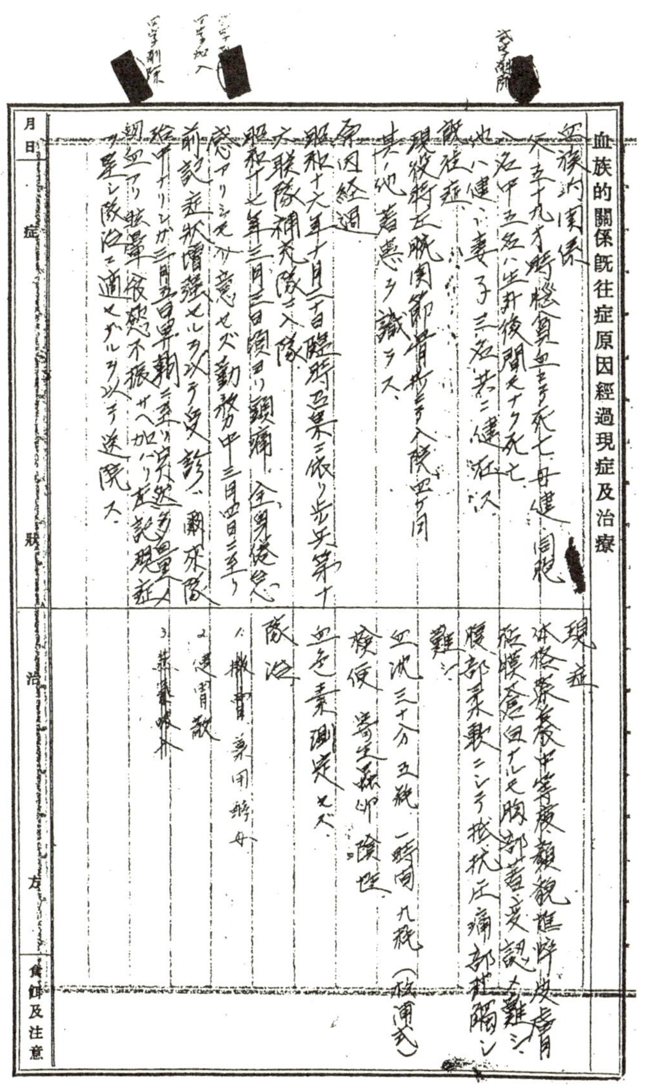

二字削除　一字加入　二字削除

血族的關係既往症原因經過現症及治療

家族内関係
父五十九才時総貧血ニテ死亡、母健在、同胞八名中五名ハ出産後間モナク死亡、他ハ健、妻子三名共ニ健在ナリ、

既往症
現役時左肘関節骨折ニテ入院四ヶ月、其ノ他著患ヲ識ラズ、

原因経過
昭和十六年十月一日臨時召集ニ依リ歩兵第十六聯隊補充隊ニ入隊、昭和十七年三月二日頃ヨリ頭痛、全身倦怠感アリシモ介意セズ勤務中三月四日ニ至リ前記症状増強セルヲ以テ受診ハ聯隊[illegible]給中ナリシガ三月五日早朝ニ至リ突然多量ノ喀血アリ眩暈、食欲不振サヘ加ハリ左記現症ヲ呈シ隊治ニ適セザルヲ以テ送院ス、

現症
体格栄養中等度顔貌稍[illegible]皮膚眼瞼蒼白ナルモ胸部著変認メ難シ
腹部柔軟ニシテ抵抗圧痛部触知シ難シ
血沈　三十分　五粍　一時間　九粍（[illegible]式）
検便　寄生虫卵陰性
血色素測定セズ

隊治
1. 撒曹　薬用酵母
2. 健胃散
3. [illegible]

月日　症　状　治　方　食餌及注意

12

秘

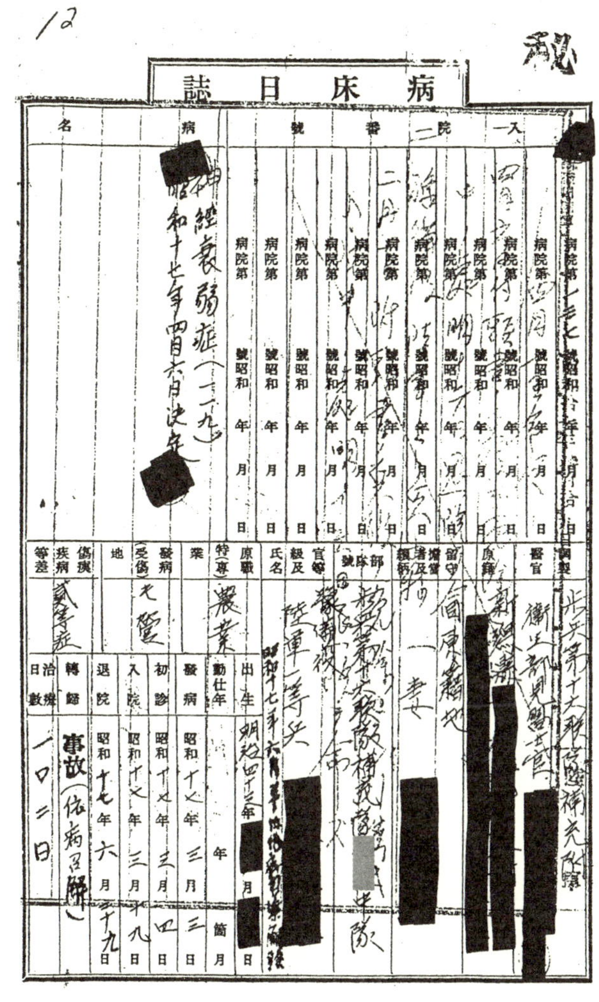

病床日誌

病名	神經衰弱症（一一九）昭和十七年四月六日決定
入院番號	病院第 號 昭和十七年三月九日
原隊	歩兵第十六聯隊補充隊
官等	衛生部見習士官
原籍	新潟縣
留守擔當者	妻
部隊號	歩兵第十六聯隊補充隊[illegible]中隊
官等級	陸軍一等兵
氏名	
原職	
特業	農業
發病（受傷）地	在營
傷病等差	[illegible]
出生	明治四十三年　月
勤仕年	年　箇月
發病	昭和十七年三月三日
初診	昭和十七年三月四日
入院	昭和十七年三月九日
退院	昭和十七年六月二十九日
轉歸	事故（依病召解）
治療日數	一〇二日

新発田－064

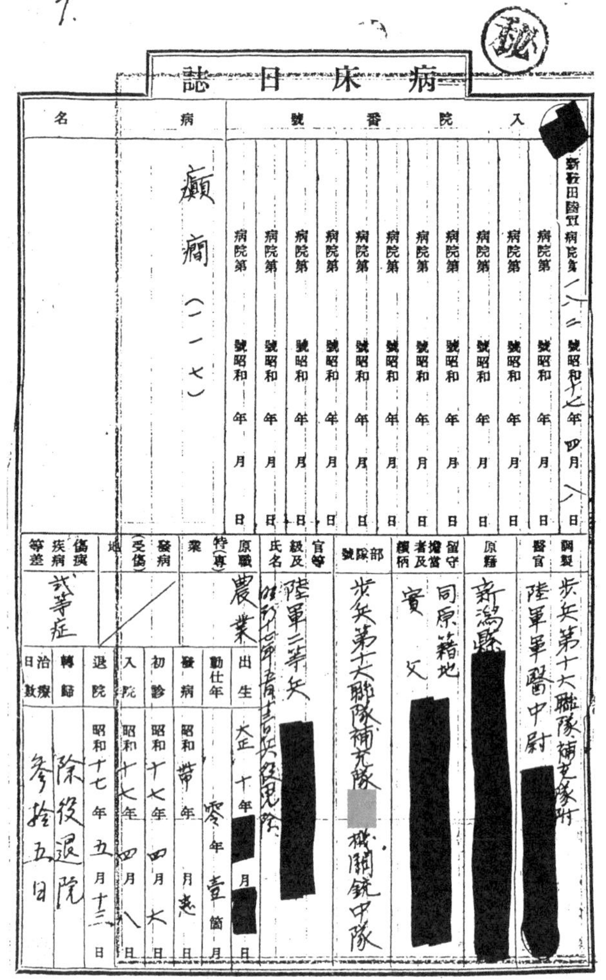

7.

秘

病床日誌

入院番號	病名
新發田陸軍病院第一八二號 昭和十七年四月八日	癲癇（一一七）
病院第　號 昭和　年　月　日	
病院第　號 昭和　年　月　日	
病院第　號 昭和　年　月　日	
病院第　號 昭和　年　月　日	
病院第　號 昭和　年　月　日	
病院第　號 昭和　年　月　日	
病院第　號 昭和　年　月　日	
病院第　號 昭和　年　月　日	
病院第　號 昭和　年　月　日	
病院第　號 昭和　年　月　日	

調製	醫官	原籍	留守擔當者及續柄	部隊號	官等級及氏名	原職（專）特業	發病（受傷）地	傷痍疾病等差
歩兵第十六聯隊補充隊附 陸軍軍醫中尉 [黒塗り]		新潟縣 [黒塗り]	同原籍地 實父 [黒塗り]	歩兵第十六聯隊補充隊[　]機關銃中隊	陸軍二等兵 [黒塗り] 昭和十七年五月十二日兵役免除	農業		貳等症

出生	勤仕年	發病	初診	入院	退院	轉歸	治療日數
大正十年[黒塗り]月[黒塗り]日	零年壹箇月	昭和帶年　月悉日	昭和十七年四月六日	昭和十七年四月八日	昭和十七年五月十二日	除役退院	參拾五日

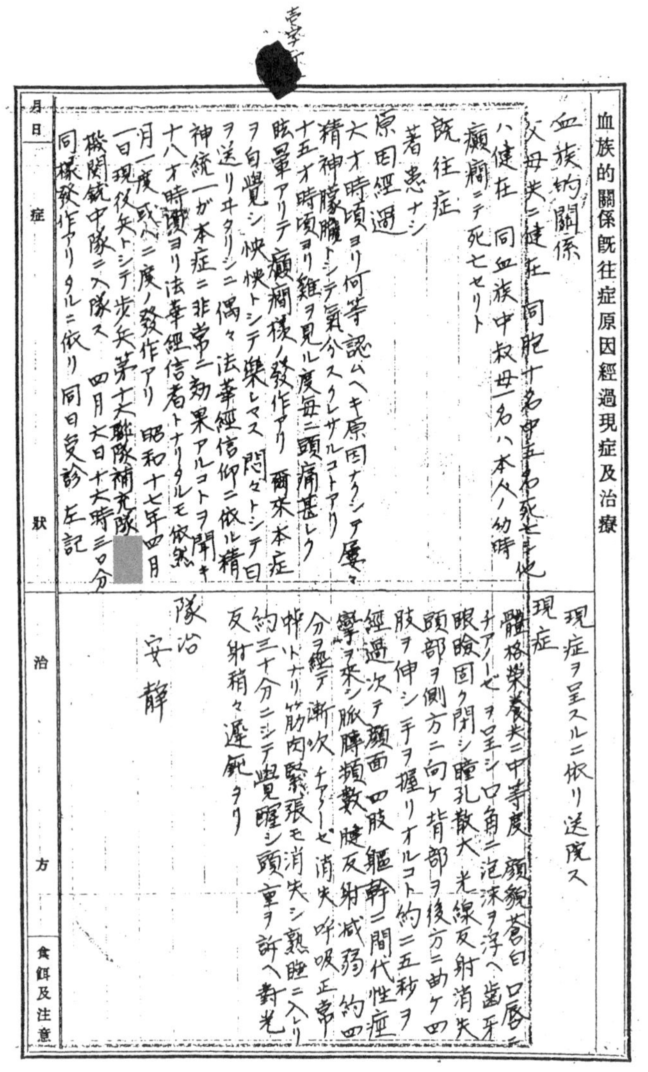

月日	血族的關係既往症原因經過現症及治療
症狀	血族的關係 父母共ニ健在 同胞十名中五名死亡 他ハ健在 同血族中叔母一名ハ本人ノ幼時癲癇ニテ死亡セリト 既往症 著患ナシ 原因經過 六才時頃ヨリ何等認ムヘキ原因ナクシテ屢々精神朦朧トシテ氣分スクレサルコトアリ 十五才時頃ヨリ雞ヲ見ル度毎ニ頭痛甚シク眩暈アリテ癲癇様ノ發作アリ 爾來本症ヲ自覺シ快々トシテ樂レマス 悶々トシテ日ヲ送リ井タリシニ偶々法華經信仰ニ依ル精神統一ガ本症ニ非常ニ効果アルコトヲ聞キ十八才時頃ヨリ法華經信者トナリタルモ依然月一度或ハ二度ノ發作アリ 昭和十七年四月一日現役兵トシテ歩兵第十六聯隊補充隊[　]機關銃中隊ニ入隊ス 四月六日十六時三〇分同様發作アリタルニ依リ同日受診 左記
治療方	現症ヲ呈スルニ依リ送院ス 現症 體格榮養共ニ中等度 顔貌蒼白 口唇ニチアノーゼヲ呈シ口角ニ泡沫ヲ浮ヘ歯牙 眼瞼固ク閉シ瞳孔散大 光線反射消失 頭部ヲ側方ニ向ケ背部ヲ後方ニ曲ケ四肢ヲ伸シ手ヲ握リオルコト約二五秒ヲ經過次テ顔面四肢軀幹ニ間代性痙攣ヲ來シ脈膊頻數 腱反射減弱 約四分ヲ經テ漸次チアノーゼ消失 呼吸正常トナリ筋肉緊張モ消失シ熟睡ニ入レリ 約三十分ニシテ覺醒シ頭重ヲ訴ヘ對光反射稍々遲鈍タリ 隊 治 安靜
食餌及注意	

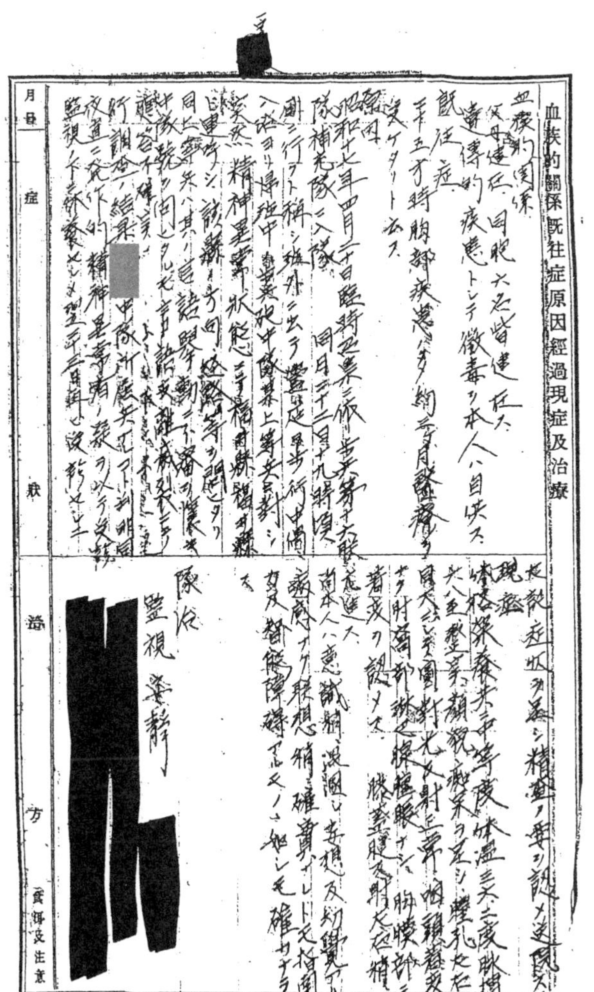

血族的關係既往症原因經過現症及治療

血族的関係

父母健在 同胞六名皆健在ナリ

遺傳的疾患トシテ黴毒ヲ本人ハ自失ス

既往症

十五才時胸部疾患ニテ約三ヶ月…ヲ受ケタリトイフ

原因

昭和十七年四月二十日臨時召集ニ依リ歩兵第十六聯隊補充隊ニ入隊

月日 症 状 治 方

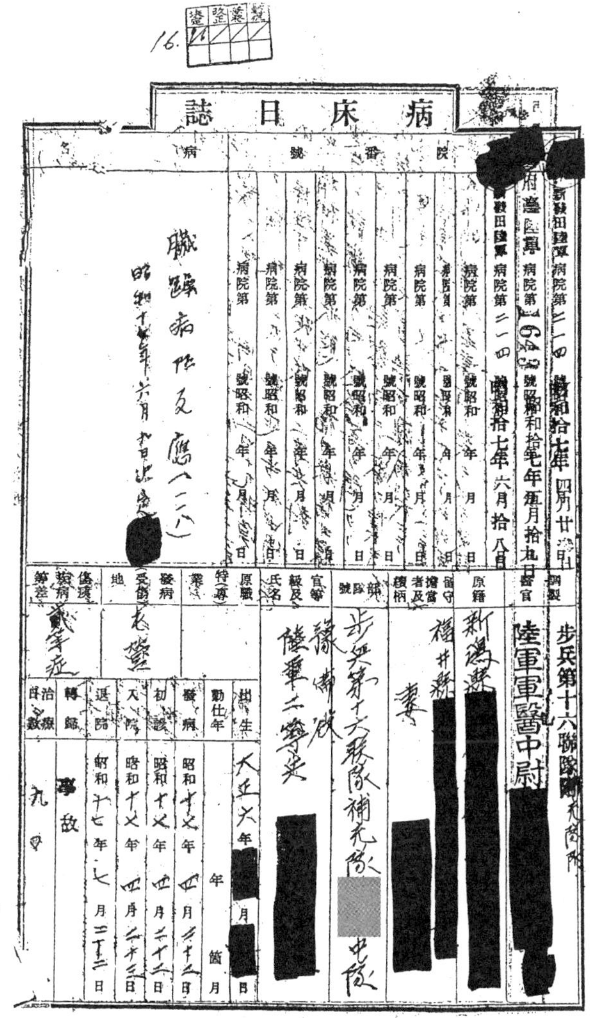

病床日誌

院番号 病名

新発田陸軍病院第二一四 昭和拾七年四月廿…日

…陸軍病院第1642號 昭和拾七年五月拾九日

新発田陸軍病院第二一四 昭和拾七年六月拾八日

驚愕反応（一八）

調製	報告官	原籍	留守擔當者及續柄	部隊號	官等級	氏名
歩兵第十六聯隊附	陸軍軍醫中尉	新潟縣	福井縣	歩兵第十六聯隊補充隊 中隊	陸軍二等兵	

出生	勤仕年	發病	初診	入院	退院	轉歸	治療日數
大正六年 月	年 箇月	昭和十七年四月十八日	昭和十七年四月二十二日	昭和十七年四月二十三日	昭和十七年七月二十二日	事故	九

二〇三〇滿

血族的關係既往症原因經過現症及治療

月日	
症狀	血族的関係 父二十八才急性肺炎ニテ死亡 母健在、同胞ナシ 既往症 二十五才、中支ニテ「マラリヤ」ニ罹患、三ケ月入院醫療ヲ受ク 原因經過 昭和十六年十月十七日臨時召集ニ依リ歩兵第十六聯隊補充隊ニ入隊、爾来諸勤務ニ服務シ、昭和十七年四月六日頃ヨリ歩行時、体操時、呼吸速迫、全身倦退感ヲ訴ヘ覚エシモ介意セズ勤務シアリシガ以来益々症候悪化ニ為、五月五日受診ス以来安静加療中ナリシモ隊治ニ適セザルト認メ茲ニ送院ス
治方	現症 体格栄養共ニ中等度 顔貌並可検粘膜稍蒼白 肺臓著変ナシ 心臓獨音界稍擴大 心尖搏動並第二肺動脈音亢進スルモ雑音聽取セズ 血圧最高一四五、脈搏一二〇 体温三六、五度 尚自覺的ニ鼻出血、眩暈感ヲ訴フ 検便寄生蟲卵証明セズ 尿糖蛋白陰性 隊治 (1) 健胃散 二・〇 安ナカ 〇・一
食餌及注意	

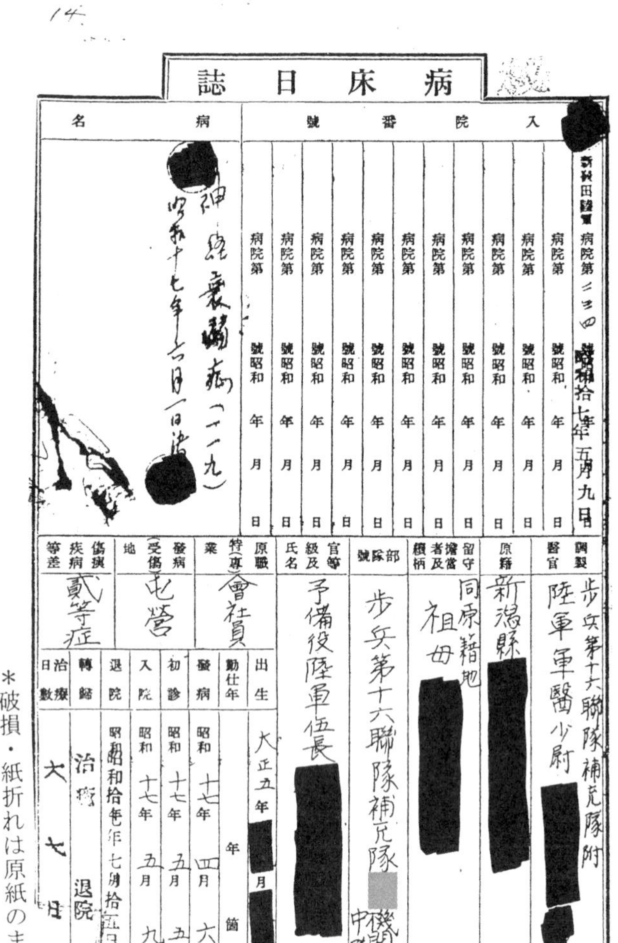

14.

病床日誌

病名	入院番號
神經衰弱症（一一九） 昭和十七年七月一日治	新發田陸軍病院第二三四號 昭和拾七年五月九日 病院第　號 昭和　年　月　日（以下同様の空欄10行）

調製醫官	原籍	留守擔當者及續柄	部隊號	官等級及氏名	原職（専）特業	發病（受傷）地	傷痍疾病等差
歩兵第十六聯隊補充隊附 陸軍軍醫少尉	新潟縣	同原籍地 祖母	歩兵第十六聯隊補充隊 機関銃中隊	予備役陸軍伍長	會社員	屯營	貳等症

出生	勤仕年	發病	初診	入院	退院	轉歸	治療日數
大正五年　月　日	年　箇月	昭和十七年四月六日	昭和十七年五月五日	昭和十七年五月九日	昭和拾七年七月拾五日	治癒 退院	六七日

＊破損・紙折れは原紙のまま

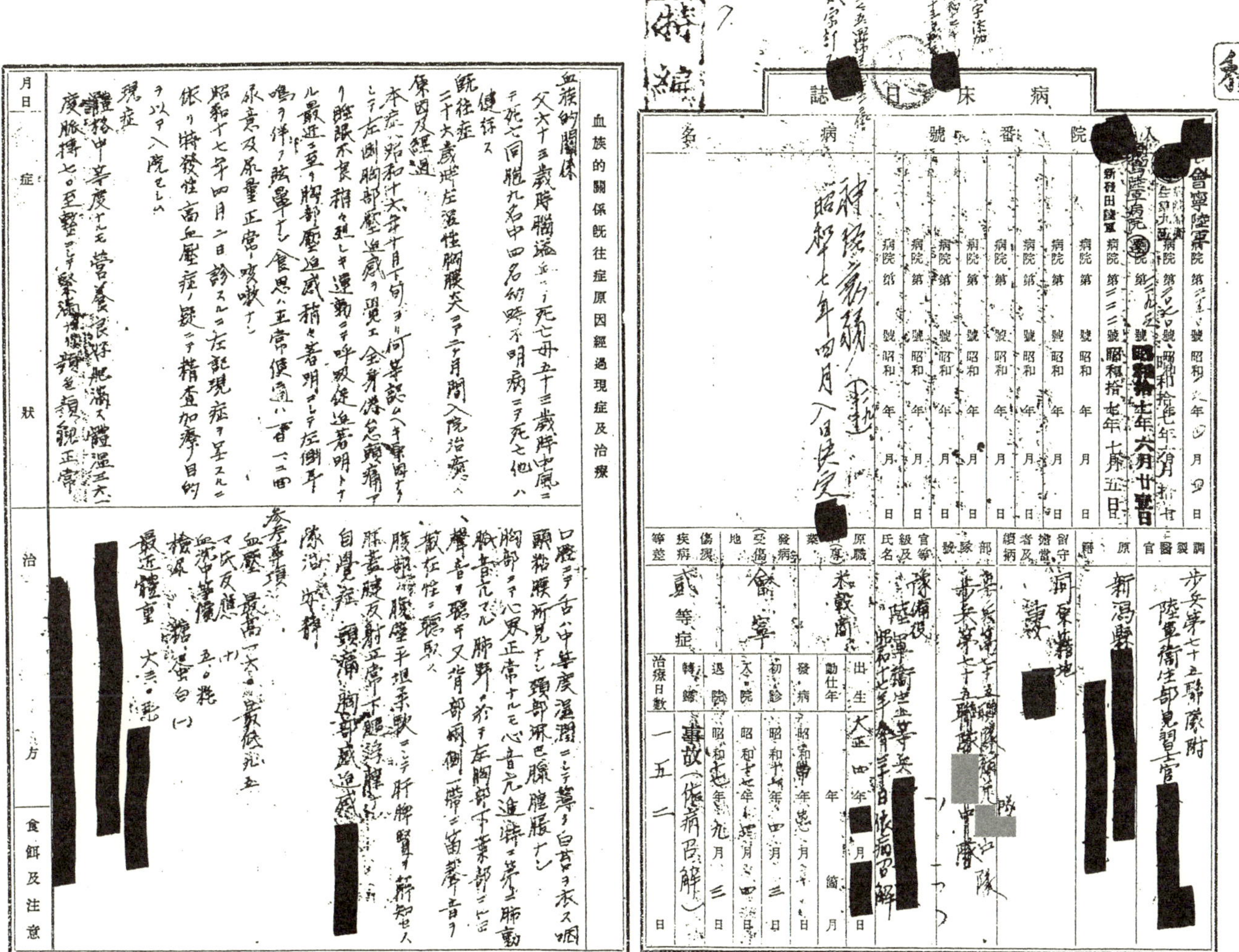

病床日誌

病名：神経衰弱　昭和十七年四月八日決定

入院番號：
會寧陸軍病院 第　號 昭和　年四月四日
陸軍病院 第　號 昭和拾七年六月廿　日
新発田陸軍病院 第三二二號 昭和拾七年七月五日

調製醫官：歩兵第七十五聯隊附 陸軍衛生部見習士官
原籍：新潟縣
留守擔當者及續柄：同原籍地　實父
部隊號：歩兵第七十五聯隊　中隊
官等級及氏名：豫備役 陸軍衛生上等兵　昭和十七年　月　日依病召解
原職（業）：米穀商
發病（受傷）地：會寧
傷痍疾病等差：貳等症

出生	勤仕年	發病	初診	入院	退院	轉歸	治療日數
大正四年　月　日	年　箇月	昭和　年　月　日	昭和十七年四月三日	昭和十七年　月四日	昭和十七年九月三日	事故（依病召解）	一五二

血族的關係既往症原因經過現症及治療

血族的關係
父六十三歳時腦溢血ニテ死亡 母五十三歳時中風ニテ死亡 同胞九名中四名幼時不明病ニテ死亡 他ハ健在ス

既往症
二十六歳時左滲出性胸膜炎ニテ二ケ月間入院治療ス

原因及經過
本症ハ昭和十六年十月下旬ヨリ何等誘因ナクシテ左側胸部壓迫感ヲ覺エ全身倦怠頭痛アリ睡眠不良稍々甚シキ運動ニテ呼吸促迫著明トナル最近ニ至リ胸部壓迫感稍々著明ニシテ左側耳鳴ヲ伴フ眩暈ナシ食思ハ正常便通ハ一日一回尿意及尿量正常咳嗽ナシ
昭和十七年四月二日診スルニ左記現症ヲ呈スルニ依リ特發性高血壓症ノ疑ニテ精査加療目的ヲ以テ入院セシム

現症
體格中等度 營養良好 肥滿ス 體溫三六・一 脈搏七〇至整ニシテ緊張 顔貌正常

口脣ニテ舌ハ中等度湿潤ニシテ薄キ白苔ヲ表ス 咽頭粘膜所見ナシ 頸部淋巴腺腫脹ナシ
胸部ニテ心界正常ナルモ心音亢進シ第二音肺動脈音亢ル 肺野ハ於テ左胸部下葉部ニ於テ擦音ヲ聴キ又背部兩側一帯ニ笛聲音ヲ散在性ニ聴取ス
腹部 腹壁平坦柔軟ニシテ肝脾腎ヲ觸知セス
膝蓋腱反射正常 下肢浮腫ナシ
自覺症 頭痛 胸部壓迫感
療法 安靜

參考事項
血壓 最高一六〇 最低九五
ワ氏反應（+）
血沈中等價 五〇粍
檢尿 糖（−） 蛋白（−）
最近體重 六三・〇瓩

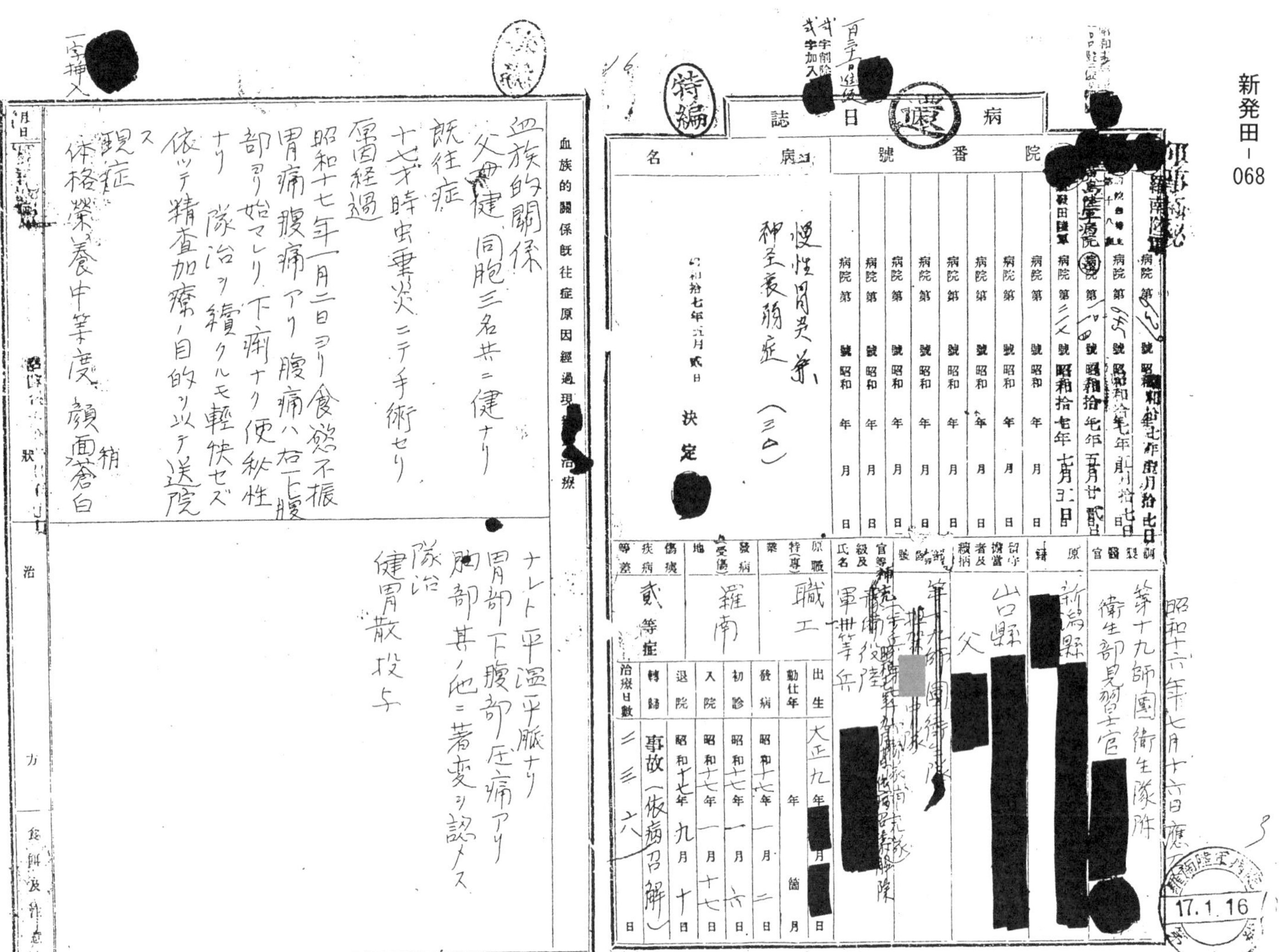

特編

病床日誌

病名	院番號
慢性胃炎兼神経衰弱症（三二） 昭和拾七年二月貳日 決定	羅南陸軍病院 第[illegible]號 昭和拾七年壹月拾七日 第十八[illegible]病院 第[illegible]號 昭和拾七年[illegible]月拾七日 [illegible]陸軍病院 第[illegible]號 昭和拾七年五月廿貳日 新発田陸軍病院 第二八[illegible]號 昭和拾七年十月三一日

原籍	留守擔當者及続柄	所屬部隊號	官等級及氏名	原職(特業)	發病(受傷)地	傷痍疾病等差
新潟縣	山口縣 父	第十九師團衛生隊	軍曹 一等兵	職工	羅南	貳等症

出生	勤仕年	發病	初診	入院	退院	轉歸	治療日數
大正九年 月 日	年 箇月	昭和十七年一月二日	昭和十七年一月六日	昭和十七年一月十七日	昭和十七年九月十日	事故（依病召解）	二三六日

第十九師團衛生隊附 衛生部見習士官

昭和十六年七月十六日應召

羅南陸軍病院 17.1.16

血族的關係既往症原因經過現症治療

血族的関係

父母健 同胞三名共ニ健ナリ

既往症

十七才時虫垂炎ニテ手術セリ

原因経過

昭和十七年一月二日ヨリ食慾不振胃痛腹痛アリ腹痛ハ右下腹部ヨリ始マリ下痢ナク便秘性ナリ 隊治ヲ續クルモ輕快セズ依ッテ精査加療ノ目的ヲ以テ送院ス

現症

体格榮養中等度 顔面稍蒼白ナレド平温平脈ナリ

胃部下腹部圧痛アリ

胸部其ノ他ニ著変ヲ認メズ

隊治

健胃散投与

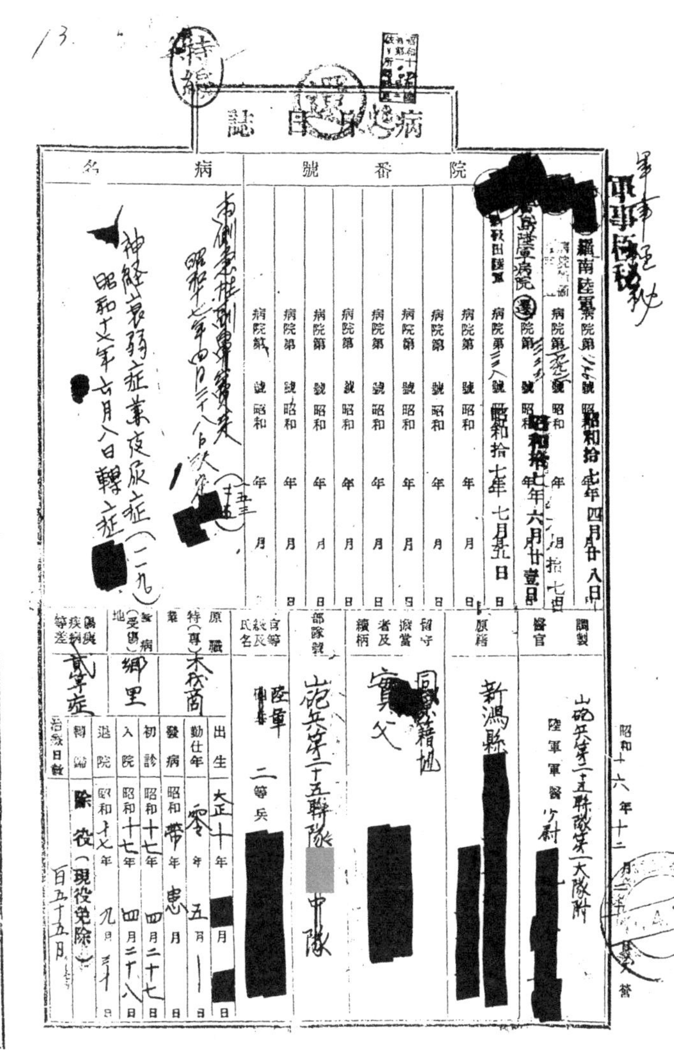

病床日誌

軍事極秘

病院番號

羅南陸軍病院第 號 昭和拾七年四月廿八日

病院第 號 昭和 年 月拾七日

陸軍病院 病院第 號 昭和拾七年六月廿壹日

新發田陸軍病院 病院第三八號 昭和拾七年七月五日

病名

急性副鼻竇炎 昭和十七年四月二十八日
神經衰弱症兼夜尿症（一一九）
昭和十七年六月八日轉症

調製 昭和十六年十二月 日
山砲兵第二十五聯隊第一大隊附 陸軍軍醫少尉

原籍 新潟縣

留守擔當者及續柄 實父

部隊號 山砲兵第二十五聯隊 中隊

官等氏名 陸軍二等兵

原職 特（專）業 木材商

發病（受傷）地 郷里

傷痍疾病等差 貳等症

出生 大正十年 月 日
勤仕年 零年五月一日
發病 昭和帶年 患月 日
初診 昭和十七年四月二十七日
入院 昭和十七年四月二十八日
退院 昭和十七年九月三十日
轉歸 除役（現役免除）
治療日數 百五十五日

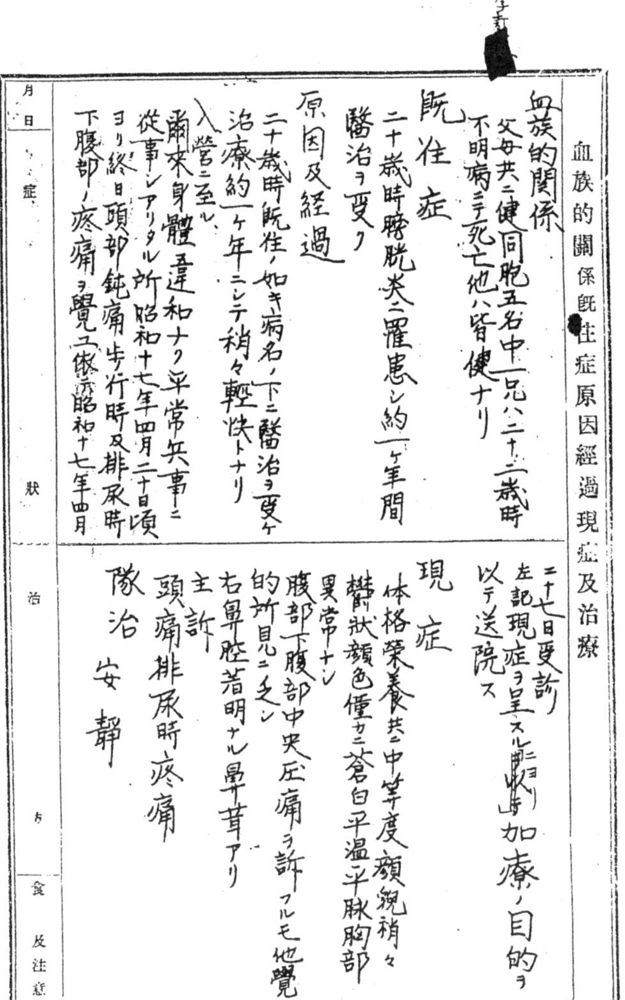

血族的關係既往症原因經過現症及治療

血族的關係
父母共ニ健同胞五名中一兄ハ二十二歳時不明病ニテ死亡他ハ皆健ナリ

既往症
二十歳時膀胱炎ニ罹患シ約一ヶ年間醫治ヲ要ス

原因及經過
二十歳時既往ノ如キ病名ノ下ニ醫治ヲ要ケ治療約一ヶ年ニシテ稍々輕快トナリ入營ニ至ル、爾來身體違和ナク平常兵事ニ從事シアリタル所昭和十七年四月二十日頃ヨリ終日頭部鈍痛歩行時及排尿時下腹部ノ疼痛ヲ覺エ依テ昭和十七年四月

二十七日要許
左記現症ヲ呈スル所ヨリ加療ノ目的ヲ以テ送院ス

現症
体格榮養共ニ中等度顔貌稍々憂鬱狀顔色僅カニ蒼白平温平脉胸部異常ナシ
腹部下腹部中央圧痛ヲ許スルモ他覺的所見ニ乏シ
右鼻腔著明ナル鼻茸アリ

主訴
頭痛排尿時疼痛

隊治
安靜

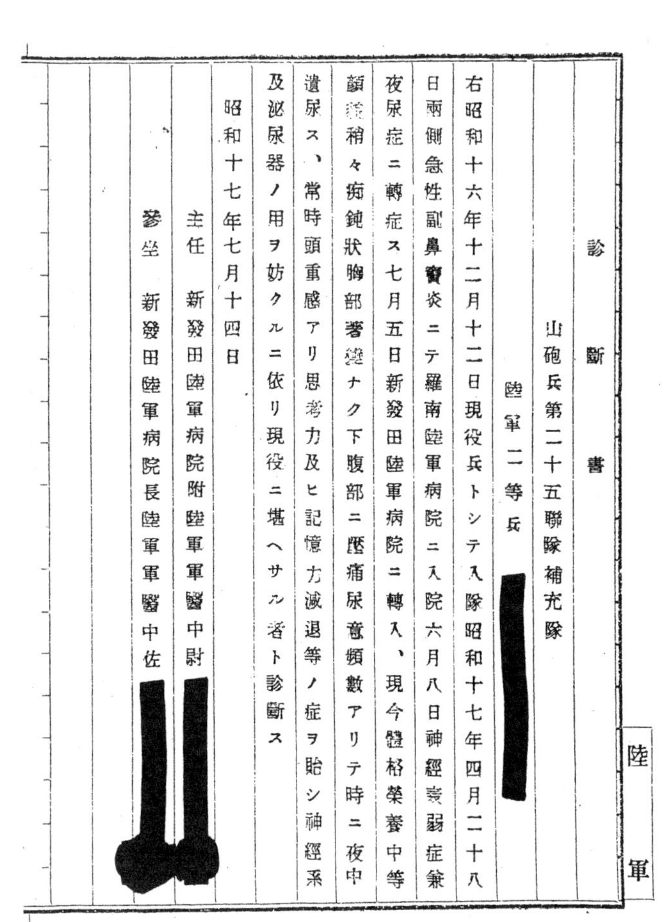

診斷書

山砲兵第二十五聯隊補充隊

陸軍二等兵

右昭和十六年十二月十二日現役兵トシテ入隊昭和十七年四月二十八日兩側急性副鼻竇炎ニテ羅南陸軍病院ニ入院六月八日神經衰弱症兼夜尿症ニ轉症ス七月五日新發田陸軍病院ニ轉入、現今營養榮養中等顔貌稍々痴鈍狀胸部著變ナク下腹部ニ壓痛尿意頻數アリテ時ニ夜中遺尿ス、常時頭重感アリ思考力及ヒ記憶力減退等ノ症ヲ胎シ神經系及泌尿器ノ用ヲ妨クルニ依リ現役ニ堪ヘサル者ト診斷ス

昭和十七年七月十四日

主任 新發田陸軍病院附陸軍軍醫中尉

參坐 新發田陸軍病院長陸軍軍醫中佐

陸軍

新発田-070

19

入院番號			
[redacted]發田陸軍病院第三三三號	昭和一七年七月六日		
病院第 號	昭和 年 月 日		
病院第 號	昭和 年 月 日		
病院第 號	昭和 年 月 日		
病院第 號	昭和 年 月 日		
病院第 號	昭和 年 月 日		
病院第 號	昭和 年 月 日		
病院第 號	昭和 年 月 日		
病院第 號	昭和 年 月 日		
病院第 號	昭和 年 月 日		
病院第 號	昭和 年 月 日		

病名 [redacted]神経衰弱症（一一九）
昭和十七年七月二十七日決定[redacted]

調製醫官	歩兵第十六聯隊補充隊附 陸軍軍醫中尉 [redacted]
原籍	新潟縣[redacted]
留守擔當者及續柄	同縣籍地 實母 [redacted]
部隊號	歩兵第十六聯隊補充隊通信中隊
官等級及氏名	豫備役 一等兵 [redacted]
原職（特業）	農業
發病受傷地	新潟縣北蒲原郡笹岡村大日原廠舎
傷痍疾病等差	貳等症
出生	大正六年[redacted]月[redacted]日
勤仕年	年 箇月
發病	昭和十七年七月一日
初診	昭和十七年七月六日
入院	昭和十七年七月六日
退院	昭和十七年七月三十一日
轉歸	治癒
治療日數	二十五日

二十五日治[redacted]

[redacted]

血族的關係既往症原因經過現症及治療

血族的關係
父ハ五十七才時心臓疾患ニテ死亡 母ハ健在 同胞五名皆健在
父母兄弟及親族間ニ於テ精神病ナシ

既往症
生来健康ニシテ著患ヲ識ラズ 脳疾患及頭部打撲等受ケタル事ナシ
性質ハ本人ハ生来極端ナル小心者ナルト陰鬱ナル性質ニシテ他人ト談話及相談スル等全クナク又戰友等ニ特ニ親シク交リタルモノナシ 小学校在学中ノ成績ハ中等ナリ

發病經過
昭和十六年十二月二十日臨時召集ニヨリ歩兵第十六聯隊補充隊通信中隊ニ入隊ス 本年四月中旬安塚軍曹ノ心缺除ノ事由ニヨリ週番士官ヨリ注意ヲ受ケ其ノ際極度ニ思ヒ詰メ自責ノ念ニ駆ラレ居ル徴候アリ 昭和十七年六月中旬頃外泊歸省ノ際帰郷先手不足ノ為メ田畑賣却ノ問題ニ母親等ト相談セシコトアリシモ此ノ事心労ナル為メカ特ニ陰鬱ナル症状ヲ呈シアリ 昭和十七年六月二十一日ヨリ大日原廠舎補充兵教育要員トシテ参加 此ノ間常ニ諸動作不完全ニシテ屢々廠舎ヨリ脱離シ歸ラザル事アリ 以テ歸還後モ常人ノ如クナラズ奇行アルタメ入隊治ニ適セズ 精査ノ要ヲ認メ送院ス

現症
体格栄養共ニ中等度 顔貌稍蒼白 沈鬱状ナリ

瞳孔左右同大ニシテ對光反射迅速ナリ 可視粘膜正常 胸腹部ニ著変ヲ認メズ 膝蓋腱反射左右異常
其ノ態度動作常ニ寡默沈鬱ニシテ運動少ク遅緩ナリ 質問ニ對シ答ヘサルコト多ク 全ク無關心ノ状態（ヘルニハアラズ）
指南力異常ナク注意力記銘力並ニ記憶力モ障害ナク知力障害ハ認メラレズ 而シテ其ノ起居セル間ハ絶ヘズ周囲ノ者ガ己ヲ悪シ様ニ噂シ口ヲキクト陳述シ且自己ノ犯シタル罪ニヨリ中隊全部ニ迷惑ノ及ベルヲ確信シオルモノ 被害並罪業妄想ノアルモノノ如シ
感情ハ厭世的ナル点認メラレ 精神運動ハ制止サルル状態アリ
主訴 不眠 頭痛
体温三六・九度 脈搏七五至整
療法 安静 看視

入隊時体力
身長 米
体重 瓩
胸囲 米

月日 / 症状 / 治方 / 食餌及注意

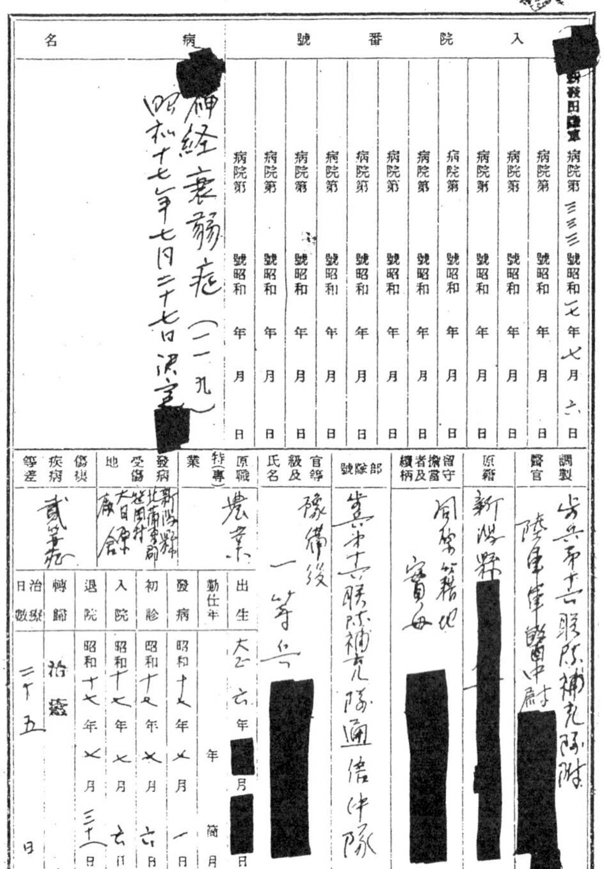

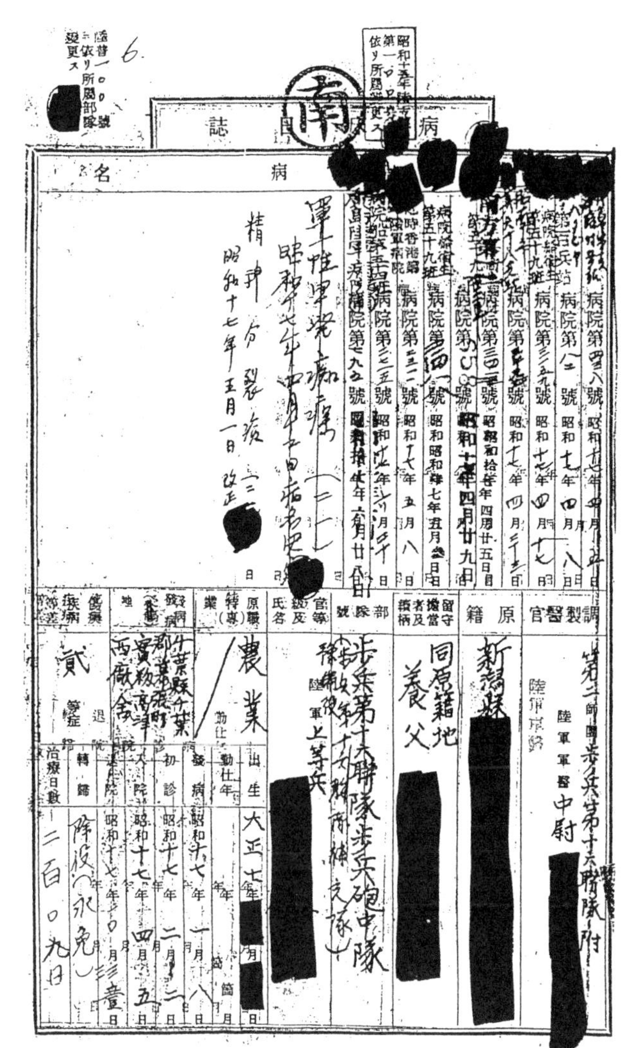

陸普一〇〇號ニ依リ所属部隊變更ス

昭和十五年陸支第一〇〇號ニ依リ所属部隊變更ス

病床日誌

病名

精神分裂症

昭和十七年五月一日改正

調製官醫	原籍	留守擔當者及續柄	部隊號	官等級及氏名	原職（特業）	業	病發地
第二師團歩兵第十六聯隊附 陸軍軍醫中尉	新潟縣	同原籍地 養父	歩兵第十六聯隊歩兵砲中隊 豫備役 陸軍上等兵		農業		千葉縣千葉郡幕張町實籾高津厩舍

出生	勤仕年	發病	初診	入院	退院	轉歸	治療日數	傷病等症
大正七年		昭和十七年一月八日	昭和十七年二月二日	昭和十七年四月五日	昭和十七年十月三日	降役（永免）	二百〇九日	貮

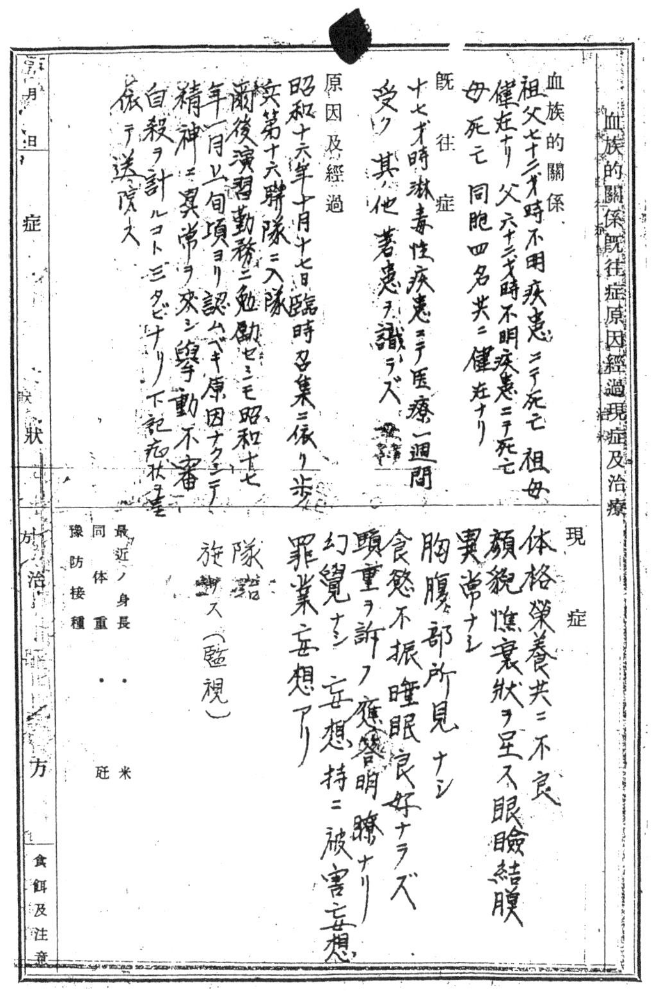

血族的關係既往症原因經過現症及治療

血族的關係

祖父七十二才時不明疾患ニテ死亡 祖母健在ナリ 父六十二才時不明疾患ニテ死亡 母死亡 同胞四名共ニ健在ナリ

既往症

十七才時淋毒性疾患ニテ医療一週間受ク 其ノ他著患ヲ識ラズ

原因及經過

昭和十六年十月十七日臨時召集ニ依リ歩兵第十六聯隊ニ入隊 爾後演習勤務ニ勉励セシモ昭和十七年一月上旬頃ヨリ認ムベキ原因ナクシテ精神ニ異常ヲ來シ擧動不審自殺ヲ計ルコト三タビナリ下記症状ニ依テ送院ス

現症

体格榮養共ニ不良 顔貌憔衰状ヲ呈ス眼瞼結膜異常ナシ 胸腹部所見ナシ 食慾不振睡眠良好ナラズ 頭重ヲ訴ヘ應答明瞭ナリ 幻覺ナシ 妄想持ニ被害妄想 罪業妄想アリ

隊ニ於テ 旋ニ付ス（監視）

最近ノ身長　米
同体重　瓩
豫防接種

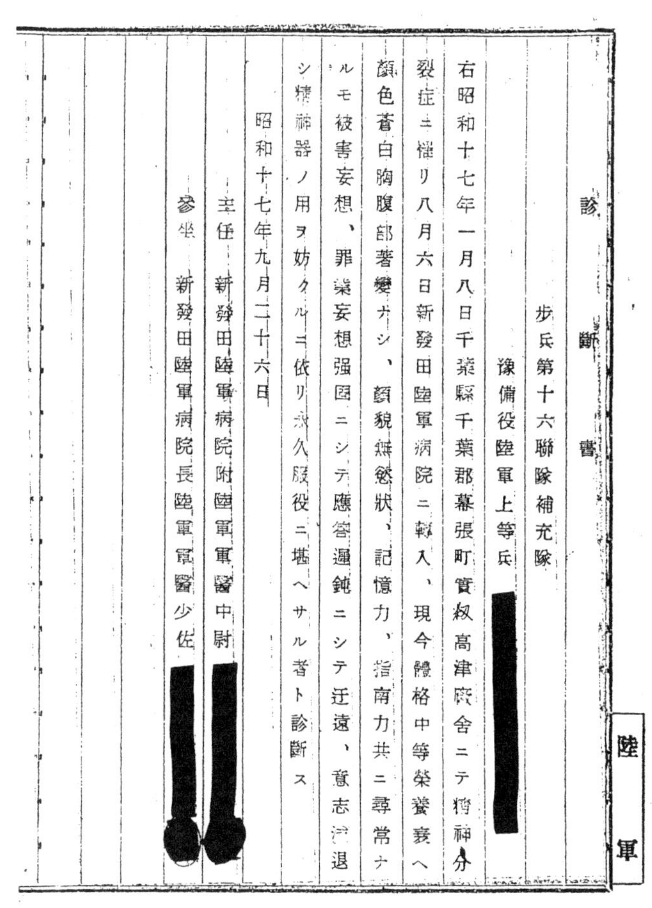

診斷書

歩兵第十六聯隊補充隊
豫備役陸軍上等兵

右昭和十七年一月八日千葉縣千葉郡幕張町實籾高津廐舍ニテ精神分裂症ニ罹リ八月六日新發田陸軍病院ニ轉入、現今體格中等榮養衰ヘ顏色蒼白胸腹部著變ナシ、顏貌無慾状、記憶力、指南力共ニ尋常ナルモ被害妄想、罪業妄想強固ニシテ應答遲鈍ニシテ迂遠、意志消退シ精神器ノ用ヲ妨クルニ依リ永久服役ニ堪ヘサル者ト診斷ス

昭和十七年九月二十六日

主任　新發田陸軍病院附陸軍軍醫中尉
參坐　新發田陸軍病院長陸軍軍醫少佐

陸軍

新発田－072

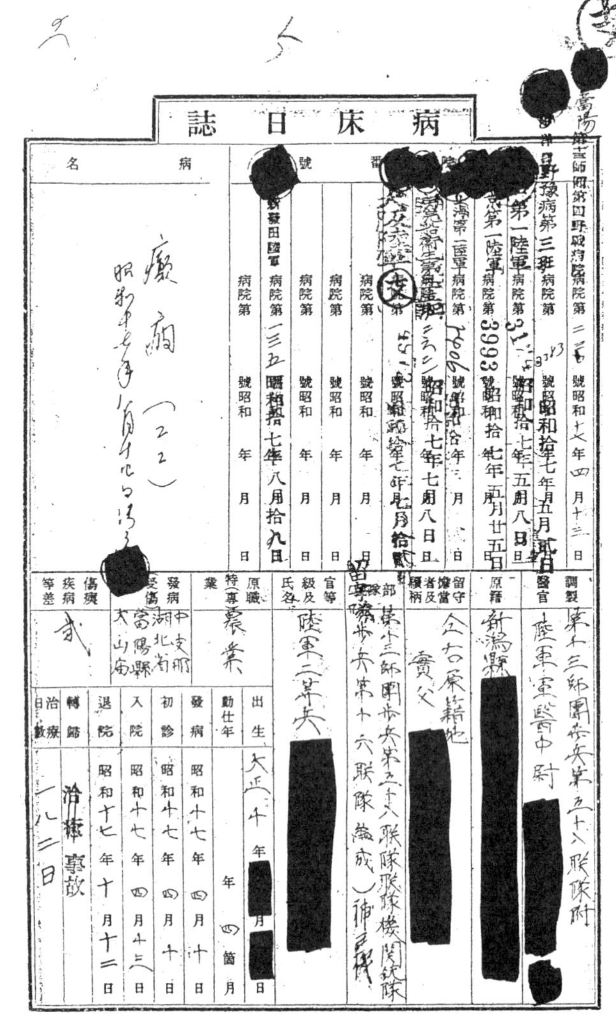

人

病床日誌

病院	號	日付
當陽第十三師團第四野戰病院 病院第二[illegible]	號	昭和十七年四月十三日
[illegible]野戰病院第三班 病院第	3383 號	昭和拾七年五月貳日
第一陸軍病院第	31[illegible] 號	昭和拾七年五月八日
[illegible]第一陸軍病院第	3993 號	昭和拾七年五月廿五日
上海第一陸軍病院第	5606 號	昭和[illegible]年 月 日
[illegible]衛生[illegible]病院第	(2332) 號	昭和拾七年七月八日
[illegible]病院第	4572 號	昭和拾七年七月拾[illegible]日
病院第	號	昭和 年 月 日
病院第	號	昭和 年 月 日
病院第	號	昭和 年 月 日
新發田陸軍病院第	一三五 號	昭和拾七年八月拾九日
病院第	號	昭和 年 月 日

病名：癲癇（２２）
昭和十七年八月十九日[illegible]

項目	記入
調製	第十三師團歩兵第五十八聯隊附
醫官	陸軍軍醫中尉 [illegible]
原籍	新潟縣[illegible]
留守擔當者及續柄	全右家籍地 實父 [illegible]
部隊	第十三師團歩兵第五十八聯隊聯隊機關銃隊（留守隊 歩兵第十六聯隊編成）補充兵
官等級及氏名	陸軍一等兵 [illegible]
原職（特業）	農業
發病受傷	中支那湖北省當陽縣太山廟
傷痍疾病等差	戊
出生	大正十年[illegible]月[illegible]日
勤仕年	年四箇月
發病	昭和十七年四月廿日
初診	昭和十七年四月十日
入院	昭和十七年四月十三日
退院	昭和十七年十月十二日
轉歸	治癒 事故
治療日數	一八二日

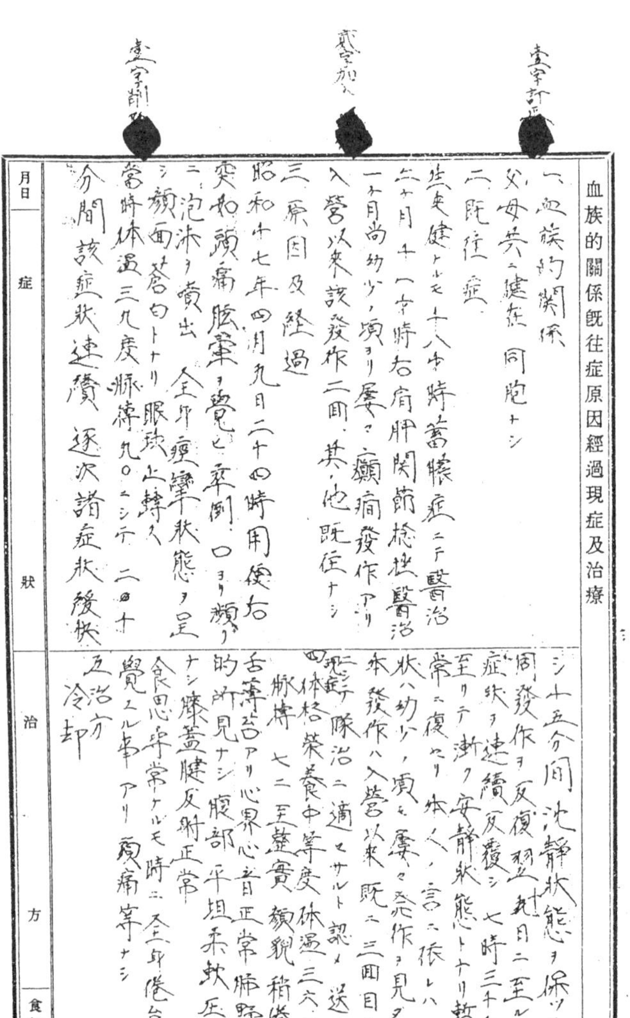

壹字訂正　貳字加入　壹字削除

血族的關係既往症原因經過現症及治療

一、血族的關係
父母共ニ健在 同胞ナシ

二、既往症
生來健ナルモ十八才時蓄膿症ニテ醫治六ヶ月 十一才時右肩胛関節捻挫醫治一ヶ月尚幼少ノ頃ヨリ屢々癲癇發作アリ入營以來該發作二回 其ノ他既往症ナシ

三、原因及經過
昭和十七年四月九日二十四時用便右突如頭痛眩暈ヲ覺ヘ卒倒 口ヨリ頻リニ泡沫ヲ噴出シ顔面蒼白トナリ全身痙攣狀態ヲ呈シ眼球上轉ス當時体温三九度 脈搏九〇ニシテ 二〇十分間該症狀連續 逐次諸症狀緩快シ十五分間沈靜狀態ヲ保ツモ又同發作ヲ反復 翌十日ニ至ルモ同症狀ヲ連續反復シ七時三十分ニ至リテ漸ク安靜狀態トナリ暫時平常ニ復セリ 本人ノ言ニ依レハ該症狀ハ幼少ノ頃ヨリ屢々発作ヲ見タル所ナリ本發作ハ入營以來既ニ三回目ノ發作ニシテ隊治ニ適セサルト認メ送院ス

四、現症
体格榮養中等度 体温三六・七度 脈搏七二至整實 顔貌稍倦怠狀 舌薄苔アリ 心界心音正常 肺野理学的所見ナシ 腹部平坦柔軟圧痛等ナシ 膝蓋腱反射正常 食思平常ナルモ時ニ全身倦怠感ヲ覺ユル事アリ 頭痛等ナシ

五、治方
冷却

月日	症狀	治方	食餌及注意

血族的關係既往症原因經過現症及治療

血族的関係
父母並ニ同胞七名何レモ健ニシテ徴スベキモノナシ

既往症
生来病身ノ傾向アリテ[illegible]時胸膜炎ニテ約一ケ年、拾七才ノ時脚氣ニテ四ケ月ノ医治ヲ要ス 拾五才ノ時肺門線炎ニテ半年医治ヲ要ス

原因経過
昭和十七年五月二十六日十時頃赤痢予防接種ヲ受ケタル当時特別ノ反應ヲ見ザリシモ翌二十七日四時頃上園時卒倒セリ
當時平温平脉ナルモ應答ナク瞳孔対光反應鈍ナリ
直チニ不時診断ヲ受ク

現症
体格栄養共ニ中等度、体温三六ノ度、
脉拍七〇至整、
顔貌蒼白ニシテ[illegible]チアノーゼ[illegible]
認メズ[illegible]僅ニ口唇ヲ動カス
瞳孔左右同大ニシテ円ナルモ対光反射
鈍ナリ
[illegible]
[illegible]
[illegible]
[illegible]
[illegible]
[illegible]
[illegible]

治方 [illegible]

食餌及注意

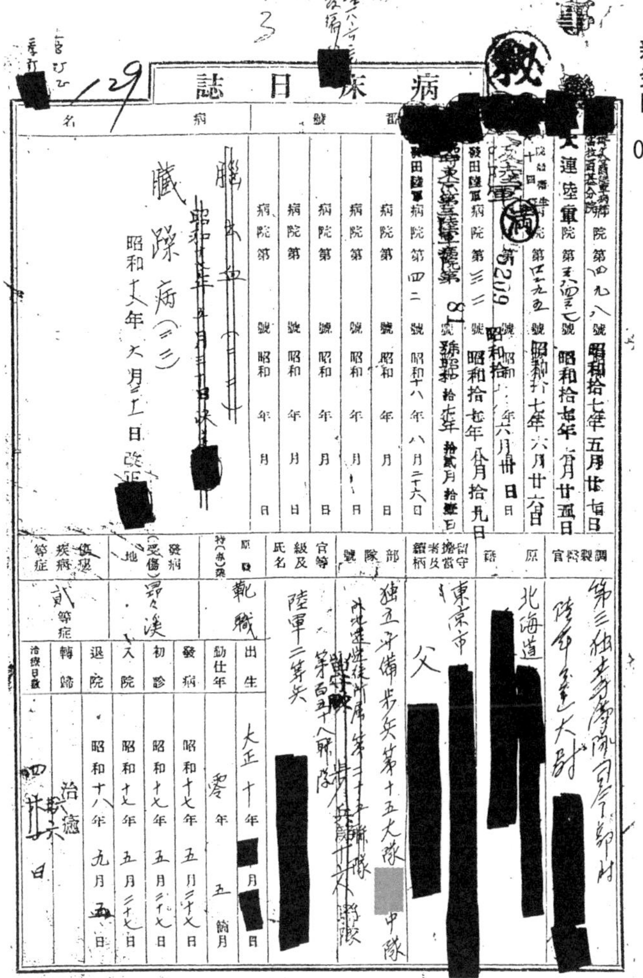
病床日誌

病名 臓躁病（三三）
昭和十七年六月三日 [illegible]

大連陸軍病院 第四九八號 昭和拾七年五月廿七日
第五〇三七號 昭和拾七年六月廿四日
第[illegible]號 昭和十七年六月卅日
[illegible]陸軍病院 第[illegible]號 昭和拾七年八月拾九日
新発田陸軍病院 第四二號 昭和十八年八月二十六日

調製官	陸軍軍医大尉
原籍	北海道
留守担当者	父
本籍	東京市
部隊號	独立守備歩兵第十五大隊 [illegible] 中隊
官等級及氏名	陸軍二等兵
原因	執職
發病地	昇溪
等症	貳
出生	大正十年 月 日
勤仕年	零年五箇月
發病	昭和十七年五月二十七日
初診	昭和十七年五月二十七日
入院	昭和十七年五月二十七日
退院	昭和十八年九月五日
轉歸	治癒
治療日數	四[illegible]日

新発田-073

新発田－074

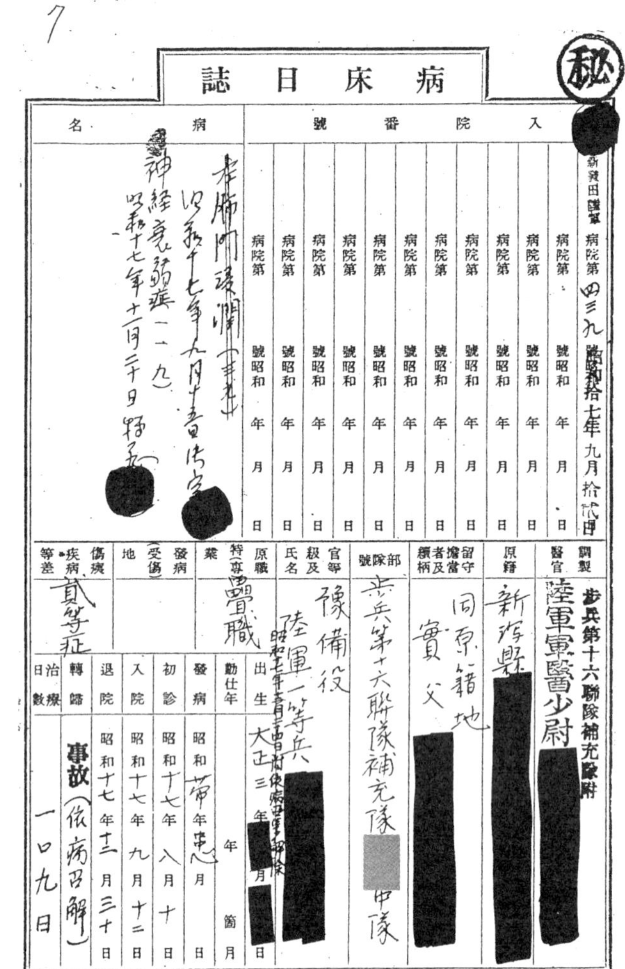

病床日誌

入院番號	
新発田陸軍病院第四三九號	昭和拾七年九月拾弐日
病院第　號	昭和　年　月　日
病院第　號	昭和　年　月　日
病院第　號	昭和　年　月　日
病院第　號	昭和　年　月　日
病院第　號	昭和　年　月　日
病院第　號	昭和　年　月　日
病院第　號	昭和　年　月　日
病院第　號	昭和　年　月　日
病院第　號	昭和　年　月　日
病院第　號	昭和　年　月　日

病名

~~肋間神経痛~~ 昭和十七年九月十二日 [illegible]

神経衰弱症（一一九） 昭和十七年十二月二十日 [illegible]

調製	醫官	原籍	留守擔當者及續柄	部隊號	官等級及氏名	原職（特業）	發病（受傷）地	傷痍疾病等差
歩兵第十六聯隊補充隊附	陸軍軍醫少尉 ■	新潟縣 ■	同原籍地 實父 ■	歩兵第十六聯隊補充隊 ■ 中隊	豫備役 陸軍一等兵 ■ 昭和十七年十二月二十日附依病召集解除	農職		貳等症

出生	勤仕年	發病	初診	入院	退院	轉歸	治療日數
大正三年 ■ 月 ■ 日	年　箇月	昭和十六年七月　日	昭和十七年八月十日	昭和十七年九月十二日	昭和十七年十二月三十日	事故（依病召解）	一〇九日

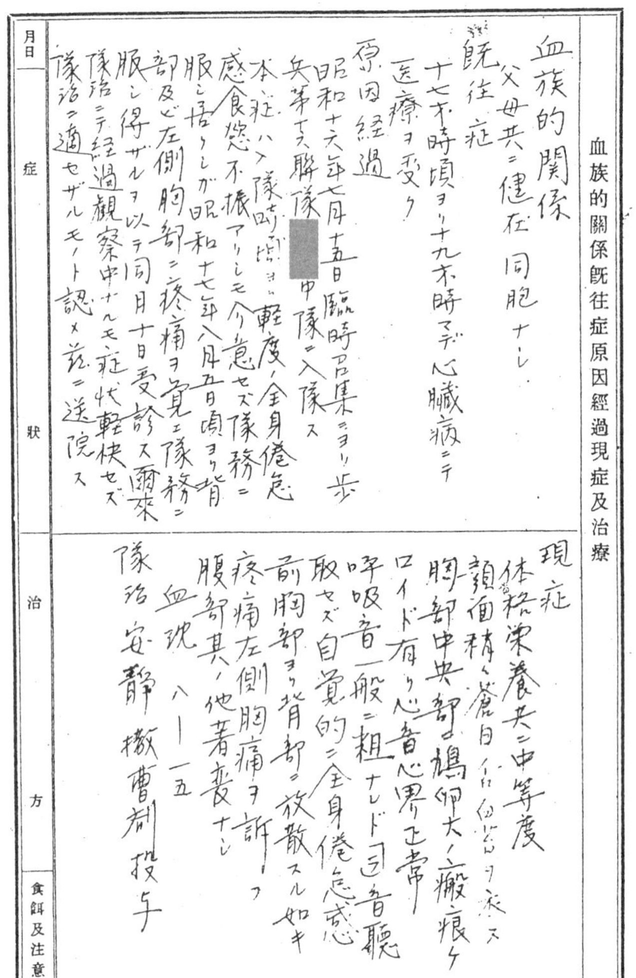

月日	血族的關係既往症原因經過現症及治療
症状	血族的関係 父母共ニ健在 同胞ナシ 既往症 十七才時頃ヨリ十九才時マデ心臓病ニテ医療ヲ受ク 原因経過 昭和十六年七月十五日臨時召集ニヨリ歩兵第十六聯隊 ■ 中隊ニ入隊ス 本症ハ入隊時ヨリ軽度ノ全身倦怠感食慾不振アリシモ介意セズ隊務ニ服シ居リシガ昭和十七年八月五日頃ヨリ背部及ビ左側胸部ニ疼痛ヲ覚エ隊務ニ服シ得ザルヲ以テ同月十日受診ス爾来隊治ニテ経過観察中ナルモ症状軽快セズ隊治ニ適セザルモノト認メ茲ニ送院ス
治方	現症 体格栄養共ニ中等度 顔面稍々蒼白 [illegible] 胸部中央部ニ鳩卵大ノ瘢痕ケロイド有リ 心音心界正常 呼吸音一般ニ粗ナルド [illegible] 音聴取セズ 自覚的ニ全身倦怠感前胸部ヨリ背部ニ放散スル如キ疼痛左側胸痛ヲ訴フ 腹部其ノ他著変ナシ 血沈 一ー一五 隊治 安静 撒曹剤投与
食餌及注意	

血族的關係既往症原因經過現症及治療

血族的關係 父ハ四十七才ニテ食道癌ニテ死亡 母健在 同胞九名中四名死亡セルモ病名不明

既往症 特記スベキ疾患ナシ

原因經過 本症ハ四月十七日ヨリ發熱ナクシテ前額痛アリ眩暈食思不振全身倦怠感アリ精査ノ目的ヲ以テ入院セシム

現症 體格營養中等度体温平常 脈搏九六整調正シク緊張大 瞳孔左右同大 光線反應尋常 右頸部ニ白癬ヲ認メ僅ニ頸淋巴腺ノ腫脹ヲ認ム 胸腹部異常ナク四肢運動知覺障害ナシ

療治 アスピリン投與 濕布 安静

其ノ他 身長 一、五六〇米 体重 六二、五瓩 ワ氏反應（廿） 血沈 六、〇粍

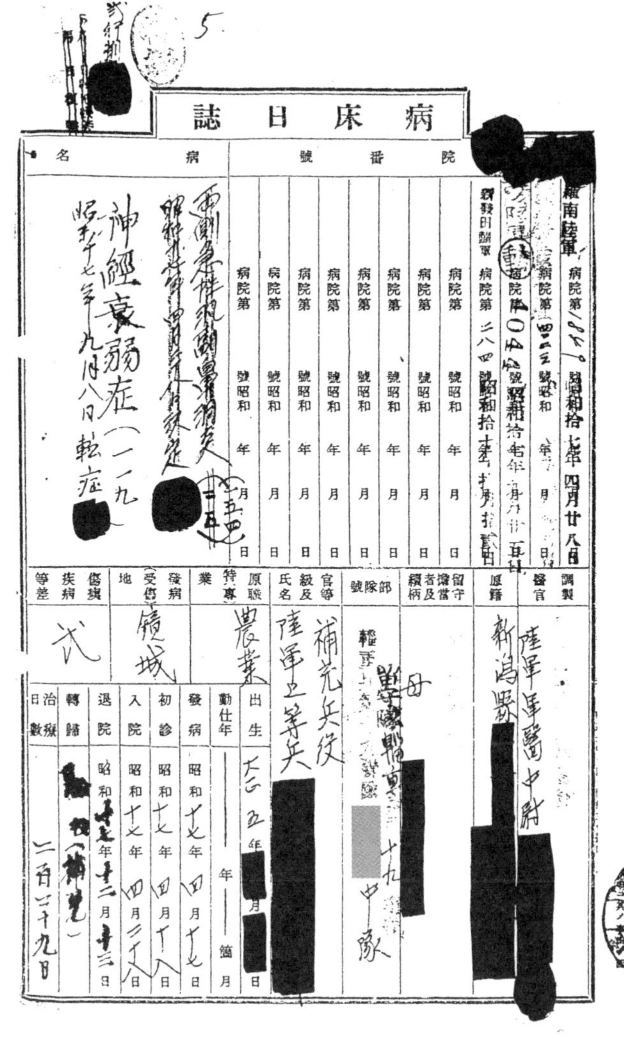

病床日誌

羅南陸軍病院第八四〇號 昭和拾七年四月廿八日

病名 両側急性汎副鼻洞炎 昭和十七年四月十七日

神經衰弱症（一一九）昭和十七年九月八日轉症

傷痍疾病等差 弐　發病（受傷）地 鏡城　原職特業 農業　官等級及氏名 補充兵役陸軍上等兵　部隊號 輜重兵第十九聯隊 中隊　原籍 新潟縣　調製醫官 陸軍軍醫中尉

出生 大正五年　發病 昭和十七年四月十七日　初診 昭和十七年四月十八日　入院 昭和十七年四月二十八日　退院 昭和十七年十二月十三日　轉歸（補充）　治療日數 二百二十九日

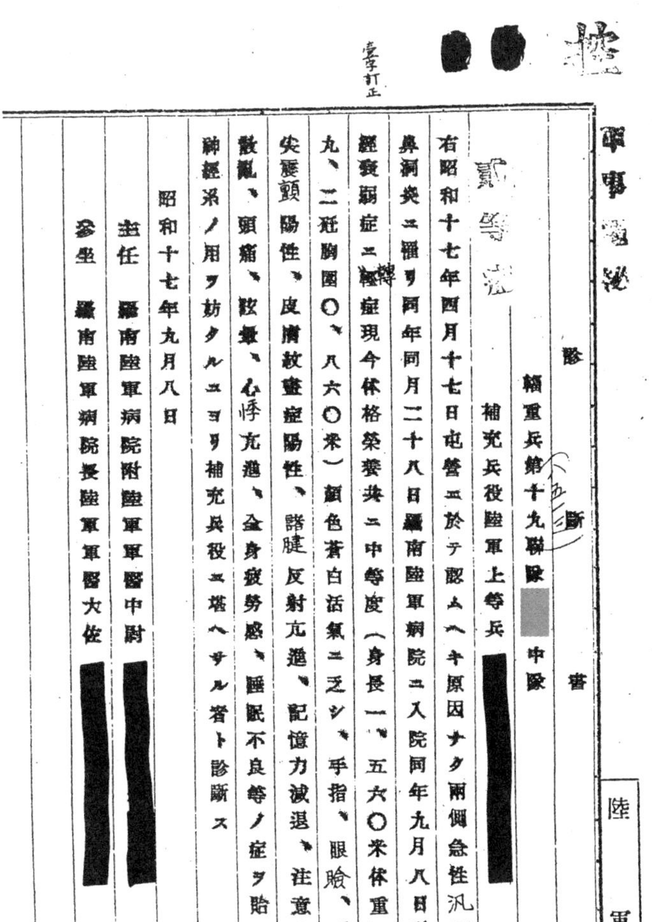

診斷書

輜重兵第十九聯隊 中隊

補充兵役陸軍上等兵

貳等症

右昭和十七年四月十七日屯營ニ於テ認ムヘキ原因ナク兩側急性汎副鼻洞炎ニ罹リ同年同月二十八日羅南陸軍病院ニ入院同年九月八日神經衰弱症ニ轉症現今體格榮養共ニ中等度（身長一、五六〇米體重五九、二瓩胸圍〇、八六〇米）顏色蒼白活氣ニ乏シ、手指、眼瞼、舌尖震顫陽性、皮膚紋畫症陽性、諸腱反射亢進、記憶力減退、注意力散亂、頭痛、眩暈、心悸亢進、全身疲勞感、睡眠不良等ノ症ヲ貽シ神經系ノ用ヲ妨クルニヨリ補充兵役ニ堪ヘサル者ト診斷ス

昭和十七年九月八日

主任 羅南陸軍病院附陸軍軍醫中尉

參坐 羅南陸軍病院長陸軍軍醫大佐

陸軍

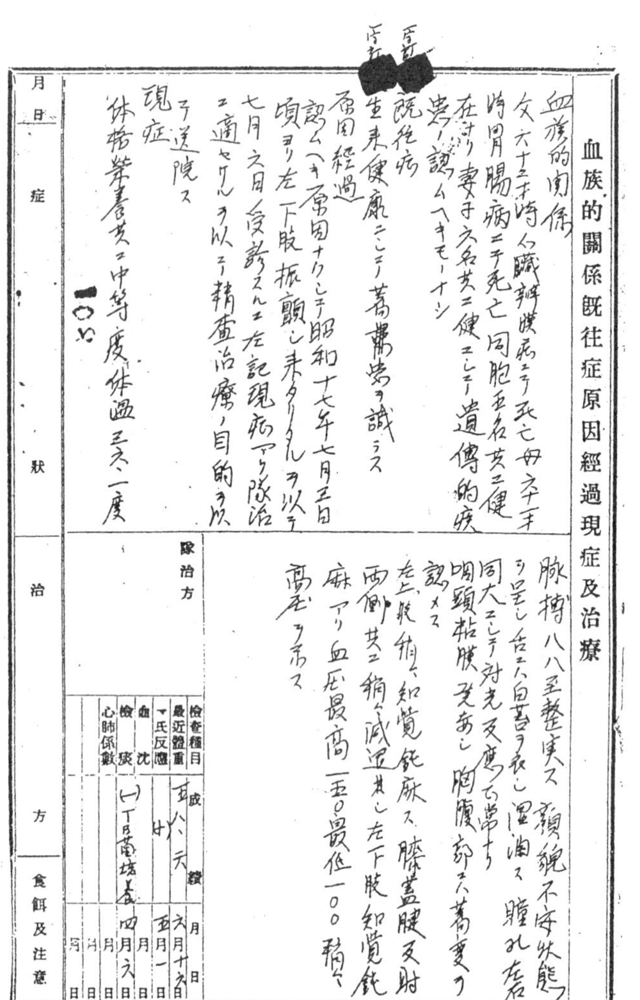

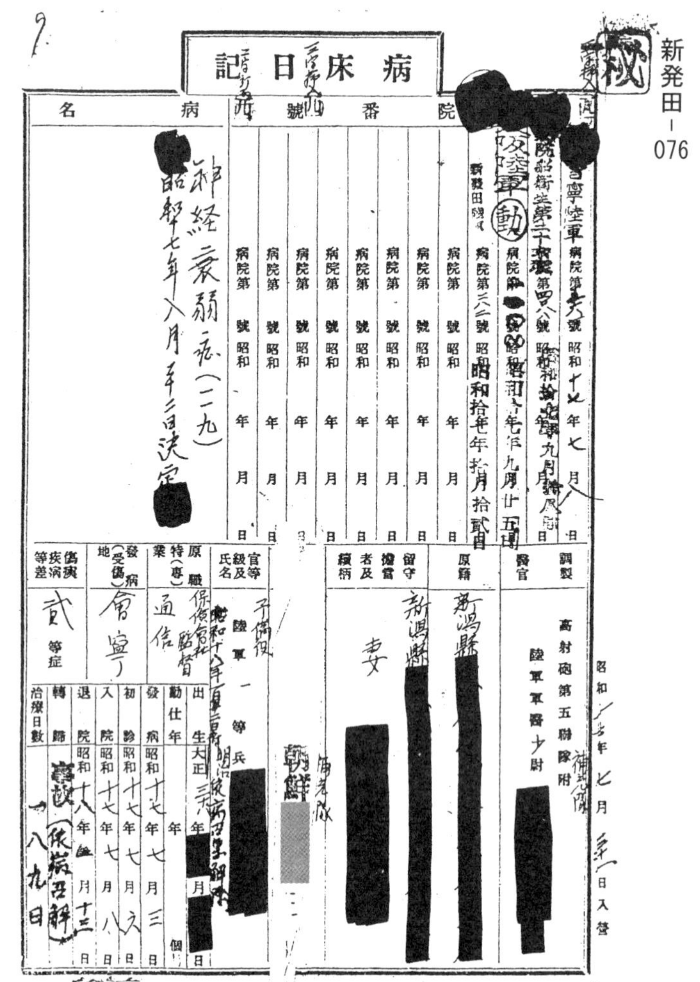

新発田－076

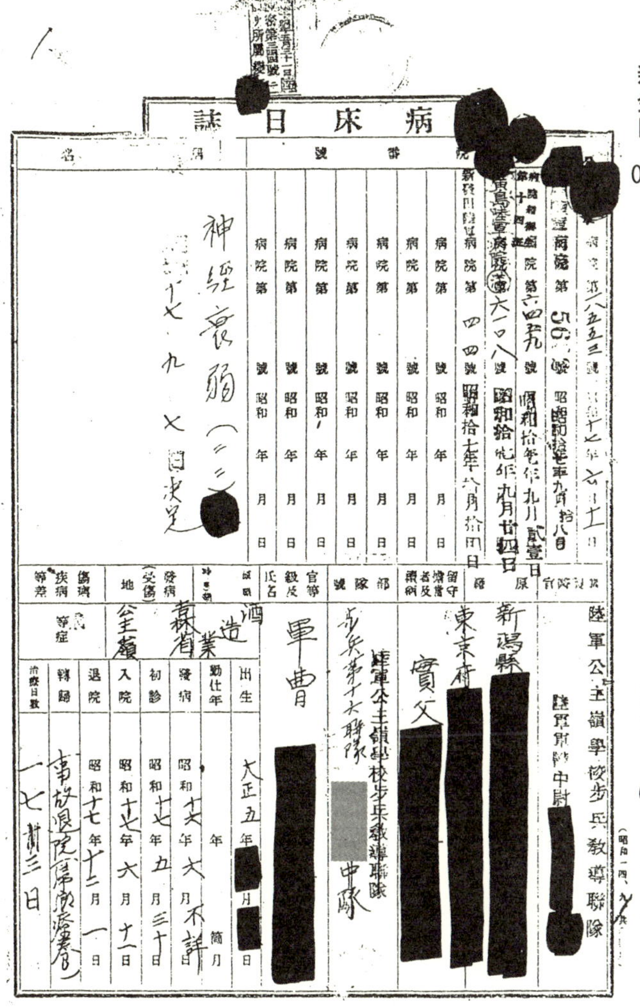

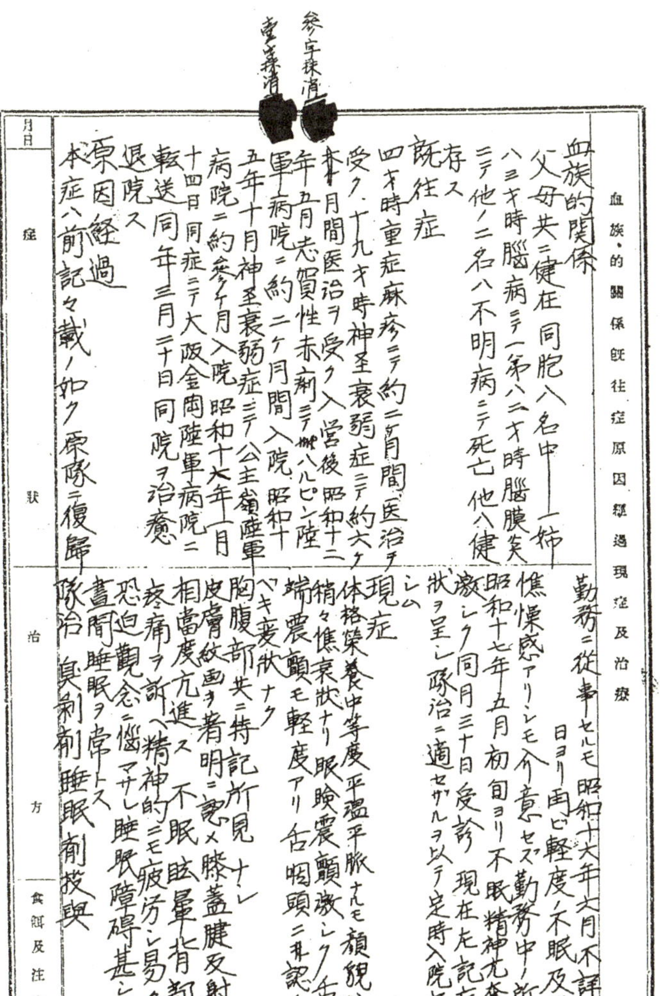

*新発田－080と同一人物である

新発田－078

月日	血族的關係既往症原因經過現症及治療
症狀	一、血族的関係 父四十八歳時肝臓炎ニテ死亡 母健在 同胞五名共ニ健在 二、生来頑健ニシテ著患ヲ識ラズ 三、原因並經過 十一月初旬頃ヨリ頭重焦燥感アリ 十二月一日衛生下士官候補者教育ノタメ東京第一陸軍病院ニ派遣セラレタリ 爾後不眠精神亢奮激シク十二月七日遂ニ受診 同月十七日修業ニ堪ヘザルモノト診断セラレ原隊復帰 翌々十八日左記病状ヲ呈スルニ依リ入院セシム
治方	四、現症 第二號紙入院時所見ノ如シ
食餌及注意	

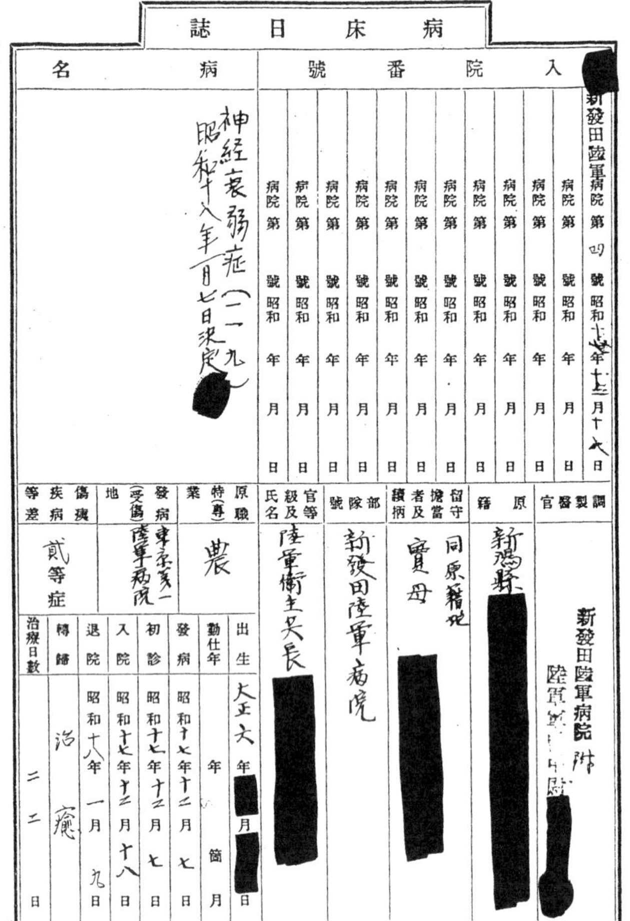

病床日誌

入院番號	
新發田陸軍病院第四號	昭和十七年十二月十八日
病院第　號	昭和　年　月　日
病院第　號	昭和　年　月　日
病院第　號	昭和　年　月　日
病院第　號	昭和　年　月　日
病院第　號	昭和　年　月　日
病院第　號	昭和　年　月　日
病院第　號	昭和　年　月　日
病院第　號	昭和　年　月　日
病院第　號	昭和　年　月　日
病院第　號	昭和　年　月　日

病名
神經衰弱症（一一九） 昭和十八年一月七日決定

調製醫官	原籍	留守擔當者及續柄	部隊號	官等級及氏名	原職（特業）	發病地（受傷）	傷痍疾病等差
新發田陸軍病院附 陸軍軍醫[illegible]	新潟縣	同原籍地 實母	新發田陸軍病院	陸軍衛生兵長	農	東京第一陸軍病院	貮等症

出生	勤仕年	發病	初診	入院	退院	轉歸	治療日數
大正六年　月　日	年　箇月	昭和十七年十二月七日	昭和十七年十二月七日	昭和十七年十二月十八日	昭和十八年一月九日	治癒	二二日

新発田－079

14

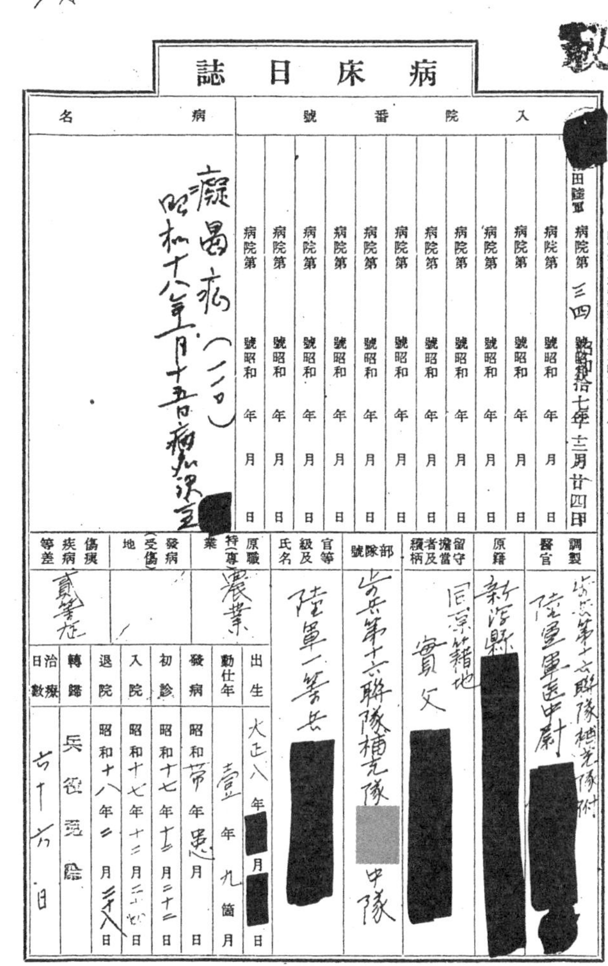

病床日誌

入院番號	
新発田陸軍病院第三四號	昭和拾七年十二月廿四日

病名
癡愚症（一〇）昭和十八年一月十五日病名決定

調製醫官	原籍	留守擔當者及續柄	部隊號	官等級及氏名	原職(専業)	發病(受傷)地	傷痍疾病等差
歩兵第十六聯隊補充隊附 陸軍軍医中尉 ■	新潟縣 ■	同籍地 實父 ■	歩兵第十六聯隊補充隊 ■ 中隊	陸軍一等兵 ■	農業	/	貳等症

出生	勤仕年	發病	初診	入院	退院	轉歸	治療日數
大正八年 ■ 月 ■ 日	壹年九箇月	昭和帯年患月　日	昭和十七年十二月二十二日	昭和十七年十二月二十四日	昭和十八年二月二十八日	兵役免除	六十六日

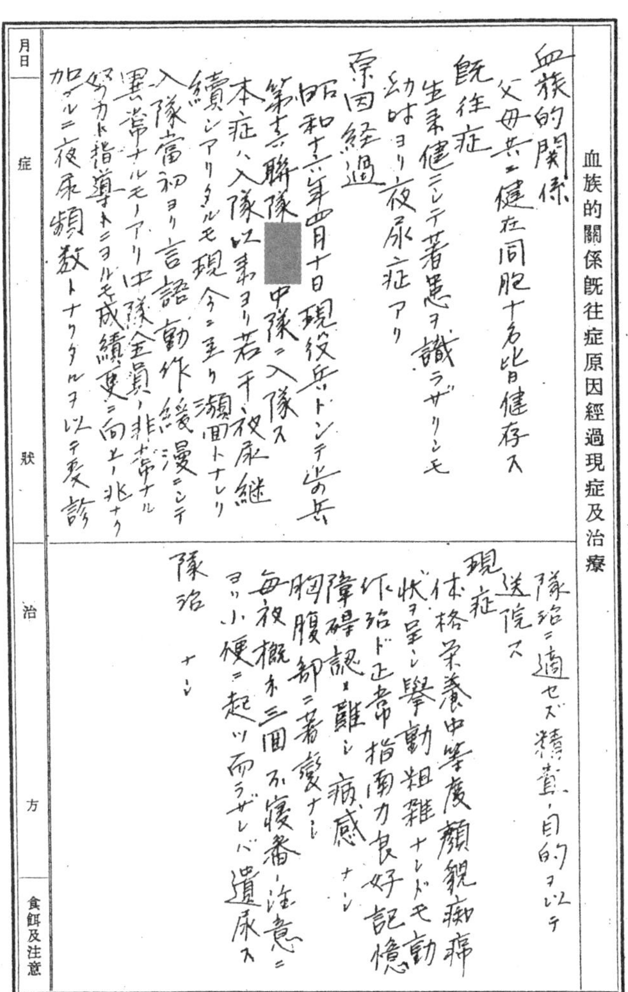

血族的關係既往症原因經過現症及治療

血族的関係
父母共ニ健在同胞十名皆健存ス
既往症
生来健ニシテ著患ヲ識ラザリシモ幼時ヨリ夜尿症アリ
原因経過
昭和十六年四月十日現役兵トシテ歩兵第十六聯隊 ■ 中隊ニ入隊ス
本症ハ入隊以来ヨリ若干夜尿継續シアリタルモ現今ニ至リ頻回トナレリ
入隊當初ヨリ言語動作緩漫ニシテ異常ナルモノアリ中隊全員ノ非常ナル努力ト指導トニヨルモ成績更ニ向上ノ兆ナク加フルニ夜尿頻数トナリタルヲ以テ受診
隊治ニ適セズ精査ノ目的ヲ以テ送院ス
現症
体格栄養中等度顔貌痴呆状ヲ呈シ擧動粗雑ナレドモ動作ハ殆ド正常指南力良好記憶障碍認メ難シ病感ナシ
胸腹部ニ著變ナシ
毎夜概ネ三回不寝番ノ注意ニヨリ小便ニ起ツ而ラザレバ遺尿ス
隊治　ナシ

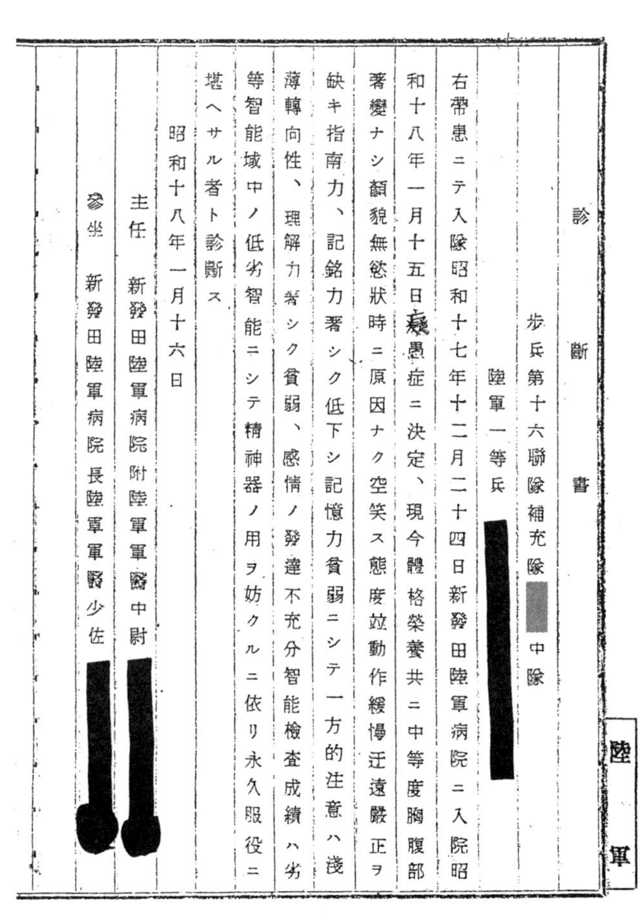

診斷書

歩兵第十六聯隊補充隊 ■ 中隊
陸軍一等兵 ■

右帯患ニテ入隊昭和十七年十二月二十四日新發田陸軍病院ニ入院昭和十八年一月十五日癡愚症ニ決定、現今體格榮養共ニ中等度胸腹部著變ナシ顔貌無欲状時ニ原因ナク空笑ス態度並動作緩慢迂遠嚴正ヲ缺キ指南力、記銘力著シク低下シ記憶力貧弱ニシテ一方的注意ハ淺薄轉向性、理解力著シク貧弱、感情ノ發達不充分智能檢査成績ハ劣等智能域中ノ低劣智能ニシテ精神器ノ用ヲ妨クルニ依リ永久服役ニ堪ヘサル者ト診斷ス

昭和十八年一月十六日

主任　新發田陸軍病院附陸軍軍醫中尉 ■
參坐　新發田陸軍病院長陸軍軍醫少佐 ■

陸軍

11.

新発田－080

病床日誌

入院番號	
新發田陸軍病院第一一號	昭和十八年壹月卅日
病院第　號	昭和　年　月　日
病院第　號	昭和　年　月　日
病院第　號	昭和　年　月　日
病院第　號	昭和　年　月　日
病院第　號	昭和　年　月　日
病院第　號	昭和　年　月　日
病院第　號	昭和　年　月　日
病院第　號	昭和　年　月　日
病院第　號	昭和　年　月　日
病院第　號	昭和　年　月　日
病院第　號	昭和　年　月　日

病名
神經衰弱（一一九）

所屬官衙	原籍	留守擔當者及續柄	部隊號	官等級及氏名	原職（特業）	發病（受傷）地	傷痍疾病等差
新發田陸軍病院附 陸軍軍醫少尉	新潟縣	東京市　實父	陸軍公主嶺學校教導聯隊　中隊	陸軍軍曹	酒造業	吉林省公主嶺	貳等症

出生	勤仕年	發病	初診	再入院	退院	轉歸	治療日數
大正五年　月　日	年　箇月	昭和十六年六月不詳日	昭和　年　月　日	昭和十八年一月三十日	昭和十八年二月二十七日	治癒	二十九日

＊新発田－077と同一人物である

月日	血族的關係既往症原因經過現症及治療
症狀	血族的関係 父母共ニ健在同胞八名中一姉ハ三歳時脳病ニテ一弟ハ二歳時脳膜炎ニテ他ノ一名ハ不明病ニテ死亡他ハ健存ス 既往症 四歳時重症麻疹ニテ約二ケ月間醫治ヲ受ク十九歳時神経衰弱症ニテ約六ケ月間醫療ヲ受ク入營後昭和十二年五月志賀性赤痢ニテハルビン陸軍病院ニテ約二ケ月間入院昭和十五年十月神経衰弱症ニテ公主嶺陸軍病院ニ三ケ月入院昭和十六年一月十四日同症ニテ大阪金岡陸軍病院ニ轉送同年三月二十日同院ヲ治癒退院ス 原因經過 昭和十六年六月頃ヨリ再度憔悴感アリシモ介意セズ勤務中所昭和十七年五月初旬ヨリ不眠及精神亢奮激シク同月二十日受診六月十二日公主嶺陸軍病院ニ入院爾後還送セラレ新發田陸
治方	軍病院ニ轉入ス自昭和十七年十二月一日至昭和十八年一月二十九日歸郷療養シ一月三十日新發田陸軍病院ニ出頭現症左記症狀ヲ呈シ加療ヲ必要ト認メ再入院セシム 現症 体格中等栄養良好、胸腹部ニ特記所見ナシ眼瞼震顫・膝反射亢進、皮膚劃紋症アリ感情易動性、不眠多夢アリ頭痛頭重、精神的作業耐力減退倦怠感アリ。指南力、記憶記銘力障害ナシ。
食餌及注意	

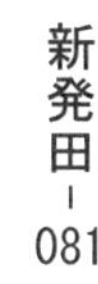

21

昭和十八年一月十五日 入院番號

病床日誌

入院番號

製	陸軍病院第一〇八號 昭和拾八年壹月拾日
	病院第七〇二號 昭和拾八年壹月拾四日
	廣島陸軍病院㊜ 病院第一五五號 昭和拾八年壹月拾六日
	新發田陸軍病院 病院第二九號 昭和拾八年貳月七日
	病院第　號 昭和　年　月　日

病名

ジャックソン氏癲癇（一一七）

項目	記入
官	歩兵第七十六聯隊付 陸軍軍醫中尉
原籍	新潟縣
留守擔當者及續柄	原籍地 父
部隊號	歩兵第七十六聯隊 補充 中隊
官等級及氏名	豫備役陸軍上等兵 昭和十八年三月一日永久服役免除
原職（業）	職工
發病（受傷）地	羅南
傷病等症	等症 貳
出生	大正　年　月　日
動作法	一年五箇月
發病	昭和十七年十二月三十一日
初診	昭和十七年十二月三十一日
入院	昭和十八年一月六日
退院	昭和十八年三月二日
轉歸	除役
治療日數	五十五日

昭和十八年七月十五日

羅南陸軍

血族的關係既往症原因經過現症及治療

血族的關係
父健在 母腦溢血ヲ患ヒ臥床中ナリ
同胞七名皆健ナリ

既往症
五才時流車ニテハネラレ左前額部受傷ス

原因及經過
昭和十六年十二月中旬東京ニテ小發作ヲ經過セリ薬物ヲ用ヒズ放置セリ
昭和十七年六月中旬龍岡ニテ中隊教練後汗腺中發作ヲ起セリ爾來現在マデ二回發作ヲ起セルモ外傷其他ヲ受ケズ
昭和十七年十二月三十一日十七時半頃公用外出ニ際シ發作ヲ起シ直前ニ發作ヲ起シ醫務室ニ收容サル發作状況ハ左ノ如ク隊治不適當ト認メ本院ニ送院ス

現症
体格榮養中等度 体温三十六度二分 脈搏六十一至 顔貌尋常 左前額部ニ瘢痕ヲミトム 顔色尋常 咽頭可視粘膜尋常 胸部心音心界異常ヲ認メズ 肺野ニ著変ナシ 腹部内諸臓器著変ナシ 腱反射尋常

發作状況
激烈ノ發作ヲ通ジ「アウラ」ハナシ 初期叫喚ヲ認メズ 昭和十七年十二月三十一日公用外出前営内前ニテ稍全身脱力感ヲ覚エ（「アウラ」ニ相当ス）次イデ突然意識消失ス 同時ニ眼球上方ヲ向キ瞳孔散大シ顔面蒼白両上肢ヨリ強直性ノ攣縮ヲ來シ下肢ニ及ブ 續イテ二十秒ヲ經テ全身性ノ間歇的痙攣ヲ來シ五、六分ヲ經テ發作ハ終息シ 爾後約十分程昏睡状態ヲ持續シ後意識除々ニ恢復ス
「アヒレス」腱反射 其他陽性

隊治
一、安靜
一、保温

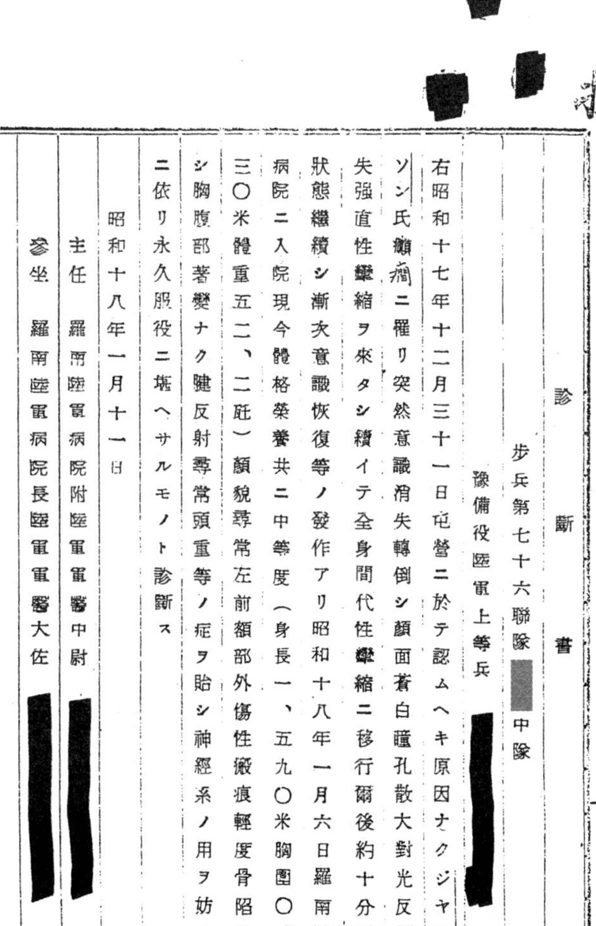
診斷書

歩兵第七十六聯隊　中隊
豫備役陸軍上等兵

右昭和十七年十二月三十一日屯營ニ於テ認ムヘキ原因ナクジャックソン氏癲癇ニ罹リ突然意識消失轉倒シ顔面蒼白瞳孔散大對光反應消失強直性攣縮ヲ來タシ續イテ全身間代性攣縮ニ移行爾後約十分昏睡狀態繼續シ漸次意識恢復等ノ發作アリ昭和十八年一月六日羅南陸軍病院ニ入院現今體格榮養共ニ中等度（身長一、五九〇米胸圍〇、八三〇米體重五二、二瓩）顔貌尋常左前額部外傷性瘢痕輕度骨陷凹存シ胸腹部著變ナク腱反射尋常頭重等ノ症ヲ貽シ神經系ノ用ヲ妨クルニ依リ永久服役ニ堪ヘサルモノト診斷ス

昭和十八年一月十一日

主任　羅南陸軍病院附陸軍軍醫中尉

參坐　羅南陸軍病院長陸軍軍醫大佐

陸軍

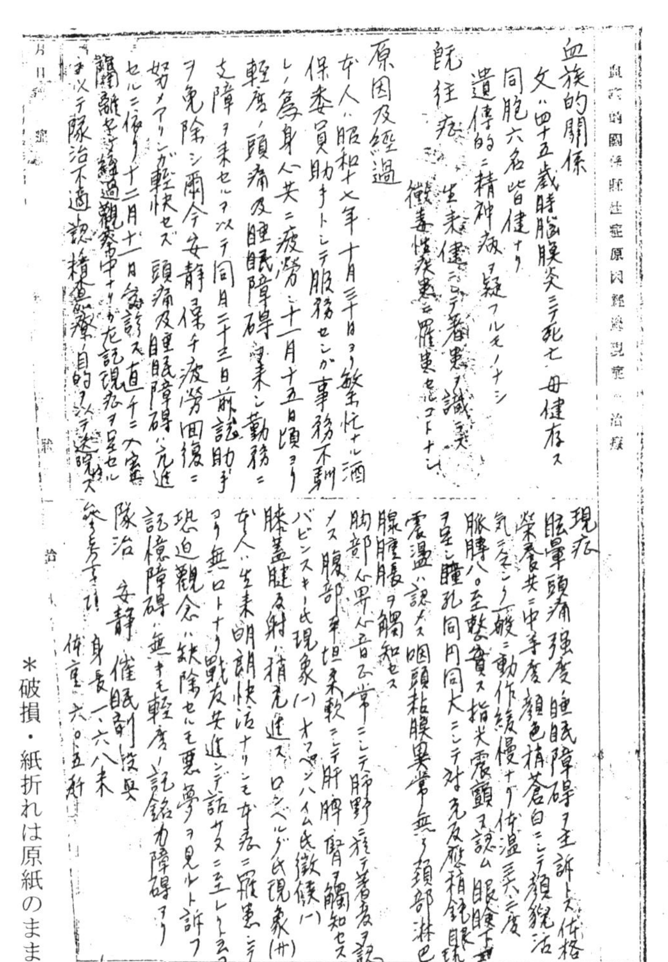

血族的関係

父ハ四十五歳時脳膜炎ニテ死亡　母健存ス

同胞六名皆健ナリ

遺傳的ニ精神病ノ疑フルモノナシ

既往症　生来健康ニシテ著患ヲ識ラズ　黴毒性疾患ニ罹患セルコトナシ

原因及經過

本人ハ昭和十七年十月二十日ヨリ繁忙ナル酒保委員助手トシテ服務セシガ事務不馴レノ為身心共ニ疲労シ十一月十五日頃ヨリ軽度ノ頭痛及睡眠障碍ヲ来シ勤務ニ支障ヲ来セルヲ以テ同月二十三日前記助手ヲ免除シ爾今安静ヲ保チ疲労回復ニ努メタリシガ軽快セズ頭痛及睡眠障碍ヲ訴ヘ来セルニ依リ十二月十一日診断ス直チニ入室 … 経過観察中ナルガ右記現症ヲ呈セルヲ以テ隊治不適ト認メ精密検査ノ目的ヲ以テ送院ス

現症

眩暈頭痛強度　睡眠障碍ヲ主訴トス　体格栄養共ニ中等度　顔色稍蒼白ニシテ顔貌沈鬱ニシテ一般ニ動作緩慢ナリ　体温三六、三度　脈膊ハ正整　…指尖震顫ヲ認ム　眼瞼…　瞳孔同円同大ニシテ対光反射稍鈍　眼球震盪ハ認メズ　咽頭粘膜異常無ク頸部淋巴腺腫脹ヲ觸知セズ　胸部ハ心界心音正常ニシテ肺野…　腹部平坦柔軟ニシテ肝脾腎觸知セズ　膝蓋腱反射稍亢進ス　ロンベルグ氏現象(卄)　バビンスキー氏現象(一)　オッペンハイム氏徴候(一)　本人ハ生来明朗快活ナリシモ本症ニ罹患シテヨリ無口トナリ戦友ト交遊シテ語ルコトモ少ナクナリ　恐迫観念ハ欠陥セルモ悪夢ヲ見ルト訴フ　記憶障碍ハ無キモ軽度ノ記銘力障碍アリ

隊治　安静　催眠剤投与

体重　六〇、五瓩　身長　一、六八米

*破損・紙折れは原紙のまま

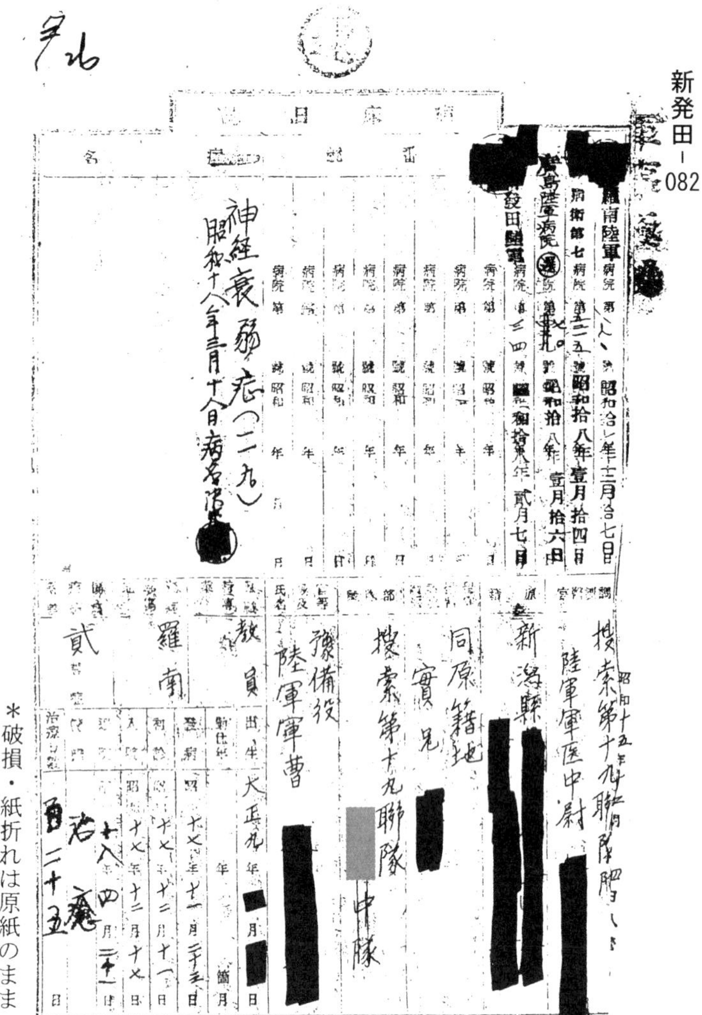

病床日誌

羅南陸軍病院　第八八號　昭和拾七年十二月廿七日

野戦第七病院　第二二五號　昭和拾八年壹月拾四日

廣島陸軍病院(還)　第…號　昭和拾八年壹月拾六日

新発田陸軍病院　第三四號　昭和拾八年貳月七日

病名　神経衰弱症(一二九)　昭和十八年三月十八日病名決定

官等級　捜索第十九聯隊　陸軍軍医中尉

族籍　新潟縣

原籍地　同　實兄

部隊　捜索第十九聯隊　中隊

兵役　豫備役　陸軍軍曹

職業　教員

生年月日　大正九年　月　日

入營　昭和十七年十一月二十五日

羅南

貳

*破損・紙折れは原紙のまま

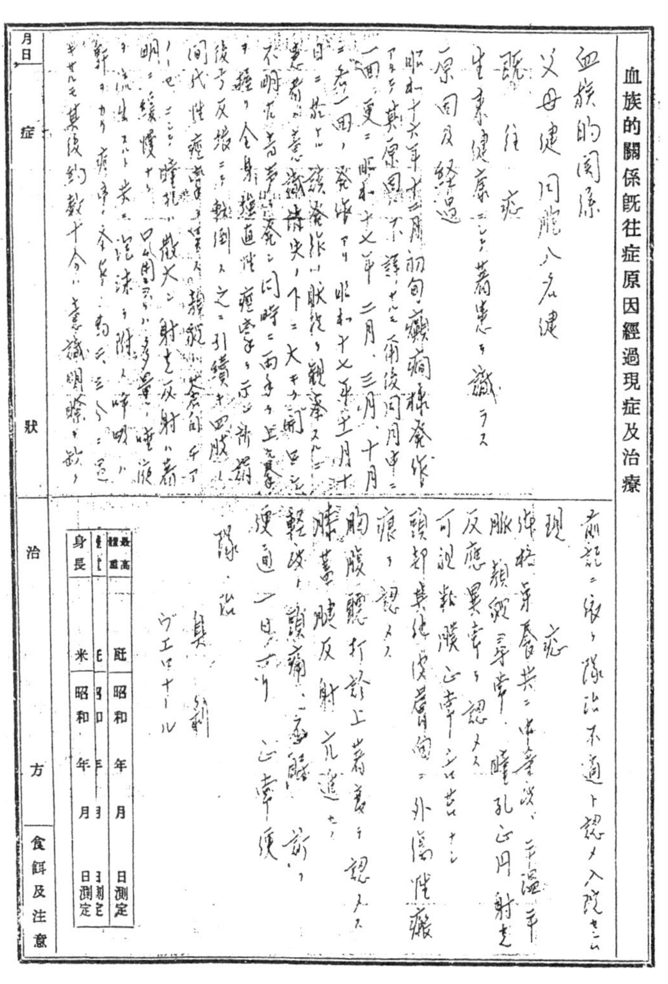
血族的關係既往症原因經過現症及治療

血族的関係 父母健 同胞八名健

既往症 生来健康ニシテ著患ヲ識ラス

原因及経過 昭和十六年十二月初旬癲癇様発作……

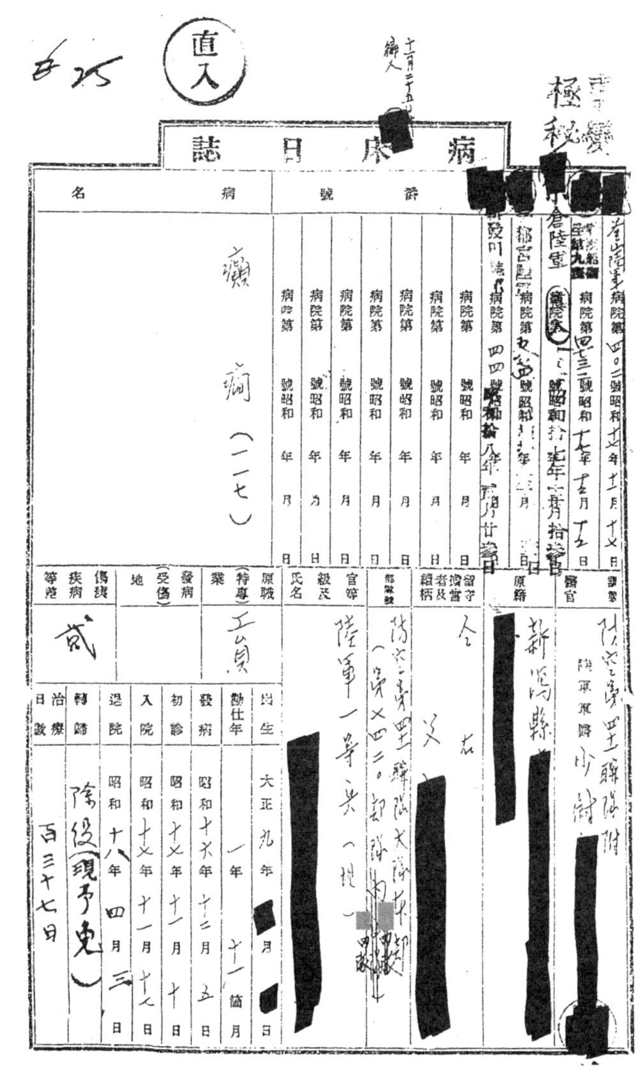
極秘

直入

病床日誌

病名 癲癇（一一七）

原籍 新潟縣

官等級 陸軍一等兵

原職 工員

生 大正九年

發病 昭和十六年十二月五日

初診 昭和十六年十二月十日

入院 昭和十七年十一月十七日

退院 昭和十八年四月三日

轉歸 除役（現予免）

治療日數 百三十七日

傷病等差 貳

診斷書

（防空第四十一聯隊大隊本部）

朝鮮第七四〇部隊

現役陸軍一等兵

右昭和十六年十二月五日朝鮮釜山府ニ於テ癲癇ニ罹リ昭和十七年二月三月十月ニ各一回ノ發作アリ昭和十七年十一月十日意識消失口ヲ開大シ音聲ヲ發シ同時ニ兩手ヲ屈ケ拳ヲ作リ全身强直性痙攣（後弓反張）ヲ來シ顚倒ス之ニ引續キ四肢ノ間代性痙攣ヲ來ス顏色蒼白瞳孔散大シ對光反應緩慢ニシテ口ヨリ多量ノ泡沫性唾液ヲ出ス痙攣發作ハ約三分繼續セリ昭和十七年十一月十七日釜山陸軍病院ニ入院ス昭和十七年十二月二十四日小倉陸軍病院ニ於テ突然全身ノ痙攣ヲ起シ顏色蒼白チアノーゼヲ呈シ意識不明トナリ口ヨリ泡沫性唾液ヲ流出ス痙攣時間約五分間昭和十八年二月二十日宇都宮陸軍病院ニ於テ發作ヲ起ス同月二十三日新發田陸軍病院轉入ス身長一、五七米胸圍八七二糎胸腹部內臟器ニ著變ナキモ二ヶ月ニ一回癲癇發作ヲ來シ現役、豫備役ニ堪ヘサル者ト診斷ス

昭和十八年三月二日

主任 新發田陸軍病院附陸軍軍醫中尉

參坐 新發田陸軍病院長陸軍軍醫少佐

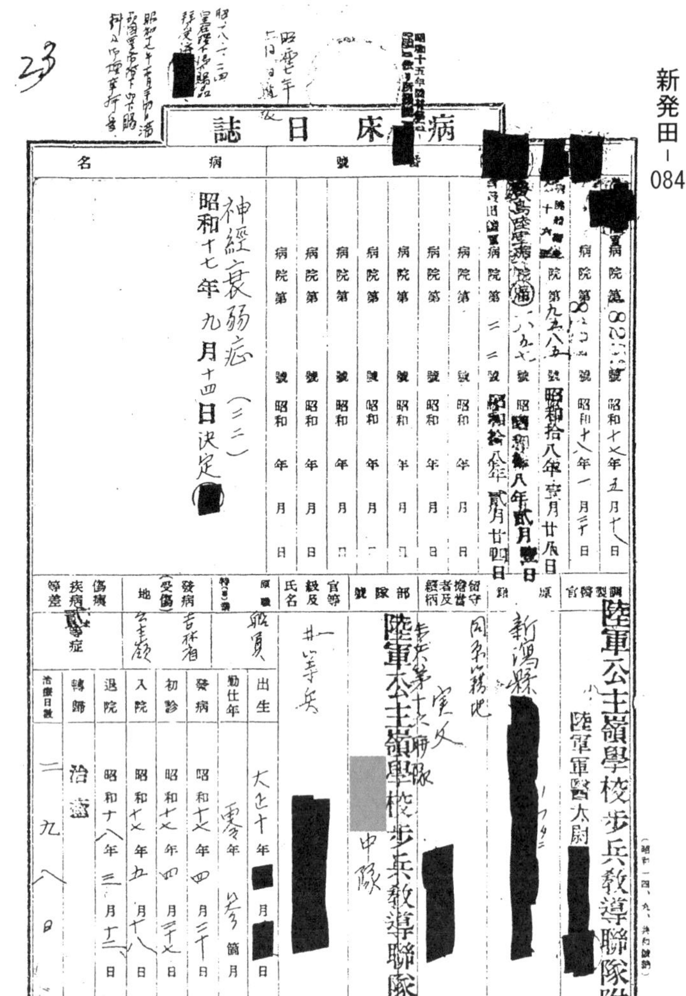

23

病床日誌

調製官署 陸軍公主嶺學校歩兵教導聯隊附 陸軍軍醫大尉

原籍 新潟縣

留守擔當者及續柄 同系山務地 実父

部隊號 陸軍公主嶺學校歩兵教導聯隊 中隊

官等級及氏名 一等兵

職 船員

發病（受傷）地 吉林省 公主嶺

傷痍疾病等差 貳等症

出生 大正十年 月 日

勤仕年 零年 参箇月

發病 昭和十七年四月二十日

初診 昭和十七年四月二十七日

入院 昭和十七年五月十八日

退院 昭和十八年三月十二日

轉歸 治癒

治療日數 二九八日

病院第 號 昭和十七年五月十八日

病院第 號 昭和十八年一月二十日

陸軍病院第九五八五號 昭和拾八年壹月廿八日

陸軍病院（福）一八九七號 昭和拾八年貳月壹日

陸軍病院第二二號 昭和拾八年貳月廿四日

病名

神經衰弱症（三二）

昭和十七年九月十四日決定

昭和十八年二月二十四日 皇居陸軍病院

昭和十八年二月二十日 新發田陸軍病院

昭和十七年六月二日 公主嶺

（昭和一四、九、共和謹製）

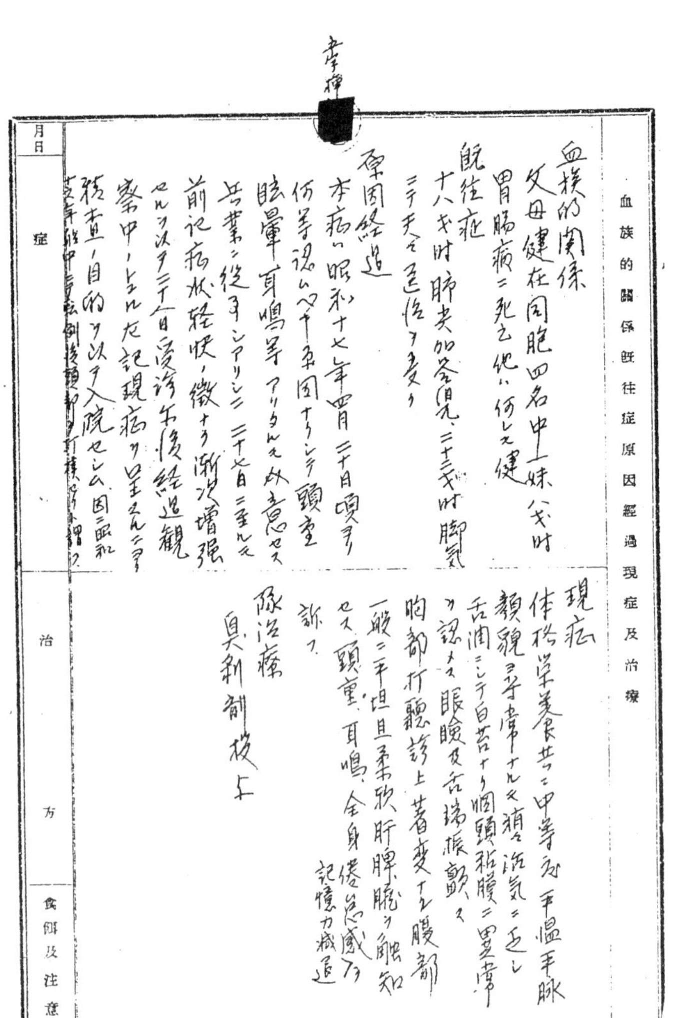

血族的關係既往症原因經過現症及治療

血族的関係

父母健在同胞四名中一妹八才時胃腸病ニ死亡他ハ何レモ健

既往症

十八才時肺炎加答児ニ二十三才時脚気ニテ夫々医治ヲ受ク

原因経過

本病ハ昭和十七年四月二十日頃ヨリ何等認ムベキ原因ナクシテ頭重眩暈耳鳴等アリタルモ敢テ意セズ兵業ニ従事シアリシニ二十七日ニ至ルモ前記症状軽快セズ、徐々ニ漸次増強セルヲ以テ二十七日受診爾後経過観察中ノ処左記現症ヲ呈スルニヨリ精査ノ目的ヲ以テ入院セシム。因ニ昭和十七年…

現症

体格栄養共ニ中等度 平温平脈

顔貌異常ナク稍々活気ニ乏シ

舌湿潤ニシテ白苔ナク咽頭粘膜ニ異常ヲ認メズ 眼瞼及舌端振顫ヲ認メズ

胸部打聴診上著変ナク腹部一般ニ平坦且柔軟、肝脾腫ヲ触知セズ

頭重、耳鳴、全身倦怠感ヲ訴フ

記憶力減退

療治療

臭剤剖投与

22

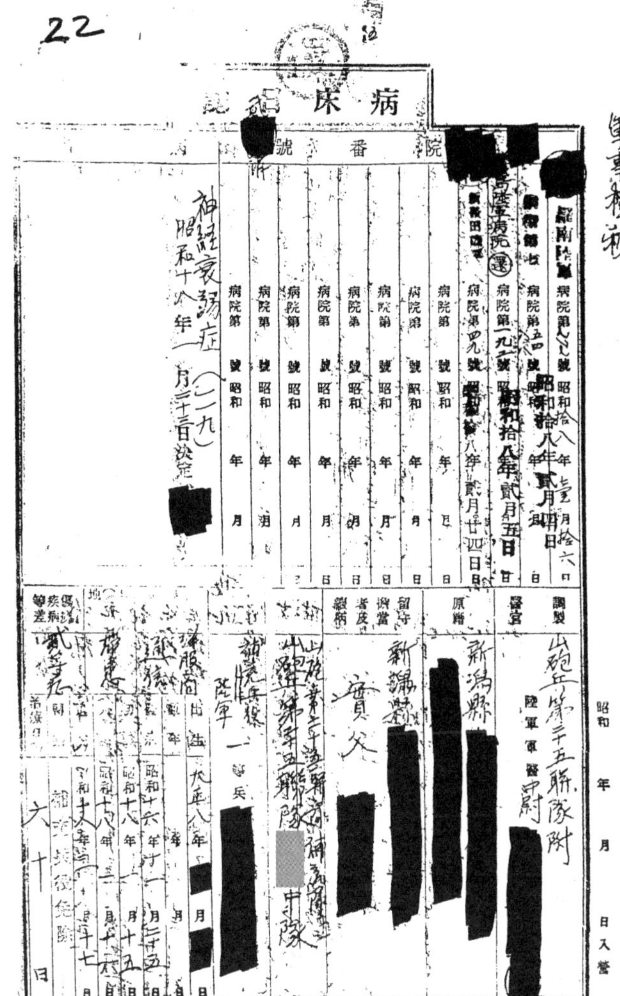

病床日誌

羅南陸軍病院第　號　昭和拾八年壹月拾六日
病院第五四號　昭和拾八年貳月四日
咸興陸軍病院第一九二號　昭和拾八年貳月五日
病院第　號　昭和拾八年貳月廿四日

神経衰弱症（一一九）
昭和十八年一月二十三日決定

調製　山砲兵第二十五聯隊附　陸軍軍醫中尉
原籍　新潟縣
留守擔當者　新潟縣　實父
所属　山砲兵第二十五聯隊　中隊
補充兵　陸軍一等兵

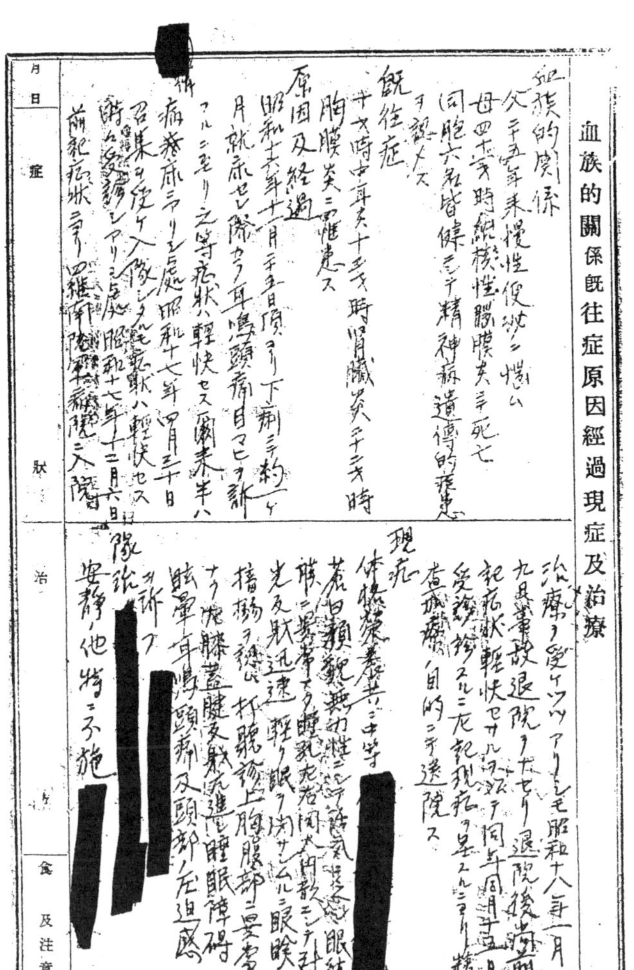

血族的關係既往症原因經過現症及治療

血族的関係
父ハ二十五年来慢性便秘ニ悩ム
母ハ四十六才ノ時結核性腹膜炎ニテ死亡
同胞六名皆健康ニシテ精神病遺伝的疾患ヲ認メズ

既往症
胸膜炎ニ罹患ス

原因及経過

現症

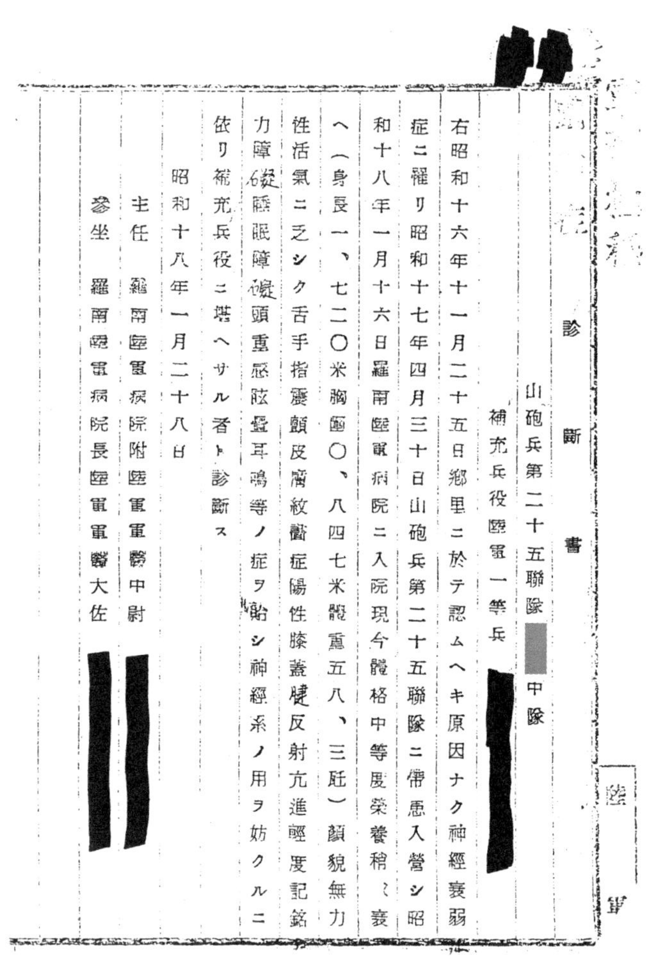

診断書

山砲兵第二十五聯隊　中隊
補充兵役陸軍一等兵

右昭和十六年十一月二十五日郷里ニ於テ認ムヘキ原因ナク神經衰弱症ニ罹リ昭和十七年四月三十日山砲兵第二十五聯隊ニ帶患入營シ昭和十八年一月十六日羅南陸軍病院ニ入院現今體格中等度榮養稍〻衰ヘ（身長一、七二〇米胸圍〇、八四七米體重五八、三瓩）顔貌無力性活氣ニ乏シク舌手指震顫皮膚紋劃症陽性膝蓋腱反射亢進輕度記銘力障礙睡眠障礙頭重感眩暈耳鳴等ノ症ヲ胎シ神經系ノ用ヲ妨クルニ依リ補充兵役ニ堪ヘサル者ト診斷ス

昭和十八年一月二十八日

主任　羅南陸軍病院附陸軍軍醫中尉
參坐　羅南陸軍病院長陸軍軍醫大佐

新発田－086

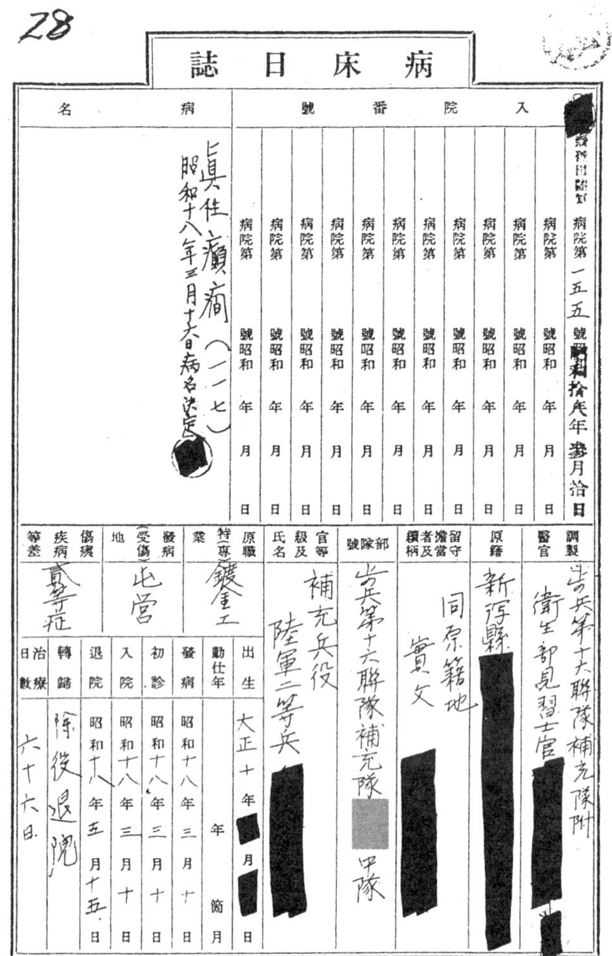

28

病床日誌

入院番號	
■陸軍病院	病院第一五五號 昭和拾八年参月拾日
病院第	號 昭和 年 月 日
病院第	號 昭和 年 月 日
病院第	號 昭和 年 月 日
病院第	號 昭和 年 月 日
病院第	號 昭和 年 月 日
病院第	號 昭和 年 月 日
病院第	號 昭和 年 月 日
病院第	號 昭和 年 月 日
病院第	號 昭和 年 月 日
病院第	號 昭和 年 月 日
病院第	號 昭和 年 月 日

病名	
	眞性癲癇（一一七） 昭和十八年三月十六日病名決定 ■

項目	
調製醫官	歩兵第十六聯隊補充隊附 衛生部見習士官 ■
原籍	新潟縣■
留守擔當者及續柄	同原籍地 實父 ■
部隊號	歩兵第十六聯隊補充隊■中隊
官等級及氏名	補充兵役 陸軍二等兵 ■
原職（専）特業	鍍金工
發病（受傷）地	屯営
傷痍疾病等差	貳等症
出生	大正十年■月■日
勤仕年	年 箇月
發病	昭和十八年三月十日
初診	昭和十八年三月十日
入院	昭和十八年三月十日
退院	昭和十八年五月十五日
轉歸	除役退院
治療日數	六十六日

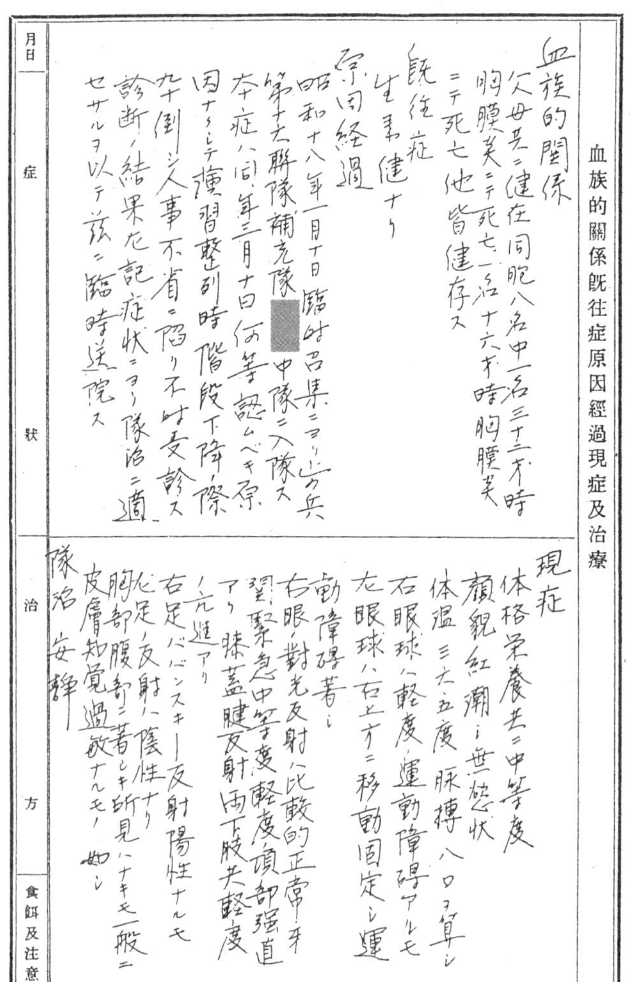

血族的關係既往症原因經過現症及治療

血族的関係
父母共ニ健在同胞八名中一名三十二才時胸膜炎ニテ死亡一名十六才時胸膜炎ニテ死亡他皆健存ス

既往症
生来健ナリ

原因経過
昭和十八年一月十日臨時召集ニヨリ歩兵第十六聯隊補充隊■中隊ニ入隊ス
本症ハ同年三月十日何等認ムベキ原因ナクシテ演習整列時階段下降ノ際卒倒シ人事不省ニ陥リ不時受診ス
診断ノ結果左記症状ニヨリ隊治ニ適セサルヲ以テ茲ニ臨時送院ス

現症
体格栄養共ニ中等度
顔貌紅潮シ無慾状
体温三六、五度 脈搏八〇ヲ算シ
右眼球ハ軽度ノ運動障碍アルモ
左眼球ハ右上方ニ移動固定シ運動障碍著シ
右眼ノ對光反射ハ比較的正常ナ
翌緊急中等度軽度項部強直アリ 膝蓋腱反射両下肢共軽度ノ亢進アリ
右足バビンスキー反射陽性ナルモ
左足ノ反射ハ陰性ナリ
胸部腹部ニ著シキ所見ハナキモ一般ニ皮膚知覚過敏ナルモノゝ如シ
隊治安静

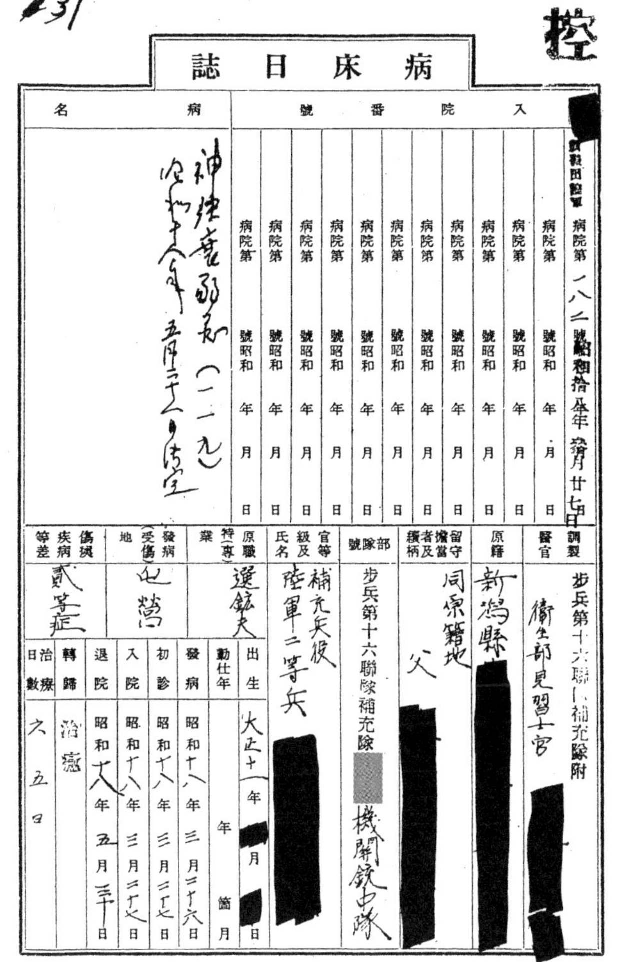

※31　控

病床日誌

病名	入院番號
神経衰弱症（一一九） 昭和十八年五月二十八日治癒	新発田陸軍病院第一八二號 昭和拾八年参月廿七日 病院第　號昭和　年　月　日（以下空欄）

調製	醫官	原籍	留守擔當者及續柄	部隊號	官等級及氏名	原職（專特）業	發病（受傷）地	傷痍疾病等差
歩兵第十六聯隊補充隊附	衛生部見習士官 [墨塗り]	新潟縣 [墨塗り]	同原籍地 父 [墨塗り]	歩兵第十六聯隊補充隊 [　] 機関銃中隊	補充兵役 陸軍二等兵 [墨塗り]	選鉱夫	在營	貳等症

出生	勤仕年	發病	初診	入院	退院	轉歸	治療日數
大正十一年 [墨塗り] 月 [墨塗り] 日	年　箇月	昭和十八年三月二十六日	昭和十八年三月二十七日	昭和十八年三月二十七日	昭和十八年五月三十日	治癒	六五日

血族的關係既往症原因經過現症及治療

血族的關係
父母共ニ健在、同胞三名何レモ健在
既往症
十九才時肋間神経痛ニテ加療ヲ受ク
二十一才時脳膜炎ニ罹患スト自供シアリタリ（班長ニ申出ズ）
原因経過
昭和十八年三月二十五日教育召集ニ依リ
歩兵第十六聯隊補充隊ニ入隊
本症ハ同月二十六日十七時頃ヨリ頭重、
全身倦怠感ヲ訴ヘ就寝許可ヲ願ヒ就寝
ス。翌日八時頃朝食ヲ攝取シタルモ氣分悪
ク、就寝シ二十一時三十分頃晝食ト成リ戦友
ニ起サレタルモ應答ナク昏睡状態ニテ
受診、左記症ヲ呈シ隊治不適ナル
ヲ以テ茲ニ臨時入院ス

現症
体格栄養中等度　体温三七度
脈搏六八、整實呼吸十六
顔色尋常ナルモ昏睡状態ニアリ
應答ナシ瞳孔僅ニ散大シアルモ對
光反射正常、舌白苔ナシ、項部
強直ナク
胸部心界正常、心音清純、肺
野著変ヲ認メ難シ、
腹部腹壁平坦柔軟肝脾共
ニフレズ硬結ヲ認メズ
両下肢他動的屈伸ニ際シ抵
抗ナク膝蓋腱反射両側亢進
ス異常反射ヲ証シ得ベ
隊治施サズ

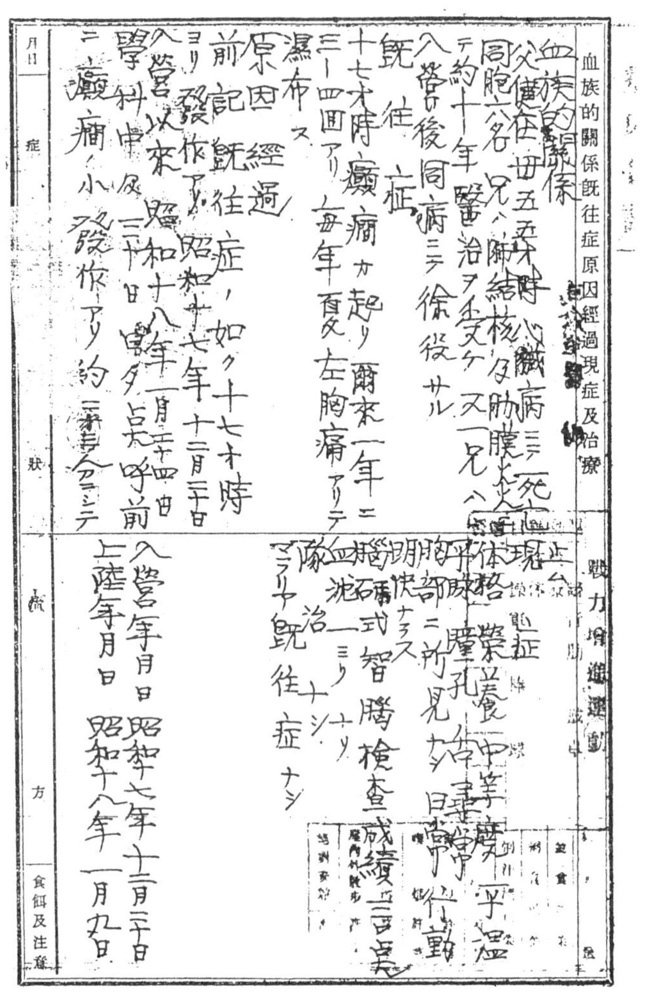

血族的關係既往症原因經過現症及治療

血族的關係
父健在 母五十才時心臓病ニテ死亡
同胞六名兄ハ肺結核々肋膜炎ニテ
テ約十年醫治ヲ受ケズ 兄ハ
入営後同病ニテ徐役サル

既往症
十七才時癲癇ヵ起リ爾来一年ニ
三ー四回アリ 毎年夏ス左胸痛アリテ
濕布ス

原因經過
前記既往症ノ如ク十七年時
ヨリ發作アリ 昭和十七年十二月三十日
入営以来 昭和十八年一月二十四日
學科中及三十日 同夕 点呼前
ニ癲癇ノ小發作アリ 約一分間ニシテ

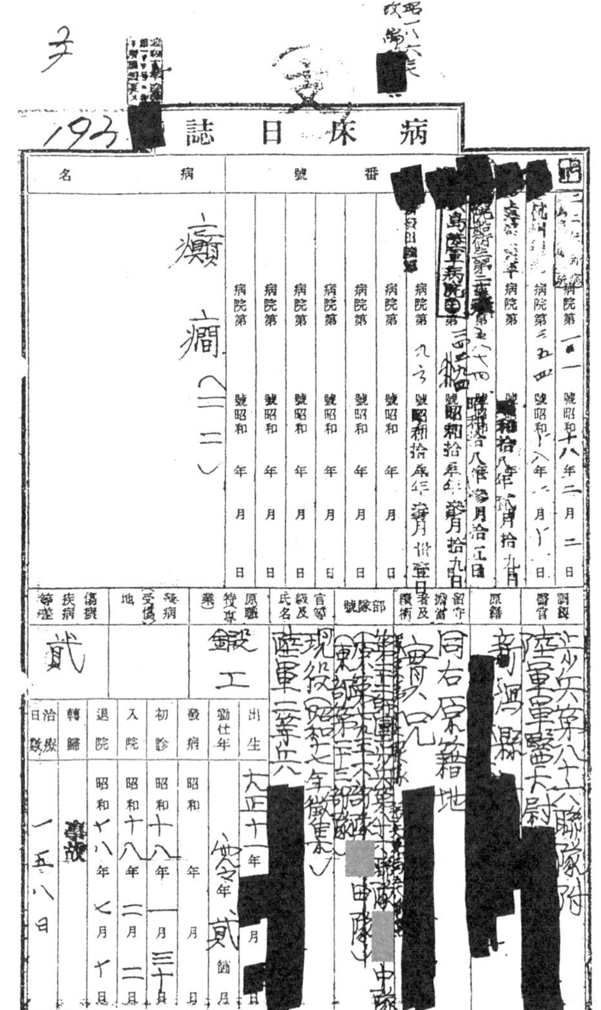

病床日誌

193

病名	番號
癲癇（一二）	病院第一〇一號 昭和十八年二月二日
	病院第二五四號 昭和十八年一月 日
	病院第 號 昭和十八年 月 日
	病院第 號 昭和十八年 月 日
	病院第 號 昭和 年 月 日
	病院第 號 昭和 年 月 日

等級	疾病	受傷地	發病	役種	原籍
貳				鍛工	新潟縣

出生 大正十一年 月 日
官等級 陸軍一等兵
部隊號 東部第三部隊
初診 昭和十八年一月三十日
入院 昭和十八年二月二日
退院 昭和十八年七月十日
治療日數 一五八日

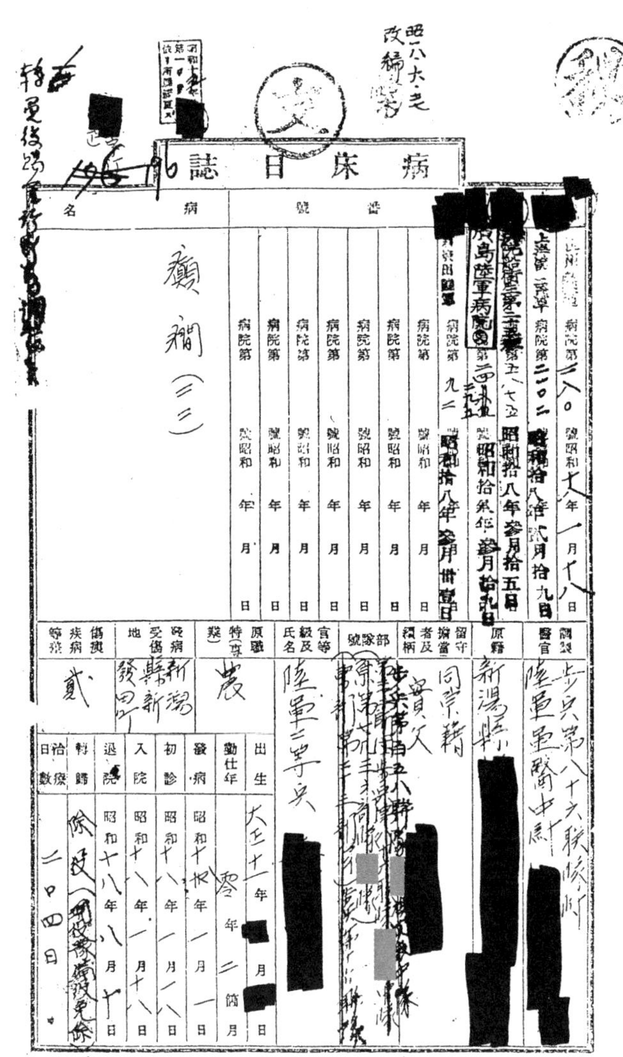

病床日誌

病名	番號
癲癇（二二）	病院第一八〇號 昭和十八年一月十八日
	上海第一兵站病院第二一〇二號 昭和拾八年弐月拾九日
	[illegible]病院第五八七五號 昭和拾八年参月拾五日
	広島陸軍病院第[illegible]號 昭和拾八年参月拾九日
	新発田陸軍病院第九二號 昭和拾八年参月卅壹日

調製醫官	原籍	留守擔當者及續柄	部隊號	官等級及氏名	原職（特技）	發病受傷地	傷痍疾病等差
歩兵第八十六聯隊附 陸軍軍醫中尉	新潟縣	同籍 實父	歩兵第[illegible]	陸軍二等兵	農	新潟縣新發田町	貳

出生	勤仕年	發病	初診	入院	退院	轉歸	治療日數
大正十一年 月 日	零年二箇月	昭和十七年一月一日	昭和十八年一月一八日	昭和十八年一月十八日	昭和十八年八月十日	除役（兵役免除）	二〇四日

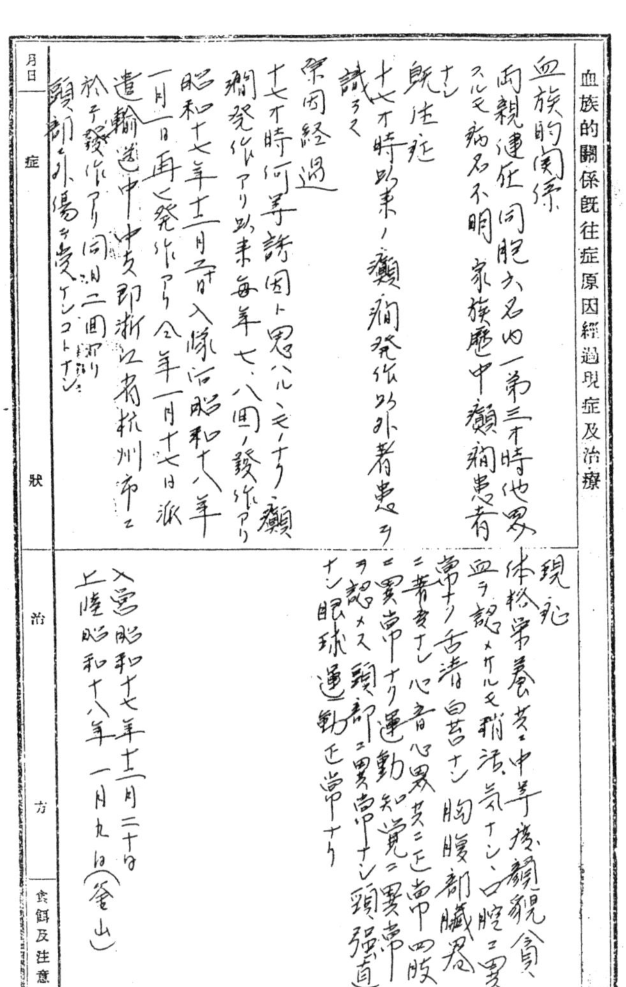

血族的關係既往症原因經過現症及治療

血族的関係
両親健在 同胞六名ノ内一弟三才時他界スルモ病名不明 家族歴中癲癇患者ナシ

既往症
十七才時以来ノ癲癇発作以外著患ヲ識ラズ

原因経過
十七才時何等誘因ト思ハルヽモノナク癲癇発作アリ以来毎年七、八回ノ発作アリ
昭和十七年十二月二十日入隊シ昭和十八年一月一日再ヒ発作アリ今年一月十七日派遣輸送中中支那浙江省杭州市ニ於テ発作アリ同日二回アリ
頭部ニ外傷ヲ受ケシコトナシ

現症
体格中等栄養中等 顔貌貧血ヲ認メザルモ稍活気ナシ 口腔ニ異常ナシ 舌清白苔ナシ 胸腹部臓器ニ著変ナシ 心音心界共ニ正常 四肢ニ異常ナク運動知覚ニ異常ヲ認メズ 頸部ニ異常ナシ 頸強直ナシ 眼球運動正常ナリ

入営 昭和十七年十二月二十日
上陸 昭和十八年一月九日（釜山）

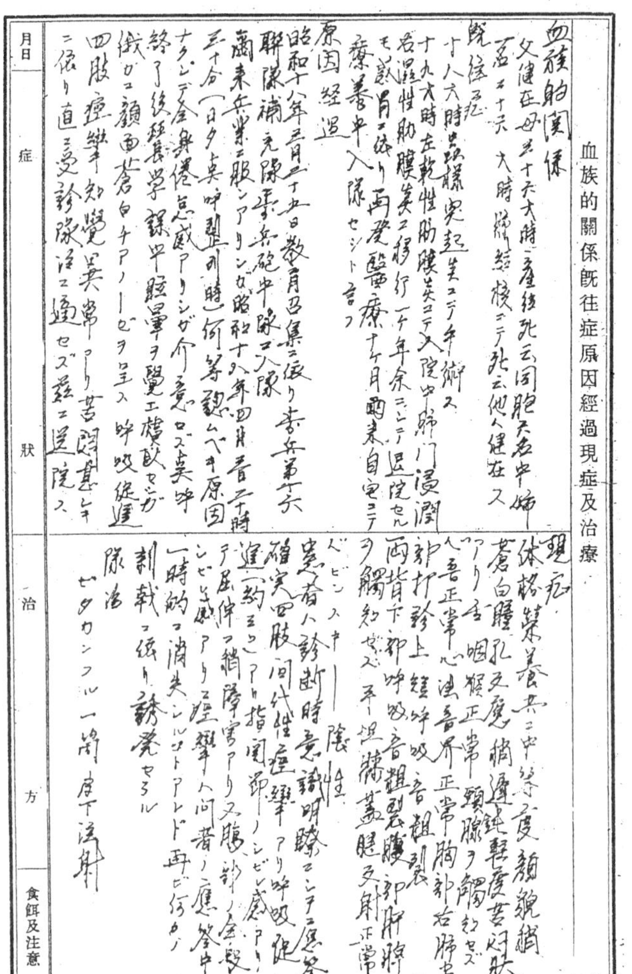

血族的關係既往症原因經過現症及治療

血族的関係
父健在 母三十六才ノ時産後死亡ス 同胞六名中姉一名二十六才ノ時肺結核ニテ死亡 他ハ健在ス
既往症 ナシ
十八才ノ時当部ニ腫瘍発起 手術ス
十九才ノ時左乾性肋膜炎ニテ入院中肺門浸潤右湿性肋膜炎ニ移行シ一ケ年余ニテ退院セルモ就業ニ依リ再発医療十ケ月自宅ニテ療養中入隊セシト言フ
原因経過
昭和十八年三月二十五日教育召集ニ依リ歩兵第十六聯隊補充隊歩兵砲中隊ニ入隊 [illegible]
現症
体格栄養共ニ中等度 顔貌 [illegible]
[illegible]

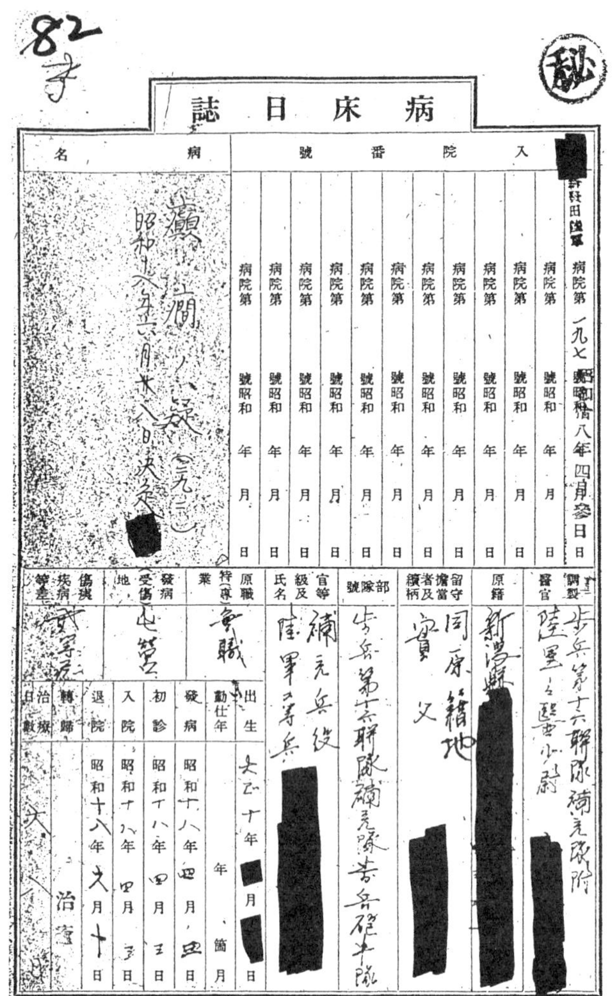

病床日誌

入院番號 病院第一九七號 昭和十八年四月参日

病名 癲癇ノ疑 昭和十八年五月十八日決定

原籍	新潟縣
官等	陸軍軍医少尉
所属	歩兵第十六聯隊補充隊
官等級及氏名	補充兵役 陸軍二等兵
留守擔當者及續柄	同 原籍地 實父
職業	無職
出生	大正十年 月 日
發病	昭和十八年四月 日
初診	昭和十八年四月 日
入院	昭和十八年四月 日
退院	昭和十八年 月 日
轉歸	治癒

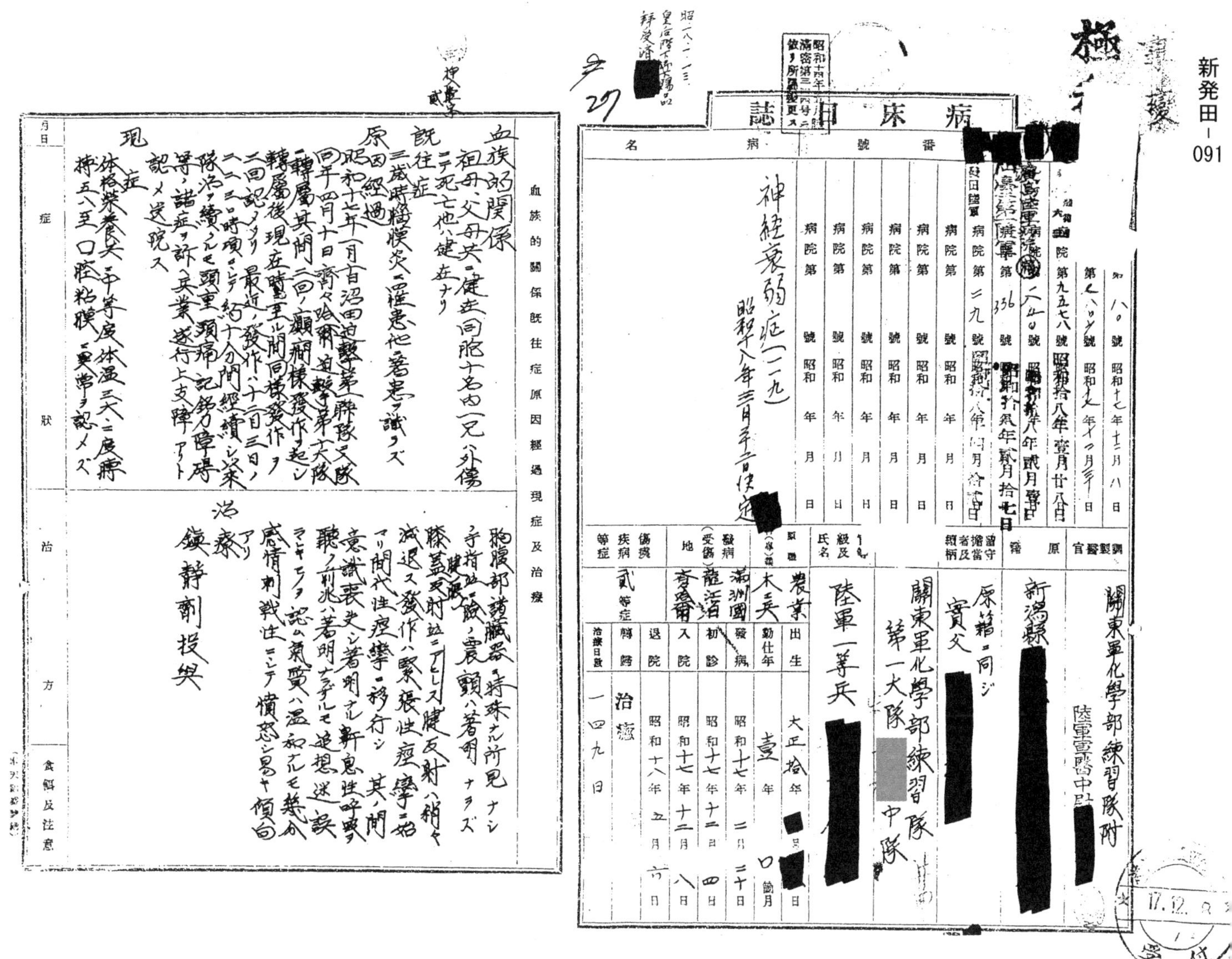

極秘

昭一八・一一・一三 皇后陛下御下賜品 拜受済

昭和十四年…滿密第三…四号ニ依リ所屬變更ス

病床日誌

番號	
第八〇號	昭和十七年十二月八日
第[illegible]號	昭和十七年十二月三十日
大[illegible]病院第九五七八號	昭和拾八年壹月廿八日
[illegible]陸軍病院第二八〇四號	昭和拾八年貳月壹日
[illegible]療養所第336號	昭和拾八年貳月拾七日
病院第二九號	昭和拾八年四月[illegible]日

病名：神經衰弱症（一一九）　昭和十八年三月十三日決定

項目	記載
調製醫官	關東軍化學部練習隊附 陸軍軍醫中尉
原籍	新潟縣
留守擔當者及續柄	原籍ニ同ジ 實父
所屬	關東軍化學部練習隊 第一大隊 中隊
級及氏名	陸軍一等兵
職業	農業
兵種	工兵
發病（受傷）地	滿洲國 龍江省 齊齊哈爾
傷痍疾病等症	貳等症
出生	大正拾年　月　日
勤仕年	壹年　ヶ月
發病	昭和十七年二月二十日
初診	昭和十七年十二月四日
入院	昭和十七年十二月八日
退院	昭和十八年五月六日
轉歸	治癒
治療日數	一四九日

血族的關係既往症原因經過現症及治療

血族的關係
祖母、父母共ニ健在、同胞十名内一兄ハ外傷ニテ死亡、他ハ健在ナリ

既往症
三歳時腦膜炎ニ罹患、他著患ヲ識ラズ

原因經過
昭和十七年一月十日沼田迫擊第一聯隊ヨリ同年四月十日齊々哈爾迫擊第十六大隊ニ轉屬、其ノ間二回ノ癲癇様發作ヲ起シ、轉屬後現在時ニ至ル間同様發作ヲ二回認メタリ。最近ノ發作ハ十二月三日ノ二二・三〇時頃ニシテ約十分間經續シ、以來隊務ヲ續クルモ頭重、頭痛、記銘力障碍等ノ諸症ヲ訴ヘ、兵業遂行上支障アリト認メ送院ス

現症
体格榮養共ニ中等度、体温三六・二度、脈搏五八至、口腔粘膜ニ異常ヲ認メズ、胸腹部諸臟器ニ特殊ナル所見ナシ、手指並ニ瞼ノ震顫ハ著明ナラズ、膝蓋腱反射並ニアヒレス腱反射ハ稍々減退ス。發作ハ緊張性痙攣ニ始マリ間代性痙攣ニ移行シ、其ノ間意識喪失シ著明ナル鼾息性呼吸ヲ聽ク。前兆ハ著明ナラザルモ追想迷誤ラシキモノヲ認ム。氣質ハ温和ナルモ幾分感情刺戟性ニシテ憤怒シ易キ傾向アリ

治療
鎮靜劑投與

新発田－092

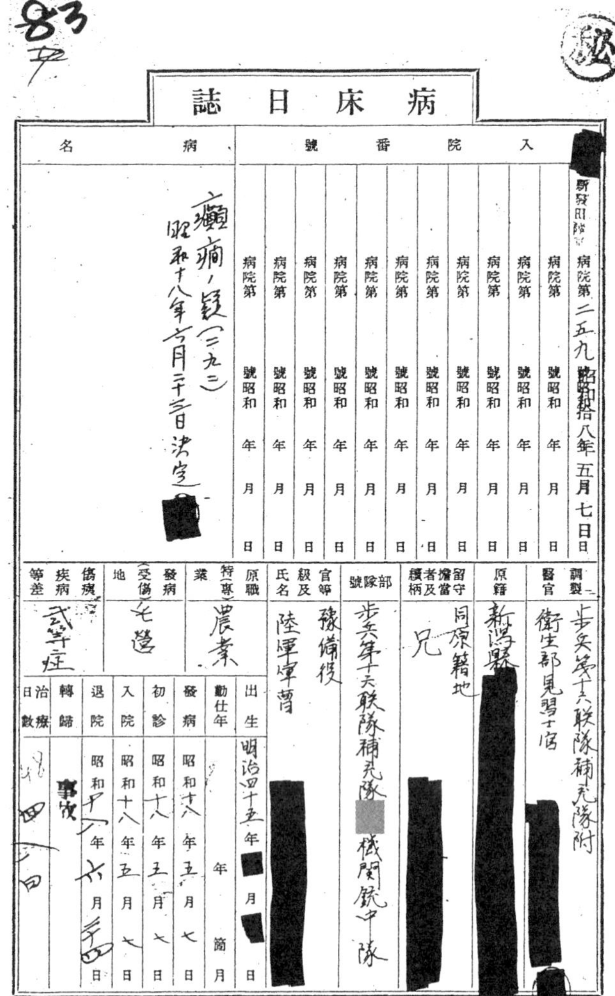

83

（秘）

病床日誌

入院番號	病名
新發田陸軍病院 病院第二五九號 昭和拾八年五月七日	癲癇ノ疑（二九二） 昭和十八年六月二十三日決定

調製	醫官	原籍	留守擔當者及續柄	部隊號	官等級及氏名	原職（特業）	發病（受傷）地	傷痍疾病等差
歩兵第十六聯隊補充隊附	衛生部見習士官 ■	新潟縣 ■	同原籍地 兄 ■	歩兵第十六聯隊補充隊■機関銃中隊	豫備役 陸軍軍曹 ■	農業	屯營	弐等症

出生	勤仕年	發病	初診	入院	退院	轉歸	治療日數
明治四十五年■月■日	年 箇月	昭和十八年五月七日	昭和十八年五月七日	昭和十八年五月七日	昭和十八年六月廿四日	事故	四[illegible]日

血族的關係既往症原因經過現症及治療

血族的関係
父五十二才時不明病ニテ死 母六十九才時老衰ニテ死 同胞六名中姉二名二十三、三十才頃不明病ニテ死

既往症
十二才時腸チフスニテ約一ヶ月医療ヲ受ク

原因経過
昭和十六年十月十七日臨時召集ニ依リ歩兵第十六聯隊補充隊■機関銃中隊ニ入隊
昭和十八年三月二十日頃ヨリ全身倦怠、咳嗽軽度ノ胸内苦悶ヲ訴ヘ受診症状軽快 勤務ニ精励中ナリシガ同年五月六日十六時頃行軍帰途営門附近ニ差シカカルヤ突然胸内苦悶眩暈ヲ覚エ口囲ニ泡沫ヲ浮ベ卒倒ス受診ノ結果隊治ニ適セザルモノト認メ茲ニ送院ス

現症
体格栄養共ニ中等度 顔貌蒼白苦悶状 体温三六、五度 脈膊五九 口腔粘膜軽度ニ発赤腫張ス 瞳孔散大ニ対光反射消失 提睾筋反射陰性 膝蓋腱反射減弱ス バビンスキー現象陰性ニシテ胸腹部特記スベキ所見ナシ

隊治
ビタカンファー 一個 皮下注射

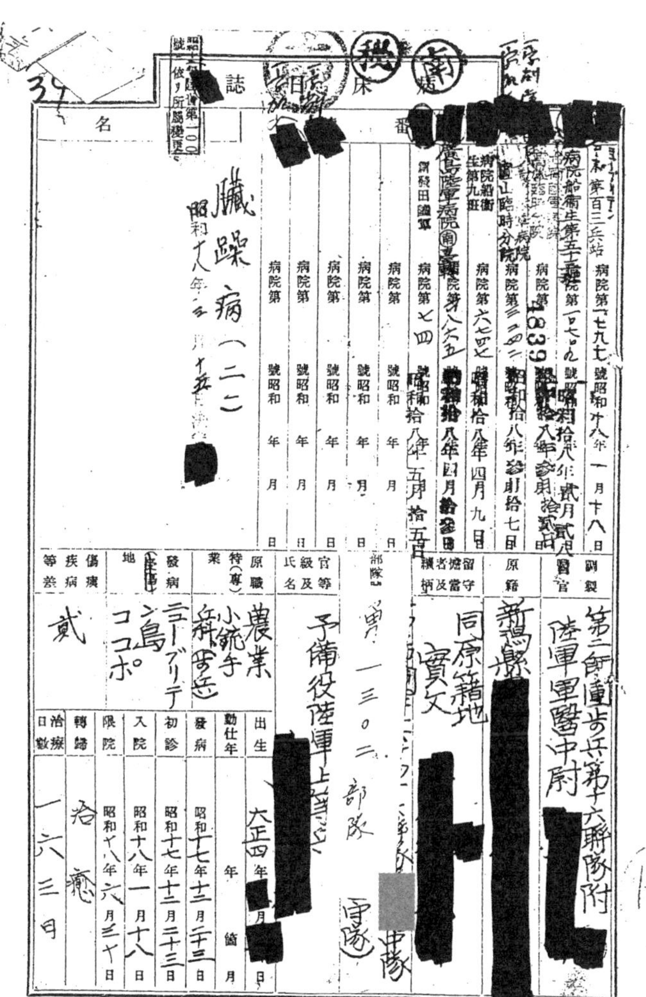
第百三兵站病院 病院第七九七號 昭和十八年一月十八日
病院船衛生第五十五班 病院第一〇七〇九號 昭和拾八年貳月貳拾八日
病院第1839號 昭和拾八年参月拾貳日
富山臨時分院 病院第三〇〇二號 昭和拾八年参月拾七日
病院船衛生第九班 病院第六七四七號 昭和拾八年四月九日
廣島陸軍病院㊥ 病院第八六五號 昭和拾八年四月拾日
新発田陸軍病院 病院第七四號 昭和拾八年五月拾五日
病院第 號昭和 年 月 日
病院第 號昭和 年 月 日
病院第 號昭和 年 月 日
病院第 號昭和 年 月 日
病院第 號昭和 年 月 日

名 臟躁病（二二）
昭和十八年三月十五日

副官 衛官：第二師團歩兵第十六聯隊附 陸軍軍醫中尉
原籍：新潟縣
留守擔當者續柄：同原籍地 實父
部隊：第一三〇二部隊 守備隊 中隊
官等級氏名：予備役陸軍上等兵
原職：農業
特業：小銃手 兵器
發病地：ニューブリテン島ココポ
傷痍疾病等差：貳
出生：大正四年 月 日
勤仕年：年 箇月
發病：昭和十七年十二月二十三日
初診：昭和十七年十二月二十三日
入院：昭和十八年一月十八日
限院：昭和十八年六月三十日
轉歸：治癒
治療日數：一六三日

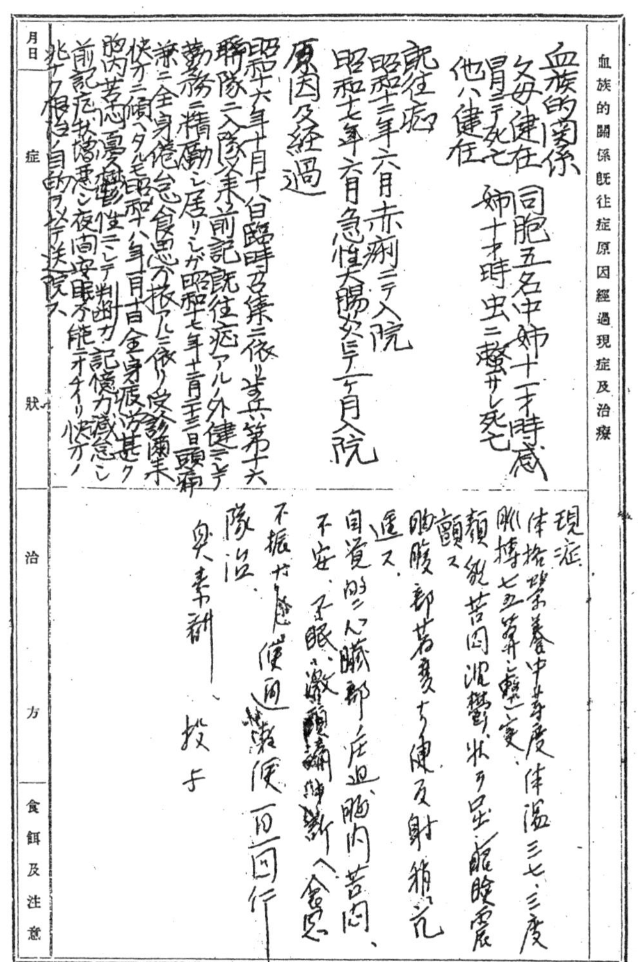
血族的關係既往症原因經過現症及治療

血族的関係
父母健在 同胞五名中姉十一才時感冒ニテ死亡 姉十才時虫ニ螫サレ死亡 他ハ健在

既往症
昭和十二年六月赤痢ニテ入院
昭和十七年六月急性大腸炎ニテ一ヶ月入院

原因及経過
昭和十六年十月十八日臨時召集ニ依リ歩兵第十六聯隊ニ入隊シ爾来前記既往症アル外健康ニテ勤務ニ精勵シ居リシガ昭和十七年十二月二十三日頭痛兼ネ全身倦怠食思不振アルニ依リ受診爾来快方ニ傾ヘタルモ昭和十八年一月十日全身疲労甚ク胸内苦悶憂鬱性ニシテ判断力記憶力減退シ前記症状増悪シ夜間安眠不能ニオチイリ快方ノ兆ナク依テ自動車ヲ以テ送院ス

現症
体格栄養中等度 体温三七、三度 脈搏七五（整）変、顔貌苦悶沈鬱状ヲ呈ス 眼瞼震顫ス 胸腹部著変ナク 腱反射稍亢進ス 自覚的ニハ心臓部圧迫、胸内苦悶、不安、不眠、激頭痛、食思不振アリ 便通一日一回
隊治
臭素剤 投与

月日 症状 治方 食餌及注意

新発田－094

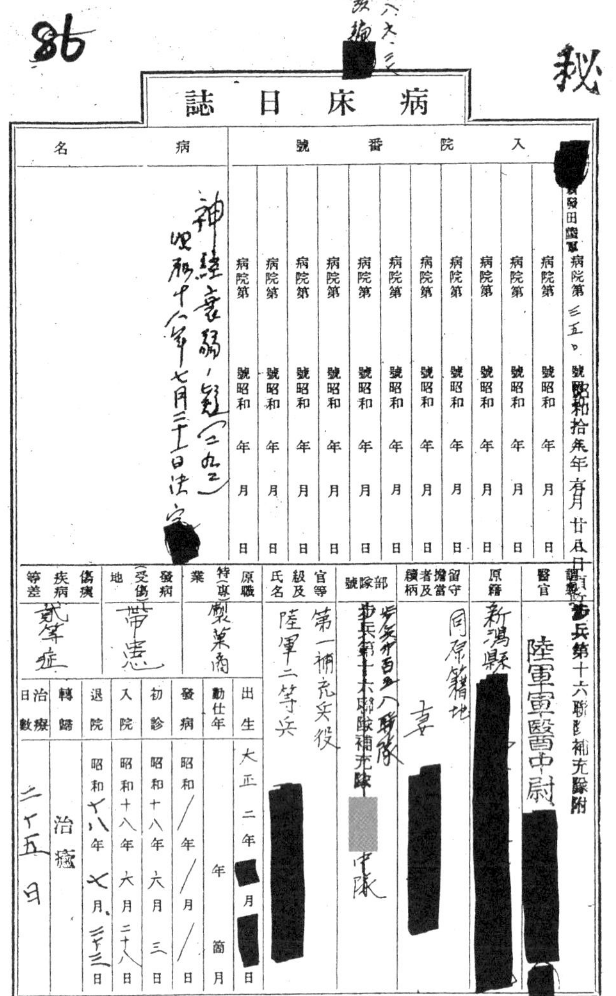

86

秘

六八六・三
改梅

病床日誌

入院番號：新發田陸軍病院第三五〇號 昭和拾八年六月廿八日
（病院第 號 昭和 年 月 日：other rows blank）

病名：神經衰弱ノ疑（二九二）
昭和十八年七月二十日決定

調製：歩兵第十六聯隊補充隊附 陸軍軍醫中尉

原籍：新潟縣

留守擔當者及續柄：同原籍地 妻

部隊號：歩兵第十六聯隊補充隊 中隊
歩兵第百十八聯隊

官等級及氏名：第一補充兵役 陸軍二等兵

原職（特業）：製菓商

發病（受傷）地：帯患

傷痍疾病等差：貳等症

出生	勤仕年	發病	初診	入院	退院	轉歸	治療日數
大正二年 月 日	年 箇月	昭和／年／月／日	昭和十八年六月三日	昭和十八年六月二十八日	昭和十八年七月二十三日	治癒	二十五日

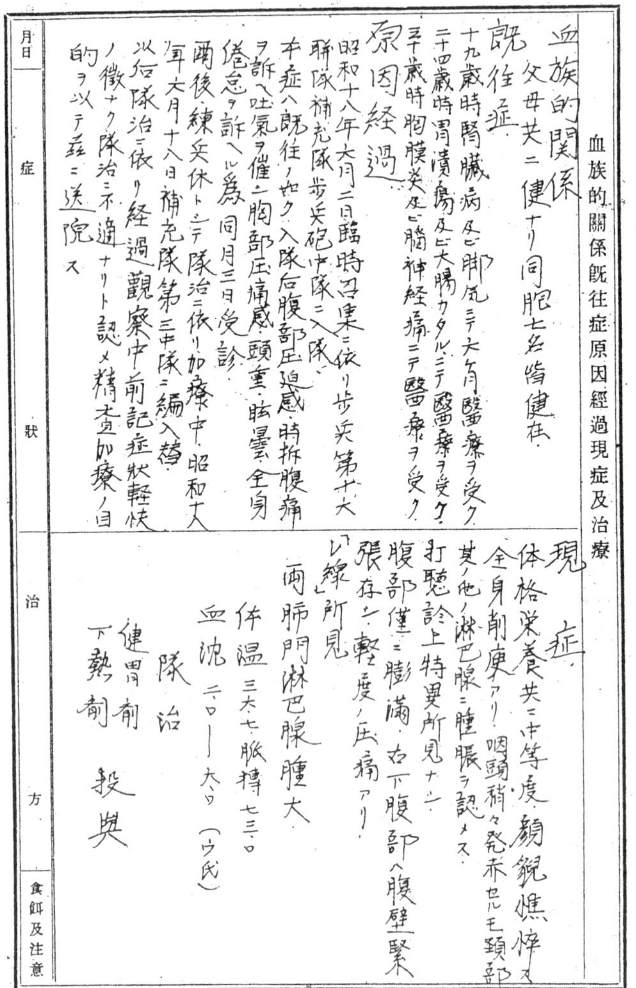

血族的關係既往症原因經過現症及治療

血族的関係
父母共ニ健ナリ同胞七名皆健在

既往症
十九歳時腎臓病及ビ脚気ニテ大约醫療ヲ受ク
二十四歳時胃潰瘍及ビ大腸カタルニテ醫療ヲ受ク
三十歳時胸膜炎及ビ脳神経痛ニテ醫療ヲ受ク

原因経過
昭和十八年六月二日臨時召集ニ依リ歩兵第十六聯隊補充隊歩兵砲中隊ニ入隊
本症ハ既往ノ如ク入隊后腹部圧迫感時折腹痛ヲ訴ヘ吐氣ヲ催ニ胸部圧痛感頭重眩暈全身倦怠ヲ訴ヘル為同月三日受診
爾後練兵休トシテ隊治ニ依リ加療中昭和十八年六月十八日補充隊第三中隊ニ編入替
以后隊治ニ依リ経過観察中前記症状軽快ノ徴ナク隊治ニ不適ナリト認メ精査加療ノ目的ヲ以テ茲ニ送院ス

現症
体格栄養共ニ中等度顔貌憔悴ス
全身削痩アリ咽頭稍々発赤セルモ頸部其ノ他ノ淋巴腺ニ腫脹ヲ認メズ
打聴診上特異所見ナシ
腹部僅ニ膨満右下腹部ハ腹壁緊張存シ軽度ノ圧痛アリ
「レ」線所見
両肺門淋巴腺腫大
体温三六・七 脈搏七三・〇
血沈 二〇－六〇（ウ氏）

隊治
健胃剤
下熱剤 投与

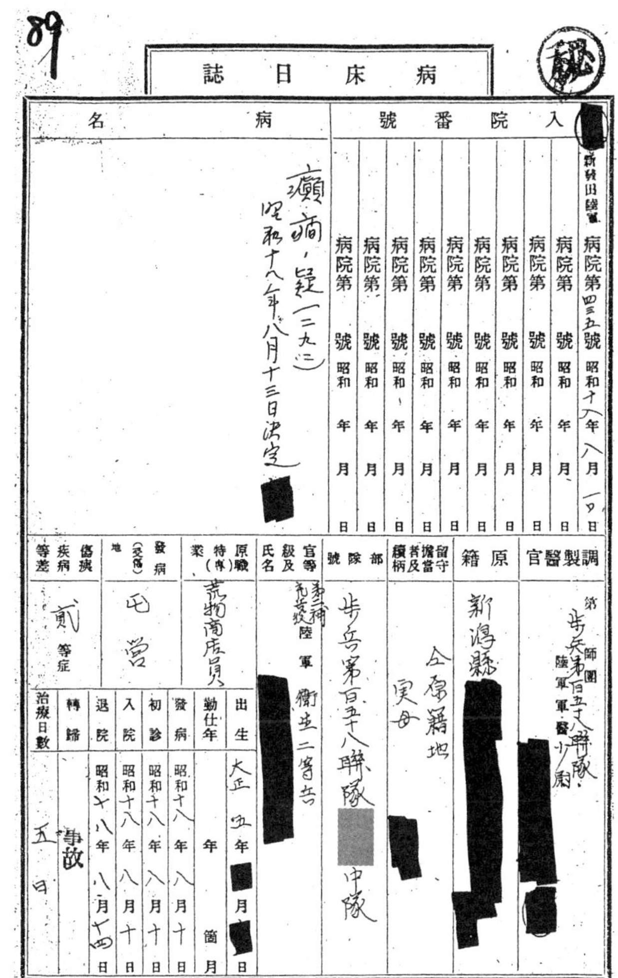

89

病床日誌

入院番號	
新発田陸軍病院第四三五號	昭和十八年八月十日

病名	
癲癇ノ疑（二九三）	昭和十八年八月十三日決定 [■]

調製官	原籍	留守擔當者及續柄	部隊號	官等級及氏名	原職（特業）	發病（受傷）地	傷痍疾病等差
歩兵第百五十八聯隊 陸軍軍醫少尉 [■]	新潟縣 [■]	仝原籍地 実母 [■]	歩兵第百五十八聯隊 [■] 中隊	幹部候補生 陸軍衛生二等兵 [■]	荒物商店員	屯営	貳等症

出生	勤仕年	發病	初診	入院	退院	轉歸	治療日數
大正五年[■]月[■]日	年 箇月	昭和十八年八月十日	昭和十八年八月十日	昭和十八年八月十日	昭和十八年八月十四日	事故	五日

血族的關係既往症原因經過現症及治療

血族的關係
父五十七歳時打撲ニテ死亡
母健在
同胞四名共ニ健在

既往症
生来健ニシテ著患ヲ識ラス

原因及經過
昭和十八年七月一日歩兵第百五十八聯隊[■]隊ニ教育召集ニ依リ入隊仝年七月廿日本科教育ヲ終了仝年八月一日ヨリ新発田陸軍病院ニ衛生兵教育トシテ通習勉励中仝年仝月十日早朝癲癇様発作ヲ起シタル為メ直ニ入室セシメ其后經過観察中ノ処十時半頃発作再来セルヲ以テ隊治不適ナルニ依リ臨時入院セシム

現症
体格栄養共ニ中等度顔貌ハ不気嫌ニシテ瞳孔稍散大ス胸腹部所見著変ナシ
発作時所見
突然意識消失シ全身ノ強直性筋肉痙攣ヲ起シ顔面ハ「チアノーゼ」トナリ瞳孔ハ散大シ不随意ノ排尿アリ
口角ヨリ「アワ」噴出シ痙攣ニヨリ舌ヲ損傷シ軽度ノ出血ヲ伴ヘリ発作持続約三分間頭部ニ損傷ノ痕跡ヲ認メス
体温 三七・七度
脈搏 八四
隊治
(1) 安静

最近ノ身長 一・五五三 米
同 体重 五〇・二〇〇 瓩
豫防接種

月日	症状	治方	食餌及注意

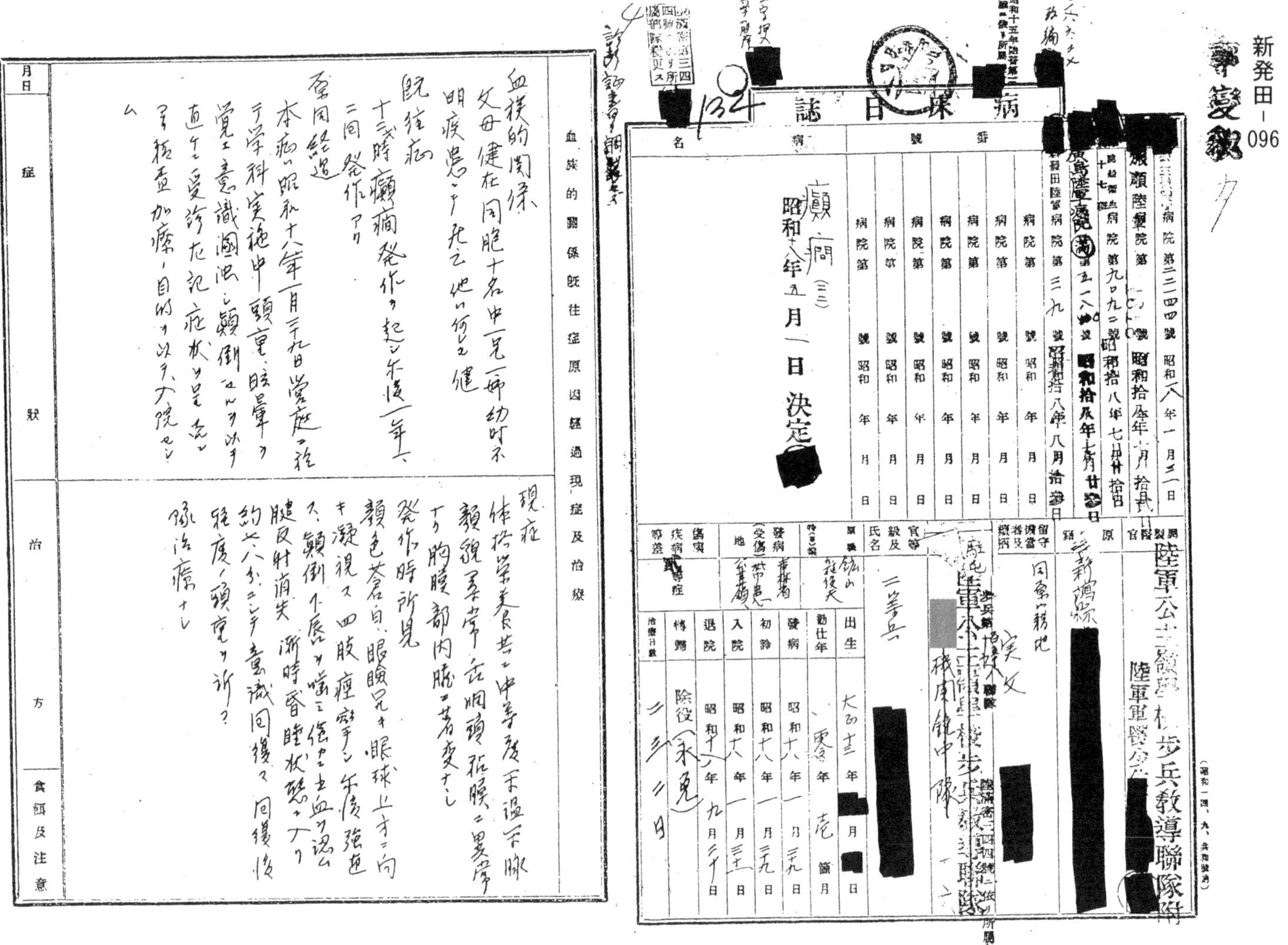

病床日誌

病院	番號
陸軍病院	第二二四四號　昭和十八年一月三一日
陸軍病院	第　　號　昭和拾八年十月拾貳日
病院	第九〇九二號　昭和拾八年七月廿拾四日
廣島陸軍病院	第五一八號　昭和拾八年七月廿參日
新發田陸軍病院	第三九號　昭和拾八年八月拾參日
病院	第　　號　昭和　年　月　日
病院	第　　號　昭和　年　月　日
病院	第　　號　昭和　年　月　日
病院	第　　號　昭和　年　月　日
病院	第　　號　昭和　年　月　日
病院	第　　號　昭和　年　月　日

病名：癲癇（三）　昭和十八年九月一日決定

官職	陸軍公主嶺學校歩兵教導聯隊附　陸軍軍醫少佐
原籍	新潟縣
留守擔當者及續柄	同家ノ務把
所屬	駐屯　陸軍公主嶺學校歩兵教導聯隊　機關銃中隊
官等級及氏名	二等兵
職業	鉱山　雑役夫
發病（受傷）地	赤城市　(?)　病
疾病傷痍等差	貳等症
出生	大正十三年　月　日
勤仕年	壱年　箇月
發病	昭和十八年一月二十九日
初診	昭和十八年一月二十九日
入院	昭和十八年一月三十一日
退院	昭和十八年九月二十日
轉歸	除役（永免）
治療日數	二三二日

血族的關係既往症原因經過現症及治療

血族的關係
父母健在同胞十名中一兄一姉幼時不明疾患ニテ死亡他ハ何レモ健

既往症
十六時癲癇發作ヲ起シ爾後一年ニ二回發作アリ

原因經過
本病ハ昭和十八年一月二十九日営庭ニ於テ学科実施中頭重眩暈ヲ覚エ意識溷濁シ顚倒セルヲ以テ直チニ受診左記症状ヲ呈セルヲ以テ精査加療ノ目的ヲ以テ入院セシム

現症
体格栄養共ニ中等度平温平脈顔貌異常ナク咽頭粘膜ニ異常ナク胸腹部内臓ニ著変ナシ
発作時所見
顔色蒼白眼瞼閉キ眼球上方ニ向キ凝視ス四肢痙攣シ爾後強直ス顚倒ト同時ニ舌ヲ噛ミ僅カニ出血ヲ認ム腱反射消失漸時昏睡状態トナリ約六、八分ニシテ意識回復ス回復後軽度ノ頭重ヲ訴フ
隔治療ナシ

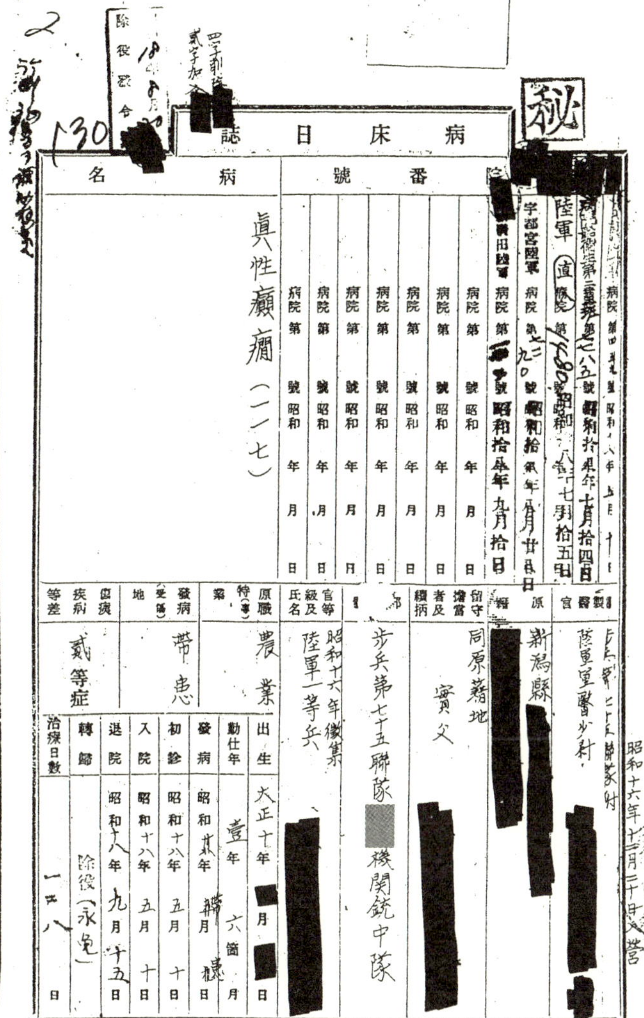

秘

病床日誌

院番號
[illegible]病院 第[illegible]號 昭和十八年五月十日
[illegible]衛生第二[illegible]班 第七八五號 昭和拾八年十月拾四日
陸軍（直）病院 第14680號 昭和十八年七月拾五日
宇都宮陸軍病院 第七三九〇號 昭和拾八年八月廿五日
[illegible]田陸軍病院 第[illegible]號 昭和拾八年九月拾日
病院第　號 昭和　年　月　日
病院第　號 昭和　年　月　日
病院第　號 昭和　年　月　日
病院第　號 昭和　年　月　日
病院第　號 昭和　年　月　日
病院第　號 昭和　年　月　日
病院第　號 昭和　年　月　日

病名：眞性癲癇（一一七）

製表醫官	步兵第七十五聯隊附 陸軍軍醫少尉
原籍	新潟縣
留守擔當者及續柄	同原籍地 實父
部隊	步兵第七十五聯隊 機関銃中隊
官等級及氏名	昭和十六年徴集 陸軍一等兵
原職	農業
特業	
發病地	帯患
戦傷	
疾病等差	貳等症
出生	大正十年　月　日
勤仕年	壹年六箇月
發病	昭和十[illegible]年[illegible]月[illegible]日
初診	昭和十八年五月十日
入院	昭和十八年五月十日
退院	昭和十八年九月十五日
轉歸	除役（永免）
治療日數	一二八日

昭和十六年十二月二十日入営

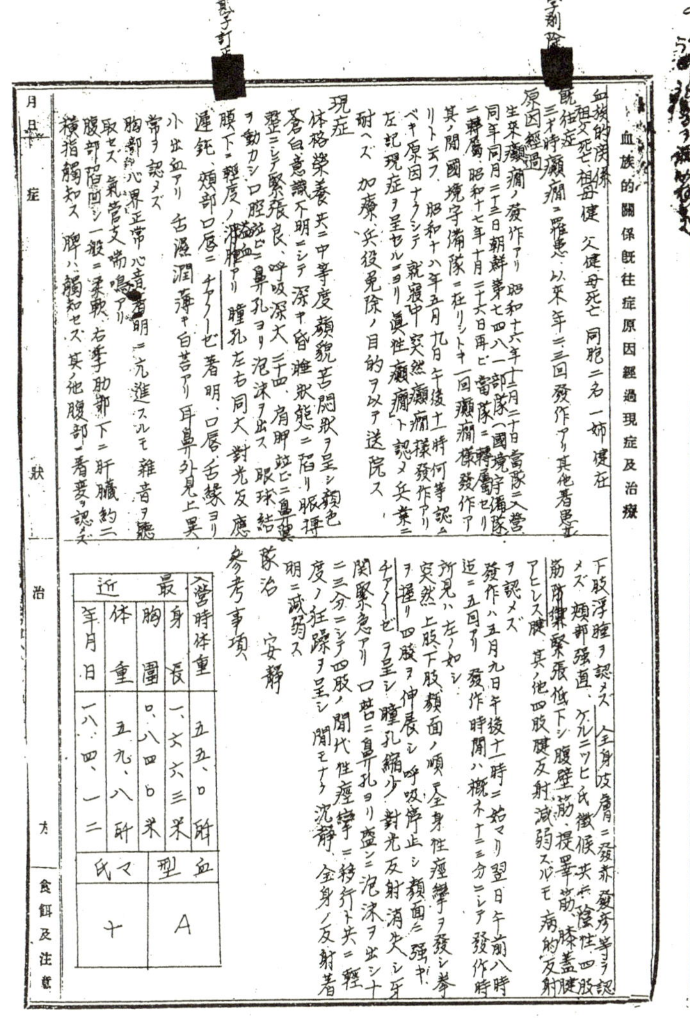

血族的関係既往症原因経過現症及治療

血族的関係
祖父死亡、祖母健 父健、母死亡 同胞二名一姉健在

既往症
三才時癲癇ニ罹患、以来年ニ三回発作アリ其他著患ナシ

原因経過
生来癲癇ノ発作アリ 昭和十六年十二月二十日当隊ニ入営同年同月二十三日朝鮮第七四八一部隊（国境守備隊）ニ転属 昭和十七年十月二十六日再ビ当隊ニ転属セリ其ノ間国境守備隊ニ在リシトキ一回癲癇様発作アリトテフ 昭和十八年五月九日午後十一時何等認ムベキ原因ナクシテ就寝中突然癲癇様発作アリ左記現症ヲ呈セルニヨリ眞性癲癇ト認メ兵業ニ耐ヘズ 加療、兵役免除ノ目的ヲ以テ送院ス

現症
体格栄養共ニ中等度 顔貌苦悶状ヲ呈シ顔色蒼白意識不明ニシテ深キ昏睡状態ニ陥リ脈搏整ニシテ緊張良、呼吸深大二十四、肩胛並ビニ鼻翼ヲ動カシ口腔並ビニ鼻孔ヨリ泡沫ヲ出ス 眼球結膜下ニ軽度ノ溢血アリ 瞳孔左右同大 対光反応遅鈍、頬部口唇ニチアノーゼ著明、口唇、舌縁ヨリ小出血アリ 舌湿潤薄キ白苔アリ 耳鼻外見上異常ヲ認メズ
胸部心界正常 心音著明ニ亢進スルモ雑音ヲ聴取セズ 気管支喘鳴アリ
腹部陥凹シ一般ニ柔軟、右季肋部下ニ肝臓約二横指触知ス 脾ハ触知セズ 其ノ他腹部ニ著変ヲ認メズ
下肢浮腫ヲ認メズ 全身皮膚ニ発赤発疹等ヲ認メズ 頬部強直、ケルニッヒ氏徴候共ニ陰性 四肢筋肉緊張低下シ腹壁筋、提睾筋、膝蓋腱アヒレス腱 其ノ他四肢腱反射減弱スルモ病的反射ヲ認メズ
発作ハ五月九日午後十一時ニ始マリ翌日午前八時迄ニ五回アリ 発作時間ハ概ネ十二三分ニシテ発作時所見ハ左ノ如シ
突然上肢、下肢、顔面ノ順ニ全身性痙攣ヲ発シ拳ヲ握リ四肢ヲ伸展シ呼吸停止シ顔面ニ強キチアノーゼヲ呈シ 瞳孔縮少、対光反射消失シ牙関緊急アリ 口唇ニ鼻孔ヨリ血液ニ泡沫ヲ出シ十二三分ニシテ四肢ノ間代性痙攣ニ移行ト共ニ軽度ノ狂躁ヲ呈シ 間モナク沈静、全身ノ反射著明ニ減弱ス

療治
安静

参考事項

入営時体重	身長	胸圍	体重	年月日
	一、六六三米	〇、八四〇米	五九、八瓩	一八、四、一二
	五五、〇瓩			

血型	氏マ
A	十

病床日誌

病名	入院番號
神經衰弱症（一一九） 昭和十八年十二月二十二日決定	病院第一二號 昭和拾八年十二月二十一日

原職 特(專)業	發病(受傷)地	傷痍疾病等差
陸軍衛生曹長	新潟縣新發田町	式等症

出生	勤仕年	發病	初診	入院	退院	轉歸	治療日數
大正三年　月　日	年　箇月	昭和十八年十二月十一日	昭和十八年十二月二十一日	昭和十八年十二月二十一日	昭和十八年十二月二十三日	事故退院	二日

官等級及氏名	部隊號	留守擔當者及續柄	原籍	調製醫官
陸軍衛生曹長	郡山陸軍病院	實父	新潟縣	新發田陸軍病院 陸軍衛生部見習士官

二字削除

血族的關係既往症原因經過現症及治療

血族的關係
父母共ニ健在ス同胞五名中既ニ二名幼時不明病ニテ死亡

既往症
生來未健ニシテ著患ヲ知ラス

原因經過
十二月十一日頃ヨリ神經衰弱ノ氣味ニテ催眠剤ノ服用ヲ継續シアリタル処偶々妻ノ死亡ニヨリ家事整理ノタメ妻ノ實家ニ寄宿中就寢前ニ於テ「ブロバリン」ヲ服用シタルタメ翌朝ニ至ルモ覺醒セス嗜眠狀態ニアリタルタメ家人ノ報ニヨリ受診ノ精査ノ目的ヲ以テ當院ニ收容ス

現症
体格栄養中等ニシテ顔貌正常ナルモ顔色稍々蒼白、眼瞼結膜貧血無シ 瞳孔左右等大ニシテ瞳孔散大 舌咽頭異常無シ
心界心音共ニ正常
胸腹部ニ特記所見ヲ認メズ
膝蓋腱反射稍々減弱ス
体温三六、八度 脈搏九六至 [illegible]
[illegible] 全身ノ弛緩
無力狀態ナリ [illegible]
[illegible]
[illegible] 流涎 [illegible]
[illegible] ヲ認メズ

新発田-099

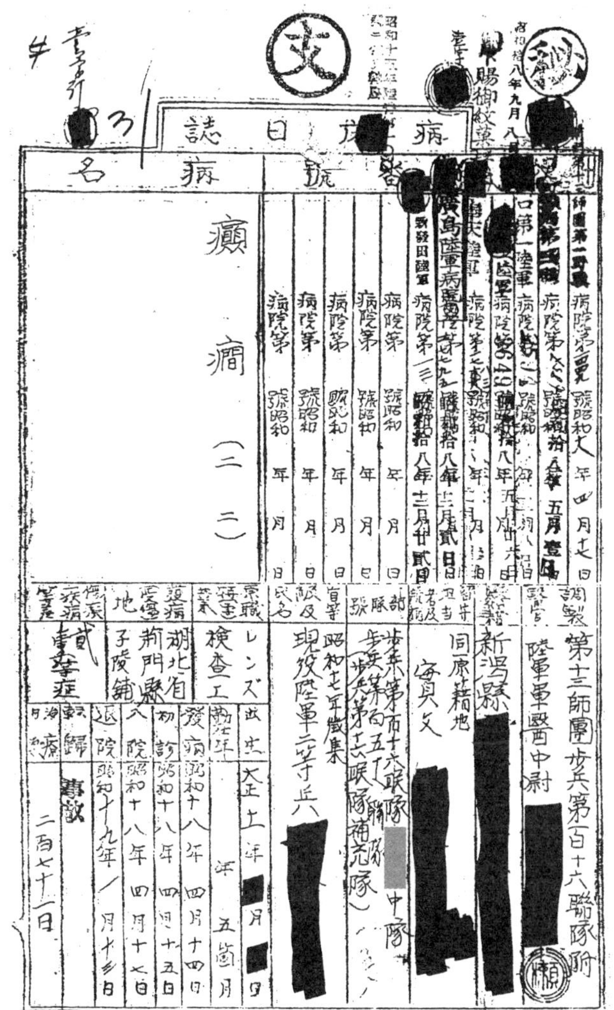

病床日誌

病名　癲癇（二）

病院第　號昭和十八年四月十七日
病院第　號昭和十八年五月壹日
病院第　號昭和十八年　月　日
病院第　號昭和十八年　月　日
廣島陸軍病院第　號昭和十八年十二月貳日
新發田陸軍病院第一三　號昭和十八年十二月廿貳日

調製	第十三師團歩兵第百十六聯隊附 陸軍軍醫中尉
本籍	新潟縣
原籍地	同
部隊號	歩兵第百十六聯隊　中隊（歩兵第百五十五聯隊）（歩兵第十六聯隊補充隊）
官等級及氏名	昭和十七年徴集 現役陸軍二等兵
職業	レンズ検査工
受傷病地	湖北省荊門縣子陵鋪
傷病ノ等差	貳等症
出生	大正　年　月　日
勤務年	年五箇月
發病	昭和十八年四月十四日
初診	昭和十八年四月十五日
入院	昭和十八年四月十七日
退院	昭和十九年一月十日
轉歸	事故
治療日數	二百七十一日

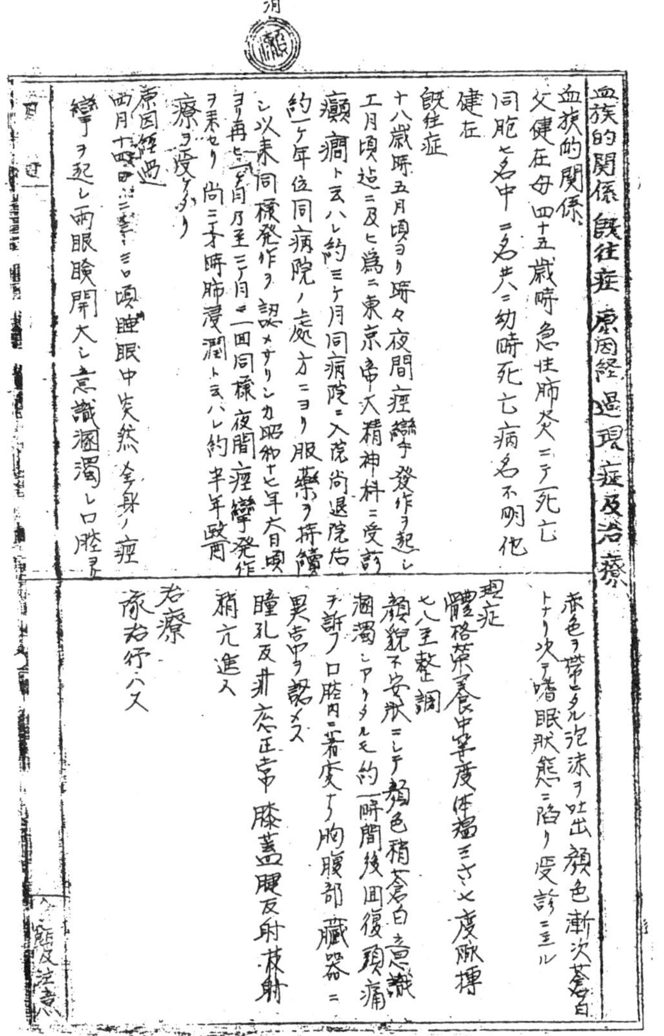

血族的關係既往症原因經過現症及治療

血族的關係
父健在母四十五歳時急性肺炎ニテ死亡
同胞七名中二名共ニ幼時死亡病名不明他健在

既往症
十八歳時五月頃ヨリ時々夜間痙攣發作ヲ起シ十二月頃迄ニ及ビ爲ニ東京帝大精神科ニ受診癲癇ト云ハレ約三ヶ月同病院ニ入院尚退院后約一ヶ年位同病院ノ處方ニヨリ服藥ヲ持續シ以来同様發作ヲ認メザリシカ昭和十七年六月頃ヨリ再ビ二ヶ月乃至三ヶ月ニ一回同様夜間痙攣發作ヲ来セリ尚二才時肺浸潤ト云ハレ約半年醫療ヲ受ケタリ

原因經過
四月十四日二十三時頃睡眠中突然全身ノ痙攣ヲ起シ両眼瞼開大シ意識溷濁シ口腔ヨリ赤色ヲ帯ビタル泡沫ヲ吐出顔色漸次蒼白トナリ次テ嗜眠状態ニ陥リ受診ニ至ル

現症
體格榮養中等度体温三六・七度脈搏七八主整調
顔貌不安状ニシテ顔色稍蒼白意識溷濁シアリタルモ約一時間後回復頭痛ヲ訴ヘ口腔内ニ著変ナク胸腹部臓器ニ異常ナキヲ認メズ
瞳孔反射正常膝蓋腱反射稍亢進ス

治療
療治行ハズ

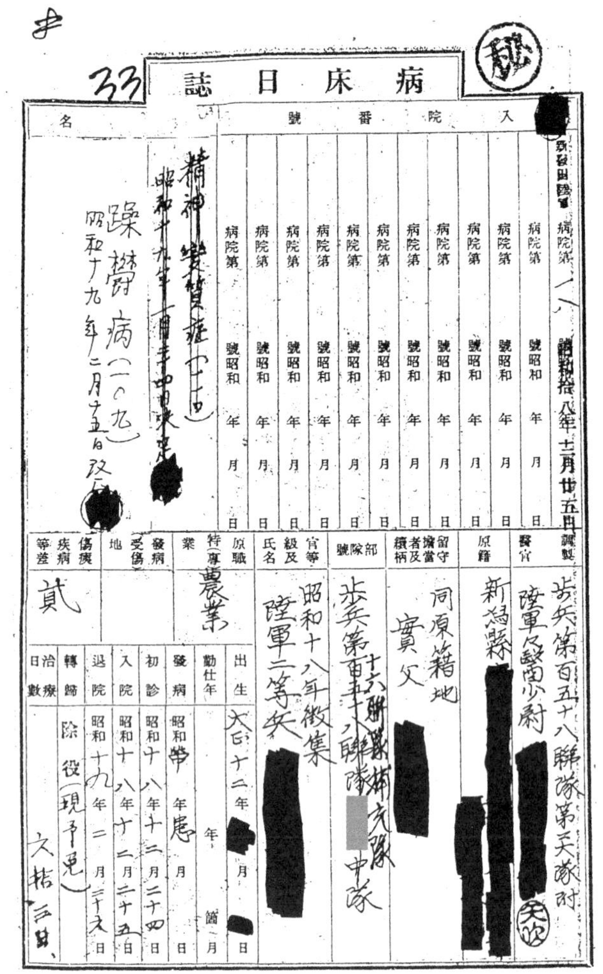

33　秘

病床日誌

入院番號	新發田陸軍病院第一八〇號 昭和拾八年十二月廿五日
病名	精神分裂症（十七）昭和十九年一月十四日改定 [illegible] 躁鬱病（一〇九）昭和十九年二月十五日改定 [illegible]

調製	醫官	原籍	留守擔當者及續柄	部隊號	官等級及氏名	原職（特業）	發病（受傷）地	傷痍疾病等差
歩兵第百五十八聯隊第三大隊附	陸軍軍醫少尉 [illegible]	新潟縣 [illegible]	同原籍地 實父 [illegible]	歩兵第百五十八聯隊（歩兵第百十六聯隊補充隊）[illegible]中隊	昭和十八年徴集 陸軍二等兵 [illegible]	農業		貳

出生	勤仕年	發病	初診	入院	退院	轉歸	治療日數
大正十二年 [illegible] 月 [illegible] 日	年 箇月	昭和 年 月 日	昭和十八年十二月二十四日	昭和十八年十二月二十五日	昭和十九年二月二十六日	除役（現予免）	六拾三日

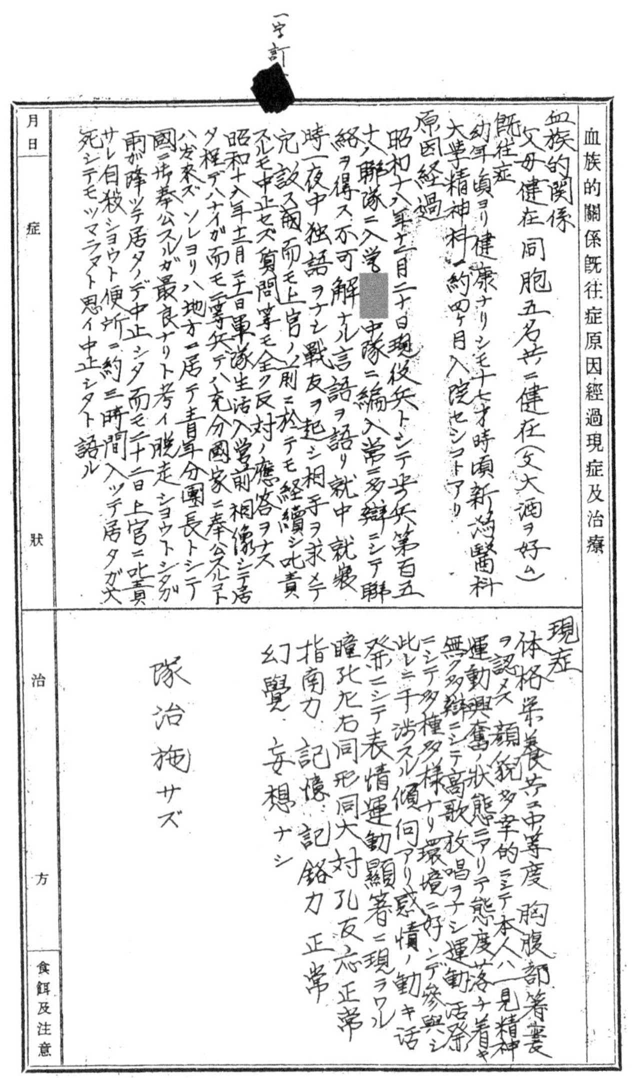

一字訂 [illegible]

月日	血族的關係既往症原因經過現症及治療
症状	血族的関係 父母健在 同胞五名共ニ健在（父大酒ヲ好ム） 既往症 幼年頃ヨリ健康ナリシモ十七才時頃新潟醫科大學精神科ニ約四ヶ月入院セシコトアリ 原因経過 昭和十八年十二月二十日現役兵トシテ歩兵第百五十八聯隊ニ入営 [illegible] 中隊ニ編入営当多辯ニシテ聯絡ヲ得ズ不可解ナル言語ヲ語リ就中就寝時一夜中独語ヲナシ戦友ヲ起シ相手ヲ求メテ究談ス而モ上官ノ前ニ於テモ経續シ叱責スルモ中止セズ質問等モ全ク反対ノ應答ヲナス 昭和十八年十二月二十四日軍隊生活入営前想像シテ居タ程デハナイガ而モ二等兵デハ充分國家ニ奉公スルコトハ出来ズソレヨリハ地方ニ居テ青年分團長トシテ國ニ奉公スルガ最良ナリト考イ脱走シヨウトシタガ雨ガ降ッテ居タノデ中止シタ而モ二十二日上官ニ叱責サレ自殺シヨウト便所ニ約三時間入ッテ居タガ死シテモツマラナイト思イ中止シタト語ル
治方	現症 体格栄養共ニ中等度 胸腹部著変ヲ認メズ 顔貌多幸的ニシテ本人ハ一見精神運動興奮ノ状態ニアリテ態度落チ着キ無ク多辯ニシテ高歌放唱ヲナシ運動活潑ニシテ多種多様ナリ 環境ニ好ンデ参與シ此レニ干渉スル傾向アリ 感情ノ動キ活潑ニシテ表情運動顯著ニ現ワル 瞳孔左右同形同大対光反応正常 指南力 記憶 記銘力 正常 幻覺 妄想ナシ 隊治施サズ
食餌及注意	

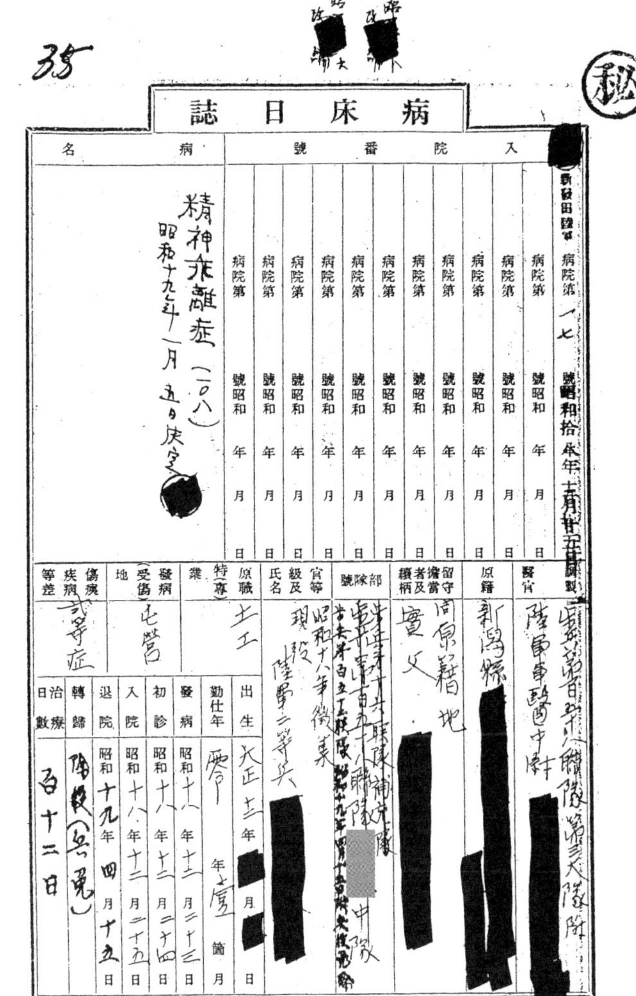

35

病床日誌

項目	記載
入院番號	新發田陸軍病院第一七號 昭和拾八年十二月廿五日調製
病名	精神乖離症（一〇八） 昭和十九年一月五日決定
醫官	陸軍軍醫中尉
原籍	新潟縣
留守擔當者及續柄	同原籍地 實父
部隊號	歩兵第百五十八聯隊補充隊 歩兵第百五十八聯隊 中隊
官等級及氏名	昭和十八年徴集 現役 陸軍二等兵
原職（特業）	土工
發病（受傷）地	屯營
傷痍疾病等差	貳等症
出生	大正 年 月 日
勤仕年	零年壹箇月
發病	昭和十八年十二月二十三日
初診	昭和十八年十二月二十四日
入院	昭和十八年十二月二十五日
退院	昭和十九年四月十五日
轉歸	除役（兵免）
治療日數	百十二日

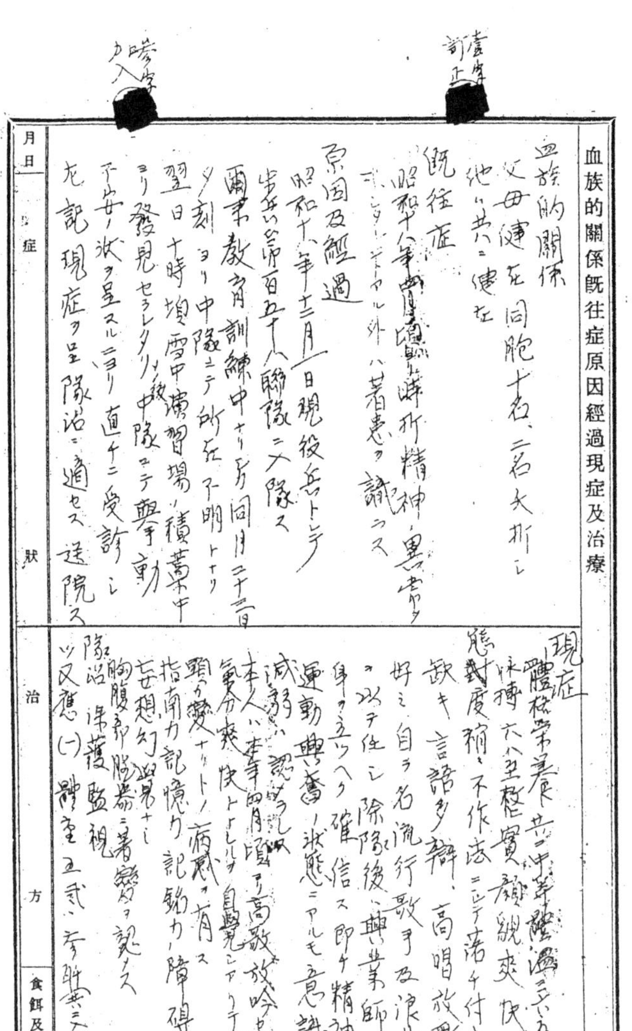

血族的關係既往症原因經過現症及治療

血族的關係
父母健在、同胞十名、二名夭折シ他ハ共ニ健在

既往症
昭和十八年四月頃[illegible]精神ノ異常ヲ來シタル外ハ著患ヲ識ラス

原因及經過
昭和十八年十二月一日現役兵トシテ歩兵第百五十八聯隊ニ入隊ス
爾來教育訓練中ナリシカ同月二十三日夕刻ヨリ中隊ニテ所在不明トナリ翌日十時頃雪中演習場ノ積藁中ヨリ發見セラレタリ爾後中隊ニテ擧動不安ノ状ヲ呈スルニヨリ直チニ受診シ右記現症ヲ呈シ隊治ニ適セス送院ス

現症
體格中等、榮養中等、體温三六・五度及脈搏六八至整實、顔貌爽快、態度稍々不作法ニシテ落チ付キヲ欠キ言語多辯、高唱放歌ヲ好ミ自ラ名流行歌手及浪曲師ヲ以テ任シ除隊後ハ興業師トナラン事ヲ確信ス即チ精神運動興奮ノ状態ニアルモ意識ノ[illegible]ヲ認メス
本人ハ本年四月頃ヨリ高歌放吟セルハ氣分爽快トナルトナシ自覺ニアリテ何カ頭ガ變ナリトノ病感ヲ有ス
指南力記憶力記銘力ノ障碍ナク妄想幻覺等ナシ
胸腹部臓器ニ著變ヲ認メス
隊治[illegible]保護監視ヲ以テ處置（一）體重五貳、[illegible]

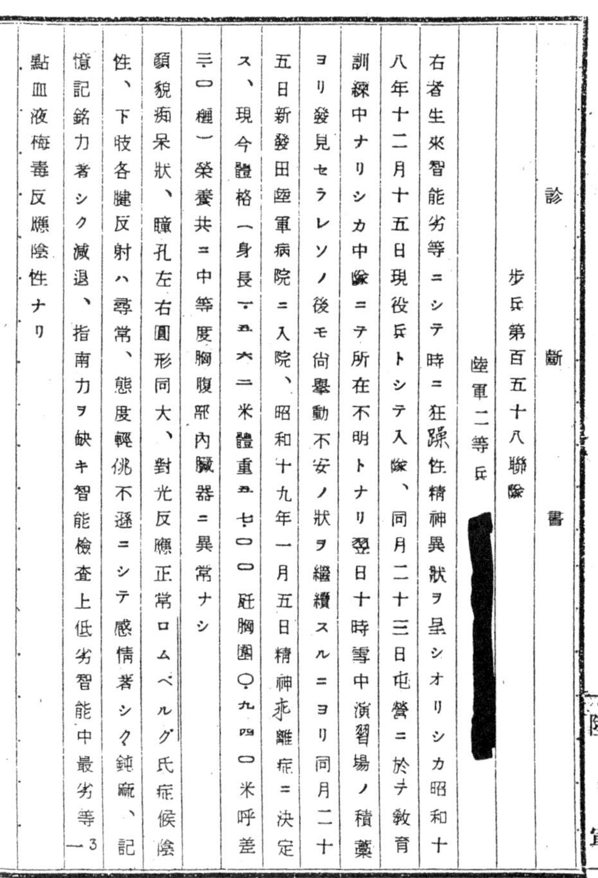

診断書

歩兵第百五十八聯隊
陸軍二等兵

右者生來智能劣等ニシテ時ニ狂躁性精神異状ヲ呈シオリシカ昭和十八年十二月十五日現役兵トシテ入隊、同月二十三日屯營ニ於テ教育訓練中ナリシカ中隊ニテ所在不明トナリ翌日十時雪中演習場ノ積藁ヨリ發見セラレソノ後モ尚擧動不安ノ状ヲ繼續スルニヨリ同月二十五日新發田陸軍病院ニ入院、昭和十九年一月五日精神乖離症ニ決定ス、現今體格（身長一・五六二米體重五七・〇〇瓩胸圍〇・九四〇米呼差三〇糎）榮養共ニ中等度胸腹部内臟器ニ異常ナシ

顔貌痴呆状、瞳孔左右圓形同大、對光反應正常ロムベルグ氏症候陰性、下肢各腱反射ハ尋常、態度輕佻不遜ニシテ感情著シク鈍麻、記憶記銘力著シク減退、指南力ヲ缺キ智能檢査上低劣智能中最劣等—3點血液梅毒反應陰性ナリ

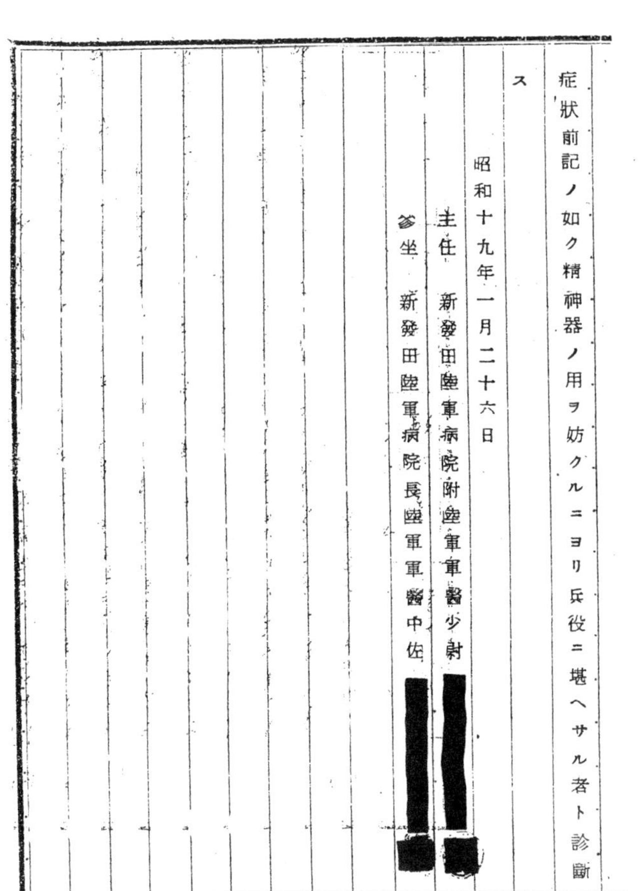

症状前記ノ如ク精神器ノ用ヲ妨クルニヨリ兵役ニ堪ヘサル者ト診斷ス

昭和十九年一月二十六日

主任　新發田陸軍病院附陸軍軍醫少尉

參坐　新發田陸軍病院長陸軍軍醫中佐

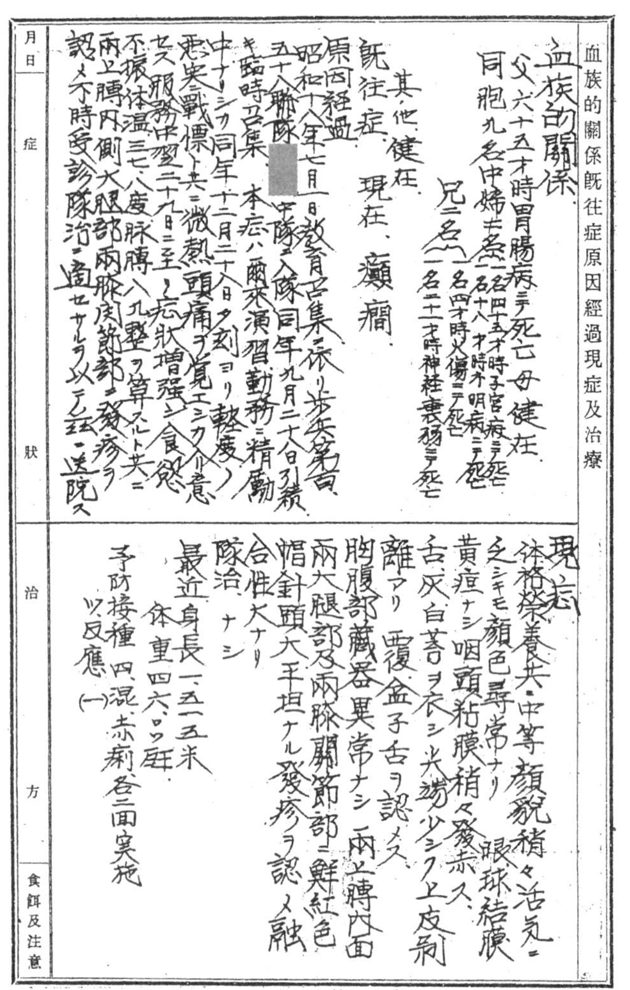

血族的關係既往症原因經過現症及治療

血族的關係
父六十五才時胃腸病ニテ死亡 母健在
同胞九名中姉一名（一名四十三才時子宮病ニテ死亡）
兄二名（一名四十二才時戰傷ニテ死亡）（一名二十一才時神経衰弱ニテ死亡）
其他健在

既往症 現在、癲癇

原因經過
昭和十八年七月一日教育召集ニ依リ歩兵第百五十八聯隊■中隊ニ入隊同年九月二十六日引續キ臨時召集 本症ハ兩來演習勤務ニ精勵セシモ同年十二月二十八日夕刻ヨリ軽度ノ惡寒戰慄ト共ニ微熱頭痛ヲ覚エシク...
不振体温三七、八度脈搏八九ヲ算スルト共ニ兩上膊内側大腿部兩膝関節部ニ發疹ヲ認メ下時受診隊治ニ適セサルヲ以テ二十九日送院ス

現症
体格榮養共ニ中等 顔貌稍々活気ニ乏シキモ顔色尋常ナリ 眼球結膜黄疸ナシ 咽頭粘膜稍々發赤ス
舌灰白苔ヲ衣シ尖端少シク上皮剥離アリ 兩側扁桃腺ニ白苔ヲ認メス
胸腹部臓器異常ナシ 兩上膊内面兩大腿部及兩膝関節部ニ鮮紅色帽針頭大平坦ナル發疹ヲ認メ融合性大ナリ
隊治ナシ
最近身長一、五一五米
体重四六、〇瓩
予防接種 四混、赤痢、各二回実施
W反應（一）

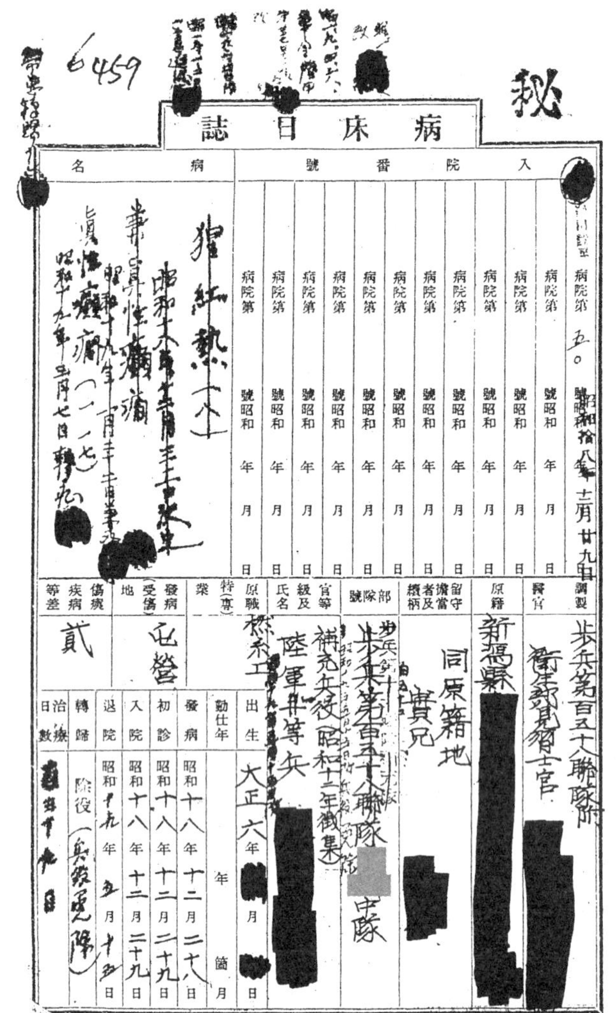

秘

6459

病床日誌

入院番號 病院第五〇號 昭和拾八年十二月廿九日調製

病名
猩紅熱（不十）昭和十八年十二月二十八日
眞性癲癇 昭和十九年一月二十二日
眞性癲癇（一一七）昭和十九年一月二十七日

官等 陸軍二等兵
部隊號 歩兵第百五十八聯隊■中隊
原籍 新潟縣■
所屬 歩兵第百五十八聯隊附衛生部見習士官■

留守擔當者 同原籍地 實兄■
役種 補充兵役 昭和十二年徴集
出生 大正六年■月■日
發病地 受傷地 在營
等差 貳

發病 昭和十八年十二月二十八日
初診 昭和十八年十二月二十九日
入院 昭和十八年十二月二十九日
退院 昭和十九年■月■日
轉歸 除役（兵役免除）

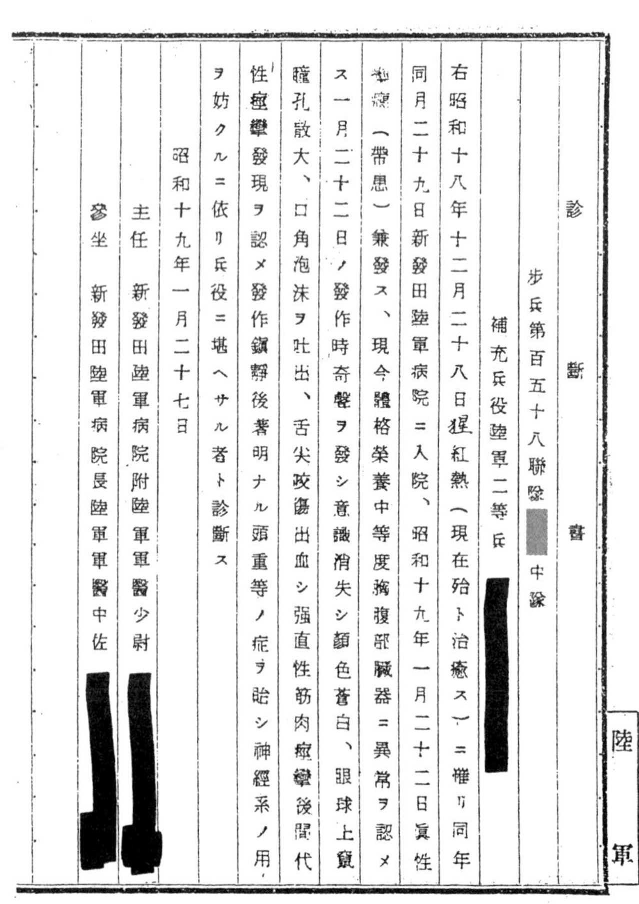

診斷書

歩兵第百五十八聯隊■中隊
補充兵役陸軍二等兵 ■

右昭和十八年十二月二十八日猩紅熱（現在殆ト治癒ス）ニ罹リ同年同月二十九日新發田陸軍病院ニ入院、昭和十九年一月二十二日眞性癲癇（帯患）兼發ス、現今體格榮養中等度胸腹部臟器ニ異常ヲ認メス一月二十二日ノ發作時奇聲ヲ發シ意識消失シ顔色蒼白、眼球上竄瞳孔散大、口角泡沫ヲ吐出、舌尖咬傷出血シ強直性筋肉痙攣後間代性痙攣發現ヲ認メ發作鎮靜後著明ナル頭重等ノ症ヲ貽シ神經系ノ用ヲ妨クルニ依リ兵役ニ堪ヘサル者ト診斷ス

昭和十九年一月二十七日

主任 新發田陸軍病院附陸軍軍醫少尉 ■

參坐 新發田陸軍病院長陸軍軍醫中佐 ■

陸軍

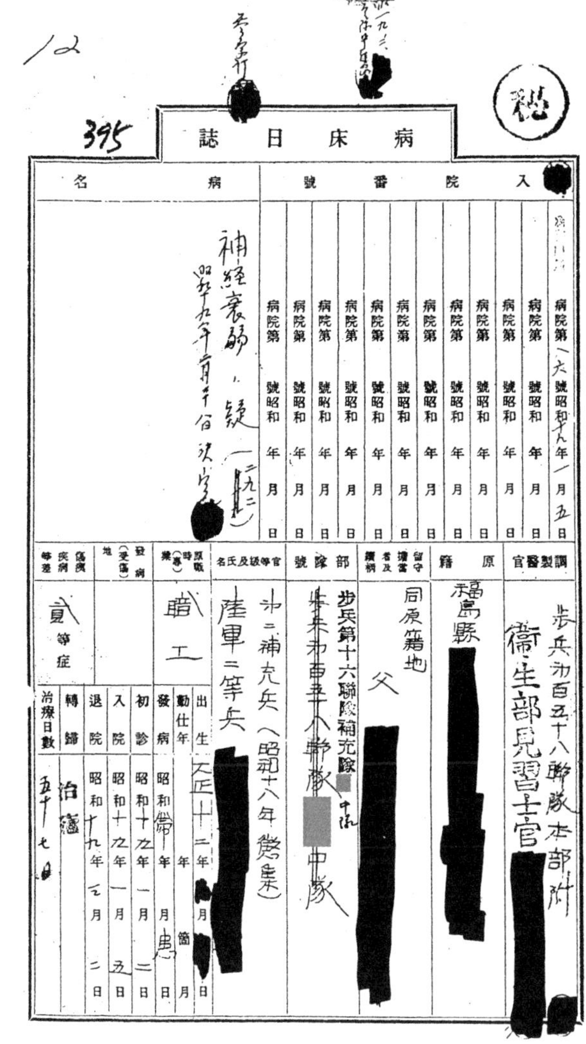

12

395

㊙

病床日誌

病名	入院番號
神経衰弱ノ疑 一二九二 昭和十九年一月十一日決定	病院第一六號 昭和十九年一月五日

調製醫官	原籍	留守擔當者及續柄	部隊號	官等級及氏名	原職（時事）業	發病（受傷）地	傷痍疾病等差
歩兵第百五十八聯隊本部附 衛生部見習士官	福島縣	同原籍地 父	歩兵第十六聯隊補充隊 中隊 歩兵第百五十八聯隊 中隊	第二補充兵（昭和十八年應集）陸軍二等兵	職工		貳等症

出生	勤仕年	發病	初診	入院	退院	轉歸	治療日數
大正十二年　月　日	年　箇月	昭和［判読不能］年　月　患日	昭和十九年一月二日	昭和十九年一月五日	昭和十九年三月二日	治癒	五十七日

血族的關係既往症原因經過現症及治療

血族的関係
父母健在同胞六名中二名夭折他健在
既往症
十九才時脳神経衰弱症ニテ医療一ヶ月
爾来頭痛及記憶力減退セリ
原因及経過
昭和十八年十二月二十八日臨時召集ニ
依リ歩兵第百五十八聯隊ニ入隊同日
夕刻ヨリ風邪感アリ就寝中ナリシカ
頭痛眩暈不眠食慾不振全身倦
怠感持續シ隊務不適ト認メ茲ニ
送致ス

現症
体格栄養共ニ中等顔貌無力性顔
色蒼白ナリ可視粘膜貧血セリ
瞳孔正円形左右同大対光反射正常
眼瞼震顫アリ舌湿潤シ灰白苔アリ
胸腹部臓器異状ヲ認メス膝蓋腱反
射稍々亢進ス バビンスキイ氏現症足
搐搦膝蓋搐搦ナシ 筋強剛ナシ
皮膚紋畫症著明ナラス
感覚異常 運動障害ナキモ歩
行蹣跚ス 長時間ノ起立不可能ナリ
常時後頭痛眩暈不眠ヲ主訴ス
隊務安静
最近体重五二、八〇キロ ［判読不能］反実施セス

（宇尾野印行）

新発田－104

22

337

病床日誌

入院番號	病名
新發田陸軍病院第一九號 昭和十九年二月二日	神經衰弱ノ疑（二九三） 昭和十九年三月二十六日治癒
病院第　號 昭和　年　月　日	
病院第　號 昭和　年　月　日	
病院第　號 昭和　年　月　日	
病院第　號 昭和　年　月　日	
病院第　號 昭和　年　月　日	
病院第　號 昭和　年　月　日	
病院第　號 昭和　年　月　日	
病院第　號 昭和　年　月　日	
病院第　號 昭和　年　月　日	
病院第　號 昭和　年　月　日	

調製醫官	原籍	留守擔當者及續柄	部隊號	官等級及氏名	原職（特業）	發病（受傷）地	傷痍疾病等差
新發田陸軍病院附	新潟縣	同原籍地 實母	防空第四十二聯隊 中隊	昭和十一年徴集 陸軍曹長	農業	會寧	貳等症

出生	勤仕年	發病	初診	入院	退院	轉歸	治療日數
大正五年　月　日	年　箇月	昭和十八年五月三日	昭和十九年二月二日	昭和十九年二月二日	昭和十九年五月十日	治癒	九十八日

＊新発田－120と同一人物である

月日	症狀 血族的關係既往症原因經過現症及治療
	血族的關係 父腦溢血ニテ死亡、母五十八歳健在、 同胞七名健在 既往症 十二歳時左肘關節脱臼（一ヶ月半ニテ治癒）ニ罹ル。昭和十七年九月六日右背下部挫傷ヲ受ケ同年同月七日會寧陸軍病院ニ入院、同年同月十八日治癒退院、昭和十八年一月不潔交接後龜頭ニ化膿性潰瘍生シ一週間地方醫ノ加療ヲ受ケ、後サルバルサン二号一三回靜脈注射ヲナス 原因経過 昭和十七年十八月下旬突然右耳ニ下痛アリ聽眠障碍ニ、昭和十八年一月以降毎月一回過勞トシテ隊治ヲ受ク。同年五月三日特ニ認ムベキ原因ナクシテ頭重、左頭側刺痛、両耳難聽アリ官舎ニ於テ休養ヲ命セラレ會寧陸軍病院ニ通院シアリタルモ輕快セズ同年十月一日ヨリ本籍地自宅ニ於テノ歸郷療養ヲ許可セラレ歸郷中同年十二月一日頃ヨリ鼻根痛、頭痛、頭部痺レ感、背部並咽喉ヨリ臍部ニ至ル牽引感、両側腹部緊満感、四肢ノ不定時刺痛、關節痛等アリ休暇満了シ京阪廣第三號自宅療養患者收容加療方ノ件依頼アリ臨時入院セシム 現症 体格栄養中等度、顔貌顔色正常、眼球運動、舌咽頭粘膜ニ異常ナク胸腹部臓器ニ特記所見ヲ認メズ、膝蓋腱及射正常ニシテ亢進セズ、ハベンスキー氏現象陰性、左肘淋巴腺小豆大ニ腫脹ス、睾丸、副睾丸、陰莖、尿道ニ所見ナシ ロンベルグ氏徴候、運動失調ナシ、血圧最高一三〇粍、最低七〇粍（タイコス式仰臥位）多訴性ナリ。
治方	
食餌及注意	

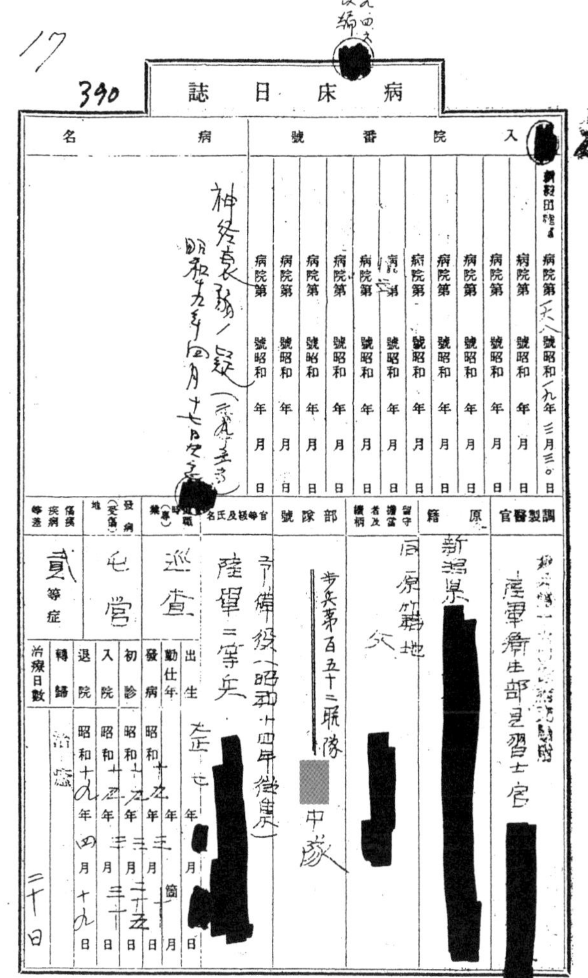

17

390　病床日誌

入院番号：病院第一天八號 昭和一九年三月三〇日

病名：神経衰弱ノ疑（癲癇症？）昭和十九年四月十七日変更

調製醫官	原籍	留守擔當者及續柄	部隊號	官等級及氏名	職業（時事）	發病地（受傷）	傷痍疾病等差
陸軍衛生部見習士官 [illegible]	新潟県 [illegible]	同原籍地 父 [illegible]	歩兵第百五十二聯隊 [illegible] 中隊	予備役（昭和十四年徴集）陸軍二等兵 [illegible]	巡査	兵営	貳等症

出生	勤仕年	發病	初診	入院	退院	轉歸	治療日數
大正七年 [illegible] 月 [illegible] 日	年 箇月	昭和十九年三月十日	昭和十九年三月二十五日	昭和十九年三月三十日	昭和十九年四月十九日	治癒	二十日

血族的関係既往症原因経過現症及治療

血族的関係
父母共ニ健在
同胞三名 一名精神異常アリ

既往症
二十二才時精神異常ニ依リ現役免除トナル

原因経過
昭和十九年二月十五日臨時召集ニ依リ歩兵第百五十二聯隊補充隊[illegible]中隊ニ入隊 本症ハ入隊后四、五日ニシテ頭痛ヲ訴ヘ居リシモ全年三月十日ニ至リ頭痛激シキ為該隊療養ニ勤メ全月二十五日受診経過観察中ナリシモ左記現症ヲ呈スルヲ以ッテ定時入院セシム

現症
栄養体格共ニ中等度 顔貌無気力ニ乏シク頭重睡眠障害ヲ訴ヘ食思不振疲労シ易ク倦怠ニシテ銘記力衰ヘ言語応答不活発意志薄弱ノ傾向アリ 感情過敏ナリ
胸部ハ著変ナク腹部ハ平坦ナルト共腹筋反射及膝蓋腱反射亢進ス
便通二日一行

療治ハ安静
最近体重五四、〇瓩
嗜好 飲酒不明 喫煙未施行

月日 ｜ 症状 ｜ 治方 ｜ 食餌及注意

（宇尾野印行）

12

455

新発田－106

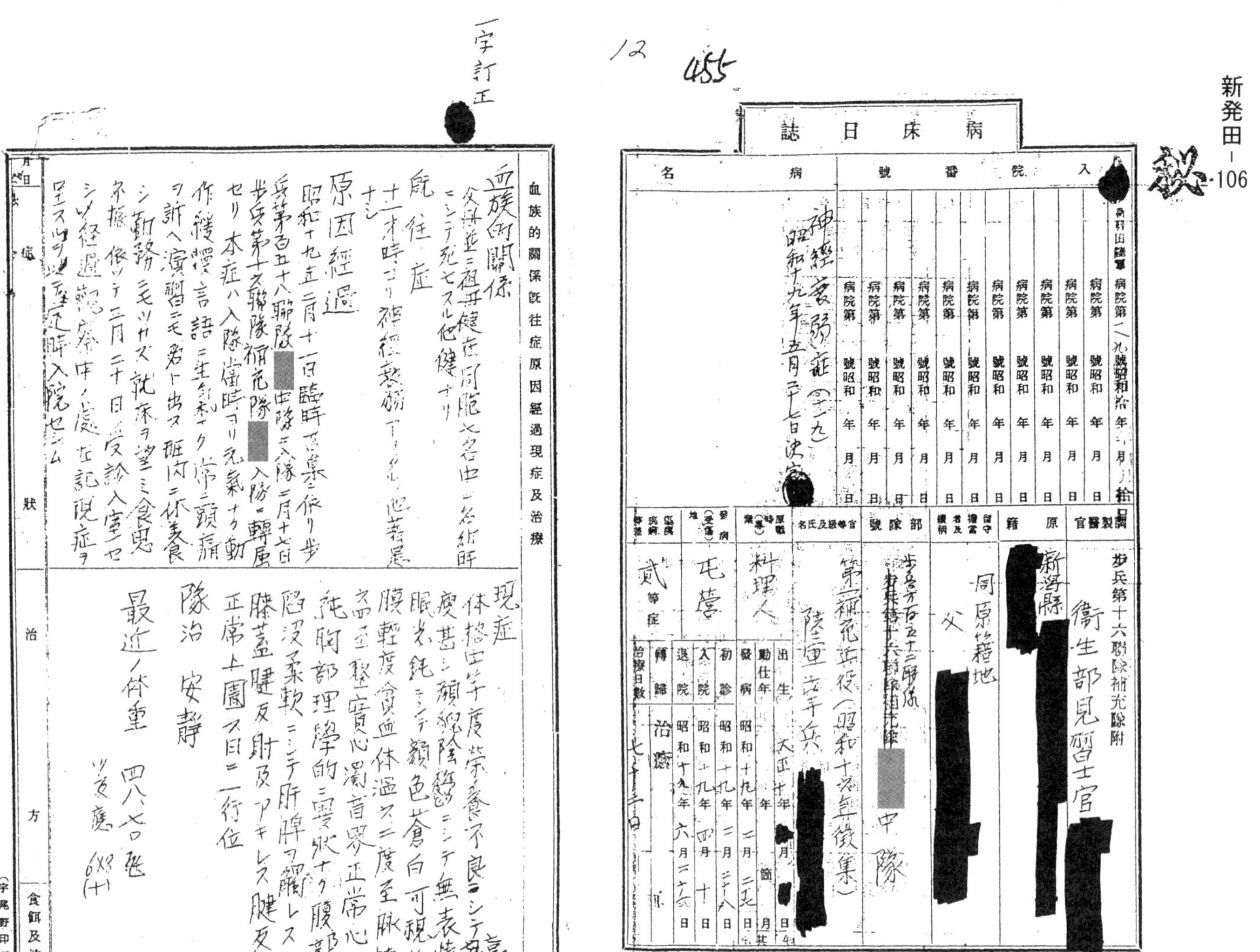

一字訂正

病床日誌

入院番號	病名
新發田陸軍病院第二八九號 昭和十九年二月廿日	神經衰弱症（二一九） 昭和十九年五月二十七日決定

調製醫官	原籍	留守擔當者及續柄	部隊號	官等級及氏名	原職（時事）	發病（受傷）地	傷病兵等差
歩兵第十六聯隊補充隊附 衛生部見習士官 [illegible]	[illegible] 新潟縣 [illegible]	同原籍地 父 [illegible]	歩兵第百五十二聯隊 歩兵第十六聯隊補充隊 [illegible] 中隊	第一補充兵役（昭和十八年徴集） 陸軍二等兵 [illegible]	料理人	屯營	貳等症

出生	勤仕年	發病	初診	入院	退院	轉歸	治療日數
大正十年 [illegible] 月 [illegible] 日	年 箇月	昭和十九年二月二十九日	昭和十九年二月二十八日	昭和十九年四月十日	昭和十九年六月二十六日	治癒	七十三日

血族的關係既往症原因經過現症及治療

血族的關係
父母並ニ祖母健在同胞七名中一名幼時ニシテ死亡セル他健ナリ

既往症
十一才時ヨリ神經衰弱ナルモ他著患ナシ

原因經過
昭和十九年二月十一日臨時召集ニ依リ歩兵第百五十二聯隊 [illegible] 中隊ニ入隊二月十七日歩兵第十六聯隊補充隊 [illegible] 入隊ニ轉屬セリ本症ハ入隊當時ヨリ元氣ナク動作緩慢言語ニ生氣ナク常ニ頭痛ヲ訴ヘ演習ニモ出ス班内ニ休養シ勤務ニモツカズ就床ヲ望ミ食思不振依ッテ二月二十日受診入室セシメ經過觀察中ノ處左記現症ヲ呈スルヲ以テ本日入院セシム

現症
体格中等度榮養不良ニシテ羸瘦甚シ顔貌陰鬱ニシテ無表情眼光鈍ニシテ顔色蒼白可視粘膜輕度貧血体溫及ニ度至脈搏六四至整實心濁音界正常心音純胸部理學的ニ異状ナク腹部陷沒柔軟ニシテ肝脾ヲ觸レス膝蓋腱反射及アキレス腱反射正常上圍ス日ニ一行位

隊治 安靜

最近ノ体重 四八、七〇瓩
少尉 [illegible] 6X3 (十)

（宇尾野印行）

秘

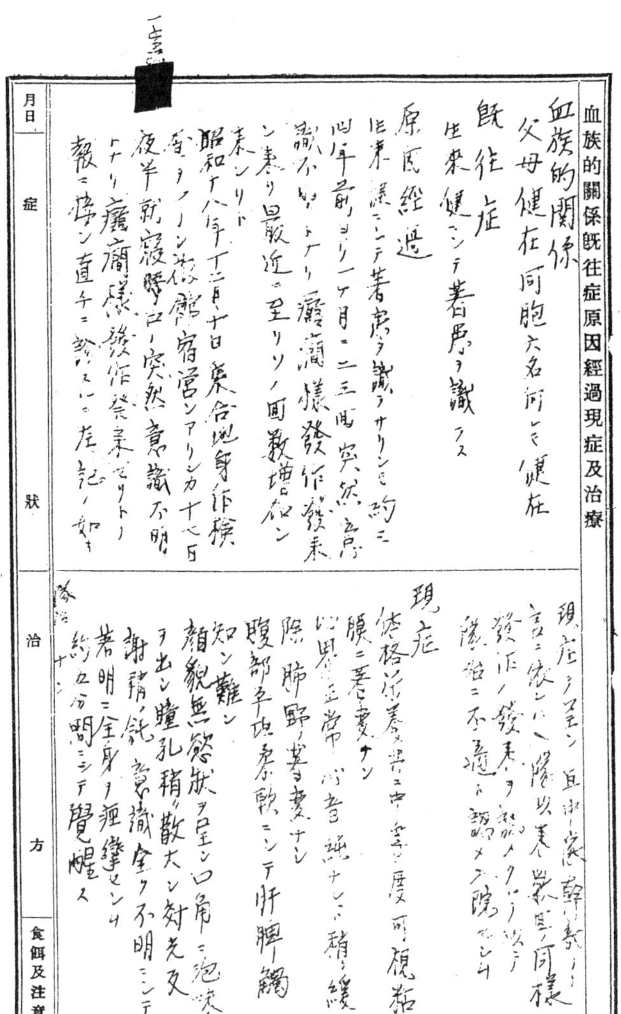

血族的關係既往症原因經過現症及治療

血族的関係
父母健在同胞六名何レモ健在

既往症
生來健ニシテ著患ヲ識ラス

原因經過
往來頑健ニシテ著患ヲ識ラサリシモ約二四年前ヨリ一ケ月ニ二、三回突然意識不明トナリ癲癇様發作發來シ來リ最近ニ至リソノ回數增加シ來シリト
昭和十八年十二月十日[illegible]舍營シアリシカ十七日夜半就寢時ニ突然意識不明トナリ癲癇様發作發來セリトノ報ニ接シ直チニ診スルニ左記ノ如キ

現症ハ[illegible]
[illegible]
發作ノ發來ヲ[illegible]
隊務ニ不適ト認メ入院セシム

現症
體格榮養共ニ中等度 可視粘膜ニ著變ナシ
心界正常 心音純ナルモ稍々緩
肺野ニ著變ナシ
腹部平坦柔軟ニシテ肝脾ノ觸知シ難シ
顔貌無慾状ヲ呈シ口角ニ泡沫ヲ出シ瞳孔稍々散大シ対光反射鈍、意識全ク不明ニシテ著明ニ全身ヲ痙攣セシム
約五分間ニシテ覺醒ス

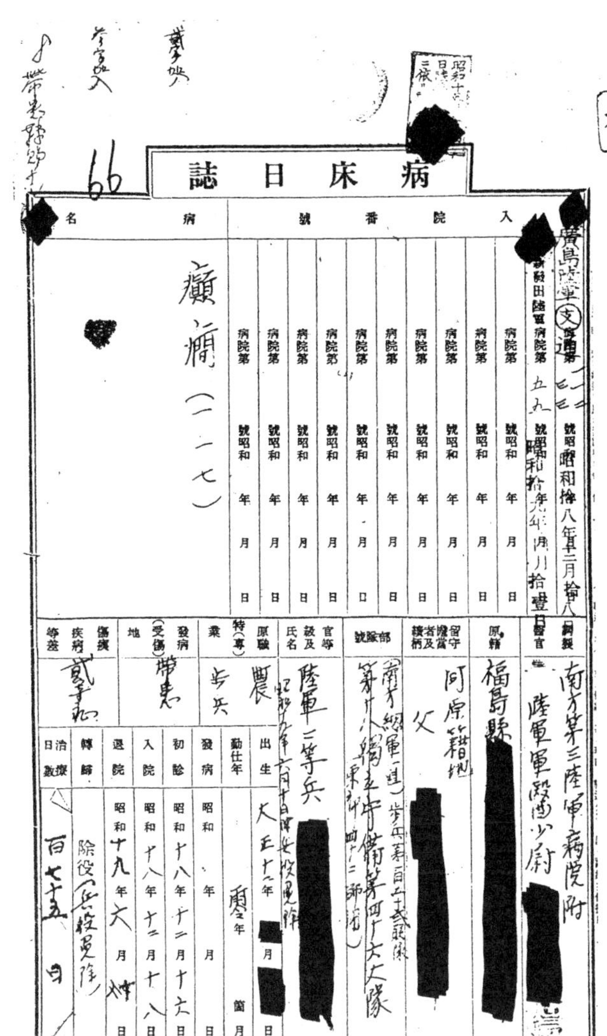

病床日誌

入院番號	
廣島陸軍病院	第[redacted]號 昭和拾八年拾二月拾八日
新發田陸軍病院	第五九號 昭和拾九年四月拾壹日

病名	癲癇（一一七）
送官	南方第三陸軍病院附 陸軍軍醫少尉[redacted]
原籍	福島縣[redacted]
留守擔當者及續柄	同原籍地 父[redacted]
部隊號	（南方總軍直）歩兵第百五十二聯隊 第十八師團守備第四十大隊
官等級及氏名	陸軍二等兵 [redacted]
原職	農
特（専）	歩兵
發病（受傷）地	帯患
傷痍疾病等差	貳等症
出生	大正十二年[redacted]月[redacted]日
勤仕年	年 箇月
發病	昭和 年 月 日
初診	昭和十八年十二月十七日
入院	昭和十八年十二月十八日
退院	昭和十九年六月 日
轉歸	除役（兵役免除）
治療日數	百七十五日

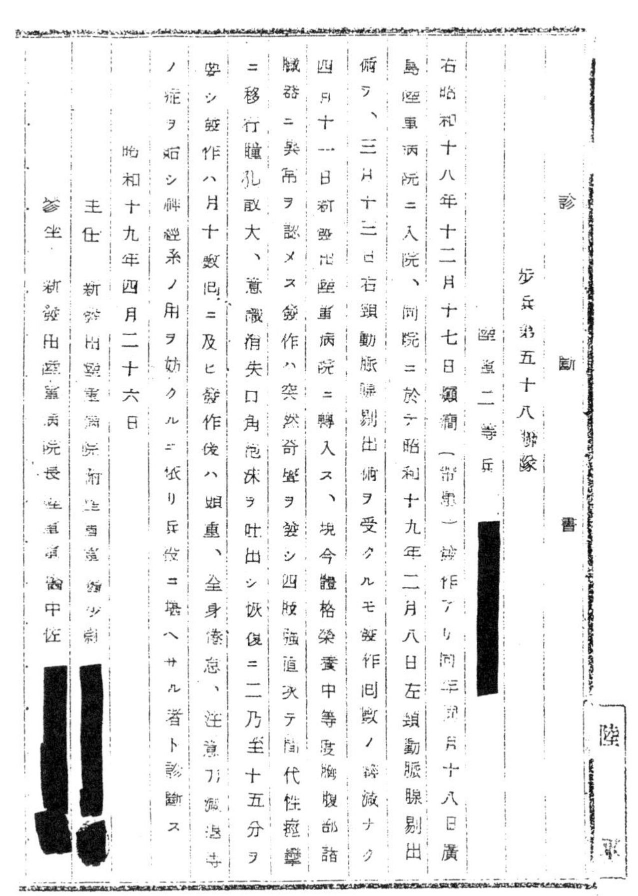

診斷書

歩兵第五十八聯隊
陸軍二等兵 [redacted]

右昭和十八年十二月十七日癲癇（帯患一）發作アリ同年同月十八日廣島陸軍病院ニ入院、同院ニ於テ昭和十九年二月八日左頸動脈腺剔出術ヲ、三月十三日右頸動脈腺剔出術ヲ受クルモ發作回數ノ減ナク四月十一日新發田陸軍病院ニ轉入ス、現今體格榮養中等度胸腹部諸臓器ニ異常ヲ認メス發作ハ突然奇聲ヲ發シ四肢強直次テ間代性痙攣ニ移行瞳孔散大、意識消失口角泡沫ヲ吐出シ恢復ニ二乃至十五分ヲ要シ發作ハ月十數回ニ及ヒ發作後ハ頭重、全身倦怠、注意力減退等ノ症ヲ貽シ神經系ノ用ヲ妨クルニ依リ兵役ニ堪ヘサル者ト診斷ス

昭和十九年四月二十六日

主任 新發田陸軍病院附陸軍軍醫少尉 [redacted]

參坐 新發田陸軍病院長陸軍軍醫中佐 [redacted]

血族的關係既往症原因經過現症及治療

血族的関係
父五十五才時神経衰弱ニテ亡
母健在 同胞六名共ニ健在

既往症
生来健康ニシテ著患ヲ識ラズ

原因及経過
昭和十九年三月十八日歩兵第十六聯隊ニ應召 仝年四月六日歩兵第百五十二聯隊ニ轉属 本症ハ應召前ヨリ演習ニ精勤アリシガ四月二十日感冒ニ罹リ翌二十一日受診経過観察中、処右記現症ヲ呈シ來治不全ト認メ為ニ定時入院セシム

現症
体格栄養共ニ中等度 体温三六・七 脈搏七十五整 定 可 理 若 腹部常ニ苦痛ヲ認メズ 体動ニ依リ心悸亢進ヲ訴ヘ脈搏一〇〇ニ至ル 胸部ハ第二肺動脈音稍亢進スノ外著変ヲ認メズ 腹部平坦ニシテ柔軟 膝蓋腱反射消失 腓腸筋握痛及硬結ヲ認ム 四肢知覚鈍麻ス

処治
(1)安静
(2)葉甲醇母剤投與
最近体重五二・二瓩
(3)及(十) 梅瘡未施行

月日 | 症状 | 治方 | 食餌及注意

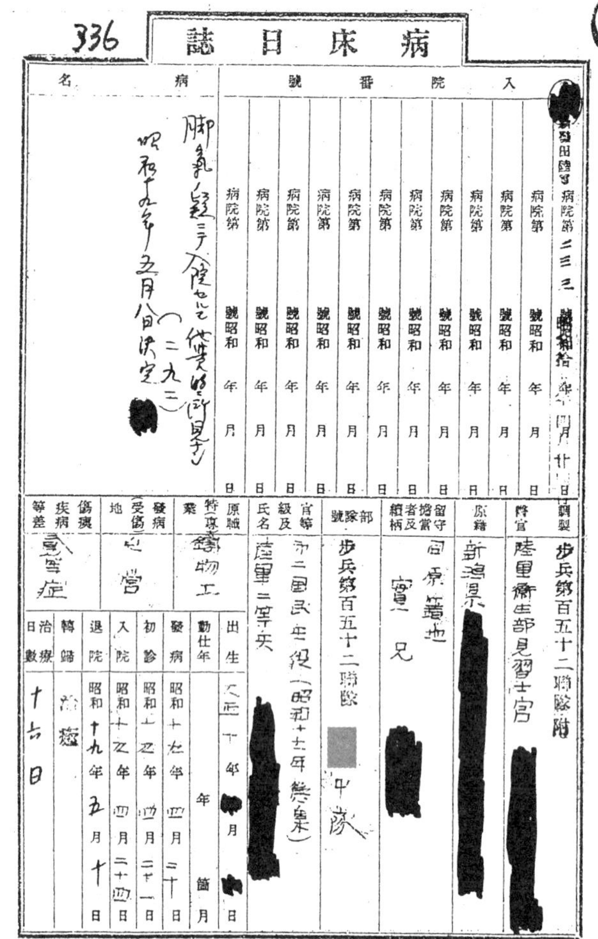

23

336

病床日誌

病名	入院番号
脚気ノ疑ニテ入院セルモ従事シ所見ナシ（一二九三）昭和十九年五月八日決定	新発田陸軍病院第二三三二號 昭和十九年四月廿一日

所属	官等	原籍	留守擔當者續柄及	部隊號	官等級及	氏名	原職	特業	發病地（受傷）	傷痍疾病等差
歩兵第百五十二聯隊附	陸軍衛生部見習士官	新潟県	同県籍地 實兄	歩兵第百五十二聯隊 中隊	第二国民兵役（昭和十六年幹候）	陸軍二等兵		鑛物工	兵営	重症

出生	勤仕年	發病	初診	入院	退院	轉歸	治療日數
大正 年 月 日	年 箇月	昭和十九年四月二十日	昭和十九年四月二十一日	昭和十九年四月二十四日	昭和十九年五月十日	治癒	十六日

新発田-108

新発田－109

極秘

昭和十八年十二月十日入營

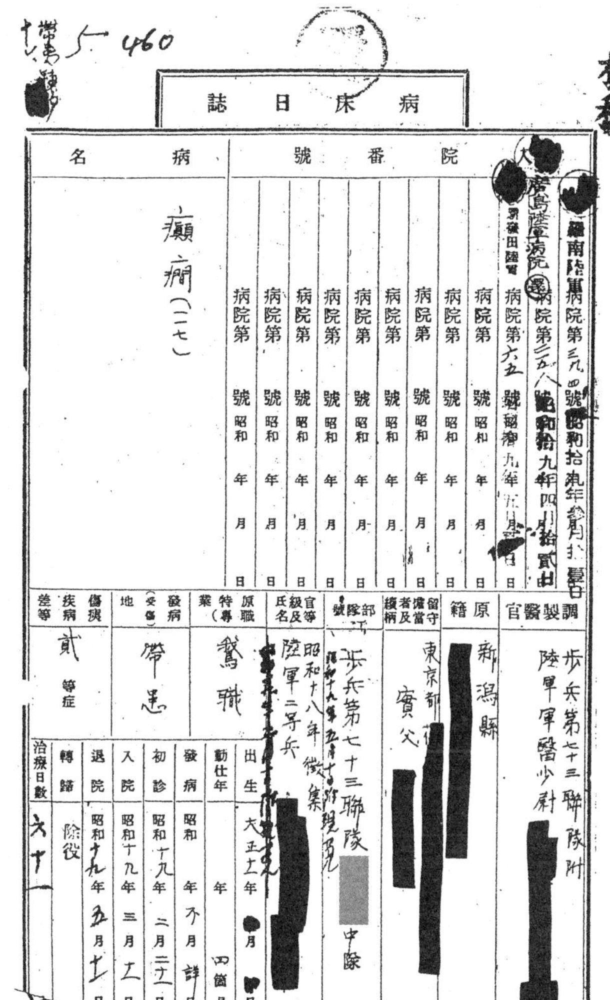

十鴻5－460

病床日誌

病名	院番號
癲癇（二七）	羅南陸軍病院第三九四號 昭和拾九年參月拾壹日
	廣島陸軍病院 病院第三五八號 昭和拾九年四月拾貳日
	新発田陸軍病院第六五號 昭和拾九年五月 日
	病院第　號 昭和　年　月　日
	病院第　號 昭和　年　月　日
	病院第　號 昭和　年　月　日
	病院第　號 昭和　年　月　日
	病院第　號 昭和　年　月　日
	病院第　號 昭和　年　月　日
	病院第　號 昭和　年　月　日
	病院第　號 昭和　年　月　日

調製醫官	原籍	留守擔當者及續柄	部隊號	官等級及氏名	原職（特業）	發病（受傷）地	傷痍疾病等差
歩兵第七十三聯隊附 陸軍軍醫少尉	新潟縣	東京都 實父	歩兵第七十三聯隊　中隊 昭和十九年五月十六日轉屬	陸軍二等兵 昭和十八年徴集	鷲職	營患	貳等症

出生	勤仕年	發病	初診	入院	退院	轉歸	治療日數
大正十一年　月　日	年四箇月	昭和　年不月詳日	昭和十九年二月二十一日	昭和十九年三月十一日	昭和十九年五月十一日	除役	六十一

血族的關係既往症原因經過現症治療

血族的關係

祖父老死祖母健父母健在同胞五名中一姉幼時不明病ニテ死亡他ハ健在ナリ

既往症

七才時癲癇發病シ現在ニ到ル二十才時出積突起炎ニテ約二週間醫治ヲ受ク

原因經過

七才時ノ頃ヨリ癲癇發病シ醫治ヲ受ケシモ治癒スルニ至ラズ月一及至二回位ノ癲癇發作アリタリトイフ。昭和十八年十二月十日入隊シ昭和十九年一月二十八日及ビ二月七日ニ癲癇發作アリタルノ事ニ依リ入室セシメ經過觀察セルニ二月二十三日及ビ三月六日發作ヲ現認ス依ッテ癲癇ノ病名ニテ送院ス

現症

體格榮養共ニ中等度體温三十六、六度脈搏七十二至整實口腔可視粘膜正常

胸部

心音心界正常肺野打診上著變ヲ認メナイ

聽診上右側胸部ニ乾性囉音ヲ聽取ス

腹部

平坦ニシテ肝脾臓ヲ觸知セズ膝蓋腱反射僅カニ亢進ス

血沈（三月十日検査）

一時間値　五粍

二時間値　十一粍

治療

撤電投與

入營時體重	五八・四瓩	血型	O型
最近	身長	一七二・五九四粍	年月日 昭和十七年十月十二日	成績
	體重	五六瓩	昭和十九年二月廿二日	(十)
	胸圍	八一・五糎		
	年月日	昭和十九年二月二十七日		
	血沈		昭和十九年二月二十七日	成績 三・五粍

控

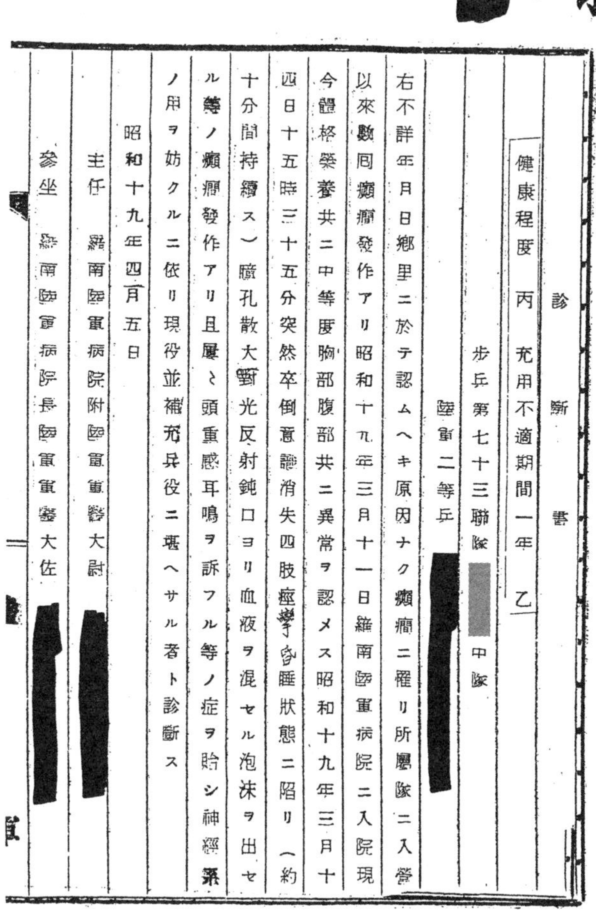

診斷書

健康程度　丙　充用不適期間一年　乙

歩兵第七十三聯隊　中隊

陸軍二等兵

右不詳年月日郷里ニ於テ認ムヘキ原因ナク癲癇ニ罹リ所屬隊ニ入營以來數同癲癇發作アリ昭和十九年三月十一日羅南陸軍病院ニ入院現今體格榮養共ニ中等度胸部腹部共ニ異常ヲ認メス昭和十九年三月十四日十五時三十五分突然卒倒意識消失四肢痙攣昏睡狀態ニ陷リ（約十分間持續ス）瞳孔散大對光反射鈍口ヨリ血液ヲ混セル泡沫ヲ出セル等ノ癲癇發作アリ且屢々頭重感耳鳴ヲ訴フル等ノ症ヲ貽シ神經系ノ用ヲ妨クルニ依リ現役並補充兵役ニ堪ヘサル者ト診斷ス

昭和十九年四月五日

主任　羅南陸軍病院附陸軍軍醫大尉

參坐　羅南陸軍病院長陸軍軍醫大佐

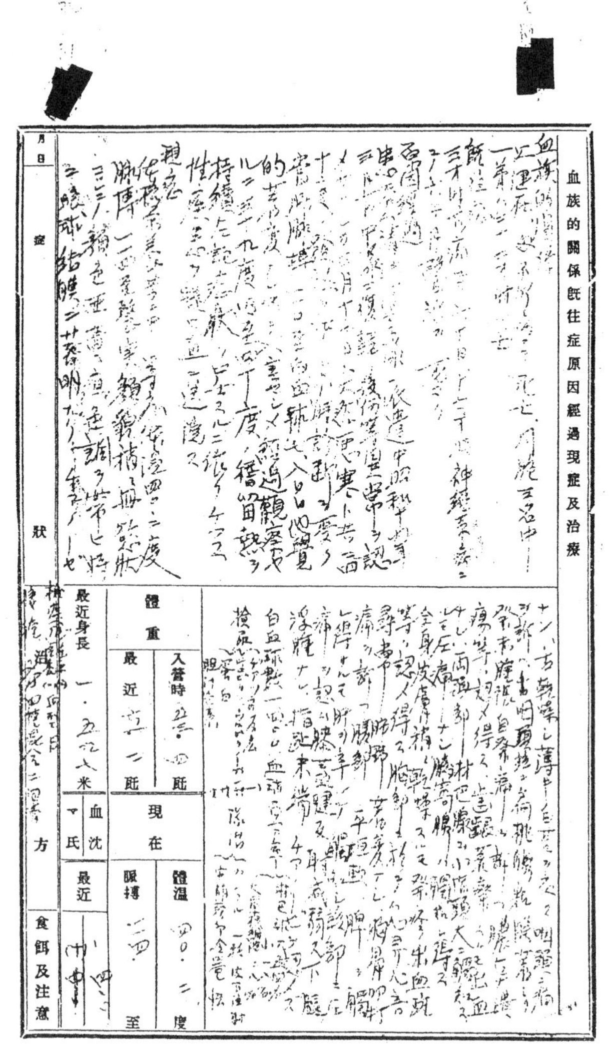

血族的関係既往症原因経過現症及治療

體重	入營時	最近	現在

最近身長 一・五九八米

血沈

體温 四〇・二度

脈搏 一二四

食餌及注意

方

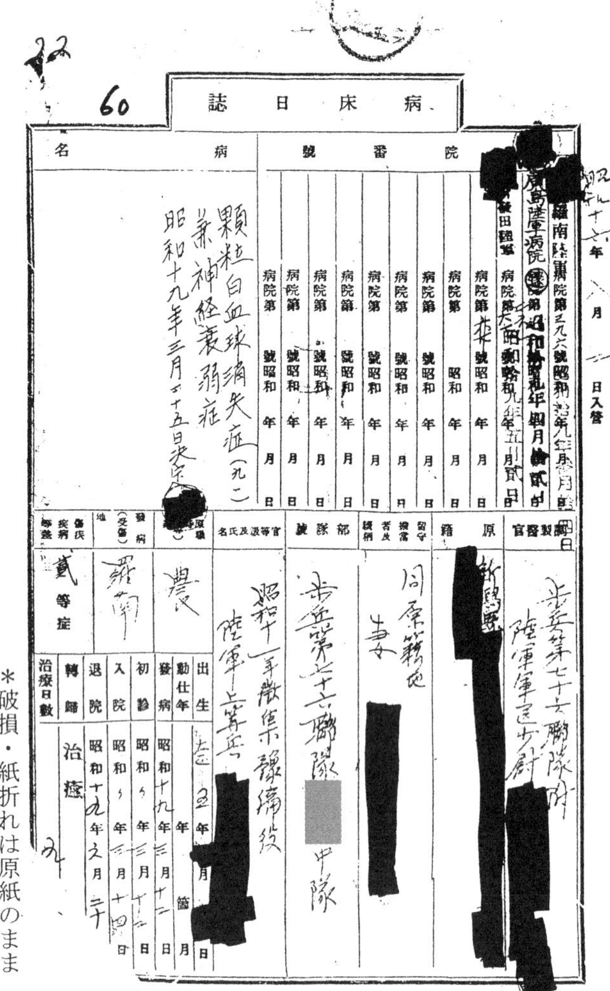

60

病床日誌

病名：顆粒白血球減少症（九二）兼神経衰弱症　昭和十九年三月十五日決定

院番號：羅南陸軍病院第三九六號　昭和十九年　月　日／廣島陸軍病院第　號　昭和十九年　月　日／新発田陸軍病院第　號　昭和十九年五月二日

調製醫官	原籍	留守擔當者及續柄	部隊號	官等級及氏名	職業	發病（受傷）地	傷痍疾病等差
歩兵第七十六聯隊附 陸軍軍医少尉	新潟県	同原籍地 妻	歩兵第七十六聯隊 中隊	昭和十一年徴集 現役 陸軍上等兵	農	羅南	貳等症

出生	勤仕年	發病	初診	入院	退院	轉歸	治療日數
大正五年　月　日	年　箇月	昭和十九年三月十二日	昭和〃年三月十二日	昭和〃年三月十四日	昭和十九年九月二十日	治癒	

＊破損・紙折れは原紙のまま

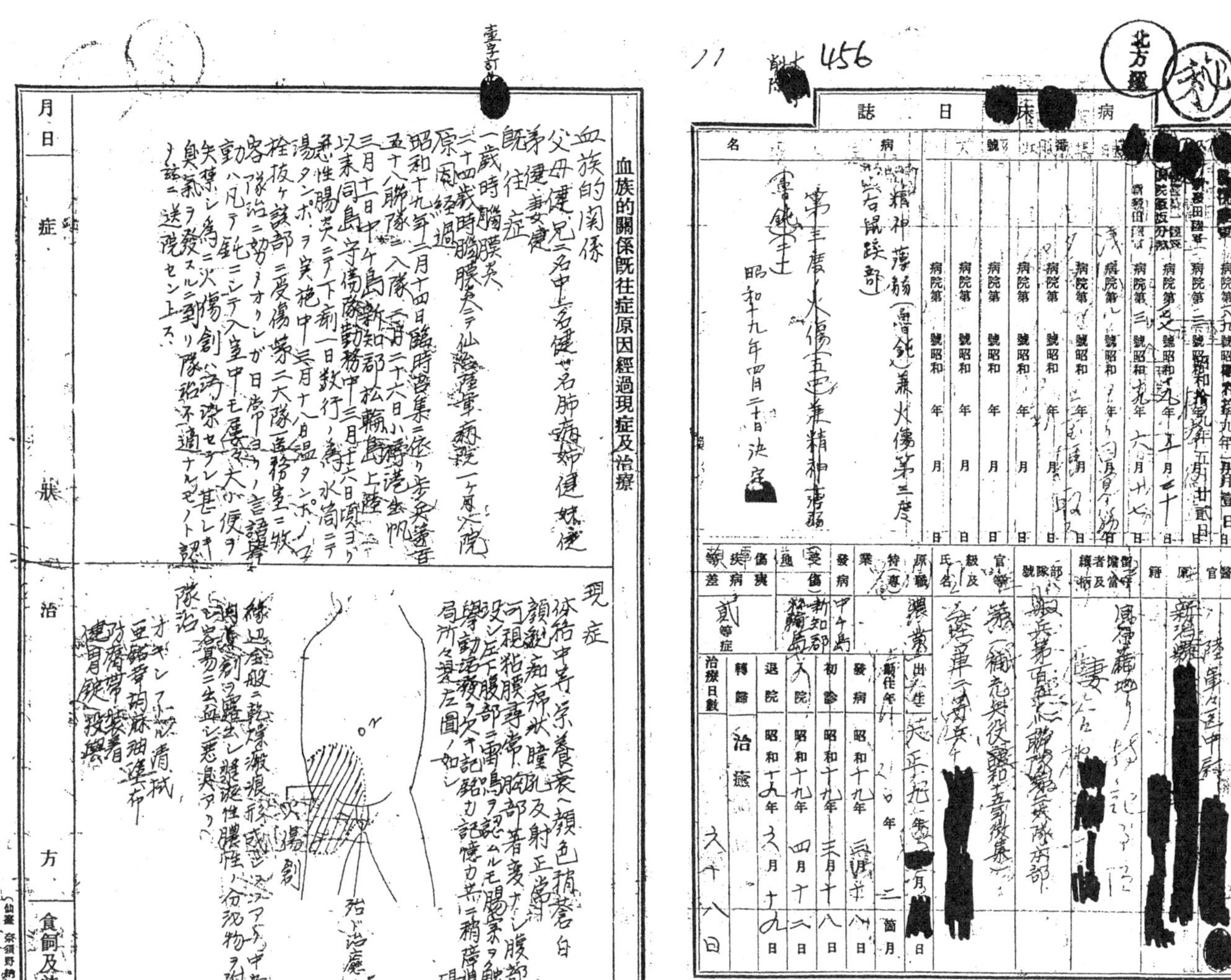

11　456

病床日誌

病名：
右鼠蹊部
精神薄弱（魯鈍）兼火傷第三度
第三度火傷（右鼠蹊部）兼精神薄弱
魯鈍（主）
昭和十九年四月二十日決定

病院第二二號　昭和十九年四月十二日
病院第一八九號　昭和十九年一月廿日
病院第二二號　昭和十九年五月廿二日
病院第一乙號　昭和十九年五月二十日
病院第三號　昭和十九年六月廿七日

傷痍疾病等差：貳等症
受傷地：新知郡松輪島
發病：中ケ島
原職：農業
出生：大正九年
官等級及氏名：陸軍上等兵
部隊號：歩兵第百五十八聯隊第二大隊本部
原籍：新潟縣
調製醫官：陸軍々醫中尉
發病：昭和十九年三月十八日
初診：昭和十九年三月十八日
入院：昭和十九年四月十二日
退院：昭和十九年六月十九日
轉歸：治癒
治療日數：六十八日

血族的關係既往症原因經過現症及治療

血族的關係
父母健、兄二名中一名健、一名肺病、姉健、妹健
弟健、妻健

既往症
一歳時脳膜炎、二十四歳時脳膜炎ニテ仙台陸軍病院ニ一ケ月入院

原因經過
昭和十九年二月十四日臨時召集ニ依リ歩兵第百五十八聯隊ニ入隊、二月二十六日小樽港出帆、三月十二日中ケ島、新知郡松輪島上陸、以来同島守備隊勤務中三月十六日頃ヨリ急性腸炎ニテ下痢一日數行ノ為水筒ニテ湯タンポヲ実施中三月十八日温タンポノ栓抜ケ該部ニ受傷、第二大隊医務室ニ收容治療ニ努メオリシガ日常ヨリノ言語挙動ハ凡テ鈍ニシテ入室中モ屡々大小便ヲ失禁シ為ニ火傷創ハ汚染セラレ甚シキ臭氣ヲ發スルニ到リ隊治不適ナルモノト認メ本院ニ送院セン上ス。

現症
体格中等、栄養衰ヘ顔色稍蒼白、顔貌痴呆状、瞳孔及射正常、可視粘膜異常ナシ、胸部著変ナシ、腹部陥没シ左下腹部ニ雷鳴ヲ認ムルモ腸索ヲ触レス、學動活發ヲ欠キ記銘力記憶力共ニ稍障碍アリ、局所々見左圖ノ如シ
創縁辺全般ニ乾燥瘢痕形成セシモ中央部ニ肉芽創ヲ露出シ膿性分泌物ヲ附着シ容易ニ出血シ悪臭アリ

火傷創
殆ド治癒ス

隊治
オキシフル清拭
亜鉛華硼酸油塗布
防腐帯装着
健胃錠投與

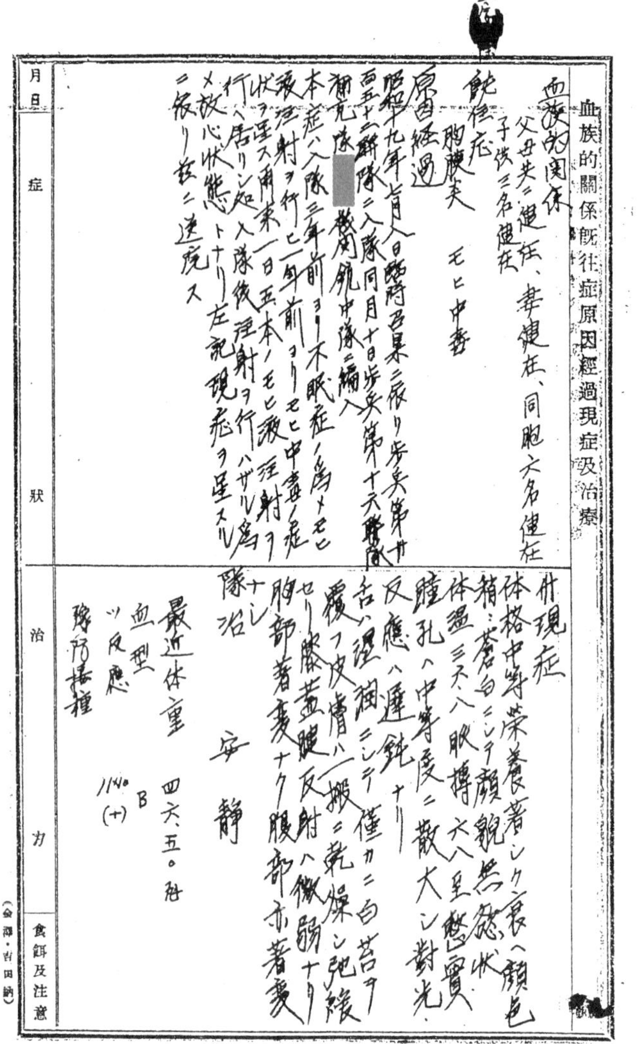

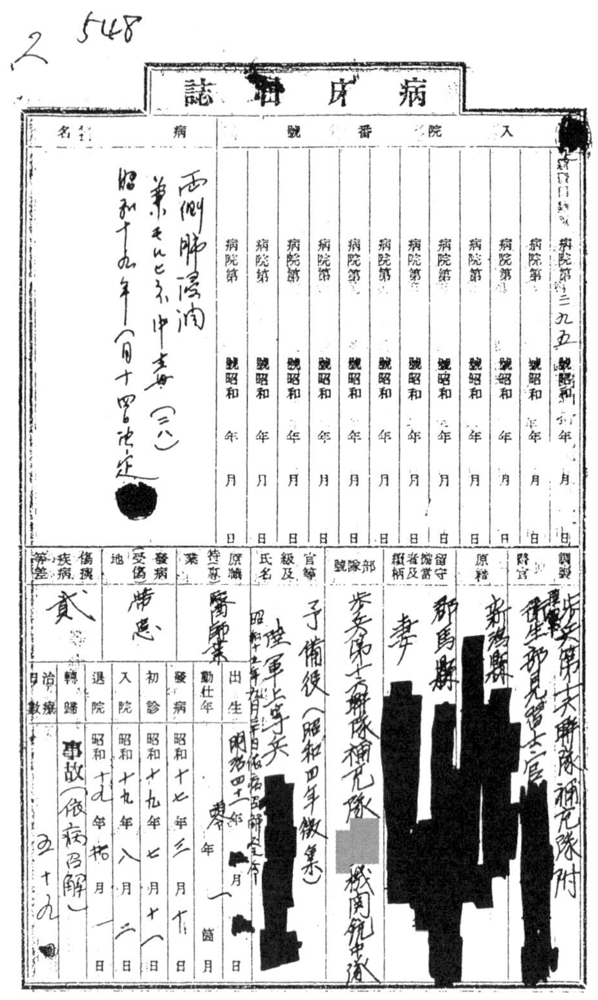

821

病床日誌

入院番號	病名
新発田陸軍病院第四〇六八號 昭和拾九年八月拾壱日	神経衰弱症（一一九） 昭和十九年八月十八日決定

調製	醫官	原籍	留守擔當者及續柄	部隊號	官等級及氏名	原職	特(專)業	發病地	傷痍疾病等差
歩兵第百五十二聯隊付	陸軍衛生部見習士官 ■	新潟縣■	横濱市■ 實父■	留居第二師團 歩兵第十六聯隊補充隊■機關銃中隊	現役（昭和十九年十月十五日付現役免除） 陸軍一等兵 ■	學生		兵營	貳等症

出生	勤仕年	發病	初診	入院	退院	轉歸	治療日數
大正十二年■月■日	零年九箇月	昭和十九年七月二十日	昭和十九年七月二十三日	昭和十九年八月十一日	昭和十九年十月二十五日	除役（現免）	七十五日

血族的關係既往症原因經過現症及治療

血族的関係

父母 健在、同胞 四名 健在ス

既往症

十六才時 胸膜炎ニテ二ヶ月休養ス

二十才時ニ痔核ニテ二ヶ月医治ヲ受ク

昭和十八年十二月二十七日ヨリ十九年四月マデ内外痔核ニテ新発田陸軍病院ニ入院、

原因経過

昭和十八年十二月一日現役トシテ歩兵第百五十二聯隊ニ入隊同年七月十日歩兵第十六聯隊補充隊ニ転属、本症ハ既往症ノ如ク生来健康ナラス昭和十九年四月退院后勤務ニ精励アリシカ七月中旬頃ヨリ全身倦怠ヲ感シ且身体ニモ永ク堪ヘ得ス同年七月二十三日受診、経過観察中ナリシモ八月六日頃ニ至リ左記現症ヲ呈シ隊治不適ト認メ茲ニ送院ス

現症

体格栄養共ニ中等度 顔色蒼白ニシテ顔貌活気ナシ 舌苔ヲ認ス

胸部理学的所見 左胸膜肥厚ノ所見ヲ認ム 心臓部理学的所見 心濁音界並ニ心音著変ヲ認メサルモ軽度ノ身体ノ運動ニヨリ直ニ眼[illegible]息切レ全身倦怠ヲ感シ且歩行困難ナリ下腿脛ニ浮腫ヲ認ム

陰治、安静 最近体重 六〇、〇〇瓩

三種混合、種痘、赤痢 接種、

ワ反応 陽性（十）

月日	症状	治方	食餌及注意

診断書

歩兵第十六聯隊補充隊■機關銃中隊

陸軍一等兵 ■

昭和十八年十二月一日入隊昭和十九年七月二十日所屬部隊ニ於テ發病同月二十三日新發田陸軍病院ニ入院、同年八月十八日神經衰弱症ニ決定、顔貌硬化シ蒼白ナリ瞳孔正圓對光反射迅速ナリ胸腹部ニ異常ナク兩膝蓋腱反射亢進バビンスキー氏現象陰性、ロンベルグ氏現象陰性ニシテ指尖震顫ナシ、輕度ノ運動ニヨリテ頭痛、眩暈、心悸亢進、下肢倦怠ヲ訴フルモ指南力、記銘力、記憶力等ハ尋常ナリ動作安定シ言語明瞭、誇大妄想ナシ然レド意志薄弱ニシテ實行力ニ乏シク家庭並ニ一身上ノ事ヲ絶エス苦慮シ夜間睡眠不充分ナリ食思又減退ス智能ハ相當程度ナリ（高等學校在學）

右之症ヲ貽シ神經系ノ用ヲ妨クルニヨリ憲兵候補者ニ堪ヘサル者ト診斷ス

昭和十九年九月十八日

主任 新發田陸軍病院附陸軍衛生部見習士官 ■

參坐 新發田陸軍病院長陸軍軍醫少佐 ■

陸軍

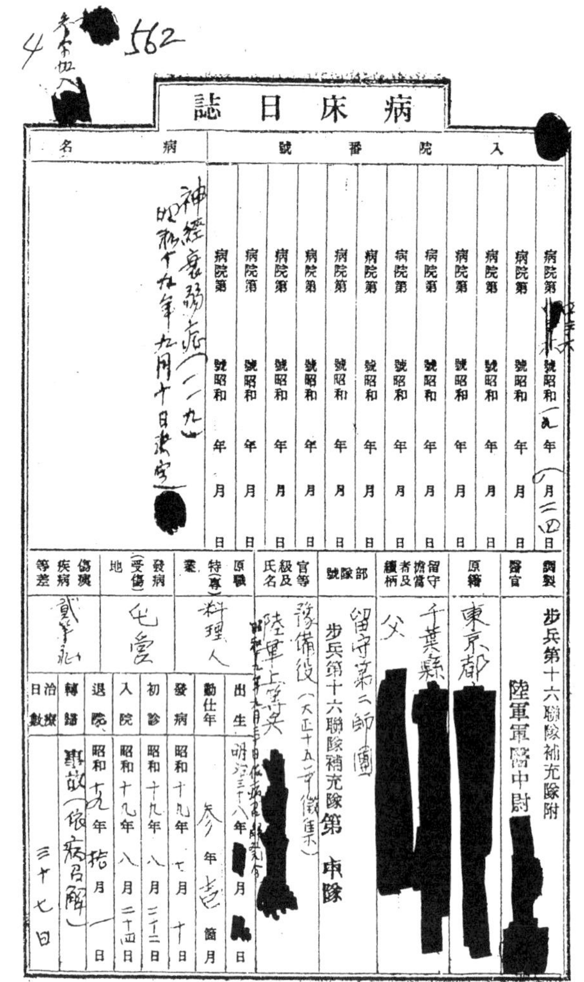

4 562

病床日誌

病名：神經衰弱症（一一九）
昭和十九年九月十日決定

入院番號：病院第　號 昭和一九年八月二四日

調製	醫官	原籍	留守擔當者及續柄	部隊號	官等級及氏名	原職（專）特業	發病（受傷）地	傷痍疾病等差
歩兵第十六聯隊補充隊附 陸軍軍醫中尉		東京都	千葉縣 父	留守第二師團 歩兵第十六聯隊補充隊第　中隊	豫備役（大正十五年徴集） 陸軍上等兵	料理人	屯營	貳等症

出生	勤仕年	發病	初診	入院	退院	轉歸	治療日數
明治三十八年　月　日	参年壹箇月	昭和十九年七月十日	昭和十九年八月二十二日	昭和十九年八月二十四日	昭和十九年拾月　日	事故（依病召解）	三十七日

血族的關係既往症原因經過現症及治療

血族的関係
父 健在 母 五十才時病名不詳死亡
同胞 五名中二名死亡 他ハ健在

既往症
十二才ノ時胃痙攣 二十五才ノ時 淋病
昭和十六年南支ニ於テマラリア
性来飲酒ヲ好ミ應召前一日三合飲酒セリト

原因経過
昭和十六年七月三十日歩兵第三聯隊ニ
應召入隊出征 昭和十八年一月四日就寝中
癲癇様発作アリテ南方第八陸軍
病院ヲ経テクビニ分院ニ入院還送セラレ
昭和十九年五月二十一日新発田陸軍病院
ヲ治癒退院 退院後モ神経衰弱様
ニシテ兵業ニ従事シ得ス経過観
察中ナリシモ右記現症ヲ呈シ隊治不
適ナルニ依リ精査加療ノ目的ヲ以テ送院ス

現症
体格中等度 栄養稍ゝ衰ヘ 平温
脈搏 顔貌稍ゝ痴呆状 顔色蒼白
皮膚ハ乾燥シ疥癬様発疹多発ス
胸腹部内臓器ニ著変ナシ 肘淋巴腺
鼠蹊淋巴腺共ニ腫脹ス 瞳孔ハ左右同大
對光反射遅鈍 輻輳异常
膝蓋腱反射稍ゝ減弱 ロンベルグ氏症候陽性 言語
緊張陽性 言語障碍 書字障碍 計
算障碍等ヲ認メズ 記憶障碍
アリテ應召當時ノコトヲ殆ンド記憶セズ
患者ノ訴ヘニ依レバ性慾殆ンドナク勃起力
ナシト 眼底検査所見ハ神経炎又ハ
視神経萎縮ヲ認メズ視力障碍ヲ認メズ
不眠症頭重ヲ訴ヘ夜間夢遊病様
ノ発作アリト言フ

隊治 特ニ施サズ
最近体重 五五瓩 ヨリ反変 10×10

三ヶ月以上要治療
通報済(九年三月廿日)

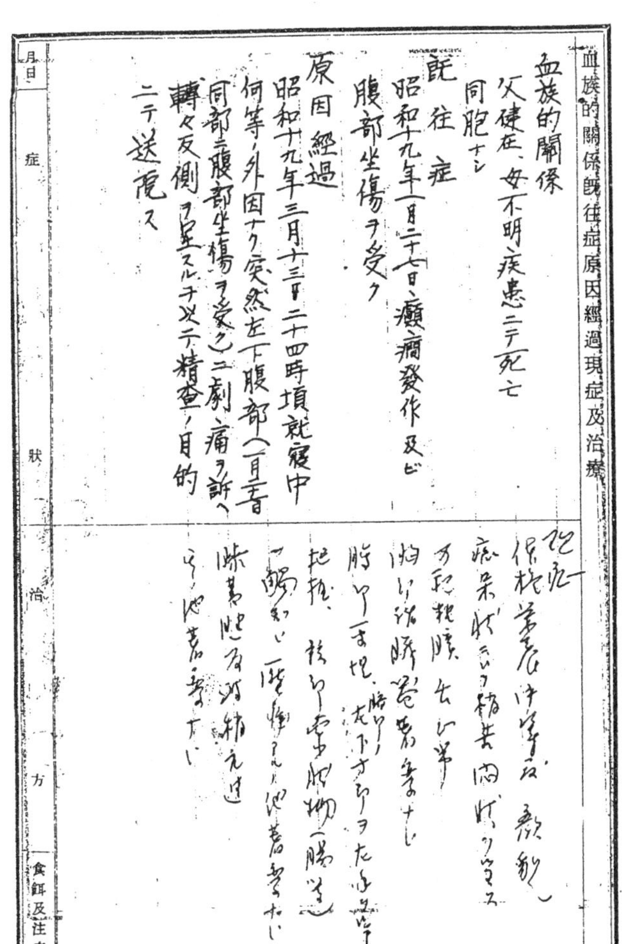

血族的關係既往症原因經過現症及治療

血族的關係
父健在、母不明疾患ニテ死亡
同胞ナシ

既往症
昭和九年一月二十七日癲癇發作及ビ
腹部坐傷ヲ受ク

原因經過
昭和十九年三月十三日二十四時頃就寢中
何等ノ外因ナク突然左下腹部(一月昔
同部ニ腹部坐傷ヲ受ク)ニ劇痛ヲ訴ヘ
轉々反側ヲ呈スルヲ以テ精査ノ目的
ニテ送院ス

月日　症状　治方　食餌及注意

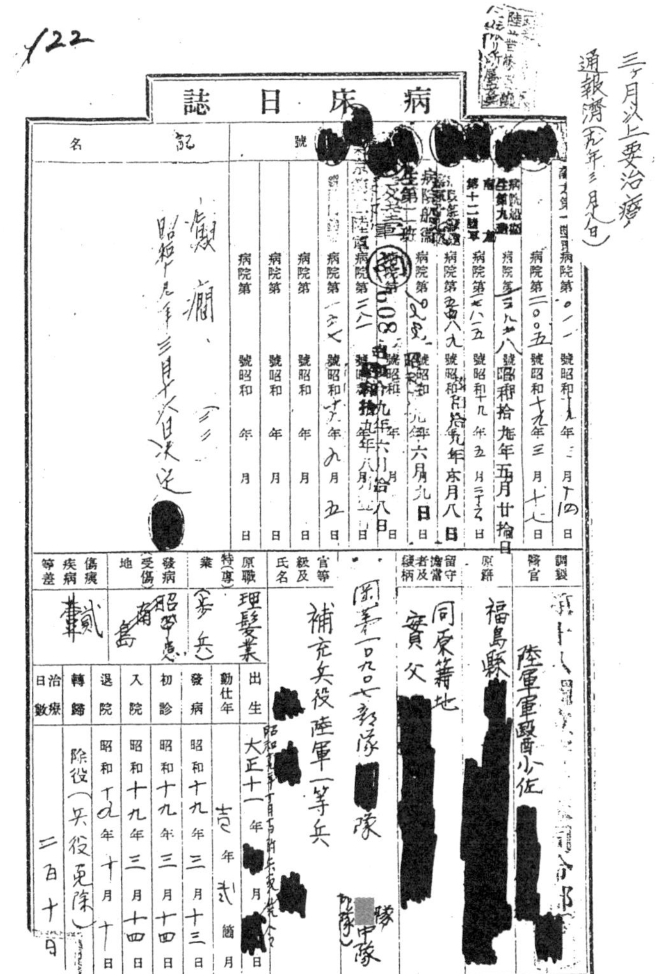

122

病床日誌

號	記	名
病院第二〇一一號 昭和十九年三月十四日		
病院第二〇五號 昭和十九年三月十七日		
病院第三九六八號 昭和拾九年五月廿四日		
病院第七八二五號 昭和十九年五月 日		
病院第五四八九號 昭和拾九年六月八日		
病院第 號 昭和十九年六月九日		
病院第 號 昭和十九年八月拾八日		
病院第二一二八號 昭和十九年八月五日		
病院第 號 昭和 年 月 日		
病院第 號 昭和 年 月 日		
病院第 號 昭和 年 月 日		

癲癇(シ)
昭和十九年三月十八日決定

所屬官	陸軍軍醫少佐
原籍	福島縣
留守擔當者及續柄	同家籌也 實父
官等級及氏名	東部第一九〇七部隊 ■隊 補充兵役陸軍一等兵
原職	理髪業
特業(專)	(無兵)
發病地	昭南島
傷病等差	
出生	大正十一年 月 日
勤仕年	二年貳箇月
發病	昭和十九年三月十三日
初診	昭和十九年三月十四日
入院	昭和十九年三月十四日
退院	昭和十九年十月十日
轉歸	除役(兵役免除)
治療日數	二百十日

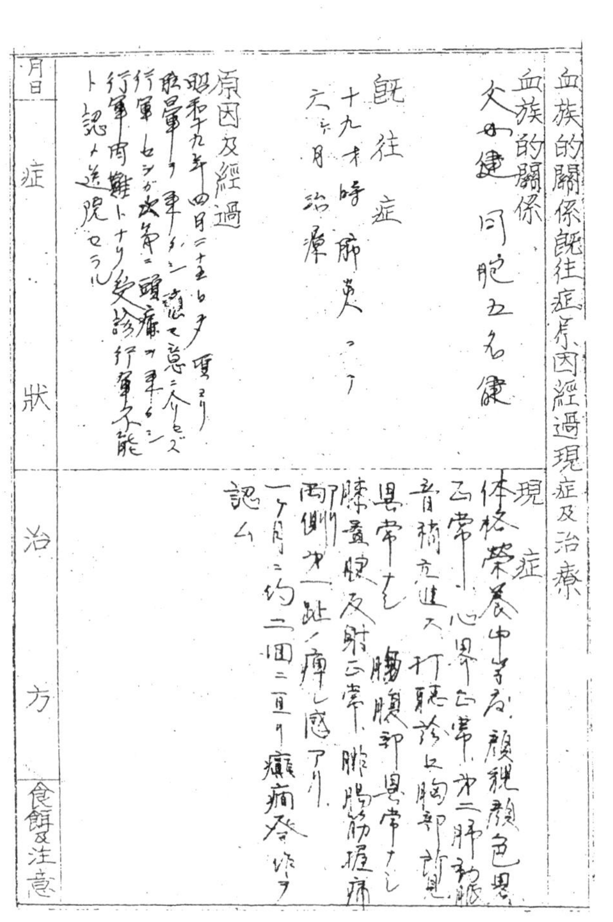

血族的關係既往症原因經過現症及治療

血族的關係
父母健 同胞五名健

既往症
十九才時 肺炎ニテ 六ヶ月治療

原因及經過

現症

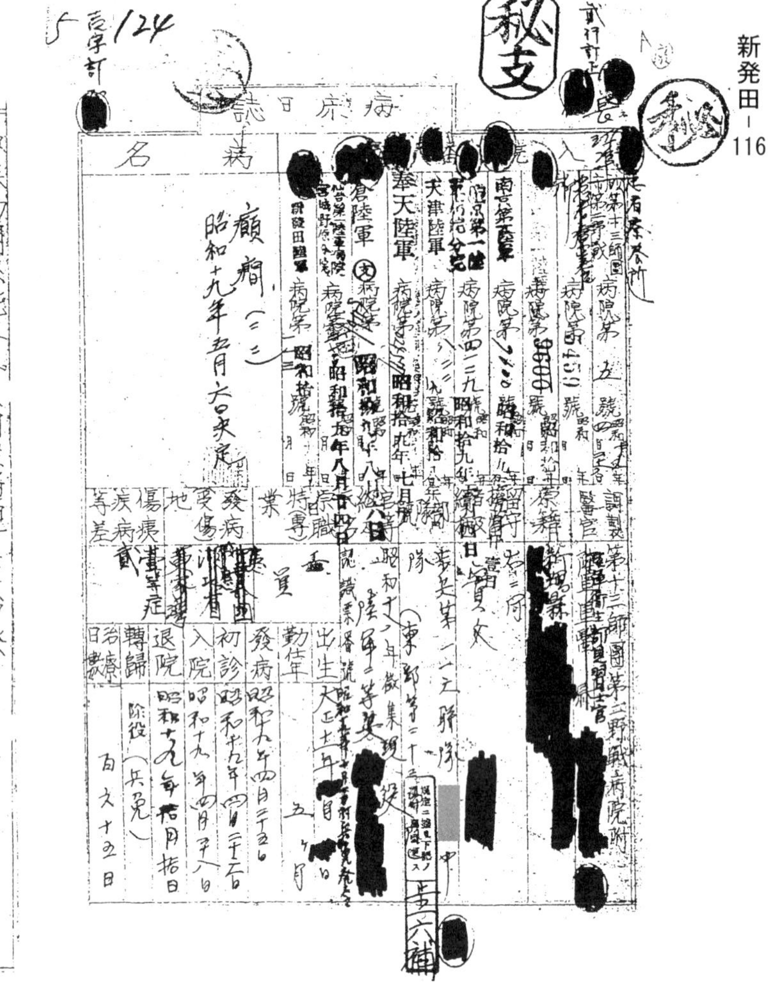

病床日誌

顚癇

昭和十九年五月六日決定

診斷書

歩兵第十六聯隊補充隊

陸軍二等兵 ■■■■

右昭和十九年四月二十五日中華民國湖北省黄家灣ニ於テ癲癇（帯患）發作ヲ起シ同月二十八日第十三師團第二野戦病院長江埠患者療養所ニ入院、九月七日新發田陸軍病院ニ轉入ス現今体格榮養中等（身長一・五三六米体重五七・〇瓩胸囲〇・八八〇米）發作時ハ概ネ前驅症狀ナク或ハ睡眠中ニ突然發現シ意識全ク消失顔面蒼白トナリ強直性痙攣ヲ起シ瞳孔散大對光反應遲鈍、口角ヨリ多量ノ泡沫ヲ吐出シ次テ間代性痙攣ニ移行シ發作緩解約五分乃至三十分ニシテ意識回復シ其後ハ頭痛倦怠感アリ通常發作ノアリシコトヲ覺エス發作ハ月二乃至四回發來シ神經系ノ用ヲ妨クルニ依リ兵役ニ堪ヘサル者ト診斷ス

昭和十九年九月十五日

主任 新發田陸軍病院附陸軍衛生部見習士官 ■■■■

参坐 新發田陸軍病院長陸軍軍醫少佐 ■■■■

陸軍

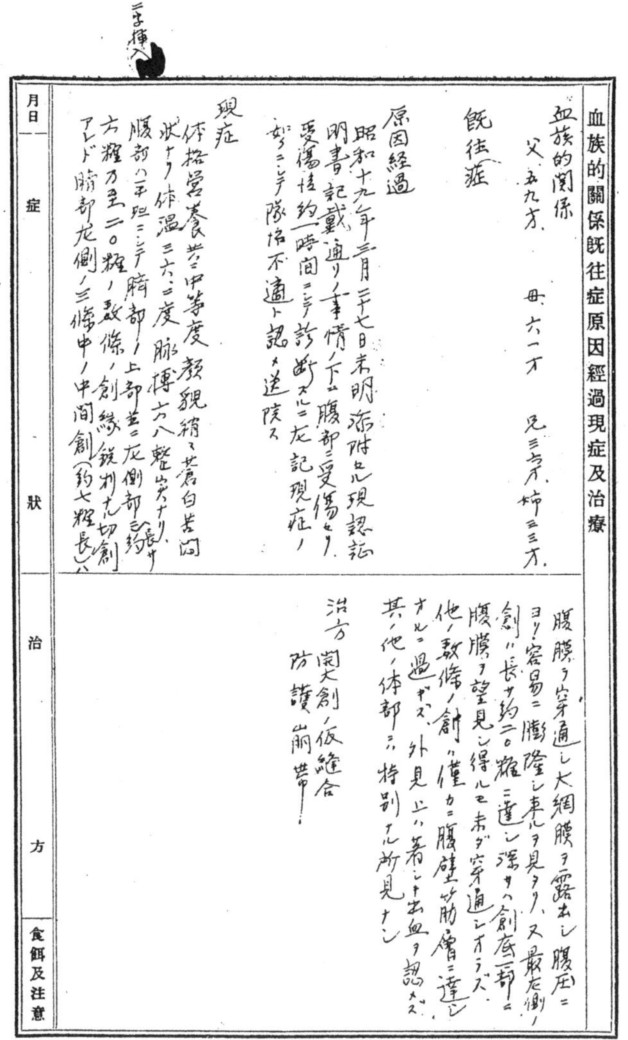

二十挿入

血族的關係既往症原因經過現症及治療

月日	症状
	血族的関係 父 五九才　母 六一才　兄三六才、姉三三才 既往症 原因経過 昭和十九年三月二十七日未明蒲附近ニ於テ現認証明書記載通リノ事情ノ下ニ腹部ニ受傷セリ 受傷後約一時間ニシテ診断スルニ左記現症ノ如クニシテ隊治不適ト認メ送院ス 現症 体格営養共中等度 顔貌稍々蒼白苦悶状ナリ 体温三六、二度 脈搏六八整実ナリ 腹部ハ平坦ニシテ臍部ノ上部並ニ左側部ニ約六糎乃至二〇糎ノ数條ノ創縁鋭利ナル切創アレド臍部左側ノ三條中ノ中間創(約七糎長)ハ

月日	治方
	腹膜ヲ穿通シ大綱膜ヲ露出シ腹圧ニヨリ容易ニ膨隆シ来ルヲ見タリ 又最左側ノ創ハ長サ約二〇糎ニ達シ深サハ創底一部ニ腹膜ヲ望見シ得ルモ未ダ穿通シオラズ 他ノ数條ノ創ハ僅カニ腹壁筋層ニ達シタルニ過ギズ 外見上ハ著シキ出血ヲ認メズ 其ノ他ノ体部ニハ特別ナル所見ナシ 治方 開大創ノ仮縫合 防護繃帯

食餌及注意	

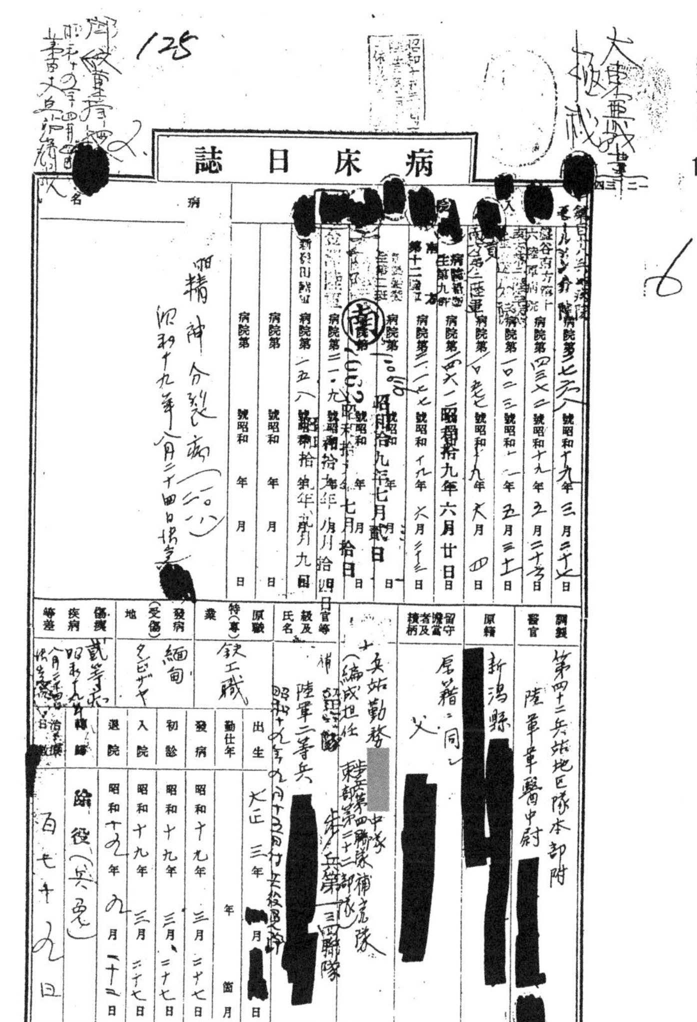

125

6

病床日誌

病院第 号	昭和十九年三月二十七日
病院第 号	昭和十九年五月二十七日
病院第一〇二三号	昭和十九年五月二十一日
病院第 号	昭和十九年六月四日
病院第 号	昭和十九年六月廿日
病院第 号	昭和十九年六月 日
病院第 号	昭和十九年七月貳日
病院第 号	昭和十九年 月拾 日
病院第一五一八号	昭和十九年八月九日
病院第 号	昭和 年 月 日
病院第 号	昭和 年 月 日

病名：精神分裂病　昭和十九年八月二十四日

部隊	第四十二兵站地区隊本部附
醫官	陸軍軍醫中尉
原籍	新潟県
留守擔當者及續柄	居籍ニ同ジ 父
官等級及氏名	十一兵站勤務(編成担任東部第四十二部隊)補充隊 陸軍二等兵
原職業	鉄工職
出生	大正三年 月 日
發病地	
發病	昭和十九年三月二十七日
初診	昭和十九年三月二十七日
入院	昭和十九年三月二十七日
退院	昭和十九年九月二十二日
轉歸	除役(兵免)
治療日数	百七十九日

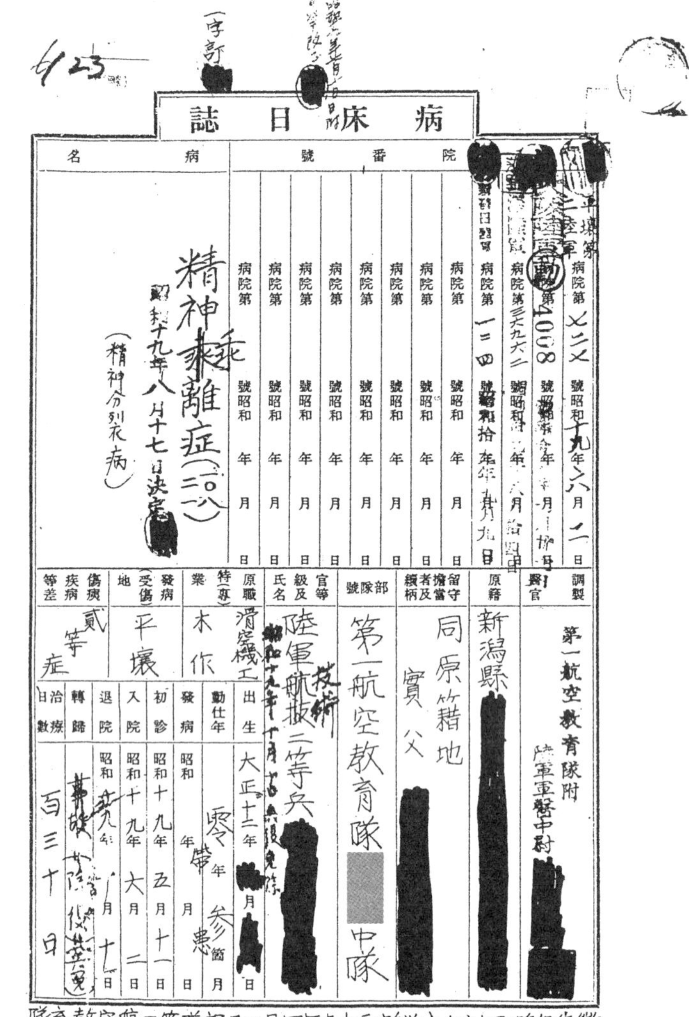

病床日誌

病名：精神乖離症（二〇八）
昭和十九年八月十七日決定
（精神分列症病）

院番號：病院第〆二〆號 昭和十九年六月一日／病院第4008號 昭和十九年六月十一日／病院第三六九六二號 昭和十九年六月二十四日／病院第一二四號 昭和二十年九月九日

調製醫官	原籍	留守擔當者及續柄	部隊號	官等級及氏名	原職（特業）	業	發病（受傷）地	傷痍疾病等差
第一航空教育隊附 陸軍軍醫中尉 ■	新潟縣 ■	同原籍地 ■ 實父	第一航空教育隊 ■中隊	陸軍航技（技術）二等兵 ■	滑空機工	木作	平壌	貳等症

出生	勤仕年	發病	初診	入院	退院	轉歸	治療日數
大正十二年■月■日	零年参箇月	昭和 年 月 日（帯患）	昭和十九年五月十一日	昭和十九年六月二日	昭和十九年■月十■日	兵役免除	百三十日

徴集年昭和十八年入営昭和十九年四月一日部隊第一航空教育隊

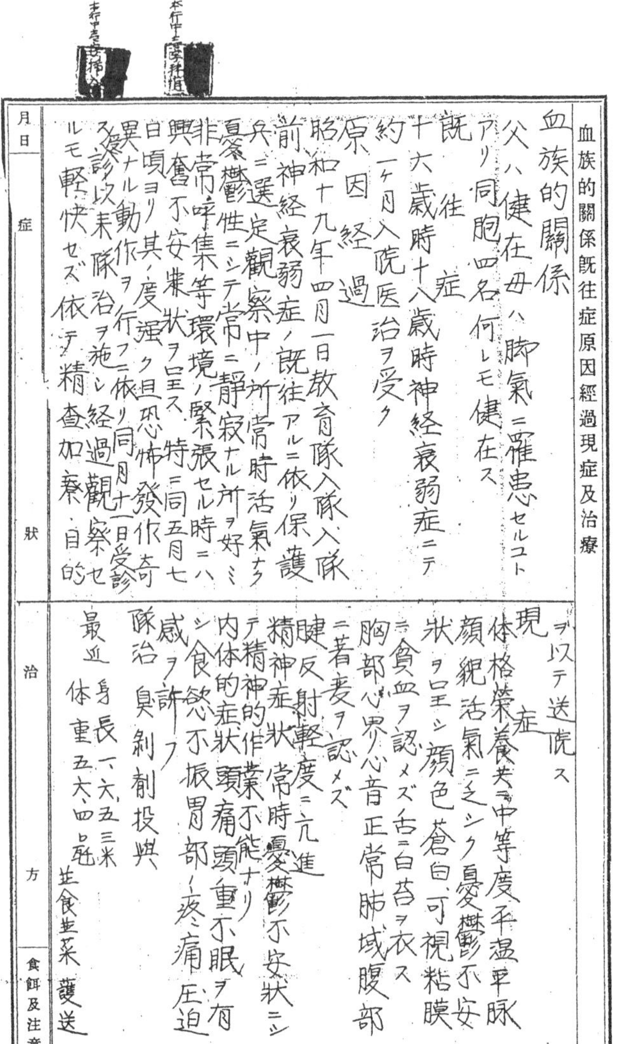

血族的關係既往症原因經過現症及治療

血族的關係
父ハ健在母ハ脚氣ニ罹患セルコトアリ同胞四名何レモ健在ス

既往症
十六歳時十八歳時神経衰弱症ニテ約一ヶ月入院医治ヲ受ク

原因経過
昭和十九年四月一日教育隊入隊入隊前神経衰弱症ノ既往アルニ依リ保護兵ニ選定観察中ノ所常時活氣ナク憂鬱性ニシテ常ニ静寂ナル所ヲ好ミ非常呼集等環境ノ緊張セル時ニハ興奮不安様状ヲ呈ス特ニ同五月七日頃ヨリ其ノ度強ク且恐怖発作奇異ナル動作ヲ行フニ依リ同月十一日受診ス爾後以来隊治ヲ施シ経過観察セルモ軽快セズ依テ精査加療ノ目的ヲ以テ送院ス

現症
体格栄養共ニ中等度平温平脈顔貌活氣ニ乏シク憂鬱不安状ヲ呈シ顔色蒼白可視粘膜ニ貧血ヲ認メズ舌ニ白苔ヲ衣ス胸部心界心音正常肺域腹部ニ著変ヲ認メズ腱反射軽度ニ亢進精神症状常時憂鬱不安状ニシテ精神的作業不能ナリ内体的症状頭痛頭重不眠ヲ有シ食慾不振胃部ノ疼痛圧迫感ヲ訴フ

隊治 臭剝制投與

最近 身長一、六五三米 体重五六、四瓩

食餌及注意：並食並菜 護送

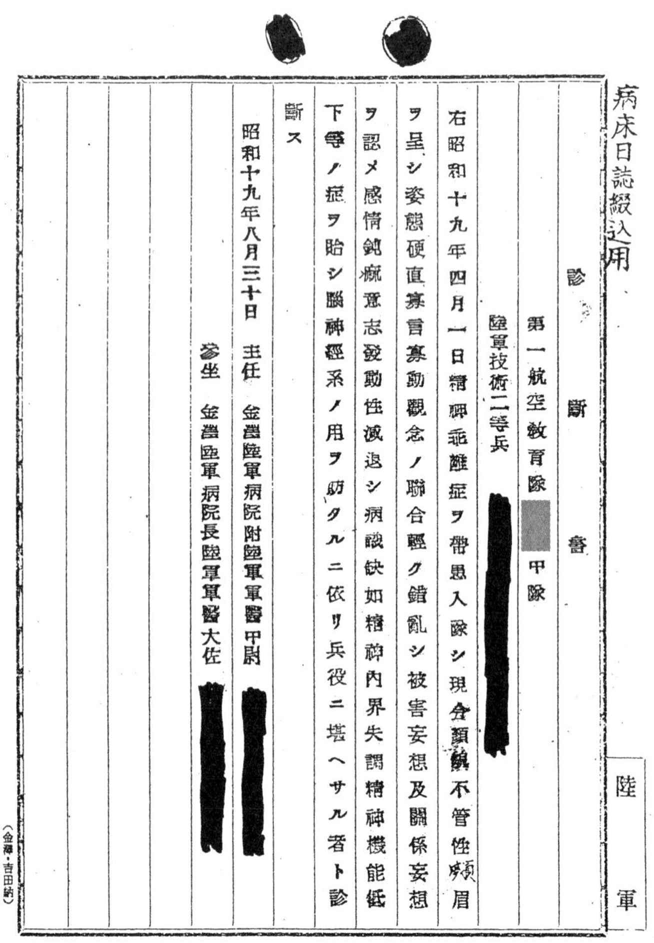

病床日誌綴込用

診断書

第一航空教育隊■中隊
陸軍技術二等兵 ■

右昭和十九年四月一日精神乖離症ヲ帯患入隊シ現今顔貌不管性頻眉ヲ呈シ姿態硬直寡言寡動観念ノ聯合輕ク錯亂シ被害妄想及關係妄想ヲ認メ感情鈍痲意志發動性減退シ病識缺如精神内界失調精神機能低下等ノ症ヲ胎シ腦神經系ノ用ヲ妨タルニ依リ兵役ニ堪ヘサル者ト診斷ス

昭和十九年八月三十日

主任 金澤陸軍病院附陸軍軍醫中尉 ■

參坐 金澤陸軍病院長陸軍軍醫大佐 ■

陸軍

（金澤・吉田納）

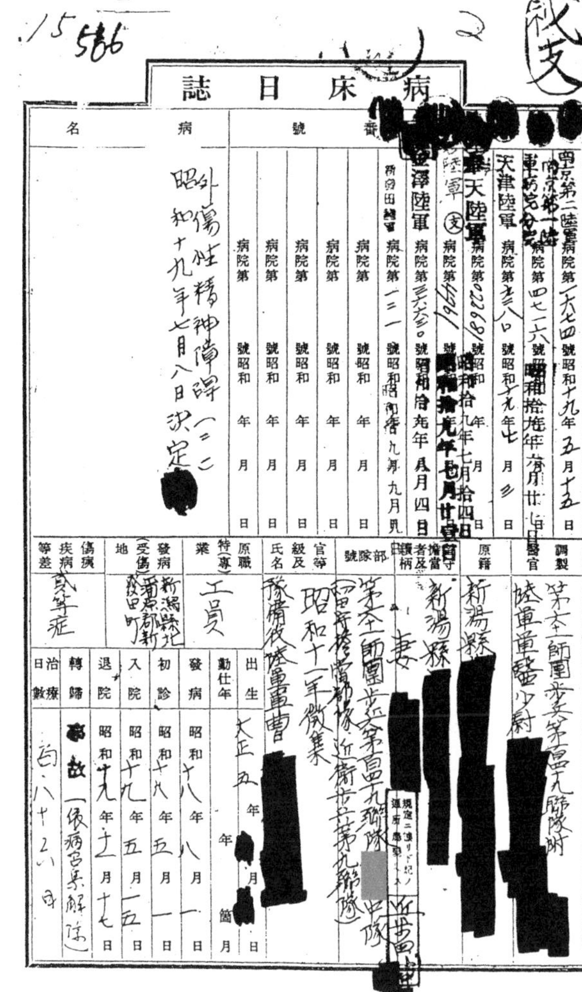

15586

病床日誌

病名	番號
外傷性精神障碍（一二） 昭和十九年七月八日決定	東京第二陸軍病院第一六七四號 昭和十九年五月十五日 南京第一陸軍病院分院第四七一六號 昭和拾九年六月廿七日 天津陸軍病院第三二八〇號 昭和十九年七月三日 奉天陸軍病院第02268號 昭和拾九年七月拾四日 陸軍（文）病院第4961號 昭和拾九年七月廿三日 金澤陸軍病院第三六六三〇號 昭和拾九年八月四日 新発田陸軍病院第一三一號 昭和十九年九月 日 病院第 號昭和 年 月 日 病院第 號昭和 年 月 日 病院第 號昭和 年 月 日 病院第 號昭和 年 月 日 病院第 號昭和 年 月 日

調製醫官	原籍	留守擔當者及續柄	部隊號	官等級及氏名	原職（専）特業	發病（受傷）地	傷病疾病等差
第六十一師團步兵第百四十九聯隊附 陸軍軍醫少尉 [redacted]	新潟縣 [redacted]	新潟縣 [redacted] 妻 [redacted]	第五十二師團步兵第百四十九聯隊 中隊（留守擔當部隊 近衛步兵第九聯隊）	豫備役陸軍軍曹 [redacted] 昭和十一年徴集	工員	新潟縣北蒲原郡新發田町	貳等症

出生	勤仕年	發病	初診	入院	退院	轉歸	治療日數
大正五年 [redacted] 月 [redacted] 日	年 箇月	昭和十八年八月一日	昭和十八年五月一日	昭和十九年五月一五日	昭和十九年十二月十七日	事故（依病召集解除）	百八十二日

規定ニ據リ記入ノ通 [redacted]

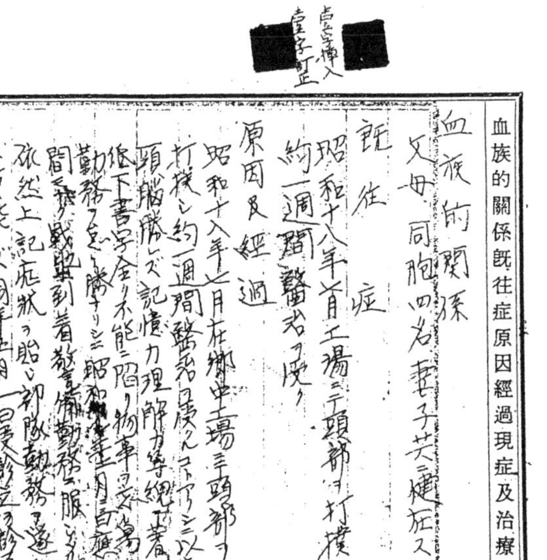

点字挿入 壹字訂正

血族的關係既往症原因經過現症及治療

血族的関係
父母 同胞四名 妻子共ニ健在ス

既往症
昭和十八年六月工場ニテ頭部ヲ打撲シ約一週間醫治ヲ受ク

原因及經過
昭和十八年七月在郷中工場ニテ頭部ヲ打撲シ約一週間醫治ヲ受ケシコトアリシニ以来頭脳勝レズ記憶力理解力等幾分著シク低下書字全ク不能ニ陥リ物事ヲ忘レ易ク勤務ヲ充分ニ勝ナリシニ昭和十九年一月召集ヲ受ケ戦地到着後警備勤務ニ服シテ居ルモ依然上記症状ヲ胎シ部隊勤務ヲ遂行スルコト能ハズ同年五月一日受診入院ス 部隊治不適ニシテ精査ノ目的ニテ同月一五日定時入院セシム

現症
体格栄養中等度顔貌無表情ニシテ稍憂鬱状態応答遅鈍顔色尋常瞳孔両側類円型同大対光反射尋常平温平脈口腔可視粘膜著変ナシ胸腹部異常ナシ四肢両側膝蓋腱反射尋常姿態意識正常ナルモ談話遅滞シ感情沈鬱状ナリ記憶力記銘力判断力書字読字能力等幾ニ障碍セラル妄想等ハナシ 単級智能検査ニ依ルモ成績極メテ劣等ナリ

月日	症状 治方	食餌及注意

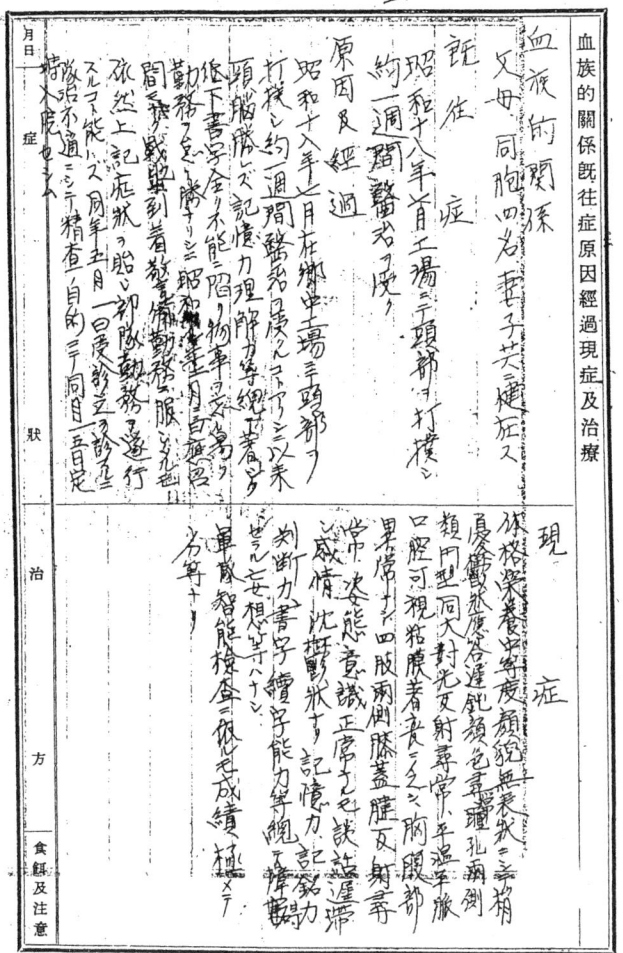

新発田－120

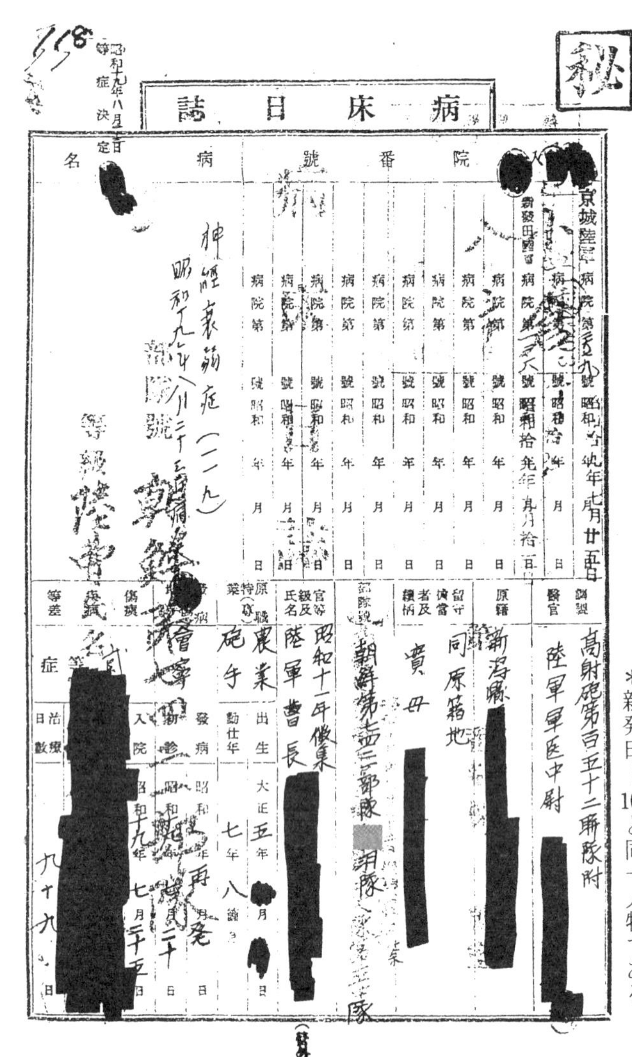

病床日誌

京城陸軍病院第…號 昭和十九年七月廿五日

新發田陸軍病院第…號 昭和拾九年…月…日

病名：神經衰弱症（一一九）

原籍：新潟縣

留守擔當者及續柄：同 原籍地 實母

部隊號：朝鮮第…部隊…隊

官等級及氏名：陸軍曹長

原職：農業

特業：砲手

出生：大正五年八月…日

勤仕年：七年

入院：昭和十九年七月二十五日

治療日數：九十九日

調製醫官：陸軍軍医中尉

高射砲第百五十二聯隊附

＊新発田－104と同一人物である

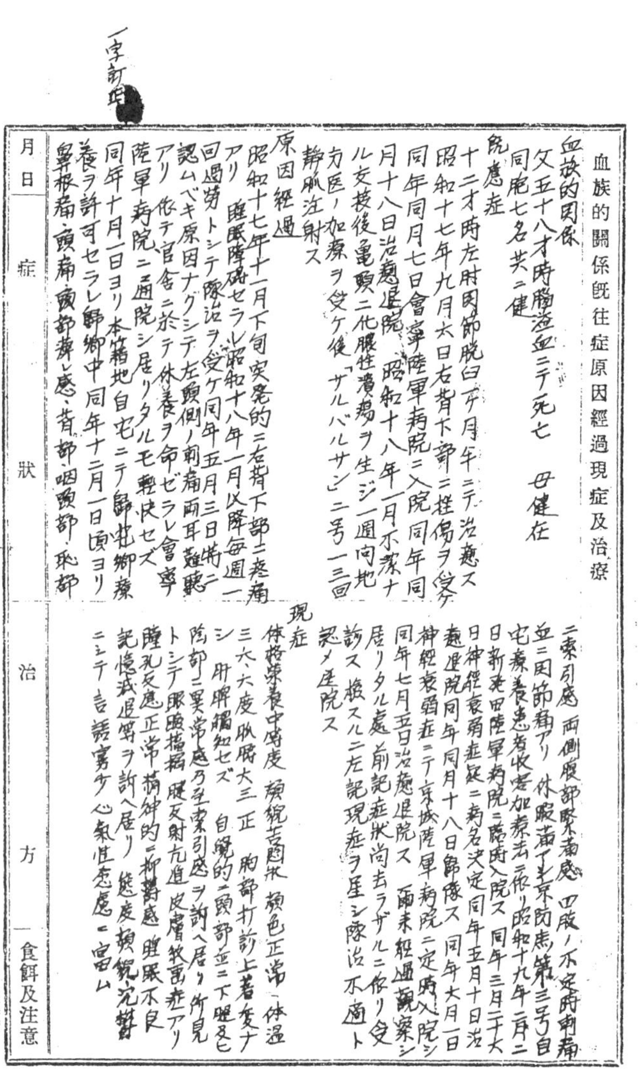

血族的關係既往症原因經過現症及治療

血族的関係

父五十八才時脳溢血ニテ死亡　母健在

同胞七名共ニ健

既應症

十二才時左肘関節脱臼（一ケ月半）ニテ治癒ス　昭和十七年九月六日右背下部ニ挫傷ヲ受ケ同年同月七日會寧陸軍病院ニ入院同年同月十八日治癒退院　昭和十八年一月不潔ナル交接後亀頭ニ化膿性潰瘍ヲ生ジ一週間地方医ノ加療ヲ受ケ後「サルバルサン」ニ号一三回静脈注射ス

原因經過

昭和十七年十一月下旬突発的ニ右背下部ニ疼痛アリ　睡眠障碍セラレ昭和十八年一月以降毎週一回過労トシテ隊治ヲ受ケ同年五月三日特ニ認ムベキ原因ナクシテ左頭側ノ刺痛両耳難聴アリ依テ官舎ニ於テ休養ヲ命ゼラレ會寧陸軍病院ニ通院シ居リタルモ軽快セズ同年十月一日ヨリ本籍地自宅ニテ歸休郷療養ヲ許可セラレ歸郷中同年十二月一日頃ヨリ鼻根痛・頭痛・頭部疼痛感・背部・咽頭部・腰部ニ牽引感　両側腹部緊張感　四肢ノ不定時刺痛並ニ関節痛アリ　休暇満了ト共ニ京防第三号自宅療養患者収容加療ニ依リ昭和十九年二月二日新発田陸軍病院ニ臨時入院ス　同年三月二十六日神経衰弱症ノ病名決定同年五月十日治癒退院同年同月十八日帰隊ス　同年六月一日神経衰弱症ニテ京城陸軍病院ニ定時入院シ同年七月五日治癒退院ス　爾来経過観察シ居リタル處前記症状尚去ラザルニ依リ受診ス　検スルニ左記現症ヲ呈シ隊治不適ト認メ入院ス

現症

体格栄養中等度　顔貌苦悶状　顔色正常ニ体温三六、六度　脉搏六三正　胸部打診上著変ナシ　肝脾觸知セズ　自覚的ニ頭部並ニ下腿及ビ陰部ニ異常感乃至牽引感ヲ訴ヘ居リ所見トシテ眼瞼振顫　腱反射亢進　皮膚紋畫症アリ　瞳孔反應正常　精神的ニ抑鬱感　睡眠不良　記憶減退等ヲ訴ヘ居リ　態度顔貌沈鬱ニシテ言語寡少心氣性態度ニ富ム

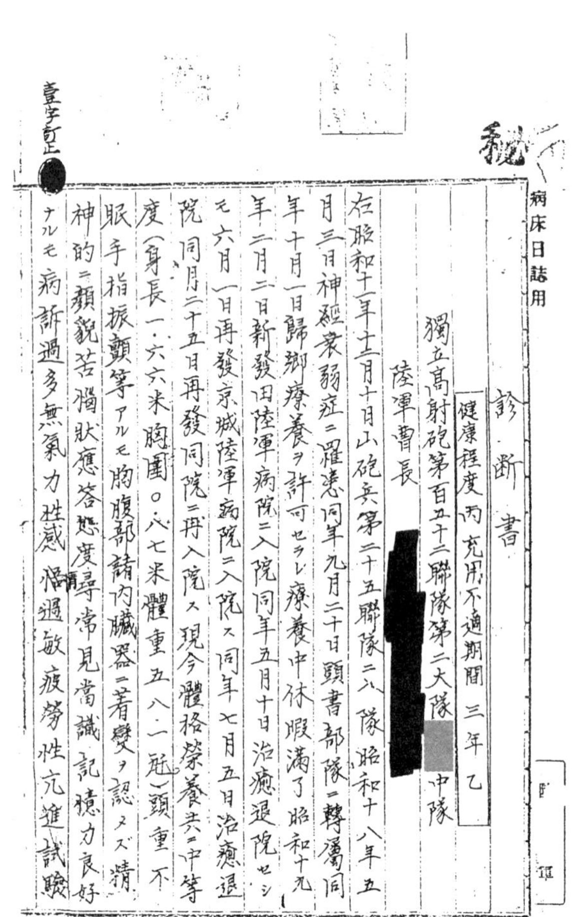

病床日誌用

診斷書

健康程度丙　充用不適期間　三年　乙

獨立高射砲第百五十二聯隊第二大隊　中隊

陸軍曹長

右昭和十一年十二月十日山砲兵第二十五聯隊ニ入隊　昭和十八年五月三日神經衰弱症ニ罹患同年九月二十日頭書部隊ニ轉屬同年十月一日歸郷療養ヲ許可セラレ療養中休暇滿了昭和十九年二月二日新發田陸軍病院ニ入院同年五月十日治癒退院セシモ六月一日再發京城陸軍病院ニ入院ス同年七月五日治癒退院同月二十五日再發同院ニ再入院ス現今體格榮養共ニ中等度（身長一・六六米胸圍〇・八七米體重五八・二瓩）頭重不眠手指振顫等アルモ胸腹部諸内臓器ニ著變ヲ認メズ精神的ニ顔貌苦悩状應答態度尋常見當識記憶力良好ナルモ病訴過多無氣力性感情過敏疲勞性亢進試驗

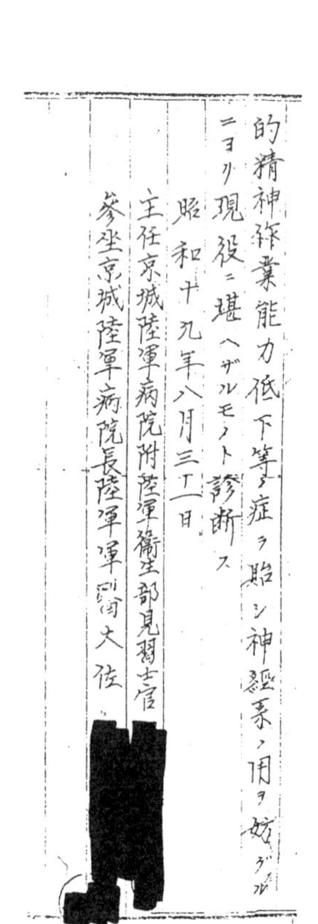

的精神作業能力低下等ノ症ヲ貽シ神經系ノ用ヲ妨グルニヨリ現役ニ堪ヘザルモノト診斷ス

昭和十九年八月三十一日

主任京城陸軍病院附陸軍衛生部見習士官

參坐京城陸軍病院長陸軍軍醫大佐

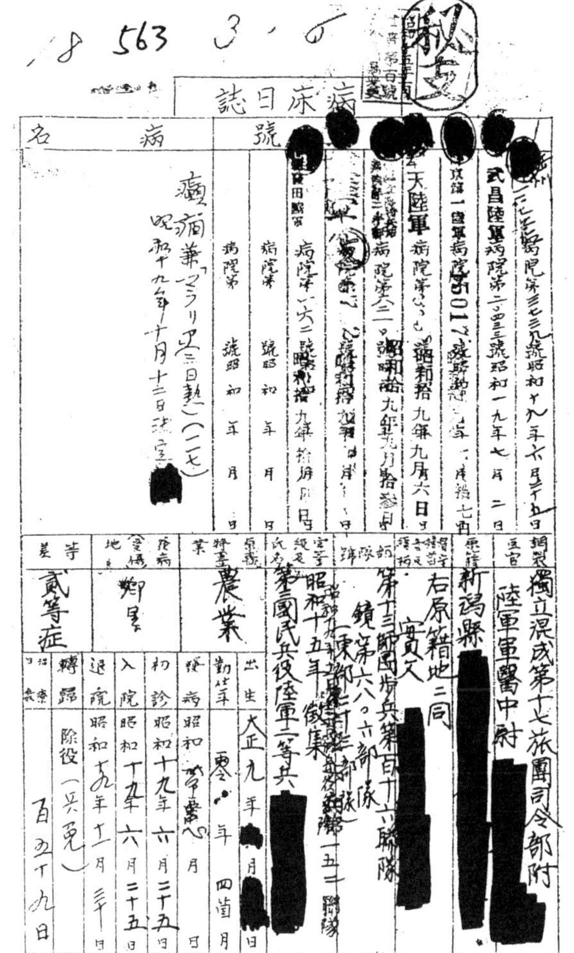

8 563 3・6

病床日誌

病名	號
癲癇 兼「マラリア」(三日熱)(一七) 昭和十九年十月十二日決定	…陸軍病院第三七三九號 昭和十九年六月二十五日 武昌陸軍病院第二〇四三三號 昭和十九年七月二日 南京第一陸軍病院第五〇一七號 昭和十九年…月拾七日 …天陸軍病院第…號 昭和拾九年九月六日 …陸軍病院第…二…號 昭和拾九年九月拾参日 …病院第…號 昭和…年…月…日 …病院第一六二號 昭和拾九年拾月…日 病院第　號 昭和　年　月　日 病院第　號 昭和　年　月　日

所属	官等	原籍	族籍	部隊號	官等級及氏名	原職 特業	発病地	差等
獨立混成第十七旅團司令部附	陸軍軍醫中尉	新潟縣	右原籍地ニ同	第十三師團歩兵第百十六聯隊 鏡第六八〇六部隊 … 第一五二…聯隊	昭和十五年徴集 第二國民兵役陸軍二等兵	農業	郷里	貳等症

出生	勤務年	発病	初診	入院	退院	轉歸	治療日数
大正九年　月　日	零年四箇月	昭和…年　月　日	昭和十九年六月二十五日	昭和十九年六月二十五日	昭和十九年十一月三十日	除役(兵免)	百五十九日

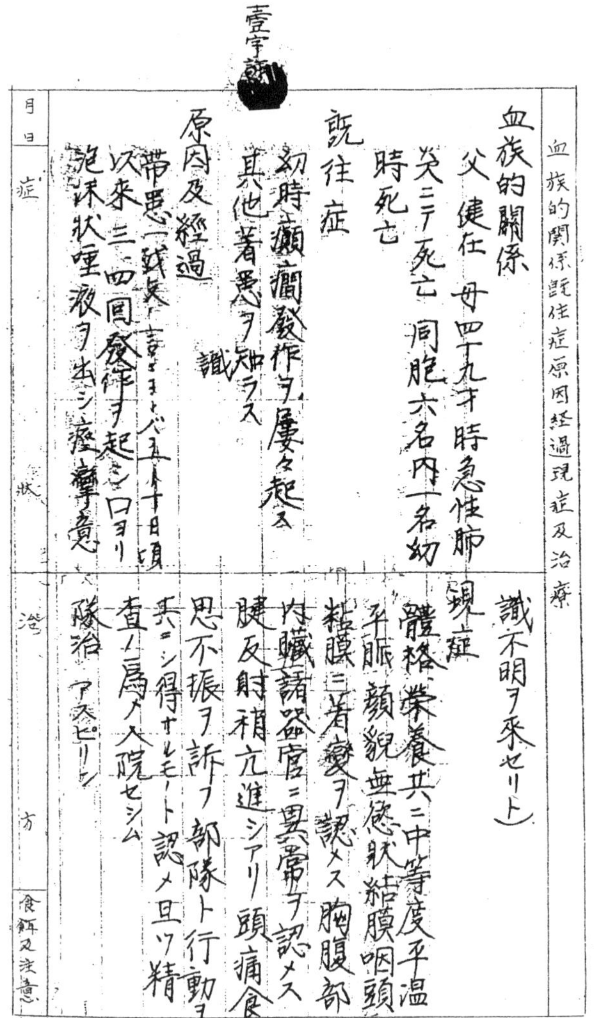

壹字箱

血族的関係既往症原因経過現症及治療

血族的關係
父 健在 母四十九才時急性肺炎ニテ死亡 同胞六名内一名幼時死亡

既往症
幼時ヨリ癲癇發作ヲ屢々起ス
其他著患ヲ知ラス

原因及經過
…以来三、四回發作ヲ起シ口ヨリ泡沫状唾液ヲ出シ痙攣意識不明ヲ来セリト)

現症
體格榮養共ニ中等度 平温 平脈 顔貌無慾状 結膜咽頭粘膜ニ著變ヲ認メス 胸腹部内臓諸器官ニ異常ヲ認メス 腱反射稍亢進シアリ 頭痛食思不振ヲ訴フ 部隊ト行動ヲ共ニシ得サルモノト認メ且ツ精査ノ為メ入院セシム

隊治 アスピリン

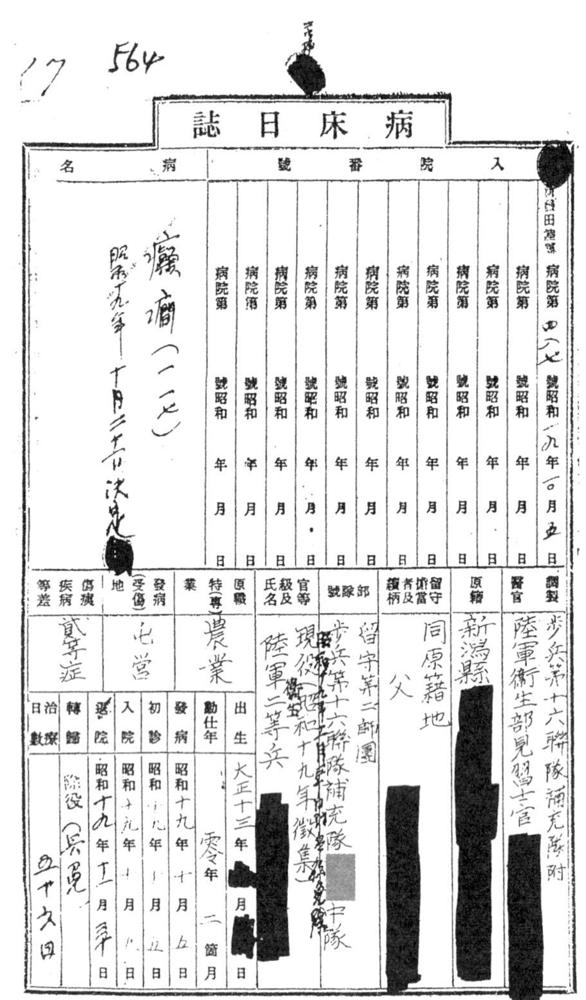

17　564

病床日誌

入院番號	
新発田陸軍病院 病院第四八七號	昭和一九年一〇月五日

病名：癲癇（一一七）　昭和十九年十一月二十六日決定

調製	醫官	原籍	留守擔當者及續柄	部隊號	官等級及氏名	原職（特業）	發病（受傷）地	傷痍疾病等差
歩兵第十六聯隊補充隊附	陸軍衛生部見習士官	新潟縣	同原籍地 父	留守第二師團 歩兵第十六聯隊補充隊 中隊	現役（衛生）昭和十九年徴集 陸軍二等兵	農業	屯營	貳等症

出生	勤仕年	發病	初診	入院	退院	轉歸	治療日數
大正十三年 月 日	零年二箇月	昭和十九年十月五日	昭和十九年十月五日	昭和十九年十月五日	昭和十九年十二月[illegible]日	除役（兵免）	五十六日

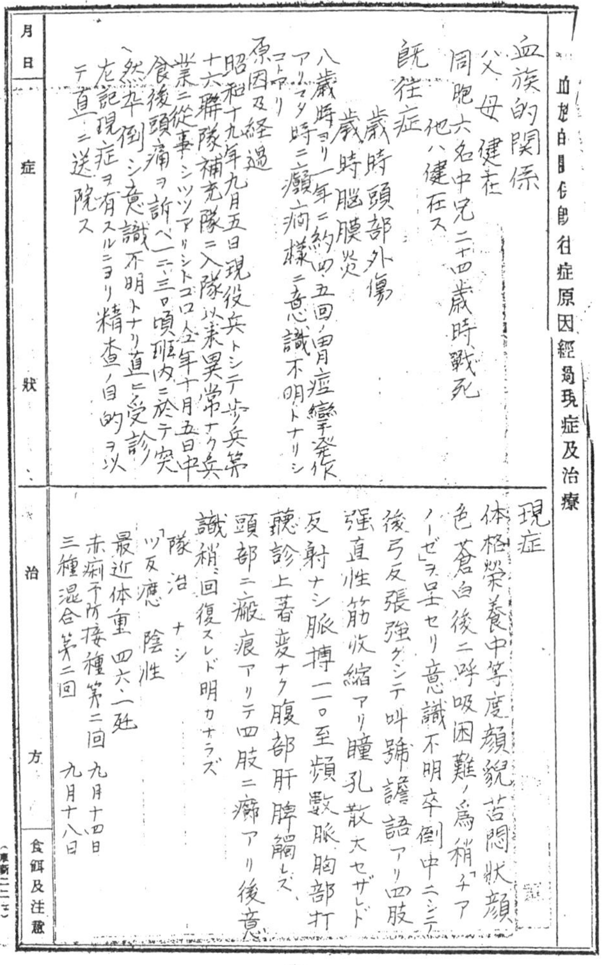

血族的關係　既往症　原因經過現症及治療

血族的關係
父、母健在
同胞六名中兄二十四歳時戰死
他ハ健在ス
既往症
歳時頭部外傷
歳時脳膜炎
八歳時ヨリ一年ニ約四、五回ノ胃痙攣発作
アリマタ時ニ癲癇様ニ意識不明トナリシ
コトアリ
原因及経過
昭和十九年九月五日現役兵トシテ歩兵第
十六聯隊補充隊ニ入隊以来異常ナク兵
業ニ従事シツツアリシトコロ仝年十月五日中
食後頭痛ヲ訴ヘ二、三回嘔吐班内ニ於テ突
然卒倒シ意識不明トナリ直ニ受診
左記現症ヲ有スルニヨリ精査ノ目的ヲ以
テ直ニ送院ス

現症
体格栄養中等度顔貌苦悶状顔
色蒼白後ニ呼吸困難ノ為稍々「チアノーゼ」ヲ呈セリ意識不明卒倒中ニシテ
後弓反張強クシテ叫號譫語アリ四肢
強直性筋收縮アリ瞳孔散大セザレド
反射ナシ脈搏一一〇至頻數脈胸部打
聴診上著変ナク腹部肝脾觸レズ、
頭部ニ瘢痕アリテ四肢ニ癬アリ後意
識稍々回復スレド明カナラズ
隊治　ナシ
「ツ」反應　陰性
最近体重　四六、一瓩
赤痢予防接種第二回　九月十四日
三種混合第二回　九月十八日

＊破損・紙折れは原紙のまま

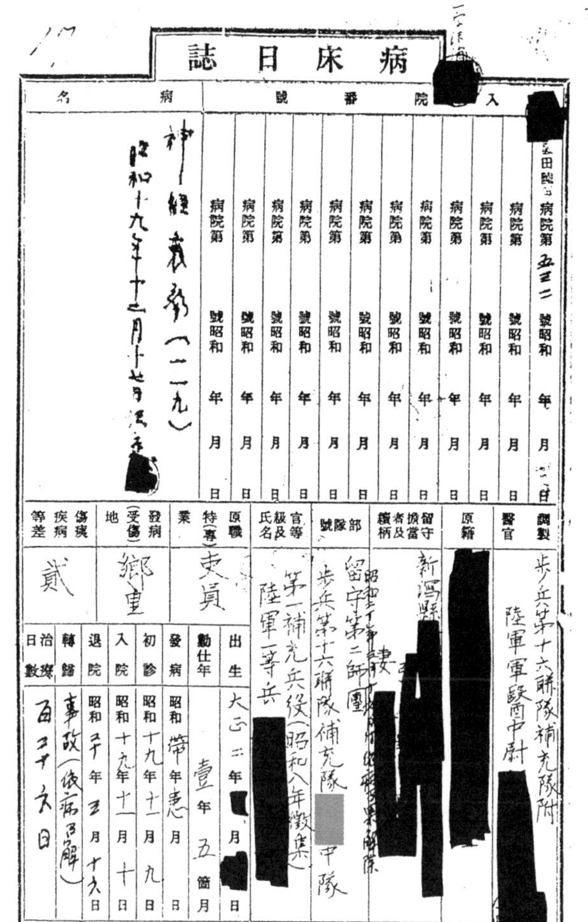

病床日誌

病名	入院番號
神經衰弱（一一九） 昭和十九年十二月十七日[illegible]	■田陸軍病院第五三二號 昭和　年　月　日

調製	醫官	原籍	留守擔當者及續柄	部隊號	官等級及氏名
歩兵第十六聯隊補充隊附	陸軍軍醫中尉 ■	■	新潟縣■ 妻■	留守第二師團 歩兵第十六聯隊補充隊■中隊	第一補充兵役（昭和八年徴集） 陸軍一等兵 ■

原職（特業）	發病（受傷）地	傷痍疾病等差
吏員	郷里	貳

出生	勤仕年	發病	初診	入院	退院	轉歸	治療日數
大正二年■月■日	壹年五箇月	昭和[illegible]年[illegible]月　日	昭和十九年十二月九日	昭和十九年十二月十日	昭和二十年三月十九日	事故（依病召解）	百[illegible]六日

血族的關係既往症原因經過現症及治療

血族的関係

父四十九歳時心臓病ニテ死亡

母六十二歳時胃病ニテ死亡

同胞六名中二名胸膜炎ニテ死亡

既往症

二十歳時胸膜炎ニテ二ヶ月間醫療ヲ受ケシ事アリ

病因及経過　昭和十八年六月二日入隊

入隊以来兎角健康勝レズ過激ナル勤務ニ堪ヘズ軽易ナル勤務ヲ續ケツヽアリテ昭和十九年十二月九日受診ノ結果左記現症ヲ呈シ精査ヲ要スルモノト認メ十二月十日送院ス

現症

体格栄養共ニ中等度　平温　平脈

顔色紅潮　可視粘膜異常ナシ

胸腹部ニ理學的所見ヲ認メズ

異常反射所見ナシ

間接X線寫眞所見著變ナシ

常時頭痛ヲ主訴シ心悸亢進　食思不振アリ時ニ微熱出没ス

隊治　ナシ

ワ反應（卄）

血型　A

（月日｜症狀｜治方｜食餌及注意）

（東新二二七）

新発田－124

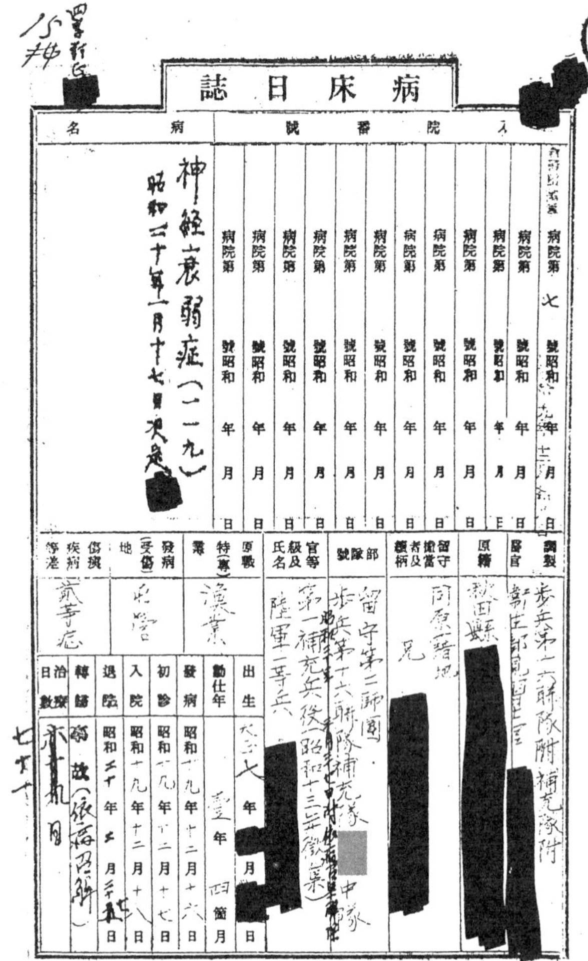

病床日誌

病名	入院番號
神經衰弱症（一一九） 昭和二十年一月十七日決定	病院第七號 昭和十九年十二月十八日

所屬	醫官	原籍	留守擔當者及續柄	部隊號	官等級及氏名	原職	發病（受傷）地	傷痍疾病等差
歩兵第一六一聯隊附補充隊附	新庄部隊留守	秋田縣 [illegible]	同原籍地 [illegible] 兄	留守第二師團 歩兵第十六聯隊補充隊 [illegible] 中隊	第一補充兵役（昭和十三年徴集） 陸軍一等兵 [illegible]	漁業	兵營	貳等症

出生	勤仕年	發病	初診	入院	退院	轉歸	治療日數
大正七年 [illegible] 月 [illegible] 日	壹年四箇月	昭和十九年十二月十六日	昭和十九年十二月十七日	昭和十九年十二月十八日	昭和二十年 [illegible] 月 [illegible] 日	事故（依病召解）	七十九日

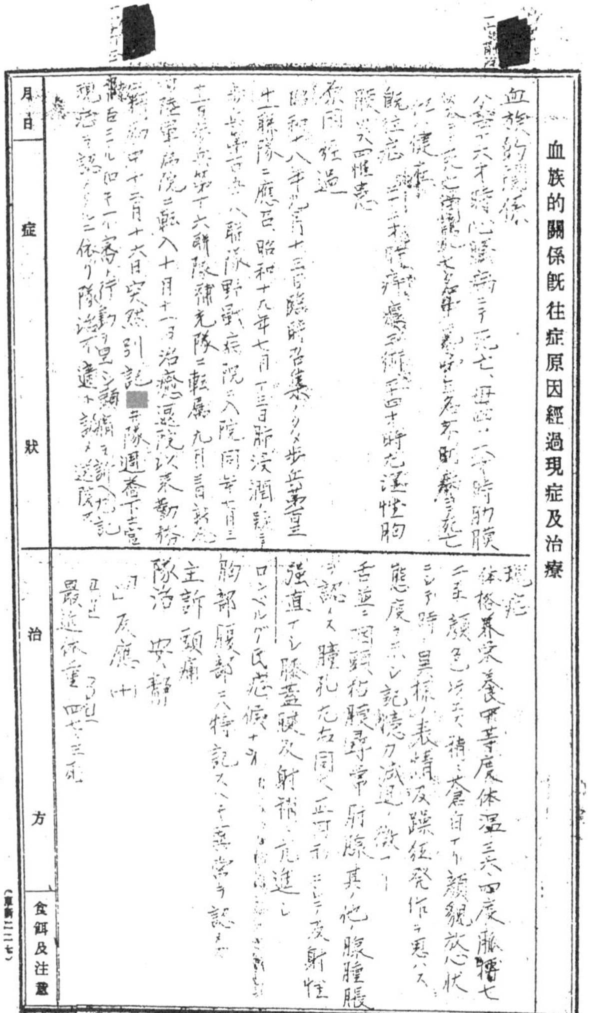

血族的關係既往症原因經過現症及治療

月日	症狀
	血族的關係 父六十六才時心臓病ニテ死亡、母四十一才時肋膜炎ニテ [illegible] 其他健康 既往症 二十二才時 [illegible] 手術 [illegible] 二十四才時左湿性胸膜炎ニテ四個月患ス 原因經過 昭和十八年 [illegible] 月十三日臨時召集ニヨリ歩兵第百三十一聯隊ニ應召 昭和十九年七月十三日肺浸潤ニテ [illegible] 野戰病院ニ入院 同年十一月三十日歩兵第十六聯隊補充隊ニ轉屬 九月 [illegible] 日新發田陸軍病院ニ轉入 十月十一日治癒退院以來勤務 [illegible] 十二月十六日突然引記 [illegible] 隊週番下士官 [illegible] 三ル四十一才寄ノ行動ヲ呈シ [illegible] 現症ヲ認メタルニ依リ隊治不適ト認メ送院ス

治方	
	現症 体格中等榮養中等度体温三六、四度脈搏七二 [illegible] 顔貌 [illegible] 態度 [illegible] 記憶力減退 [illegible] 舌 [illegible] 強直ナシ膝蓋腱反射 [illegible] ロンベルグ氏症候 [illegible] 胸部腹部ニ特記スヘキ異常ヲ認メス 主訴 頭痛 隊治 安靜 [illegible] 最近体重 [illegible]

（軍病二二七）

血族的關係既往症原因經過現症及治療

血族的関係

父母共ニ健在　同胞四名健在

既往症

昭和九年六月大腸炎ニテ一ヶ月入院　昭和十一年十月大腸炎ニテ一ヶ月医療　昭和十七年四月心臓病ニテ六ヶ月医療

原因及経過

昭和十九年二月二十六日臨時召集ニ依リ中部第三十七部隊ニ入隊　仝年七月十八日独立歩兵第四一九大隊ニ転属　仝年八月心臓病ニテ北海道北見第三陸軍病院ニ入院　仝年十一月治癒退院　仝年十一月十五日歩兵第十六聯隊補充隊[■]中隊ニ転属　爾来左胸部圧迫感心悸亢進アリ兵業ニ支障ヲ来シタメ仝年十二月十五日受診加療セシモ左記現症ヲ呈スルニ依リ隊治不適ト認メ入院セシメタルモノナリ

現症

一、身長一七二。〇糎　体重五六。〇瓩　体温三六、五度　脈搏一〇〇ニシテ恒久性不整脈ヲ示シ顔貌略々正常　可視粘膜正常ナルモ鼻部鼻唇口部紫紅色ヲ呈シ細血管拡張症アリ　聴打診上肺臓ニ異常ナキモ心尖搏動ハ振動性ニシテ左乳線上第五肋間腔ニ存シ雑音ヲ証明セス　腹部内臓ニ著変ナク諸反射機能稍々亢進ス　血圧最高一四八粍最低八四粍　アッシュネル氏反応[illegible]　頭痛耳鳴左半身疼痛ヲ訴フ

隊治

一、安静

二、重曹二。〇　[illegible]二。〇　稀塩[illegible]　一日三回

血型　A型

食餌及注意

（東新二二七）

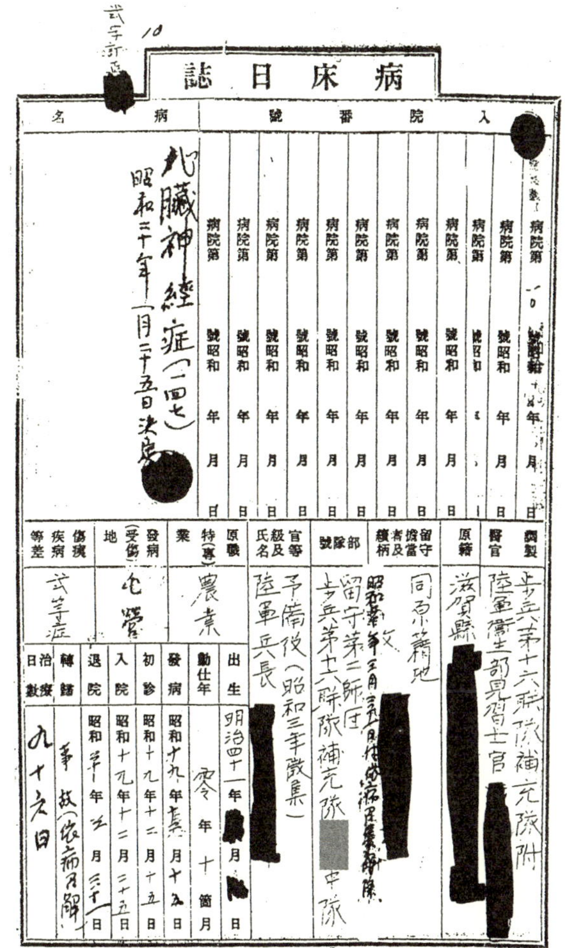

病床日誌

入院番号	病院第一〇号　昭和十九年十二月
病名	心臓神経症（一四七）　昭和二十年一月二十五日決定
所管	歩兵第十六聯隊補充隊附
官	陸軍衛生部見習士官
原籍	滋賀縣
留守担当者及続柄	同右　[illegible]
部隊号	留守第三師団　歩兵第十六聯隊補充隊[■]中隊
官等級及氏名	予備役（昭和三年徴集）陸軍兵長　[■]
原職	農業
発病地（受傷）	仝営
傷病等差	公務症
出生	明治四十一年[■]月[■]日
勤仕年	零年十箇月
発病	昭和十九年十二月十五日
初診	昭和十九年十二月十五日
入院	昭和十九年十二月二十五日
退院	昭和二十年五月三十一日
転帰	事故（依命帰郷）
治療日数	九十六日

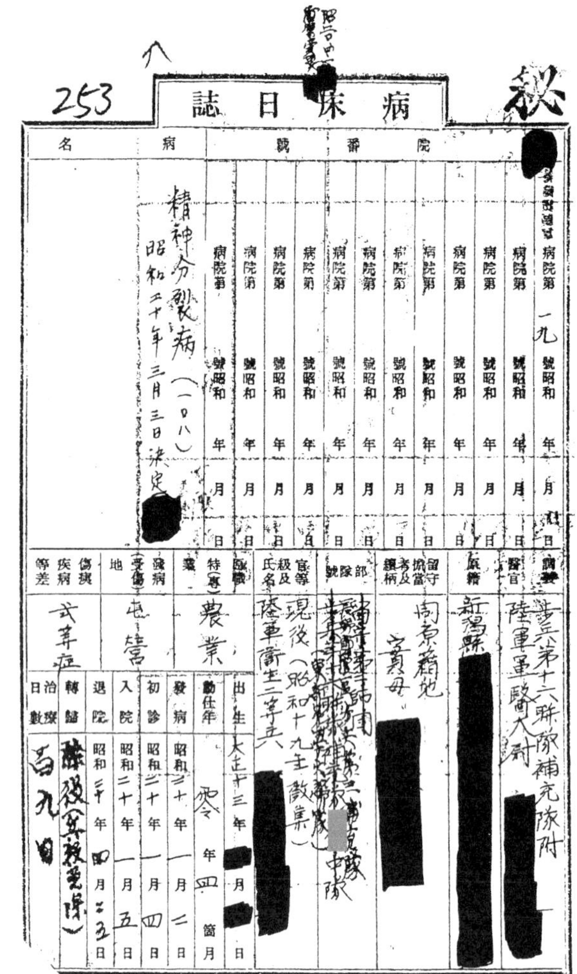

壱字削除

血族的關係既往症原因經過現症及治療

月日	症状
	血族的関係 父五十六才時脳溢血ニテ死亡 母健在 同胞六名中姉一名八十五才時骨膜炎ニテ死亡シ、他健在 既往症 十六才時及十九才時胃腸病ニテ医療ヲ受ケシノ他既往症ナシ 原因及経過 昭和十九年十月二十日歩兵第十六聯隊補充隊 中隊ニ入隊爾来異常ナク勤務ニ精励中全年十一月十日右下腿皮下蜂窩織炎ニテ隊治練兵休ヲ命セラル昭和二十年一月二日〇二・〇〇頃便所ニ行クト称シ内務班ヲ出テタルモ帰リ遅ク尚挙動不審ナル為不寝番注意ヲ惹クトコロトナリ班内全員起床捜索セルニ営内ヲ彷徨セシ後疲労困憊シ濡レタル衣服ノママ便所ニ隠レ居ルヲ発見セリ爾後精神朦朧トシテ死ヲ願ヒ心緒紊乱ス左記現症ヲ呈シ隊治ニ適セサルモノト認メ送院ス

治方	
	現症 体格中等栄養稍々衰ヘ平温平脈ニシテ顔色蒼白顔貌苦悶状ヲ呈シ心緒紊乱死ヲ願ヒ健忘トナリ応答不確実、言語不明瞭ナリ頭部頸部ニ異状ナク瞳孔左右等大対光反射正常ナリ口唇ハ稍々乾燥シ口腔粘膜軽度充血舌ハ湿潤ニシテ薄キ白苔ヲ衣ス胸部心界正常心音正純ニシテ雑音ヲ聞カス肺領域ニ於テ右前面上部打診音ニ異常ナキモ呼気延長ヲ認ムル外著変ナシ腹部平坦柔軟ニシテ肝脾ヲ触レス四肢ニハ浮腫、知覚及運動障碍ナキモ左下腿手術創肉芽不良分泌物少量アリ膝蓋腱反射両側共ニ稍々減弱セル外病的反射ナシ 隊治 (1) 監視 (2) 軟膏療法 血型 AB型 ワ反 (一) 最近体重 四六・〇瓩

食餌及注意

（軍衛二二七）

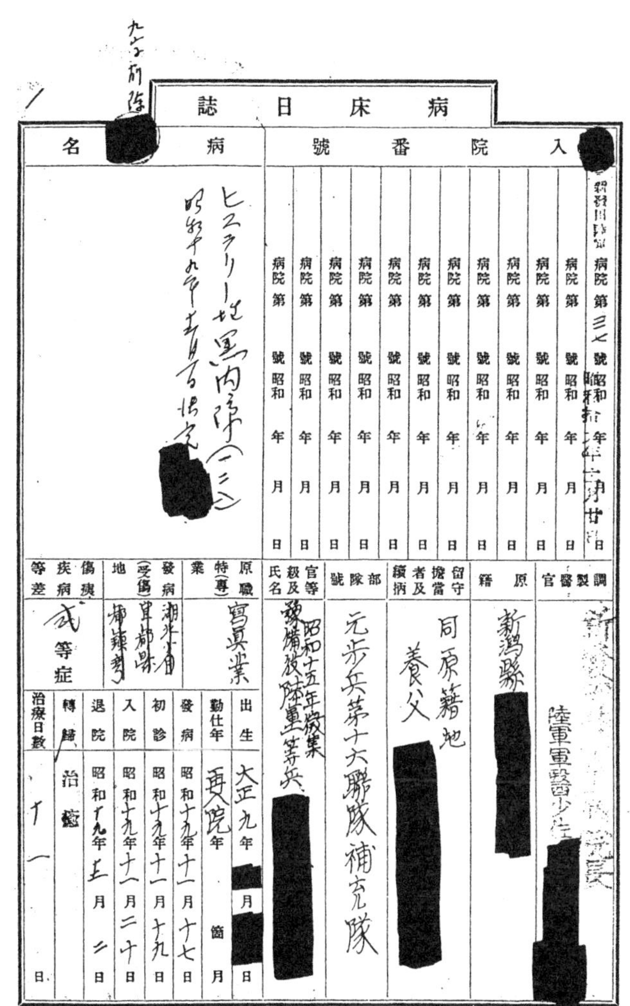
九六六前除

病床日誌

入院番號：新發田陸軍病院第三七號　昭和十九年十一月廿日

病名：ヒステリー性黒内障（一、二）　昭和十九年十二月廿二日治癒

調製醫官	原籍	留守擔當者及續柄	部隊號	官等級及氏名	原職（特業）	發病（受傷）地	傷痍疾病等差
陸軍軍醫少佐	新潟縣	同原籍地　養父	元歩兵第十六聯隊補充隊	昭和十五年徴集　豫備役陸軍一等兵	寫眞業	湖北省宜都縣都鎮灣	弐等症

出生	勤仕年	發病	初診	入院	退院	轉歸	治療日數
大正九年　月　日	再入院　年　箇月	昭和十九年十一月十七日	昭和十九年十一月十九日	昭和十九年十一月二十日	昭和十九年十二月二日	治癒	十一日

血族的關係既往症原因經過現症及治療

血族的關係
父母健在、同胞四名共ニ健存ス

既往症
十八才時蓄膿症肥厚性鼻炎ニ罹患約二ヶ月醫療ヲ受ケ治癒　昭和十八年一月マラリア（三日熱）ニ罹患シ他ニ著患ヲ識ラス

原因經過
昭和十五年十二月十日歩兵第十六聯隊補充隊ニ入隊昭和十六年三月二十一日内地港灣出發昭和十八年五月二十二日中華民國湖北省宜都縣都鎮灣ノ戰闘ニ於テ敵砲彈ニ依リ右眼部（眼球損傷）右前膊迫撃砲彈破片創ヲ受ケ爾後還送左眼球摘出昭和十八年十二月十七日左義眼装着完了昭和十九年四月十五日現役免除同日退院爾後寫眞業修業中同年十一月十七日右眼視力減退明暗ヲ辨スルニ至リ新發田陸軍病院ニ受診左記現症ヲ呈スルニ依リ精査加療ノ爲入院收容ス

現症
体格宏壮中等分胸腹部諸臓器ニ異常ヲ認メス　左眼球摘出セル[illegible]　明ヲ禁シアリ
右視力明暗ヲ辨ズル、外眼ニ異常ナク白定的反應ナシ　前房ノ精深ナキ虹彩ノ運動ニ異常ナシ　透光體ニ周[illegible]ナシ底所[illegible]
ナリ、眼底ハ一般ニ[illegible]
靜脈[illegible]外[illegible]ナシ
[illegible]黄斑[illegible]
黄斑及[illegible]
全界[illegible]

壱字 抹入

血族的關係既往症原因經過現症及治療	月日 症状 治方 食餌及注意
血族的関係 父不明疾患ニテ死亡 母、同胞五名皆健在ナリ 既往症 十八才時盗汗微熱續キ約二ヶ月医治ヲ受ク 原因経過 昭和二十年三月十九日広島ヨリ新潟当部隊ニ転属以来時々夕刻時悪寒ヲ伴フ発熱アリシモ二、三日ニテ治癒セリ 其ノ後モ盗汗ハ常ニ斯ク居レリ 今回ハ四月十日頃ヨリ夕刻時悪感ヲ以テ発熱（三十八－三十九度）全身倦怠ヲ訴フ	
現症 顔貌無欲状ニシテ稍々貧血 体格栄養中等度ニシテ 胸腹部ニ理学的所見特記スベキ異常ナシ	

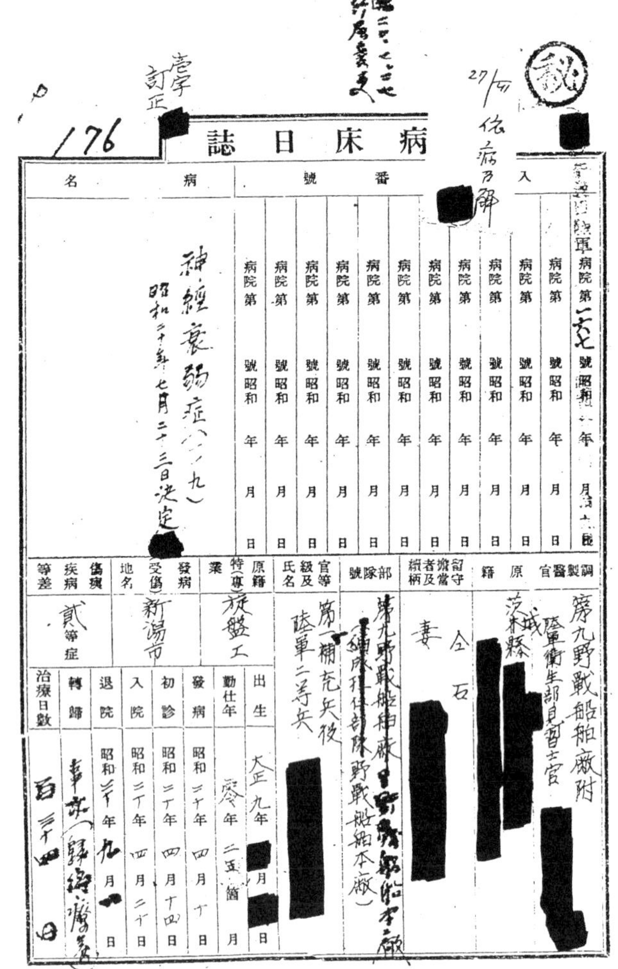

秘

昭二〇・七・二七 竹居嘉夫

27/4 依病乃解

壱字 訂正

176

病床日誌

入院番號	
陸軍病院第一六七號	昭和二十年 月 日
病院第 號	昭和 年 月 日

病名：神經衰弱症（一一九） 昭和二十年七月二十三日決定

調製醫官	原籍	留守擔當者及續柄	部隊號	官等級及氏名	原籍（專）特業	發病（受傷）地名	傷痍疾病差等
第九野戰船舶廠附 陸軍衛生部見習士官	茨城縣	妻 仝 石	第九野戰船舶廠 （編成担任部隊野戰船舶本廠）	第一補充兵役 陸軍二等兵	旋盤工	新潟市	貳等症

出生	勤仕年	發病	初診	入院	退院	轉歸	治療日數
大正九年 月 日	零年二五箇月	昭和二十年四月十日	昭和二十年四月十四日	昭和二十年四月二十日	昭和二十年九月 日	事故（歸鄕療養）	百三十四日

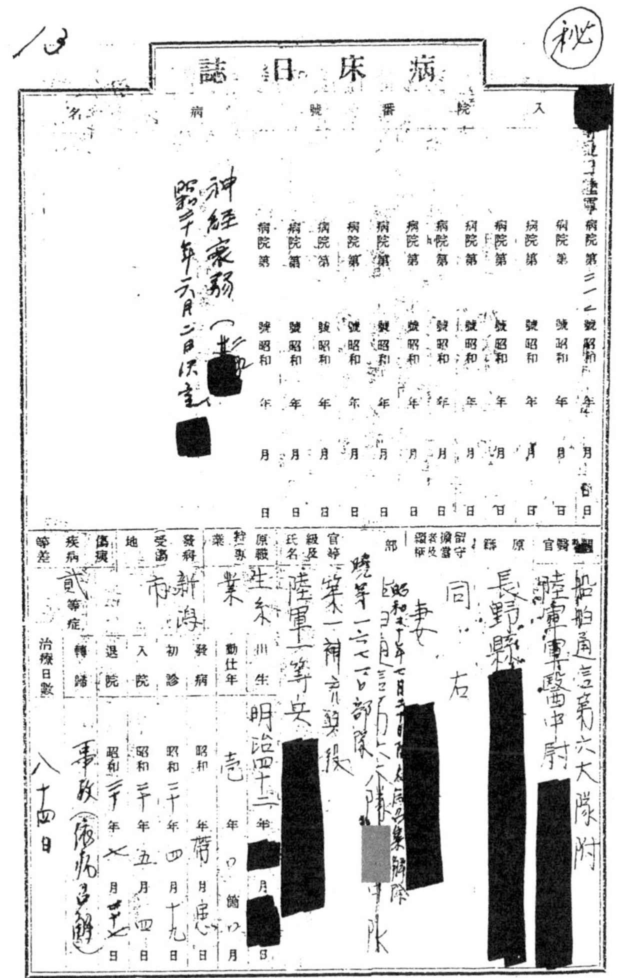

13

㊙

病床日誌

入院番号　病名

陸軍病院第二一〇號　昭和　年　月　日

神経衰弱（●●）
昭和二十年六月二日決定

官職：船舶通信第六大隊附
陸軍軍醫中尉
原籍：長野縣
留守擔當者：同右　妻
部隊：暁第一六七〇部隊
昭和十九年七月二十日船舶通信補充隊（船舶通信第六大隊）中隊
官等級及氏名：陸軍一等兵
原職：生糸　業
生：明治四十二年　月　日
勤仕年：壹年〇箇〇月
發病：昭和　年　月　日
初診：昭和二十年四月十九日
受傷地：新潟市
入院：昭和二十年五月四日
退院：昭和二十年七月二十七日
轉歸：事故（病名解）
疾病等差：貳等症
治療日數：八十四日

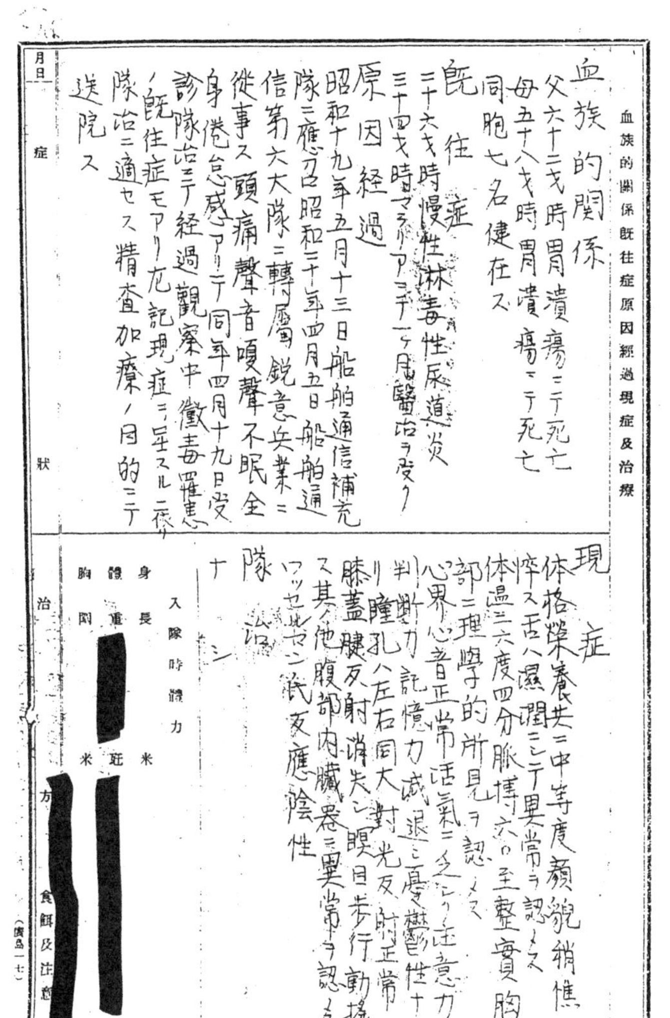

血族的關係既往症原因經過現症及治療

血族的関係
父六十二才時胃潰瘍ニテ死亡
母五十八才時胃潰瘍ニテ死亡
同胞七名健在ス

既往症
二十六才時慢性淋毒性尿道炎
三十四才時マラリアニテ一ヶ月醫治ヲ受ク

原因経過
昭和十九年五月十三日船舶通信補充隊ニ應召昭和二十年四月五日船舶通信第六大隊ニ轉屬鋭意兵業ニ從事ス頭痛聲音嗄聲不眠全身倦怠感アリテ同年四月十九日受診隊治ニテ経過觀察中黴毒罹患ノ既往症モアリ左記現症ヲ呈スルニ依リ隊治ニ適セス精査加療ノ目的ニテ送院ス

現症
体格榮養共ニ中等度顔貌稍憔悴ス舌ハ濕潤ニシテ異常ヲ認メス体温三六度四分脈搏六〇至整實胸部ニ理學的所見ヲ認メス心界心音正常活氣ニ乏シク注意力判斷力記憶力減退シ憂鬱性ナリ瞳孔ハ左右同大對光反射正常膝蓋腱反射消失シ瞑目歩行動揺ス其ノ他腹部内臟器ニ異常ヲ認メス
ワッセルマン氏反應陰性

入隊時體力
身長　米
體重　瓩
胸圍　米

隊治
ナシ

症状　治療方　食餌及注意

（廣島一七）

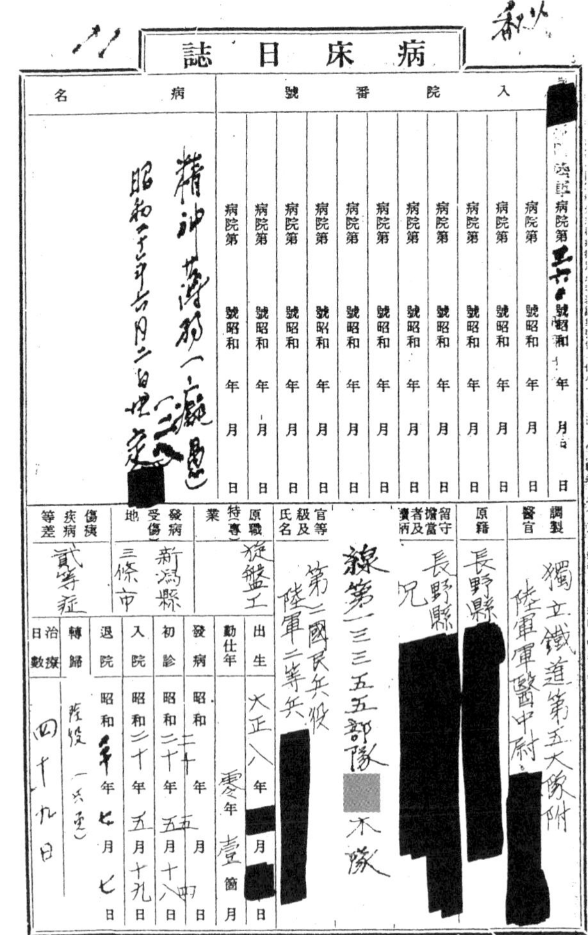

病床日誌

入院番號	
陸軍病院第[illegible]號	昭和二十年 月 日
病院第 號	昭和 年 月 日
病院第 號	昭和 年 月 日
病院第 號	昭和 年 月 日
病院第 號	昭和 年 月 日
病院第 號	昭和 年 月 日
病院第 號	昭和 年 月 日
病院第 號	昭和 年 月 日
病院第 號	昭和 年 月 日
病院第 號	昭和 年 月 日
病院第 號	昭和 年 月 日
病院第 號	昭和 年 月 日

病名
精神薄弱（痴愚） 昭和二十年六月二日[illegible]定 ■

項目	記載
調製醫官	獨立鐵道第五大隊附 陸軍軍醫中尉 ■
原籍	長野縣 ■
留守擔當者及續柄	長野縣 ■ 兄 ■
	線第一三三五五部隊 ■ 本隊
官等級及氏名	第二國民兵役 陸軍二等兵 ■
原職（特業）	旋盤工
發病（受傷）地	新潟縣三條市
傷痍疾病等差	貳等症
出生	大正八年■月■日
勤仕年	零年壹箇月
發病	昭和二十年五月十四日
初診	昭和二十年五月十八日
入院	昭和二十年五月十九日
退院	昭和二十年七月七日
轉歸	除役（一兵退）
治療日數	四十九日

■削除一字■訂正一字

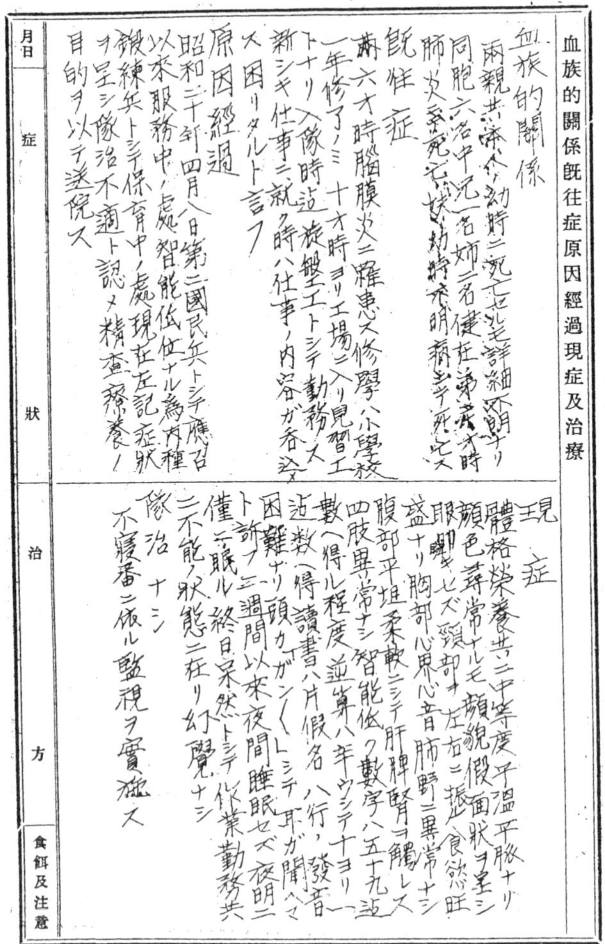

血族的關係既往症原因經過現症及治療

血族的關係

兩親共[illegible]幼時ニ死亡セルモ詳細不明ナリ
同胞六名中兄一名姉二名健在弟一名六才時肺炎ニテ死亡シ妹一名幼時不明病ニテ死亡ス

既往症

満六才時脳膜炎ニ罹患ス 修學ハ小學校一年修了ノミ 十才時ヨリ工場ニ入リ見習工トナリ入隊時迄旋盤工トシテ勤務ス 新シキ仕事ニ就ク時ハ仕事ノ内容ガ呑込メズ困リタルト言フ

原因經過

昭和二十年四月八日第二國民兵トシテ應召以來服務中ノ處智能低位ナル為丙種鍛練兵トシテ保育中ノ處現在左記症状ヲ呈シ隊治不適ト認メ精査療養ノ目的ヲ以テ送院ス

現症

體格榮養共ニ中等度平温平脈ナリ
顔色尋常ナルモ顔貌假面状ヲ呈シ
眼瞼動キセズ頭部ヲ左右ニ振ル 食欲旺盛ナリ 胸部心界心音肺野ニ異常ナシ
腹部平坦柔軟ニシテ肝脾腎ヲ觸レズ
四肢異常ナシ 智能低ク數字ハ五十九迄數ヘ得ル程度 逆算ハ辛ウジテ十ヨリ一迄數ヘ得 讀書ハ片假名ハ行ノ發音困難ナリ 頭ガガンガンシテ耳ガ聞ヘヌト訴フ 三週間以來夜間睡眠セズ夜明ニ僅ニ眠ル 終日呆然トシテ作業勤務共ニ不能ノ状態ニ在リ 幻覺ナシ

隊治ナシ

不寝番ニ依ル監視ヲ實施ス

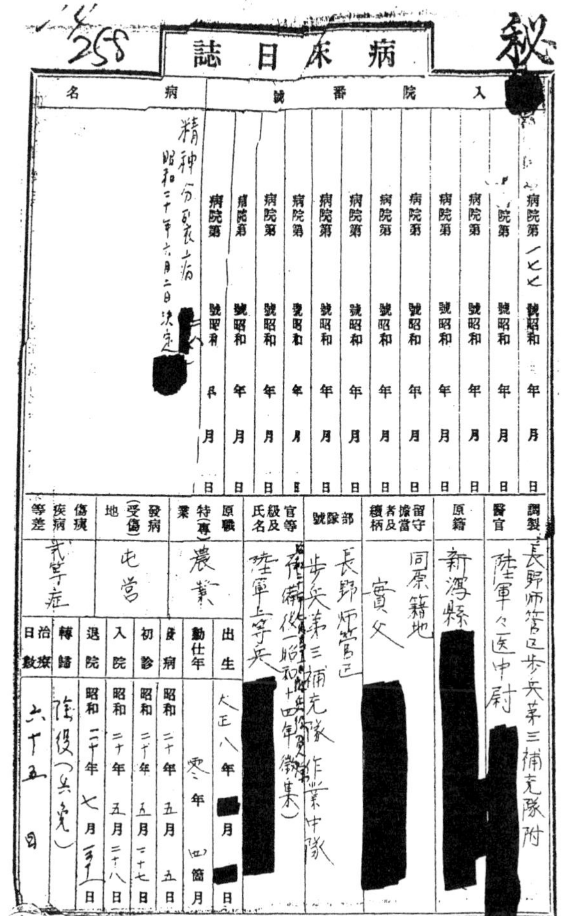

秘

258

病床日誌

入院番號	
病院第一七七號	昭和　年　月　日

病名
精神分裂症 昭和二十年六月二日決定

調製	醫官	原籍	留守擔當者及續柄	部隊號	官等級及氏名	原職特(專)業	發病(受傷)地	傷痍疾病等差
長野師管区歩兵第三補充隊附	陸軍々医中尉	新潟縣	同原籍地 實父	長野師管区 歩兵第三補充隊作業中隊	陸軍上等兵 (豫備役 昭和十四年徴集)	農業	屯営	弐等症

出生	勤仕年	發病	初診	入院	退院	轉歸	治療日數
大正八年■月■日	零年四箇月	昭和二十年五月五日	昭和二十年五月二十七日	昭和二十年五月二十八日	昭和二十年七月三十一日	除役(兵免)	六十五日

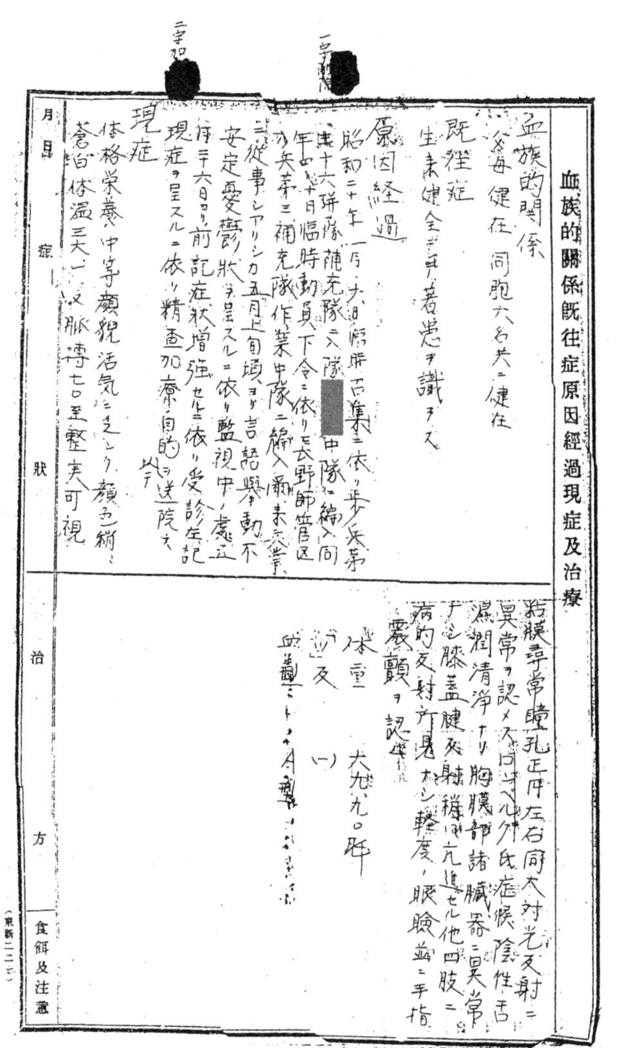

二字加　二字削除

血族的關係既往症原因經過現症及治療

月日	症狀
	血族的関係 父母健在 同胞六名共ニ健在 既往症 生来健全ニシテ著患ヲ識ラス 原因経過 昭和二十年一月二十日臨時召集ニ依リ歩兵第■十六聯隊補充隊ニ入隊■中隊ニ編入同年四月十日臨時動員下令ニ依リ長野師管区歩兵第三補充隊作業中隊ニ編入爾来營業ニ従事シアリシカ五月上旬頃ヨリ言語挙動不安定憂鬱状ヲ呈スルニ依リ監視中ノ處五月二十六日ヨリ前記症状増強セルニ依リ受診左記現症ヲ呈スルニ依リ精査加療ノ目的ヲ以テ送院ス 現症 体格栄養中等顔貌活気ニ乏シク顔色稍々蒼白体温三六・八脈搏七〇至整実可視

治方
粘膜異常ナク瞳孔正円左右同大対光反射ニ異常ヲ認メス口舌ニハ何等他氏症候陰性舌湿潤清浄ナリ胸膜部諸臓器ニ異常ナシ膝蓋腱反射稍々亢進セル他四肢ニ病的反射所見ナシ軽度ノ眼瞼並ニ手指震顫ヲ認ム 体重 大九、九〇瓩 血反 (一) 血壓 [illegible]

食餌及注意

秘

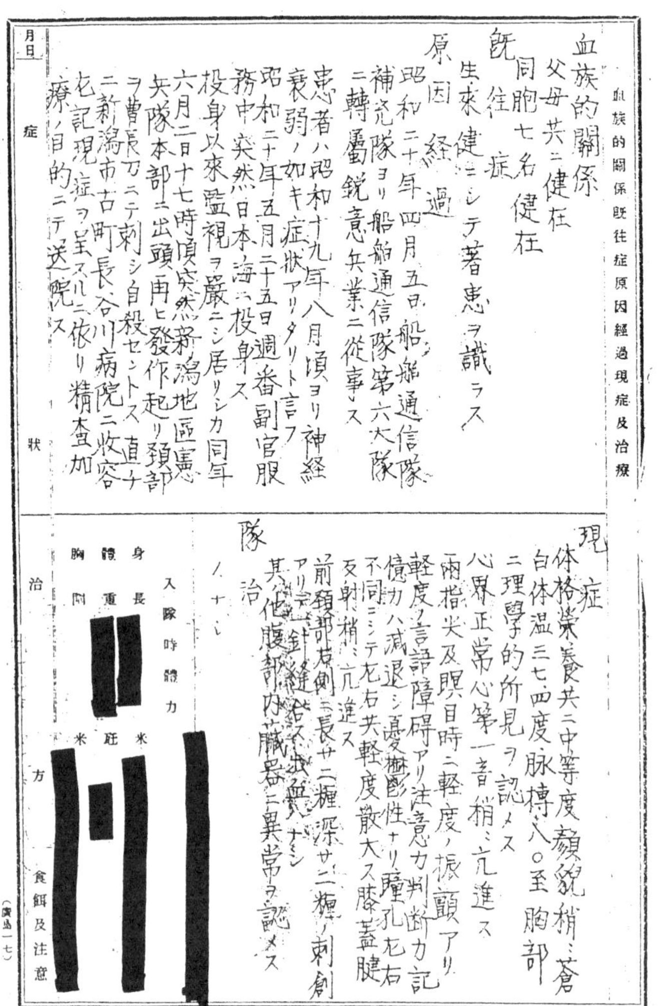

血族的關係既往症原因経過現症及治療

血族的關係
父母共ニ健在
同胞七名健在

既往症
生來健ニシテ著患ヲ識ラス

原因 経過
昭和二十年四月五日船舶通信補充隊ヨリ船舶通信隊第六大隊ニ轉屬鋭意兵業ニ從事ス
患者ハ昭和十九年八月頃ヨリ神経衰弱ノ如キ症状アリタリト言フ
昭和二十年五月二十五日週番副官服務中突然日本海ニ投身ス
投身以來監視ヲ嚴ニシ居リシカ同年六月二日十七時頃突然新潟地区憲兵隊本部ニ出頭再ヒ發作起リ頸部ヲ曹長刀ニテ刺シ自殺セントス直ナニ新潟市古町長谷川病院ニ收容
右記現症ヲ呈スルニ依リ精査加療ノ目的ニテ送院ス

現症
体格榮養共ニ中等度顏貌稍ゝ蒼白体温三七、四度脉摶八〇至胸部ニ理學的所見ヲ認メス
心界正常心第一音稍ゝ亢進ス
兩指尖及眼目時ニ軽度ノ振顫アリ
軽度ノ言語障碍アリ注意力判断力記憶力ハ減退シ憂鬱性ナリ瞳孔左右不同ニシテ右左共軽度散大ス膝蓋腱反射稍ゝ亢進ス
前頸部右側ニ長サ二糎深サ二糎ノ刺創アリ二針縫合ス出血ナシ
其他腹部内臓器ニ異常ヲ認メス

治
隊
ノ十ヽ

月日 症状 治方 食餌及注意
入隊時體力 身長 米 體重 瓩 胸囲 米
（陸丙一七）

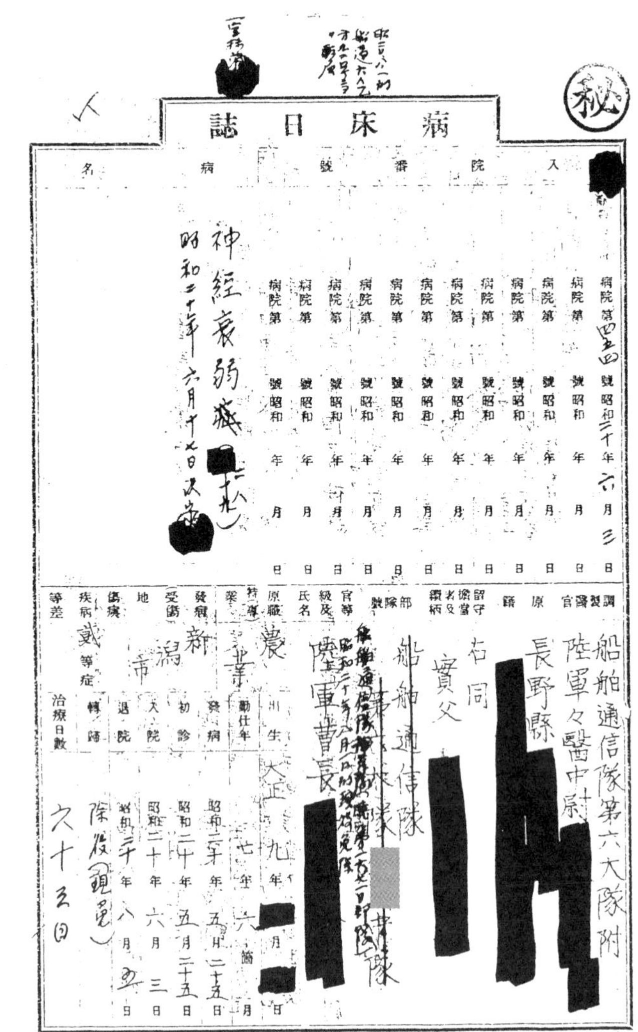

病床日誌

入院番號 病院第四四號 昭和二十年六月三日

病名 神經衰弱症
昭和二十年六月十八日決定

調製官等	船舶通信隊第六大隊附 陸軍々醫中尉
原籍	長野縣
留守擔當者及續柄	右同 實父
部隊號	船舶通信隊第六大隊
官等級及氏名	陸軍曹長
原職	農
特業	業
生	大正九年 月 日
勤仕年	七年六箇月
發病	昭和二十年五月二十五日
初診	昭和二十年五月二十五日
入院	昭和二十年六月三日
退院	昭和二十年八月[illegible]日
受傷地	新潟市
傷痍疾病等差	戰等症
轉歸	除役(現[illegible])
治療日數	六十五日

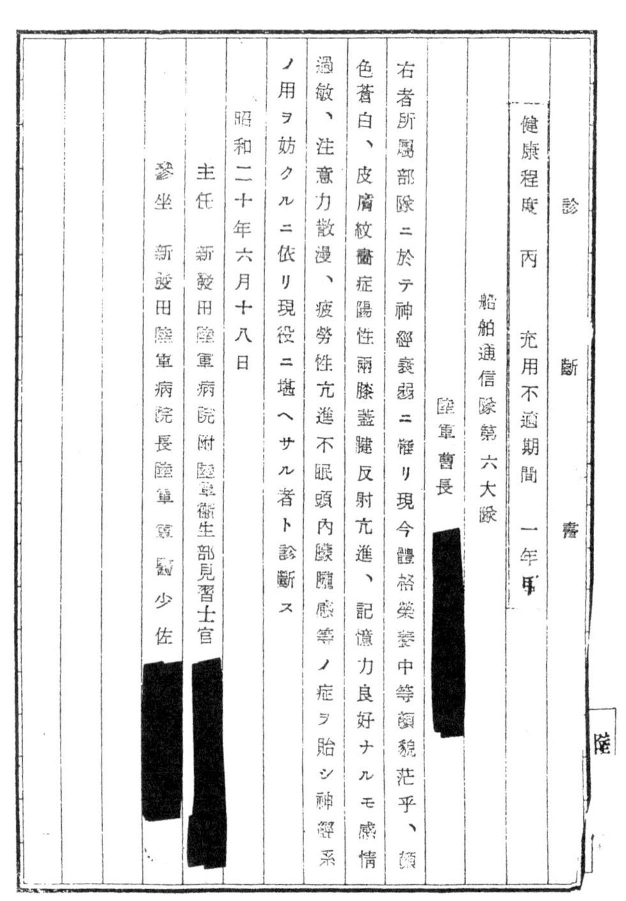

診斷書

一 健康程度 丙 充用不適期間 一年

船舶通信隊第六大隊
陸軍曹長

右者所屬部隊ニ於テ神經衰弱ニ罹リ現今體格榮養中等顏貌茫乎、顏色蒼白、皮膚紋畫症陽性兩膝蓋腱反射亢進、記憶力良好ナルモ感情過敏、注意力散漫、疲勞性亢進不眠頭内朦朧感等ノ症ヲ胎シ神經系ノ用ヲ妨クルニ依リ現役ニ堪ヘサル者ト診斷ス

昭和二十年六月十八日

主任 新發田陸軍病院附陸軍衛生部見習士官
參坐 新發田陸軍病院長陸軍軍醫少佐

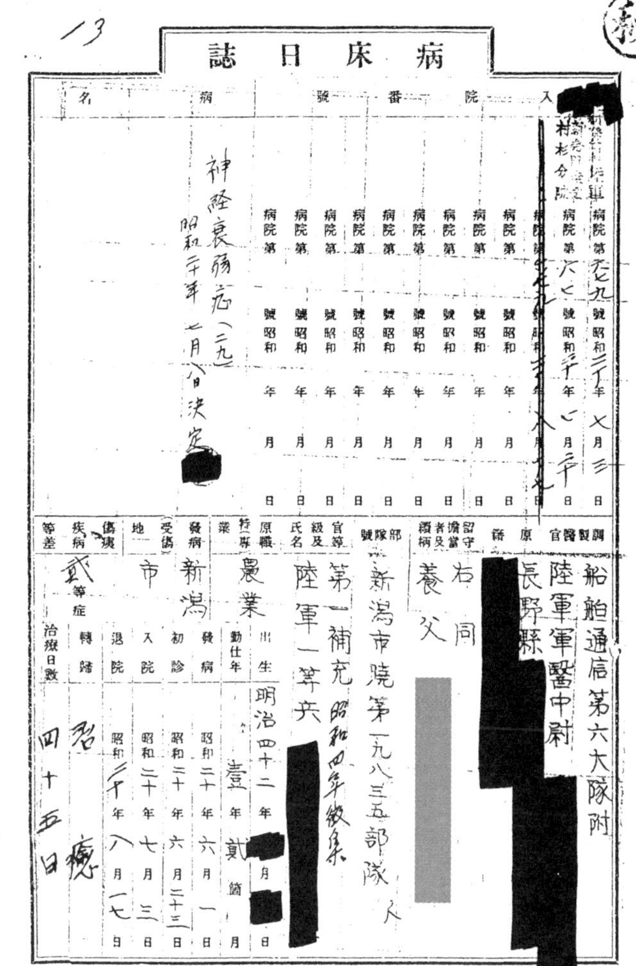

13

病床日誌

入院番號	病名
新発田陸軍病院 病院第六七九號 昭和二十年七月三日	神経衰弱症（二九） 昭和二十年七月八日決定
新発田陸軍病院村杉分院 病院第六七號 昭和二十年七月二十日	

欄	記載
調製醫官	船舶通信第六大隊附 陸軍軍醫中尉
原籍	長野縣
留守擔當者及續柄	右同 養父
部隊號	新潟市曉第一九八三五部隊
官等級及氏名	第一補充 昭和四年徴集 陸軍一等兵
原職（特業）	農業
發病地	新潟 市
傷痍疾病等差	武 等症
出生	明治四十二年 月 日
勤仕年	壹年貳箇月
發病	昭和二十年六月一日
初診	昭和二十年六月二十三日
入院	昭和二十年七月三日
退院	昭和二十年八月一七日
轉歸	治癒
治療日數	四十五日

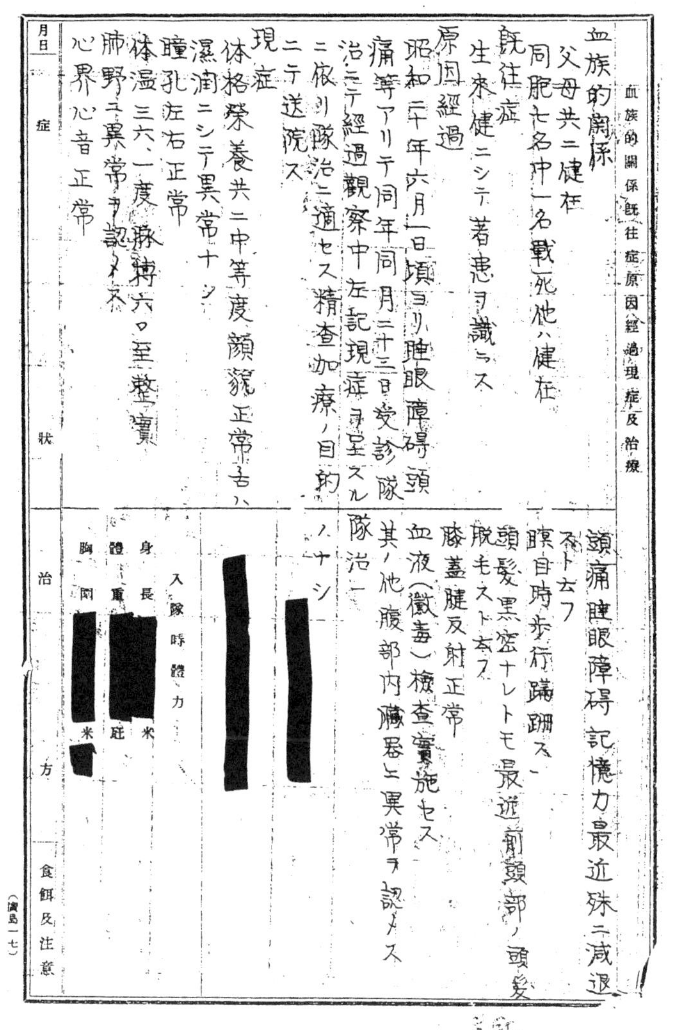

血族的關係既往症原因經過現症及治療

血族的關係
父母共ニ健在
同胞七名中一名戰死他ハ健在

既往症
生來健ニシテ著患ヲ識ラス

原因經過
昭和二十年六月一日頃ヨリ睡眠障碍頭痛等アリテ同年同月二十三日受診隊治ニテ經過觀察中左記現症ヲ呈スルニ依リ隊治ニ適セス精査加療ノ目的ニテ送院ス

現症
体格榮養共ニ中等度顔貌正常舌ハ濕潤ニシテ異常ナシ
瞳孔左右正常
体温三六、一度脉搏六〇至整實
肺野ニ異常ヲ認メス
心界心音正常

頭痛 睡眠障碍 記憶力最近殊ニ減退ヲ訴フ
瞑目時歩行蹣跚ス
頭髪黒密ナレトモ最近前頭部ノ頭髪脱毛スト訴フ
膝蓋腱反射正常
血液（黴毒）検査實施セス
其ノ他腹部内臓器ニ異常ヲ認メス

隊治一
ハナシ

入隊時體力　身長　米　體重　瓩　胸圍　米

月日　症状　治方　食餌及注意

（廣島一七）

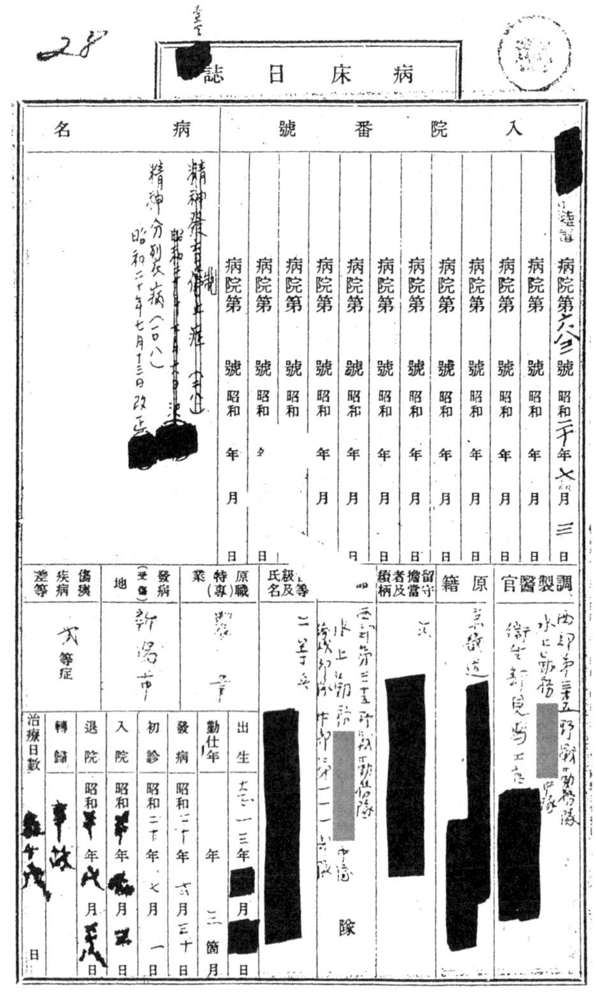

病床日誌

入院番號	病名
病院第六八號 昭和二十年七月三日	精神分裂病（一〇八） 昭和二十年七月十三日改正

調製醫官	原籍	留守擔當者及續柄	部隊	官等級氏名	原職（專）特業	發病地	傷病差等
衛生	新潟縣		隊	二等兵	農業	新潟市	等症

出生	勤仕年	發病	初診	入院	退院	轉歸	治療日數
大正一三年 月 日	年 二箇月	昭和二十年六月三十日	昭和二十年七月一日	昭和 年 月 日	昭和 年 月 日	事故	日

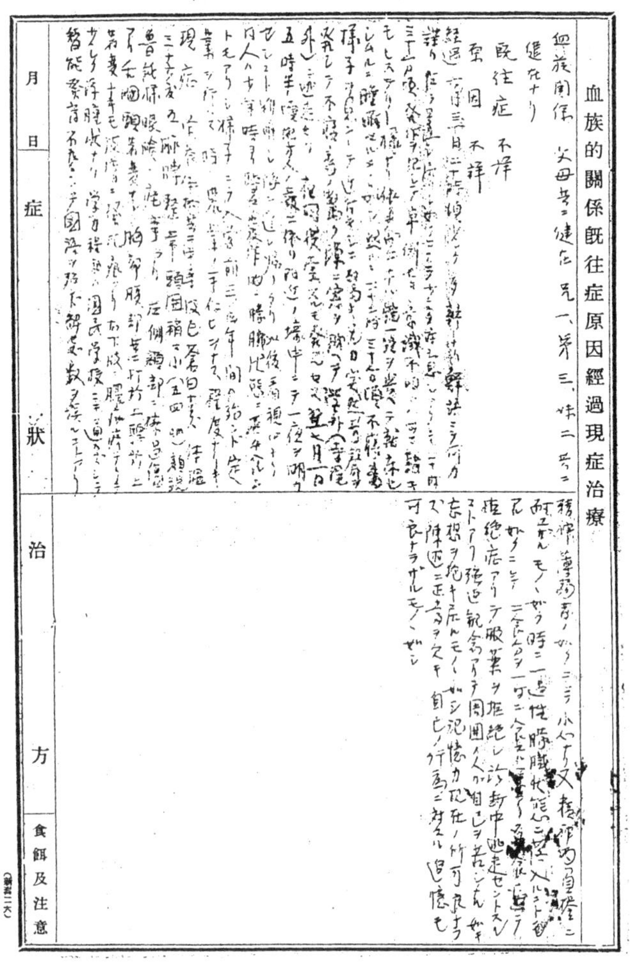

血族的關係既往症原因經過現症治療

血族関係 父母共ニ健在 兄一、弟三、妹二 共ニ健在ナリ

既往症 不詳

素因 不詳

月日	症狀	治方	食餌及注意

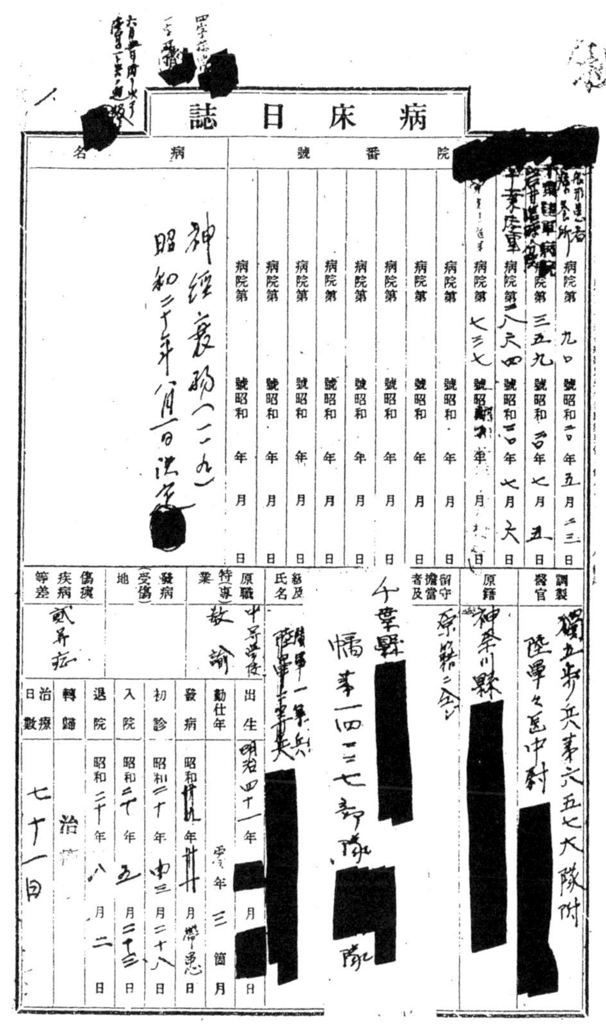

病床日誌

病名	院番號
神経衰弱（一一九） 昭和二十年八月一日治癒	病院第九〇號 昭和二〇年五月二三日 病院第三五九號 昭和二〇年七月五日 病院第二八六四號 昭和二〇年七月六日 病院第七三七號 昭和　年　月　日

調製醫官	原籍	留守擔當者及		級及氏名	原職	特業（専）	發病地（受傷）	傷痍疾病等差
獨立歩兵第六五七大隊附 陸軍々医中尉	神奈川縣	原籍ニ全シ	千葉縣 幡第一四二三七部隊　隊	陸軍一等兵 陸軍上等兵	中等学校	教諭		貳等症

出生	勤仕年	發病	初診	入院	退院	轉歸	治療日數
明治四十一年　月　日	零年三箇月	昭和十九年十一月帶患	昭和二十年[illegible]月二十八日	昭和二〇年五月二十三日	昭和二十年八月二日	治癒	七十一日

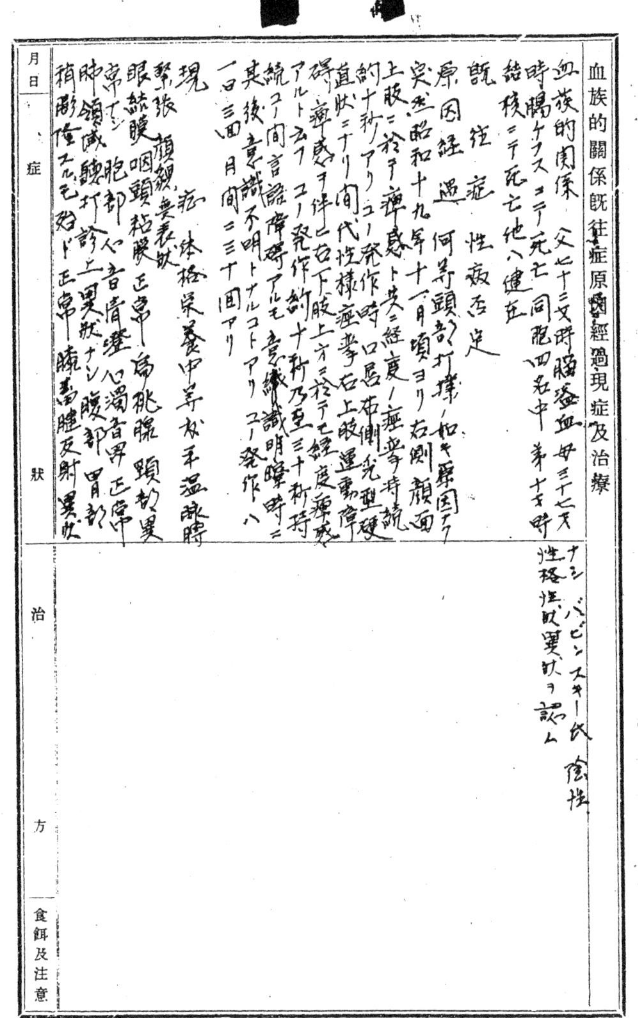

血族的關係既往症原因經過現症及治療

血族的関係　父七十二才時脳溢血　母三十七才時腸チフスニテ死亡　同胞四名中　弟十才時結核ニテ死亡　他ハ健在

既往症　性病否定

原因経過　何等頭部打撲ノ如キ原因ナク突然昭和十九年十一月頃ヨリ右側顔面上肢ニ於テ痺感ト共ニ経度ノ痙攣持続約十秒アリ　其ノ発作時口唇右側ハ強直状ニナリ間代性様痙攣右上肢運動障碍ヲ伴ヒ右下肢上方ニ於テモ経度痺感アルトコロ其ノ発作約十秒乃至三十秒持続其ノ間言語障碍アルモ意識明瞭時ニ其後意識不明トナルコトアリ　其ノ発作ハ一日三回　月間ニ三十回アリ

現症　体格栄養中等　体温平温　脈時緊張　顔貌無表状　眼結膜咽頭粘膜正常　扁桃腺　頸部異常ナシ　胸部　心音清澄　心濁音界正常　肺領域聴打診上異状ナシ　腹部　胃部稍膨隆スルモ殆ド正常　膝蓋腱反射異状ナシ　バビンスキー氏陰性　性格性異状ヲ認ム

月日	
症状	
治方	
食餌及注意	

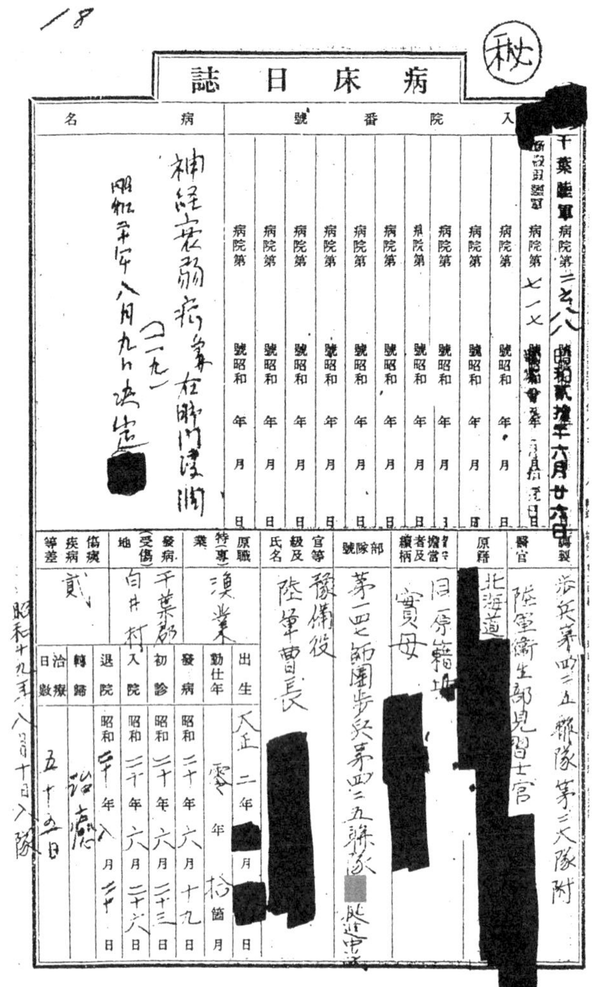
18

㊙

病床日誌

千葉陸軍病院第二六八號 昭和貳拾年六月廿六日調製
病院第七一七號 昭和 年 月 日
病院第 號 昭和 年 月 日

病名：神経衰弱症象在脳門諸淵
（一一九）
昭和二十年八月九日決定

醫官：陸軍衛生部見習士官
原籍：北海道
續柄：同原籍地 實母
部隊號：第一四七師團歩兵第四二五聯隊
官等級及氏名：豫備役 陸軍曹長
原職（特業）：漁業
發病（受傷）地：千葉郡白井村
傷痍疾病等差：貳
出生：大正二年 月 日
勤仕年：零年拾箇月
發病：昭和二十年六月十九日
初診：昭和二十年六月二十三日
入院：昭和二十年六月二十六日
退院：昭和二十年八月二十日
轉歸：治癒
治療日數：五十五日

昭和十九年八月十日入隊

血族的關係既往症原因經過現症及治療

血族的關係 祖父母不詳 病死 父六十二歳時胃癌ニテ死亡 母五十九歳病弱 同胞六名共ニ健存ス

既往症 幼時麻疹ヲ經過ス 年令時腸チフスニ罹患 昭和十五年北支ニテマラリヤ、急性胃腸炎 昭和二十年六月一日蛔虫病ニテ千葉陸軍病院ニ入院

原因經過 本患ハ昭和二十年六月一日蛔虫病ニテ千葉陸軍病院ニ入院ス 十七日治癒退院セルモ其翌日ヨリ眩暈、頭痛ヲ覺ユ 二十九日ニ至リ頭痛激増シ就寢ス 爾来食慾正常ナルモ頭痛ノミ激シク 二十三日受診ス 其ノ後經過ヲ觀察セルニ意識益々溷濁シ緩解ノ徴ナシ 依ッテ精査加療ノ目的ヲ以テ入院セシム

現症 體格榮養共ニ中等 身長一六五米 体重五八.六瓩 体温三六.七度 脈搏六〇至充實ス 頭痛ハ一様ニ激シク意識輕々溷濁シ顔色潮紅ス

眼瞼結膜發赤ヲ認メズ 咽頭粘膜僅ニ發赤ス 舌ハ濕潤セルモ中央ニ亀裂ヲ生ジ色ハ煤煙色ヲ呈シ舌苔ハ衣セズ 心界心音異常 肺域著変ヲ認メズ 腹部ハ僅ニ膨満ノ感アルモ柔軟ニシテ腫瘤壓痛等ヲ證明セズ 肝脾共ニ觸レズ 腰痛ナキモ「ケルニッヒ」氏症候軽度證明セラル 膝蓋腱反射稍亢進 腓腸筋壓痛ナシ 腫孔反射正常 項部強直軽度陽性 悪心嘔吐ナシ 便通ハ退院以来ナク本日（二十五日）一行アリ 食慾略々正常ナリ

諸検査事項ナシ

除治 空 以下余白

月日	治方	食餌及注意

壹字訂正
壹字挿入

血族的関係
父母共ニ健在
同胞七名 中一名妹 二十四才時 肋膜炎ニテ死亡
他全健ナリ

既往症
昭和二十年五月五日 両側陰嚢ヘルニヤニテ旭川陸軍病院ニ入院ス

原因経過
本人ハ五月五日旭川陸軍病院ニ入院シ同年六月二十一日治癒退院トナリ帰隊セルモ元氣ナク倦怠感、頭痛、胸部圧迫感ヲ訴ヘ直チニ受診ス 其ノ後ニ度 十三時ヨリ十五時ノ間 癲癇様発作ヲ起シ昏倒ス 之ヲ診スルニ隊治不適ト認メ 精査加療ノ目的ヲ以テ送院ス

現症
体格栄養中等度 体温三六・七度 脈搏六〇。至整實 顔貌稍々蒼白 元氣ナク 瞳孔左右稍々拡大 咽頭口腔可視粘膜ニ著変ヲ認メズ 心音心界略々正常ナリ 胸部打診上抵抗ヲ認メ 聴診上著変ヲ認メズ 腹部平坦軟ニシテ異常ヲ認メズ 膝蓋腱反射稍々亢進スルヲ認ム 発病時ハ意識喪失、瞳孔散大、口ヨリ泡ヲ出シ発作、痙攣ヲ生ジ四五分位 進続スルヲ認ム

隊治
安静
睡眠剤投與 心臓部冷罨法

身長 一・六一五米 (昭和二十年五月)
体重 五八・一瓩 (〃) 右
胸囲 〇・八七二米 (〃) 左
ツ反 (一) (徴兵時)(昭和二十年二月)
血沈 一七粍 (一時間値)(昭和二十年五月一日)

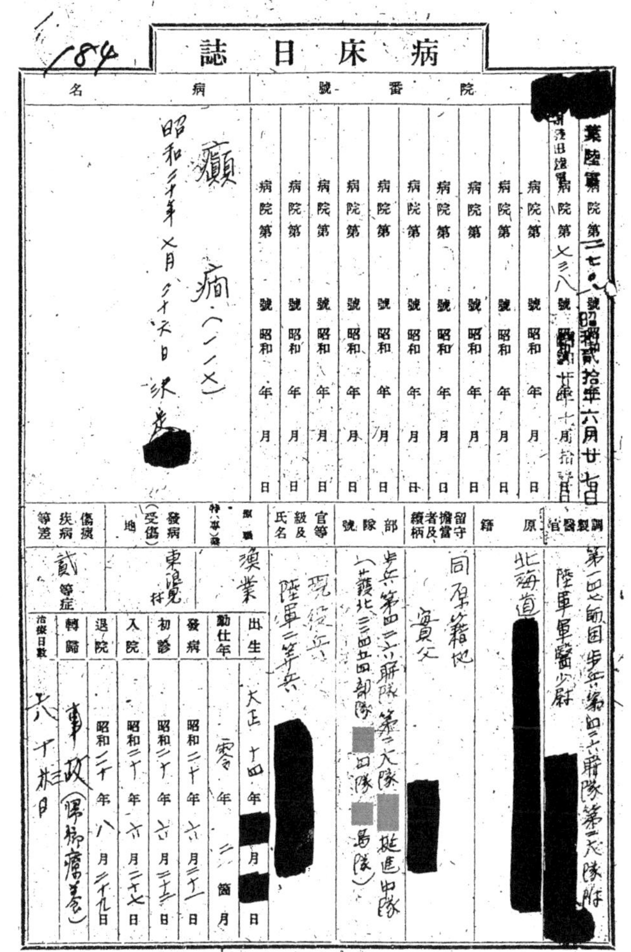
184

病床日誌

病名: 癲癇 (昭和二十年八月 日決定)

院號番: 新発田陸軍病院第二七〇八號 昭和貳拾年六月廿七日; 新発田陸軍病院第七三八號 昭和二十年七月拾日

調製醫官: 第一四〇師団歩兵第四二六聯隊第六隊附 陸軍軍醫少尉
原籍: 北海道
留守擔當者續柄: 同原籍地 實父
部隊號: 歩兵第四二六聯隊第二大隊 ■中隊 (旭北三三四四部隊 ■小隊 ■島隊)
官等級及氏名: 現役兵 陸軍二等兵
職業: 漁業
發病(受傷)地: 東濱
傷病: 貳等症
出生: 大正十四年 ■月■日
勤仕年: 零年二箇月
發病: 昭和二十年六月二十一日
初診: 昭和二十年六月二十一日
入院: 昭和二十年六月二十七日
退院: 昭和二十年八月二十九日
轉歸: 事故 (軍務審査)
治療日數: 六十三日

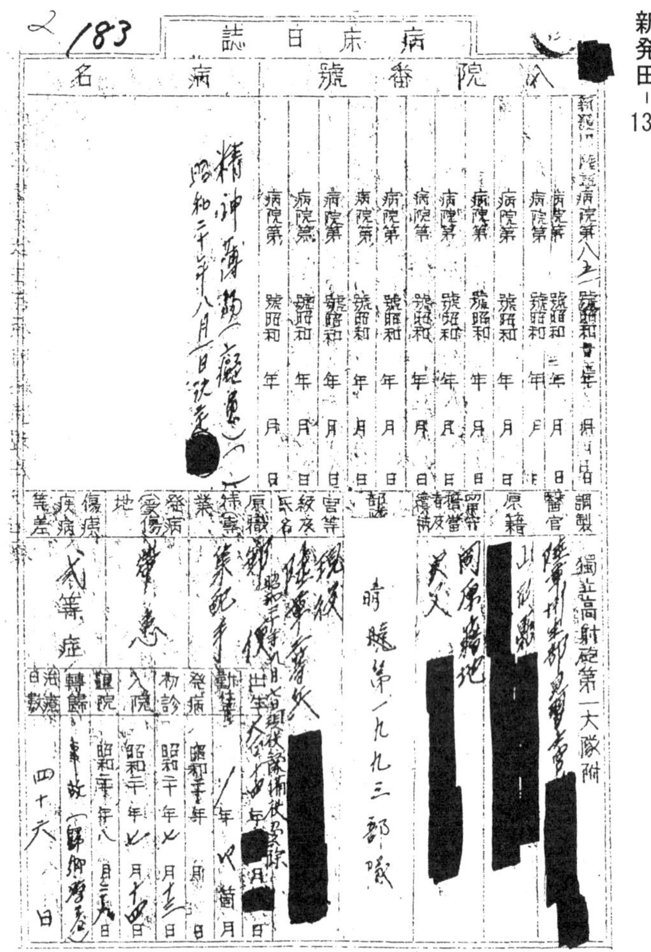

2 183

病床日誌

入院番號 / 病名

新發田陸軍病院第八五一號 昭和二十年七月十四日

病院第　號 昭和　年　月　日

精神薄弱（癡愚）ノ[illegible]
昭和二十年八月一日決定

調製	獨立高射砲第一大隊附
醫官	陸軍[illegible]軍醫[illegible] [redacted]
原籍	山形縣 [redacted]
留守擔當者	岡原番地 [redacted]
續柄	義父
部隊	暁第一九九三部隊
官等級	現役 陸軍二等兵
氏名	[redacted]
原職業	[illegible]
徴集	昭和十九年九月[illegible]現役[illegible]
業	[illegible]
發病地	營内
傷病	戊第[illegible]症
出生	[illegible]年 [redacted] 月 [redacted] 日
勤務年數	一年 一箇月
發病	昭和　年　月　日
初診	昭和二十年七月十三日
入院	昭和二十年七月十四日
退院	昭和二十年八月二十九日
轉歸	事故（歸郷療養）
治療日數	四十六日

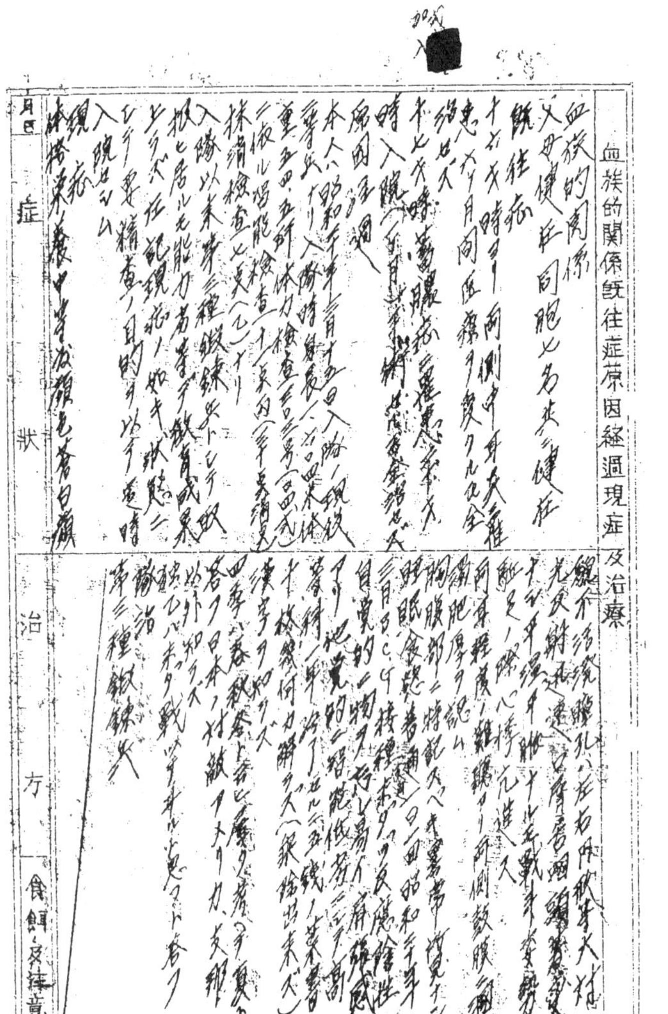

血族的關係既往症原因經過現症及治療

血族的關係
父母健在 同胞七名共ニ健在

既往症
十六才時ヨリ両側中耳炎ニ罹患シ六ケ月間医療ヲ受クルモ全治セズ
[illegible]

原因經過
本人ハ昭和二十年[illegible]入隊[illegible]
[illegible]

現症
[illegible]

月日 / 症狀 / 治方 / 食餌及注意

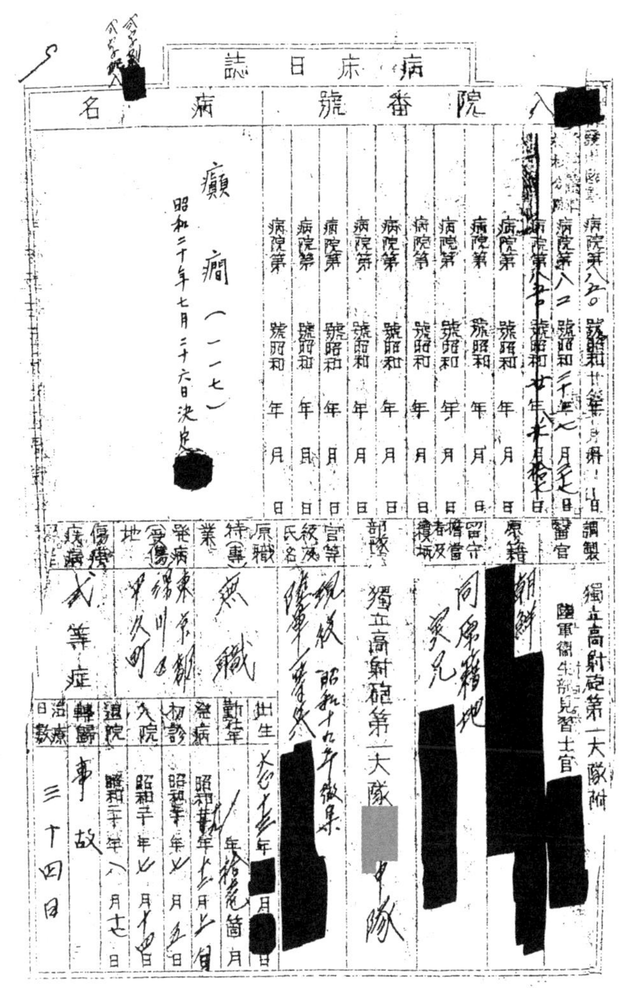

病床日誌

入院番號

病院第八五〇號 昭和廿年[illegible]月[illegible]日
病院第八二號 昭和二十年七月廿七日
病院第八[illegible]號 昭和廿年八月[illegible]日
病院第 號 昭和 年 月 日
病院第 號 昭和 年 月 日
病院第 號 昭和 年 月 日
病院第 號 昭和 年 月 日
病院第 號 昭和 年 月 日
病院第 號 昭和 年 月 日
病院第 號 昭和 年 月 日
病院第 號 昭和 年 月 日

病名

癲癇（一一七）
昭和二十年七月二十六日決定

調製	獨立高射砲第一大隊附 陸軍衛生部見習士官
醫官	
原籍	朝鮮
留守擔當者及續柄	同原籍地 実兄
部隊	獨立高射砲第一大隊 中隊
官等級及氏名	現役 昭和十九年徴集 陸軍一等兵
原職(專)業	無職
發病(受傷)地	東京都錦川区平久町
傷痍疾病	戊等症
出生	大正 年 月 日
勤年	年拾弐箇月
發病	昭和十九年十二月上旬
初診	昭和二十年七月五日
入院	昭和二十年七月十四日
退院	昭和二十年八月廿七日
轉歸	事故
治療日數	三十四日

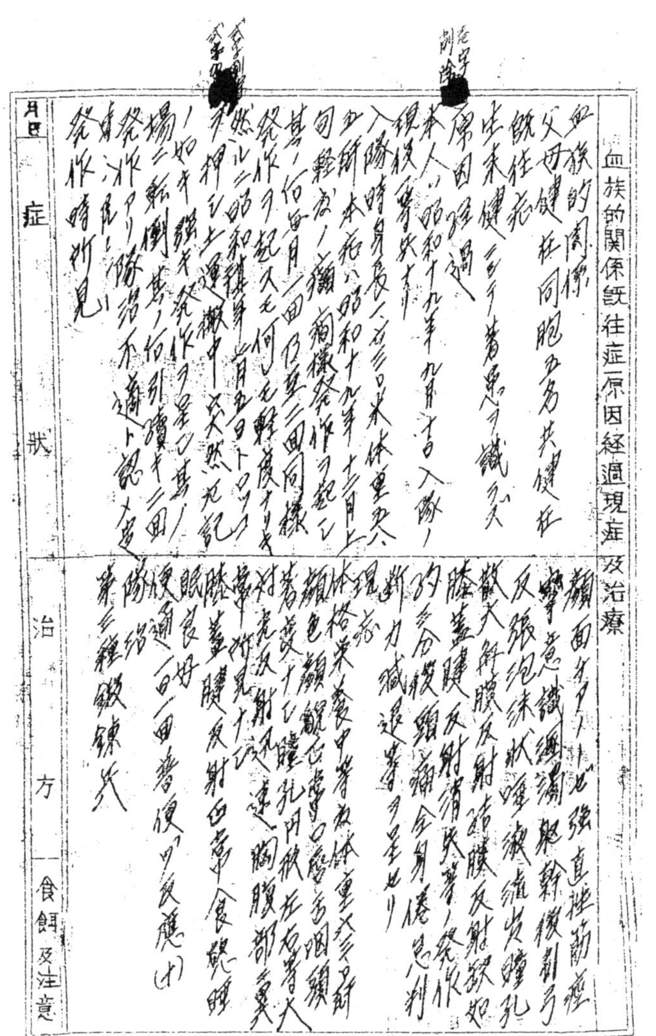

月日	血族的関係既往症原因経過現症及治療
症状	血族的関係 父母健在同胞五名共健在 既往症 生来健ニシテ著患ヘヲ識ラズ 原因経過 本人ハ昭和十九年九月十五日入隊ノ現役兵ナリ 入隊時身長一・六三〇米体重五六・八瓩 本症ハ昭和十九年十二月上旬軽度ノ癲癇様発作ヲ起シ其ノ后毎月一回乃至二回同様発作ヲ起スモ何モ軽度ナリキ然ルニ昭和二十年六月五日トロッコ押シ上運搬中突然[illegible]ノ如キ強キ発作ヲ呈シ其ノ場ニ転倒其ノ后引続キ二回発作アリ隊治不適ト認メ送院[illegible] 発作時所見
治方	顔面チアノーゼ強直性筋痙攣意識溷濁脱糞[illegible]ヲ反張泡沫状唾液流出瞳孔散大対光反射消失腱反射欠如膝蓋腱反射消失等ノ発作約五分[illegible]全身倦怠ヲ判断力減退等ヲ呈セリ 現症 体格栄養中等度体重五三・五瓩顔色顔貌正常口腔咽頭著変ナシ瞳孔円形左右等大対光反射迅速胸腹部異常所見ナシ膝蓋腱反射正常食欲睡眠良好便通一日一回普便ワ反応(十) 隊給第三種[illegible]
食餌及注意	

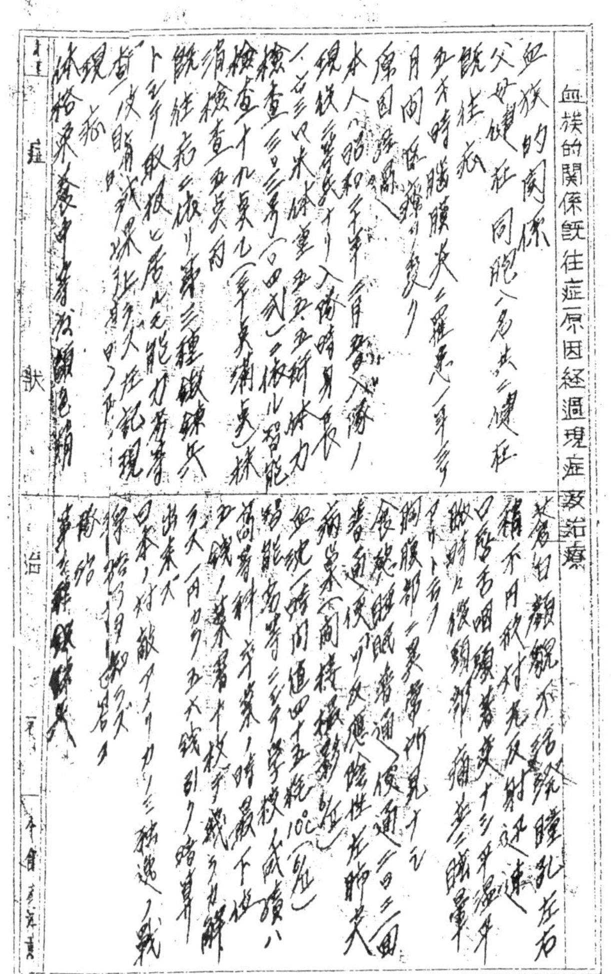
血族的關係旣往症原因經過現症及治療

血族的關係
父母健在 同胞八名共ニ健在
旣往症
五才時脳膜炎ニ罹患ノ事アリ
原因経過
本人ハ昭和[illegible]入隊ノ[illegible]
現役兵[illegible]入隊時身長[illegible]
[illegible]
現症
[illegible]

治療
[illegible]

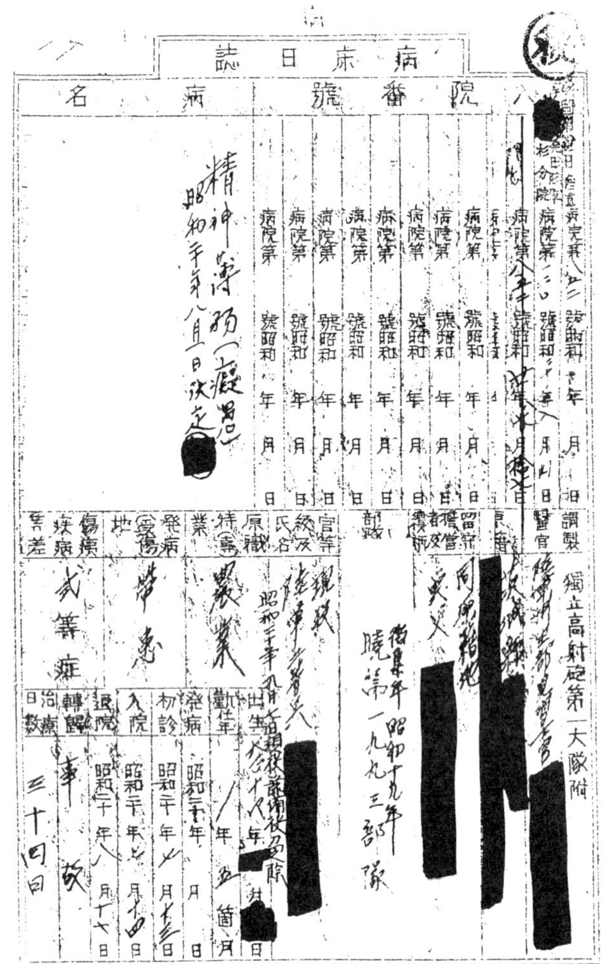
病床日誌

院番號
病名

精神薄弱（疑愚）
昭和二十年八月 日決定

調製 獨立高射砲第一大隊附
部隊 暁第一九九三部隊
職業 農業
發病 ［戰］地
等差 貳等症
入院 昭和二十年七月十四日
初診 昭和二十年七月十三日
發病 昭和二十年 月 日
轉歸 事故
治療日數 三十四日

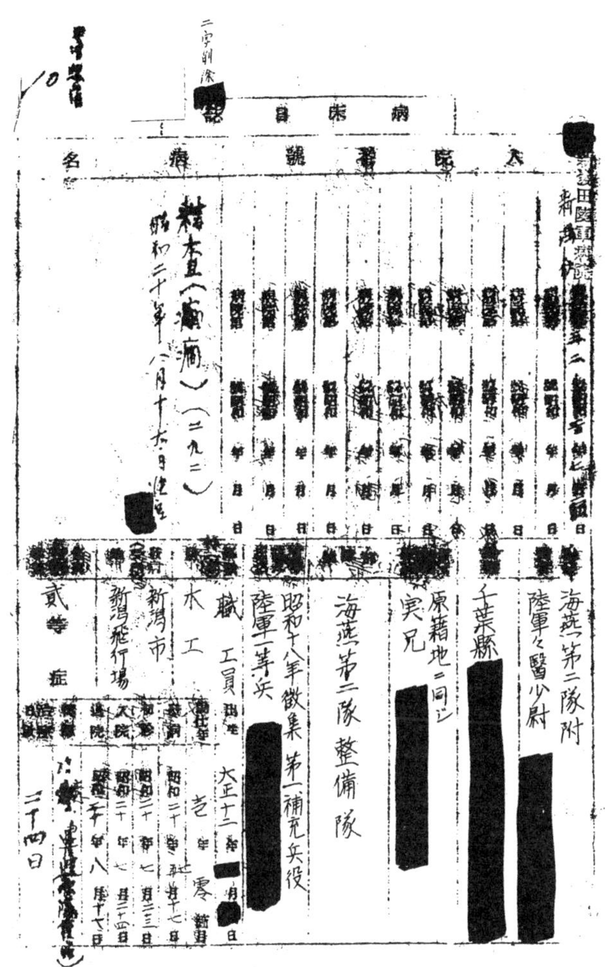

二字削除

病床日誌

入院番號　病名

新発田陸軍病院

精査（癲癇）（二九二）

昭和二十年八月十六日治癒

海燕第二隊附　陸軍々醫少尉

千葉縣

原籍地ニ同ジ

実兄

海燕第二隊整備隊

昭和十八年徴集　第一補充兵役

陸軍一等兵

職　工員　大正十二年　月　日生

水工　壱年零箇月

新潟市

新潟飛行場

貳等症

發病　昭和二十年七月十七日

初診　昭和二十年七月二十三日

入院　昭和二十年七月二十四日

退院　昭和二十年八月十七日

二十四日

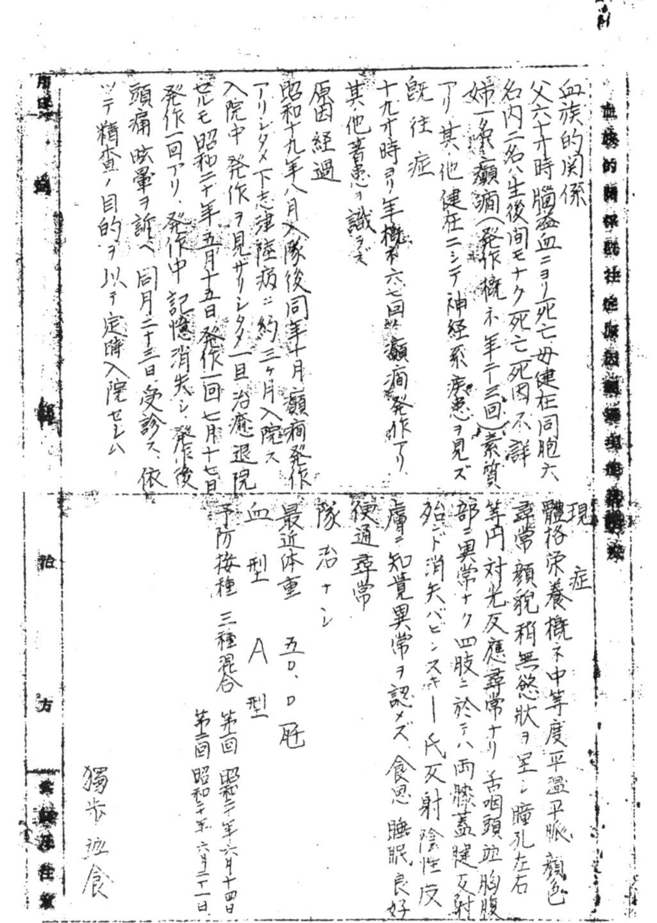

血族的関係

父六十才時脳溢血ニヨリ死亡、母健在、同胞六名内二名ハ生後間モナク死亡、死因不詳、姉一名癲癇（発作概ネ年二－三回）素質アリ、其他健在ニシテ神経系疾患ヲ見ズ

既往症

十九才時ヨリ年概ネ六－七回位癲癇発作アリ、其他著患ヲ識ラズ

原因経過

昭和十九年八月入隊後同年十月癲癇発作アリシタメ下志津陸病ニ約三ヶ月入院ス、入院中発作ヲ見ザリシタメ一旦治癒退院セルモ昭和二十年五月十五日発作一回、七月十七日発作一回アリ、発作中記憶消失シ、発作後頭痛眩暈ヲ訴ヘ、同月二十三日受診ス、依ッテ精査ノ目的ヲ以テ定時入院セシム

現症

體格栄養概ネ中等度、平温、平脈、顔色尋常、顔貌稍無慾状ヲ呈シ、瞳孔左右等円、対光反應尋常ナリ、舌咽頭並胸腹部ニ異常ナク、四肢ニ於テハ両膝蓋腱反射殆ンド消失、バビンスキー氏反射陰性、皮膚ニ知覚異常ヲ認メズ、食思睡眠良好、便通尋常

隊　治ナシ

最近体重　五〇、〇瓩

血型　A型

予防接種　三種混合　第一回　昭和二十年六月十四日　第二回　昭和二十年六月二十一日

獨歩並食

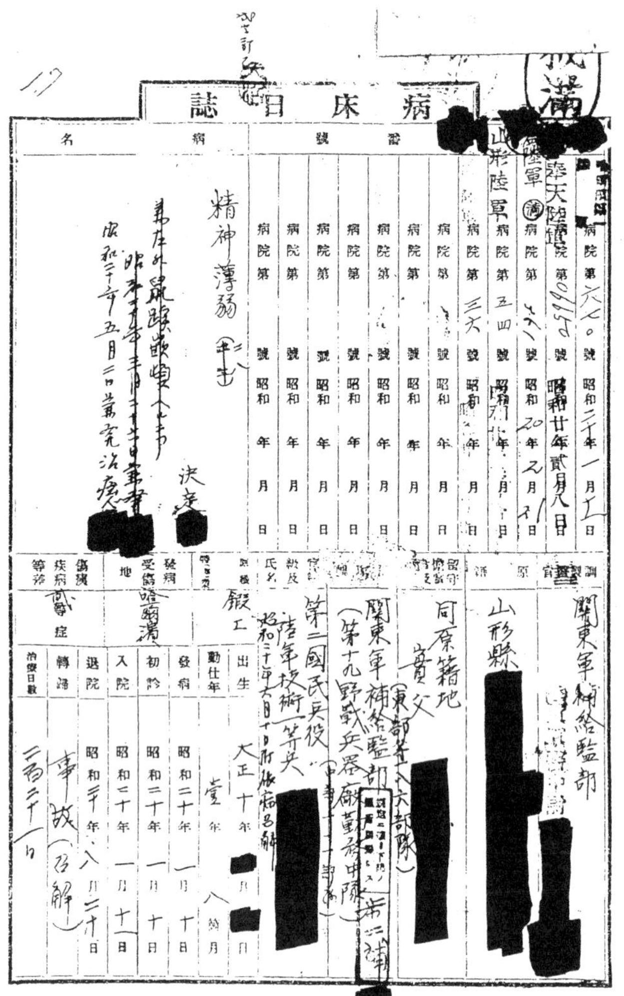

病床日誌

番號	
病院第六六〇號	昭和二十年一月十一日
奉天陸軍病院第[illegible]號	昭和廿年貳月八日
陸軍（滿）病院第[illegible]號	昭和20年2月[illegible]日
山形陸軍病院第五四號	昭和　年　月　日
病院第三六號	昭和　年　月　日
病院第　號	昭和　年　月　日

病名：精神薄弱（[illegible]）　決定

昭和二十年五月二[illegible]日 [illegible] 治癒

官等級	原籍	留守擔當者	所屬	兵種	職業	發病地	傷病等差
關東軍補給監部	山形縣	同原籍地 實父	關東軍補給監部（第十九野戰兵器廠勤務中隊）（東部第二十六部隊）	第二國民兵役 陸軍技術一等兵	鍛工	哈爾濱	症

出生	勤仕年	發病	初診	入院	退院	轉歸	治療日數
大正十年　月　日	壹年八箇月	昭和二十年一月十日	昭和二十年一月十日	昭和二十年一月十一日	昭和二十年八月二十日	事故（召解）	二百二十日

血族的關係旣往症原因經過現症及治療

血族的關係
父母 健在 同胞八名共ニ健在ス

既往症
火藥工場勤務中瓦斯中毒ニテ昭和十八年三月ヨリ約二ヶ月間入院加療セリ
自昭和十九年一月七日 至同年二月七日 脚氣ニテ哈爾濱第一陸軍病院ニ入院加療ヲ受ク
自昭和十九年二月十四日 至同年六月二十七日 左坐骨神經痛ニテ哈爾濱第一陸軍病院ニ入院加療ヲ受ク
自昭和十九年九月二十五日 至昭和二十年一月六日 脚氣ニテ哈爾濱第一陸軍病院ニ入院加療ヲ受ク

病歴經過
昭和二十年一月十日午後三時頃突然卒倒約十分間ノ間后覺醒 狂躁状態ニ陥レリ精神的過勞或ハ衝激ガ原因ト誘因ト思惟セラル直チニ受診スルニ下記現症アリ隊治ニ適セスト認メタルヲ以テ根本精査並ニ治療ノ目的ニテ昭和二十年一月十一日臨時入院セシム

現症
体格 榮養共ニ中等度 平温 平脈ナリ 顔貌無慾 癡呆状ヲ呈シアルモ興奮發揚状態ナリ只々トシテ私語シアリ 對光反應正常ニシテ瞳孔正円ナルモ稍々散大シアリ 各四肢腱反射一般ニ輕度減退シアリ 筋緊張著明ニ認メラル 意識比較的明瞭ナルモ應答不確實ニシテ自家撞着ス 恐迫觀念輕度ニ存在スルモノノ如ク被害妄想アルモノノ如シ 胸腹部所見トシテ特記スヘキ事項ヲ認メス

隊治
一 カンフル液 六、〇cc 靜脈內注射
二 催眠剤投與（痙攣療法）
（ウエロナール 〇、六）
（カルモチン 〇、六）

救護區分 護送
食餌區分 普菜

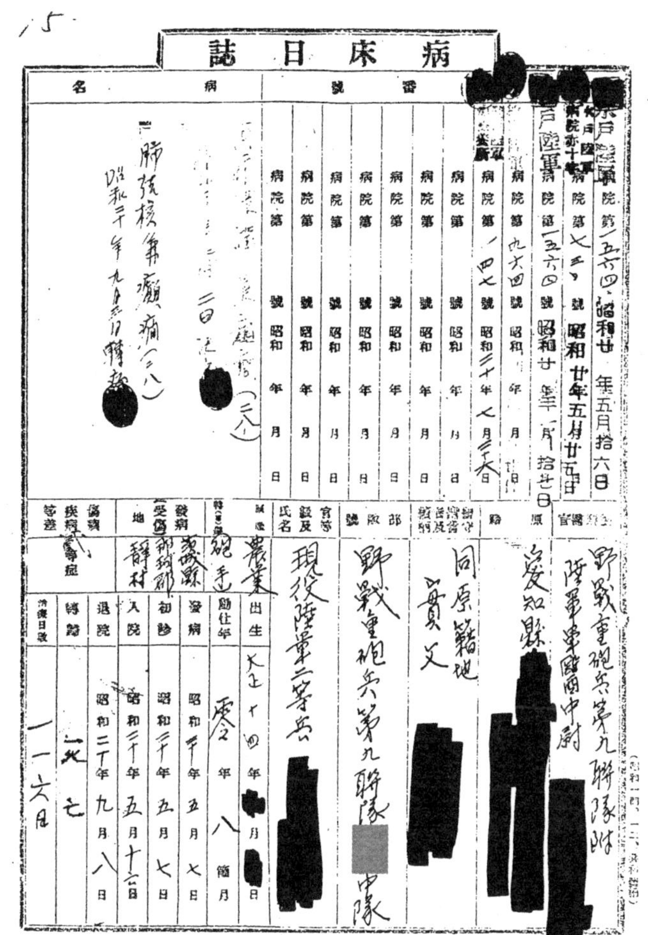

15

病床日誌

病名：肺結核兼癩痛（二八）

昭和二十年九月十八日轉歸

病院第一五六四號　昭和廿年五月拾六日
病院第七三號　昭和廿年五月廿五日
戸陸軍病院第一五六四號　昭和廿年一月拾廿日
病院第九六四號
病院第一四七號　昭和二十年七月二十六日

官職	原籍	身分	部隊號	官等級及氏名	職業	特業	發病地	傷病
野戦重砲兵第九聯隊附 陸軍軍医中尉	愛知縣	同原籍地 貴人	野戦重砲兵第九聯隊 中隊	現役陸軍二等兵	農業	砲手	静岡縣 郡 村	戦病

出生	勤仕年	發病	初診	入院	退院	轉歸	治療日數
大正十四年 月 日	零年八箇月	昭和二十年五月七日	昭和二十年五月七日	昭和二十年五月十二日	昭和二十年九月八日	一死亡	一一六日

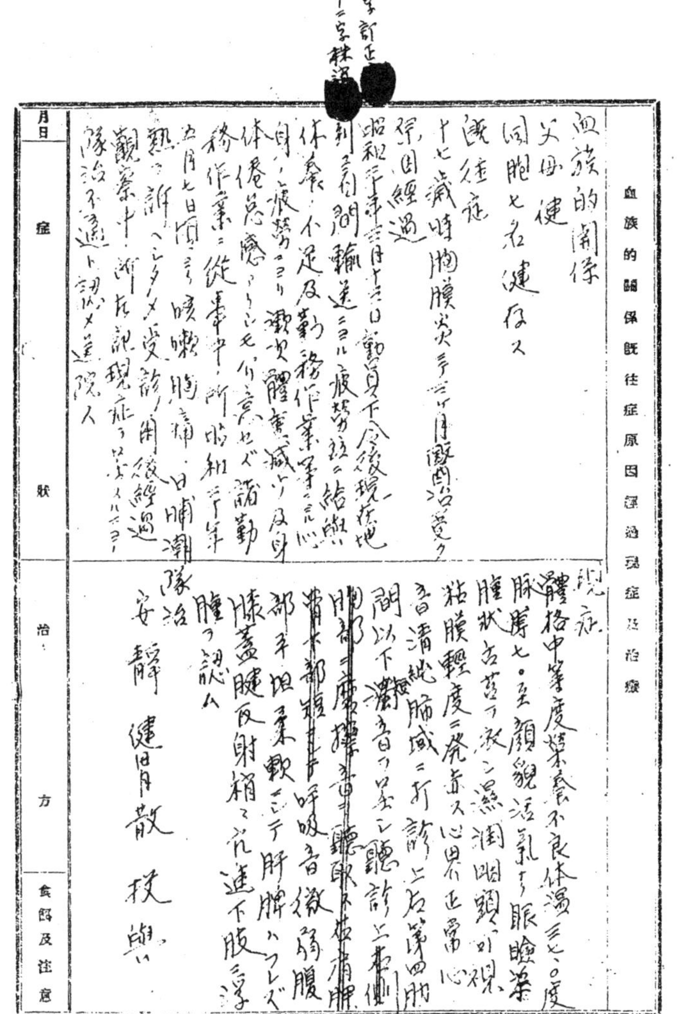

血族的關係既往症原因經過現症及治療

血族的関係
父母健
同胞七名健在ス
既往症
十七歳時胸膜炎ニテ三ヶ月間入院治療ヲ受ク
原因経過
昭和二十年三月十三日動員下令後現在地ニ到着。同間輸送ニヨル疲労並ニ結核〔?〕体養不足及勤務作業等ニヨル心身ノ疲労ニヨリ漸次體重減少シ及身体倦怠感アルモ介意セズ諸勤務作業ニ従事中、昭和二十年五月七日頃ヨリ咳嗽、胸痛、日晡潮熱ヲ訴ヘシタメ受診ノ周後経過観察中ナリシモ現症ヲ呈スルニヨリ隊治不適ト認メ入院ス

現症
體格中等度、栄養不良、体温三七、〇度、脈膊七〇至、顔貌活気ナク、眼瞼粘膜状古蒼ヲ呈シ湿潤、咽頭ニ視不粘膜軽度ニ発赤ス。心界正常、心音清純、肺域ニ打診上右第四肋間以下濁音ヲ呈シ聴診上右側胸部ニ捻髪音ヲ聴取ス。背下部ニ呼吸音微弱、腹部平坦柔軟ニシテ肝脾ハフレズ、膝蓋腱反射稍々亢進、下肢ニ浮腫ヲ認ム

治方
安静　健胃散　投與

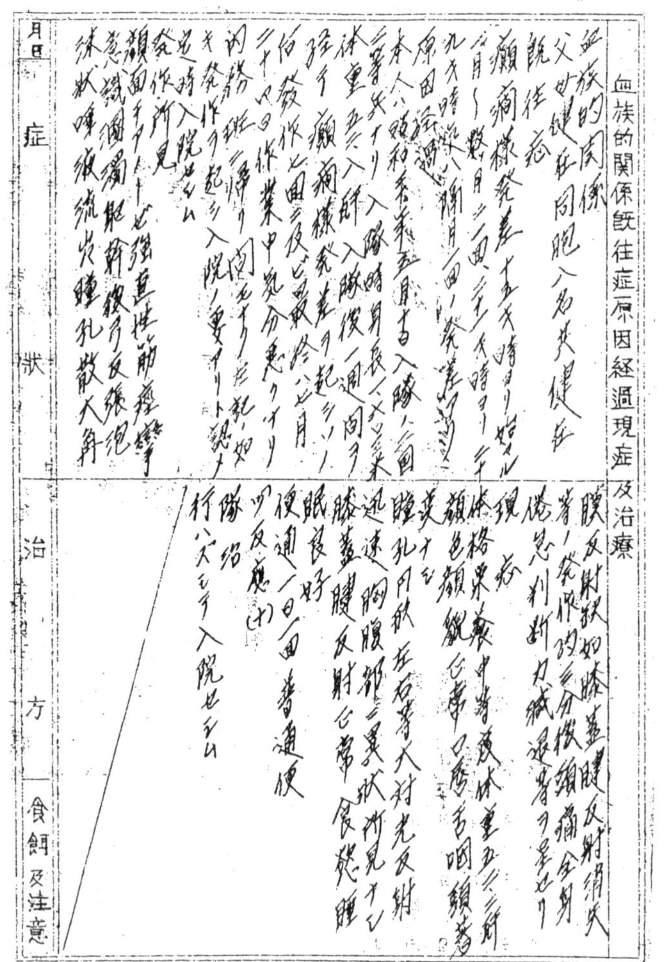

月日	症状	血族的関係既往症原因経過現症及治療
		血族的関係 父母健在 同胞八名共健在 既往症 癲癇様発作 十五才ノ時ヨリ始マル [illegible] 原因経過 本人ハ昭和[illegible]入隊[illegible] [illegible]癲癇様発作ヲ起シ[illegible] [illegible]入院セシム 発作時所見 顔面[illegible]強直性筋痙攣 意識[illegible] 沫状唾液流出 瞳孔散大
治方		現症 [illegible] 体格[illegible] 体重[illegible] 顔色[illegible] 瞳孔円形 左右等大 対光反射迅速 胸腹部ニ異状所見ナシ 膝蓋腱反射正常 食欲[illegible] 眠良好 便通一日一回普通便 [illegible] 隊ヨリ[illegible]入院セシム
食餌及注意		

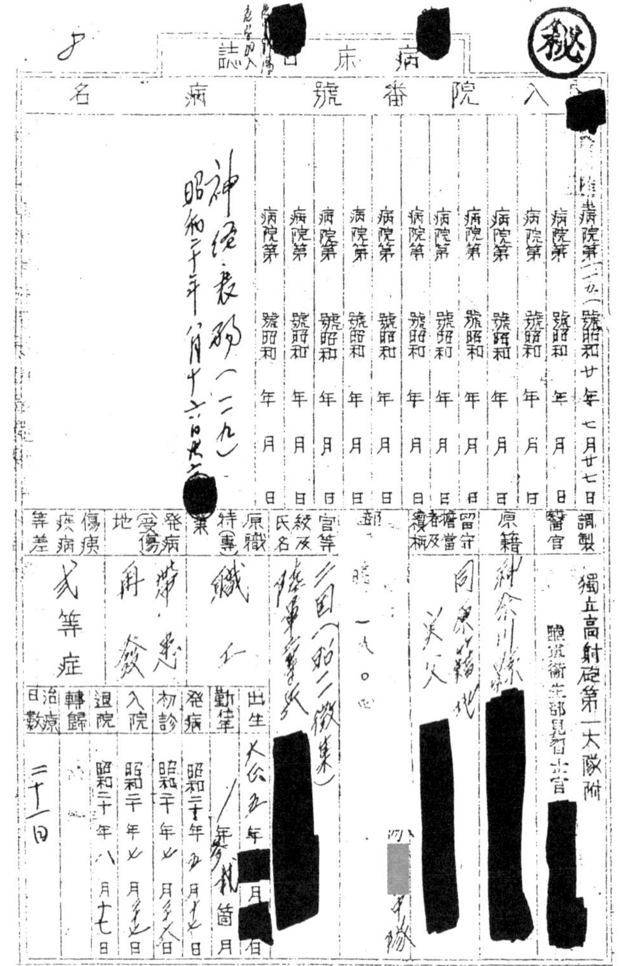

㊙

病床日誌

入院番號	
病院第[illegible]號	昭和廿年七月廿七日
病院第 號	昭和 年 月 日
病院第 號	昭和 年 月 日
病院第 號	昭和 年 月 日
病院第 號	昭和 年 月 日
病院第 號	昭和 年 月 日
病院第 號	昭和 年 月 日
病院第 號	昭和 年 月 日
病院第 號	昭和 年 月 日
病院第 號	昭和 年 月 日

病名：神経衰弱（一二九） 昭和二十年八月十六日[illegible]

調製醫官	獨立高射砲第一大隊附 陸軍衛生部見習士官 [illegible]
原籍	神奈川縣 [illegible]
留守擔當者及續柄	同原籍地 実父 [illegible]
部隊	[illegible]
官等級及氏名	二国（甲二徴集）陸軍二等兵 [illegible]
原職 特業	職工
發病（受傷）地	再發
傷病等差	式等症
出生	大正五年 月 日
勤務年	年 箇月
發病	昭和二十年五月[illegible]日
初診	昭和二十年七月[illegible]日
入院	昭和二十年七月[illegible]日
退院	昭和二十年八月十七日
轉歸	
治療日數	二十一日

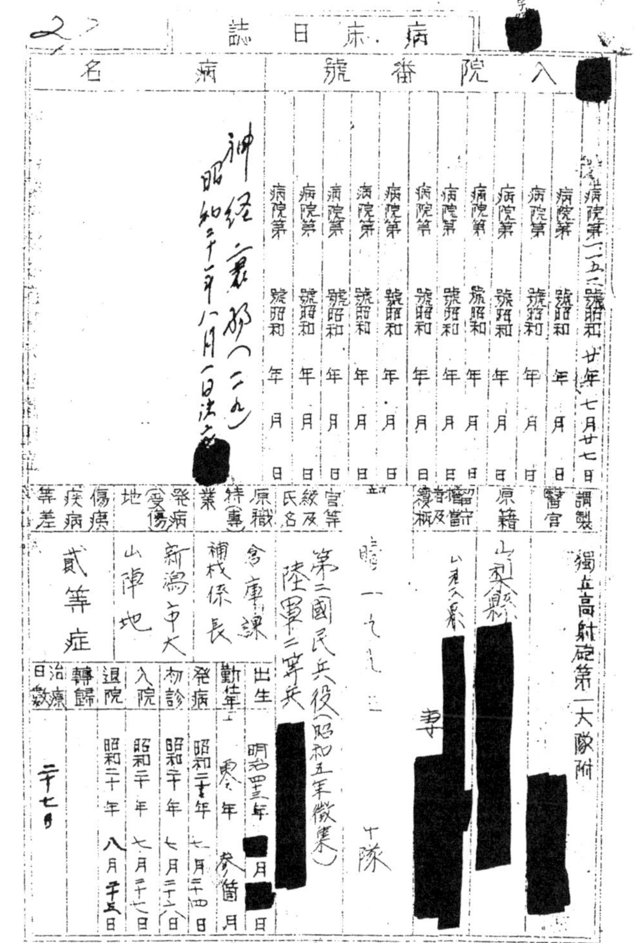

22

病床日誌

入院番號

病院第一一五二號 昭和廿年七月廿七日
病院第 號 昭和 年 月 日
病院第 號 昭和 年 月 日
病院第 號 昭和 年 月 日
病院第 號 昭和 年 月 日
病院第 號 昭和 年 月 日
病院第 號 昭和 年 月 日
病院第 號 昭和 年 月 日
病院第 號 昭和 年 月 日
病院第 號 昭和 年 月 日
病院第 號 昭和 年 月 日

病名

神経衰弱（一二九）
昭和二十年八月一日決定

調製	醫官	原籍	留守擔當者及續柄		官等級及氏名	原職（特業）	業	發病（受傷）地	傷痍疾病等差
獨立高射砲第一大隊附		山梨縣	山梨縣 妻	暁一七七三 十隊	第二國民兵役（昭和五年徴集） 陸軍二等兵	倉庫課 補給係長		新潟市大山陣地	貳等症

出生	勤年	發病	初診	入院	退院	轉歸	治療日數
明治四十三年 月 日	零年 參箇月	昭和二十年七月二十四日	昭和二十年七月二十六日	昭和二十年七月二十七日	昭和二十年八月二十五日		二十七日

月日 症状 治方 食餌及注意

血族的関係既往症原因経過現症及治療

血族的関係
父五十才時胃病ニテ死亡
母不健康 心臓病、神経痛
同胞二名中一弟戦死 一弟二十才時肺炎ニテ死亡 他ハ健在

既往症
二十六才時肋膜炎（乾性）四ケ月静養
三十才時腸チフス（入院）四ケ月
三十四才時 乾性肋膜炎四ケ月医療ス

原因経過
本人ハ昭和二十年五月十日入隊ノ二國二等兵ナリ 入隊時体力検査ニ三〇三号（〇四式）智能検査丙 抹消検査甲 本症ハ七月二十四日起床時頭痛ヲ訴ヘ 正座 眼ヲ見開キ呆然タル態度ヲナシオレリ 其ノ後次第ニ昏迷ノ度ガ加リ左記現症ノ如シ 要入院ト認メ定時入院ス

現症
体格栄養中等度 顔色稍蒼白 顔貌無表情 口唇固頭著変ナシ 平隠 瞳孔正円形 対光反射迅速 胸腹部異常ナシ 膝蓋腱反射正常
自覚症トシテ不眠 不安促進 頭ノ中デ「ジャオン」「ブザー」ガ鳴ッテオル様ニ感ズ
後ノ物ヲ忘レ易イ
生年月日正解 今日ハ何日カ 昭和二十年七月不明
葉書ハ幾ラ 解ラヌ 五銭カラ十枚銭ヲ一 五十銭 十五枚銭ヨリ不明 今朝ノ食事ハ 大分考ヘテカラ オジヤ（正解）
身体検査中努力ノ一部見エルト云フ
反応ソノ他血沈五粍（一時間） 食慾普通 便通 一日一回普通便

隊治行ハズシテ直ニ入院セシム

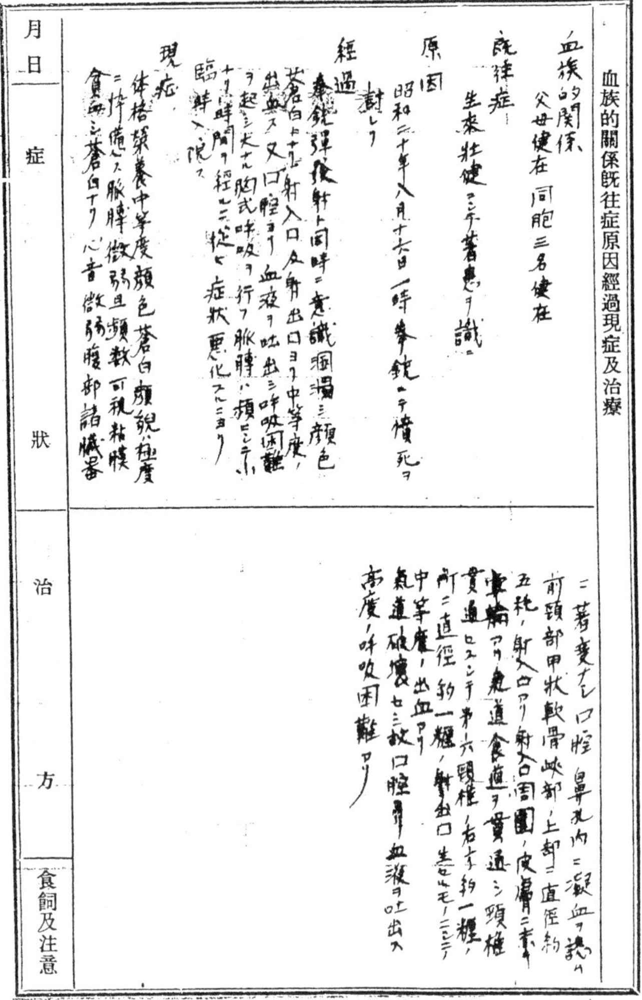

血族的關係既往症原因經過現症及治療

月日	症状
	血族的関係　父母健在　同胞三名健在 既往症　生来壮健ニシテ著患ヲ識ラズ 原因　昭和二十年八月十六日一時拳銃ニテ憤死ヲ計レリ 経過　拳銃弾発射ト同時ニ意識涸渇シ顔色蒼白トナリ射入口及射出口ヨリ中等度ノ出血ス又口腔ヨリ血液ヲ吐出シ呼吸困難ヲ起シ犬ナル胸式呼吸ヲ行フ脈膊ハ頻ヒニテ小十時間ヲ経ルニ従ヒ症状悪化スルニヨリ臨時入院ス 現症　体格栄養中等度顔色蒼白顔貌ハ極度ニ悴憔ス脈膊微弱且頻数可視粘膜貧血シ蒼白ナリ心音微弱腹部諸臓器

治方	
	ニ著変ナシ口腔鼻孔内ニ凝血ヲ認ム 前頭部甲状軟骨峡部上部ニ直径約五粍ノ射入口アリ射入口周囲ノ皮膚ニ黒色火輪アリ気道食道ヲ貫通シ頸椎ヲ貫通セルモノニシテ第六頸椎右方約一糎ノ所ニ直径約一糎ノ射出口ヲ生セルモノニシテ中等度ノ出血アリ 気道破壊セル故口腔ヨリ血液ヲ吐出ス 高度ノ呼吸困難アリ

食飼及注意

新發田陸軍病院

病床日誌

入院番號	病名
新発田陸軍病院第　號 昭和二十年八月十六日	頸部貫通銃創（二四）

官等級氏名	原籍	部隊號	原職	發病地	傷痍疾病等差
新発田陸軍病院新潟分院附 陸軍軍医大尉	東京都	師第三四二一部隊	陸軍軍医		貳等症

發病	初診	入院	退院	轉歸	治療日數
昭和二十年八月十六日	昭和二十年八月十六日	昭和二十年八月十六日	昭和二十年八月十六日	死亡	壹日

新發田陸軍病院

＊破損・紙折れは原紙のまま

秘

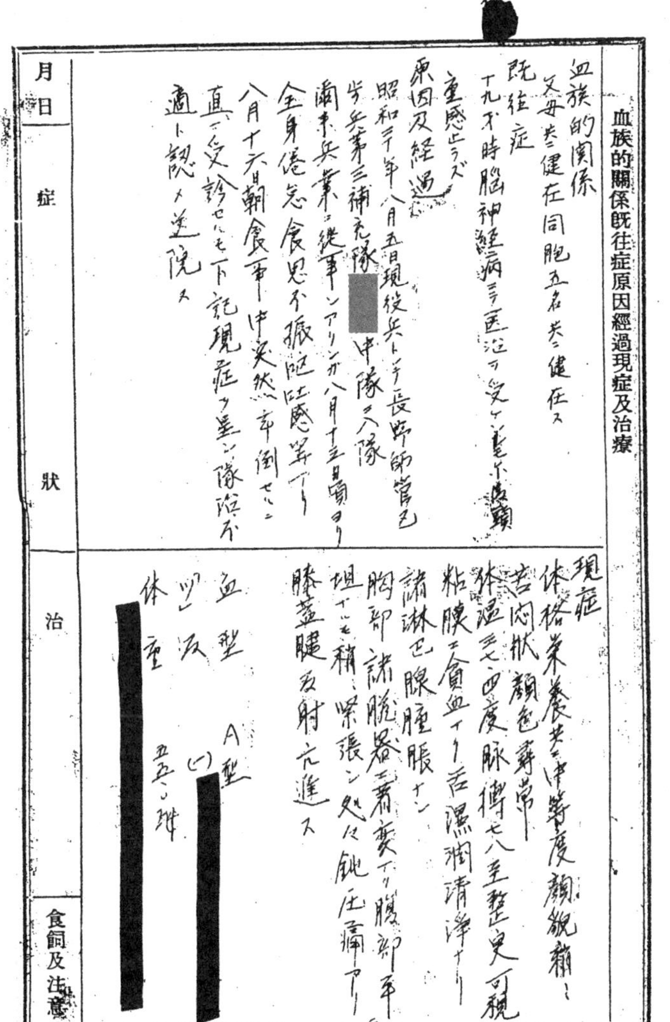

血族的關係既往症原因經過現症及治療

血族的関係
父母共ニ健在同胞五名共ニ健在ス

既往症
十九才時脳神経病ニ罹リ[illegible]

原因及経過
昭和二十年八月五日現役兵トシテ長野師管区歩兵第三補充隊 中隊ニ入隊
爾来兵業ニ従事シアリシガ八月十五日頃ヨリ全身倦怠食思不振嘔吐感等アリ
八月十六日朝食事中突然卒倒セシニ直ニ受診セシモ下記現症ヲ呈シ隊附不適ト認メ送院ス

現症
体格栄養共ニ中等度顔貌[illegible]
舌[illegible]状顔色蒼白
体温[illegible]度脈搏七八至整[illegible]
粘膜ニ貧血ナク舌湿潤清浄ナリ
諸淋巴腺腫脹ナシ
胸部諸臓器ニ著変ナク腹部平坦ナルモ稍々緊張シ処々鈍圧痛アリ
膝蓋腱反射亢進ス
血型 A型
沈反 (一)
体重 五五・〇瓩

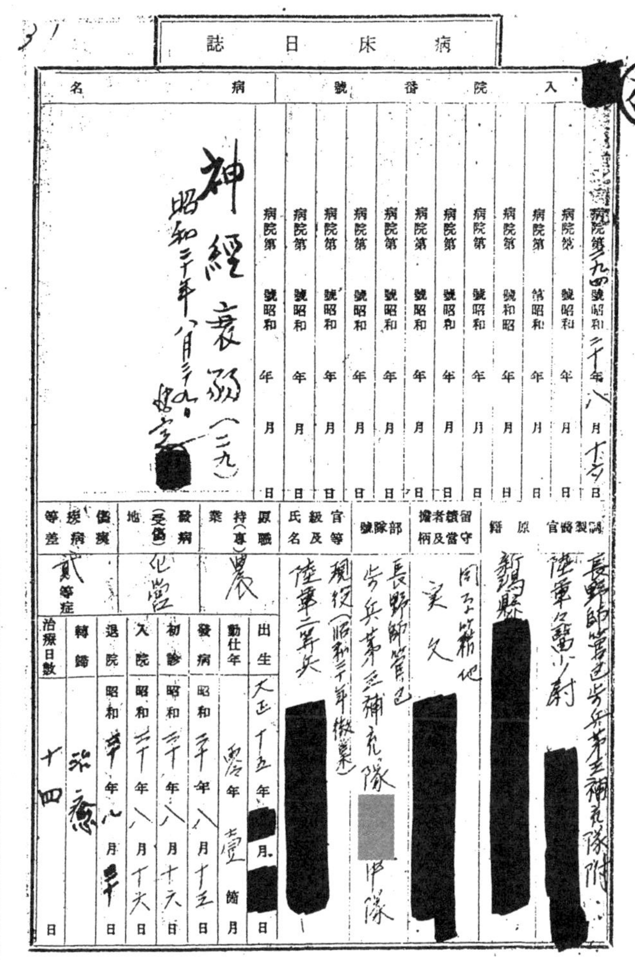

病床日誌

入院番號	病院第九四號 昭和二十年八月十六日
病名	神経衰弱（三九） 昭和二十年八月二十[illegible]日
調製官職	長野師管区歩兵第三補充隊附 陸軍軍醫少尉
原籍	新潟縣
留守擔當者續柄及	同上 實父
部隊號	長野師管区歩兵第三補充隊 中隊
官等級氏名	陸軍二等兵
原職	現役（昭和二十年徴集）
職業	農
發病地	在営
傷病等症	貳等症
出生	大正十五年 月 日
勤仕年	零年壹箇月
發病	昭和二十年八月十五日
初診	昭和二十年八月十六日
入院	昭和二十年八月十六日
退院	昭和二十年八月二十[illegible]日
轉歸	治癒
治療日數	十四日

新発田－148

極秘

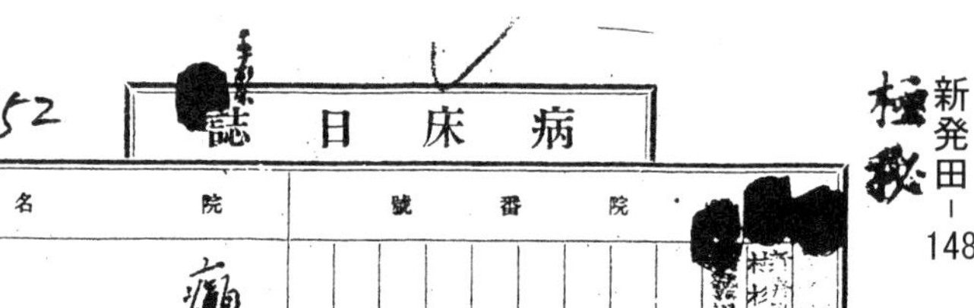
352

病床日誌

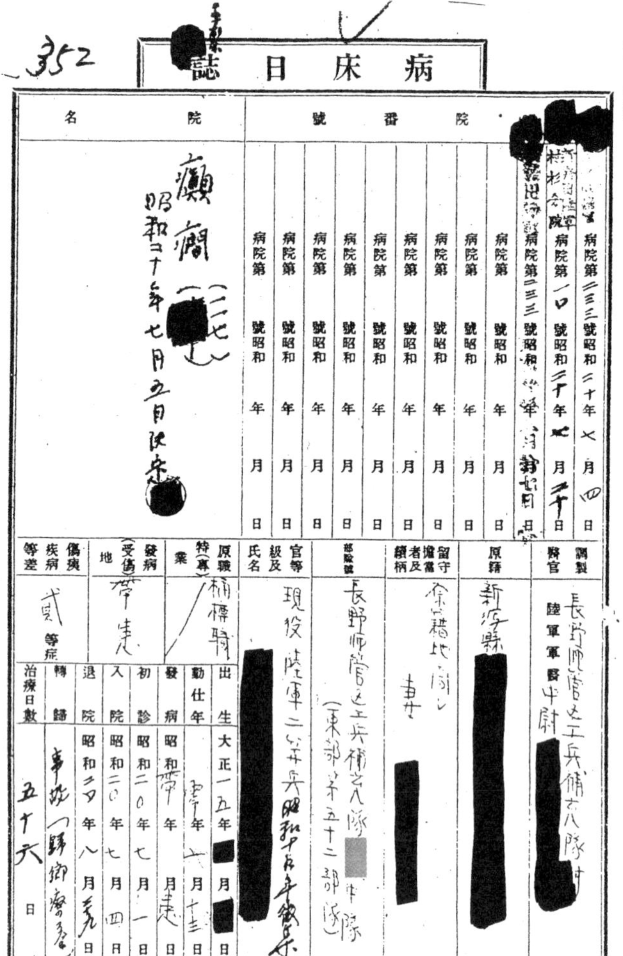
院名：癲癇（三七[illegible]）昭和二十年七月五日決定

院番號
病院第三三號 昭和二十年七月四日
病院第一〇號 昭和二十年七月二十[illegible]日
新発田陸軍病院第三三號 昭和[illegible]年[illegible]月[illegible]日
病院第　號 昭和　年　月　日
病院第　號 昭和　年　月　日
病院第　號 昭和　年　月　日
病院第　號 昭和　年　月　日
病院第　號 昭和　年　月　日
病院第　號 昭和　年　月　日
病院第　號 昭和　年　月　日
病院第　號 昭和　年　月　日

調製醫官	原籍	留守擔當者及續柄	部隊號	官等級及氏名	原職（特業）	發病（受傷）地	傷痍疾病等差
長野師管区工兵補充隊付 陸軍軍醫中尉 [illegible]	新潟縣[illegible]	全籍地同じ 妻 [illegible]	長野師管区工兵補充隊[illegible]中隊（東部第五十二部隊）	現役 陸軍二等兵 昭和十九年徵集 [illegible]	桶樽職	帯患	貳等症

出生	勤仕年	發病	初診	入院	退院	轉歸	治療日數
大正一五年[illegible]月[illegible]日	零年六月十三日	昭和帯年月患日	昭和二〇年七月一日	昭和二〇年七月四日	昭和二〇年八月[illegible]日	事故（歸郷療養）	五十六日

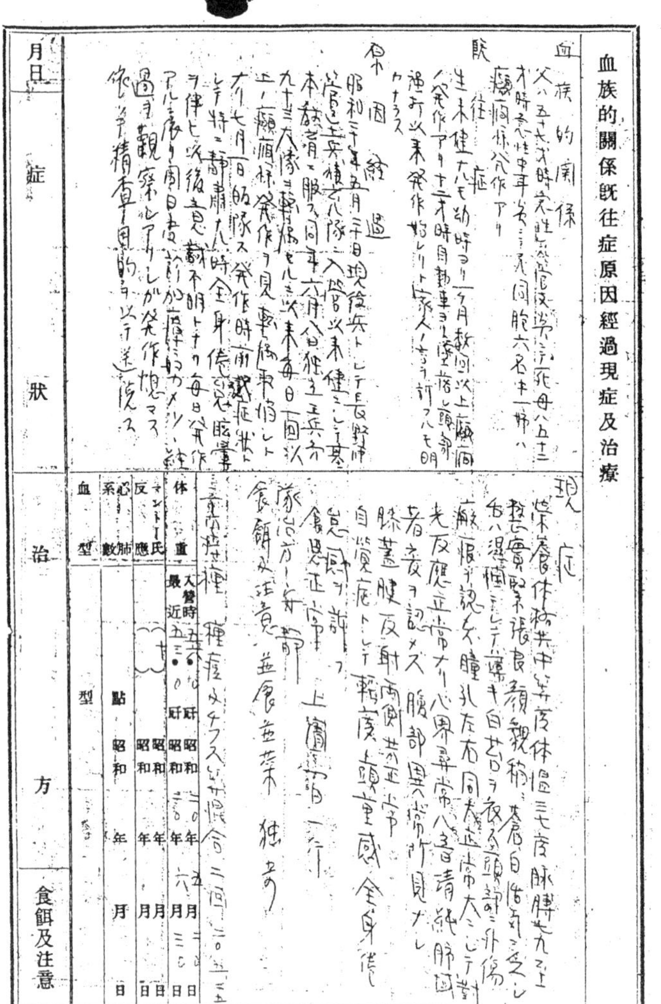
血族的關係既往症原因經過現症及治療

血族的関係
父ハ五十六才時[illegible]官[illegible]死亡 母ハ五十三才時[illegible]中年[illegible]同胞六名中一弟ハ癲癇様発作アリ

既往症
生来健康ナルモ幼時ヨリ一ヶ月数回以上癲癇ノ発作アリ十三才時自動車ヨリ墜落シ頭部[illegible]以来発作増加シタリト家人ノ言フ所ナルモ明カナラズ

原因　経過
昭和二十年五月二十日現役兵トシテ長野師管区工兵補充隊ニ入営以来健康ニシテ甚ダ本務ニ服ス同年六月[illegible]独立工兵第[illegible]九十三大隊ニ転属セルモ以来毎日[illegible]回以上ノ癲癇様発作ヲ見[illegible]レト[illegible]七月[illegible]日所隊ス発作時前駆症状トシテ特ニ[illegible]九時全身[illegible]ヲ伴ヒ以後意識不明トナリ毎日発作アルモ本日[illegible]診[illegible]ニ経過ヲ観察セシモ発作ナシマス依テ精査ノ目的ヲ以テ送院ス

現症
栄養体格共中等度体温三七度脈搏七十九至整[illegible]緊張良顔貌稍蒼白舌苔ヲ[illegible]頭部ニ外傷ナク[illegible]瞳孔左右同大正常ニシテ対光反應正常ナリ心界異常ナク音清純肺臓ニ著変ヲ認メズ腹部異常所見ナシ膝蓋腱反射両側共正常自覚症トシテ軽度ノ頭重感全身倦怠

食思正常

療法
安静

食餌及注意
食餌ハ[illegible]

[illegible]種痘及チフス[illegible]混合二回[illegible]

月日	症状治方
血型	型
系数	點 昭和　年　月　日
反應	昭和　年　月　日
ワッセルマン氏	昭和　年　月　日
体重	入營時 昭和二〇年五月[illegible]日 [illegible]瓩／最近 昭和二〇年六月三〇日 五[illegible]瓩

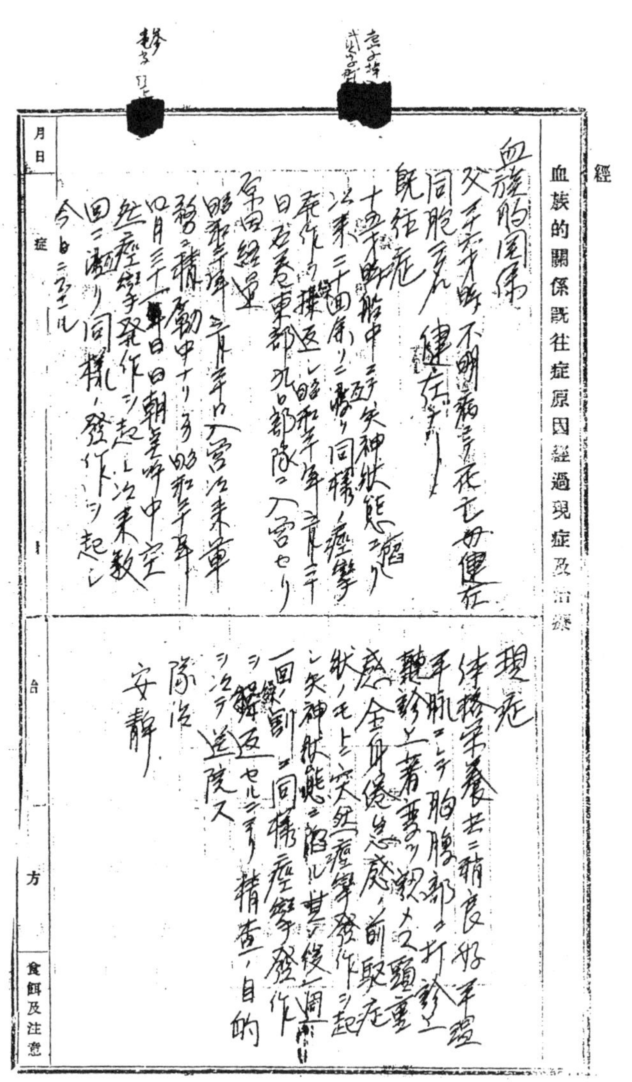

經過　血族的關係既往症原因經過現症及治療

月日　症　合　方　食餌及注意

血族的関係
父ハ二十六才ノ時不明ノ病ニテ死亡母健在
同胞六人健在ナリ
既往症
十五才ノ時船中ニテ突然神状態ニ陥ル
以来二十四回ノ同様ノ痙攣
発作ヲ繰返シ昭和十年六月二十
日右手東部九部隊ニ入営セリ
原因経過
昭和十年十二月二十日入営以来軍
務ニ精励中ナリシガ昭和十年
四月三十一日朝突然中突
然痙攣発作ヲ起シ以来数
回ニ渉リ同様ノ発作ヲ起シ
今日ニ至ル

現症
体格栄養共ニ精良ナリ平臥
平臥ニテ胸腹部ニ打診上
聴診上著変ヲ認メズ顕著
ナル全身倦怠感前駆症
状ノモトニ突然痙攣発作ヲ起
シ失神状態ニ陥ル其ノ後二週間
一回ノ割ニ同様痙攣発作
ヲ繰返セルニヨリ精査ノ目的
ヲ以テ送院ス
隊治
安静

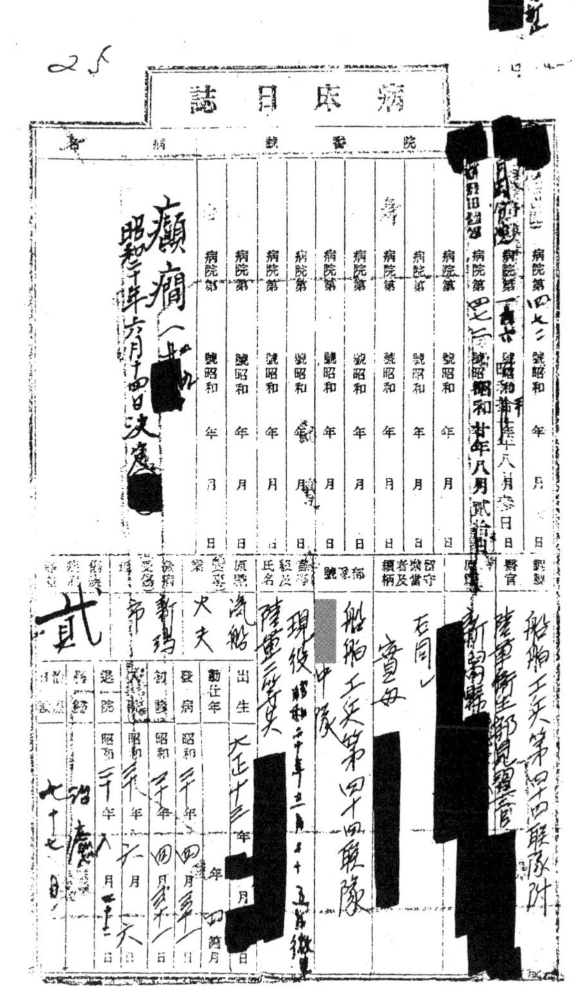

病床日誌

病院番號

病名　癲癇
昭和二十年六月十四日決定

所属部隊　船舶工兵第四十四聯隊附
醫官　陸軍衛生部見習士官
原籍　新潟県
右同
實母
船舶工兵第四十四聯隊
現役
陸軍一等兵
汽船
火夫
新潟
出生　大正十二年　月　日
入院　昭和二十年四月二十一日
退院　昭和二十年六月二十六日
轉歸　治癒
七十七日

㊙ 新発田－150

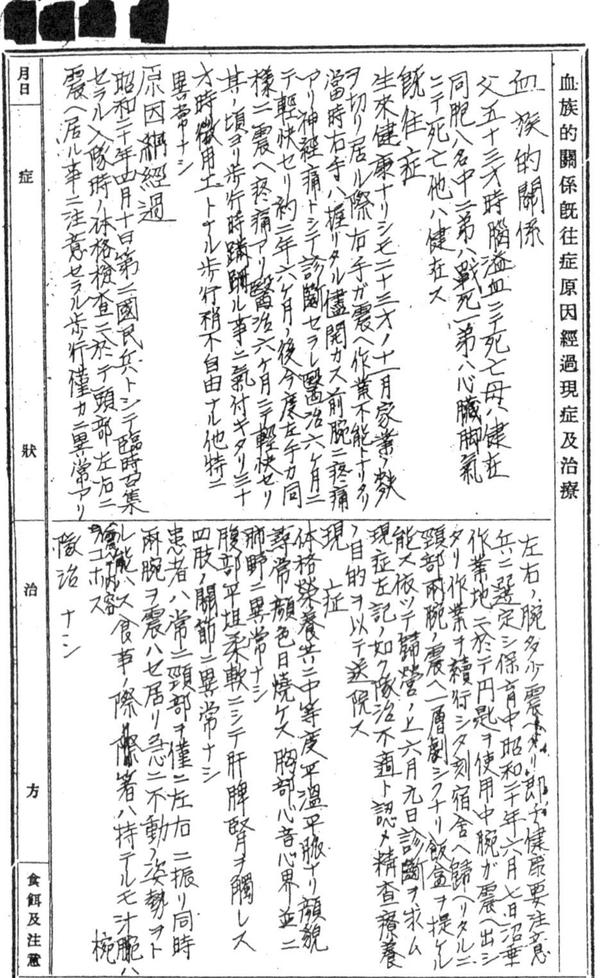

一字削除 二字削除 一字訂正 五字加入

血族的關係既往症原因經過現症及治療

血族的關係
父五十三才時脳溢血ニテ死亡母ハ健在
同胞八名中二弟ハ戰死一弟ハ心臓脚氣ニテ死亡他ハ健在ス

既往症
生来健康ナリシモ二十三才ノ十一月家業ノ鍛ヲ切リ居ル際右手ガ震ヘ作業不能トナリタリ當時右手ハ握リタル儘開カズ前腕ニ疼痛アリ神経痛トシテ診斷セラレ醫治六ケ月ニテ軽快セリ約二年六ケ月ノ後今度左手カ同様ニ震ヘ疼痛アリ醫治六ケ月ニテ軽快セリ其ノ頃ヨリ歩行時躓ル事ニ氣付キタリ三十才時徴用工トナル歩行稍不自由ナル他特ニ異常ナシ

原因網經過
昭和二十年四月十日第二國民兵トシテ臨時召集セラル入隊時ノ体格検査ニ於テ頭部左右ニ震ヘ居ル事ニ注意セラル歩行僅カニ異常アリ左右ノ腕多少震ヘオリ部隊ニテ健康要注意兵ニ選定シ保育中昭和二十年六月七日沼垂作業地ニ於テ円匙ヲ使用中腕ガ震ヘ出シタリ作業ヲ續行シタ刻宿舎ヘ歸リタルニ頭部両腕ノ震ヘ一層劇シクナリ飯盒ヲ提ゲル能ハズ依ッテ歸營ノ上六月九日診斷ヲ求ム現症左記ノ如ク隊治不適ト認メ精査療養ノ目的ヲ以テ送院ス

現症
体格栄養共ニ中等度平温平脈ナリ顔貌尋常顔色日焼ケス胸部心音心界並ニ肺野ニ異常ナシ
腹部平坦柔軟ニシテ肝脾腎ヲ觸レズ
四肢ノ關節ニ異常ナシ
患者ハ常ニ頭部ヲ僅ニ左右ニ振リ同時両腕ヲ震ハセ居リ急ニ不動ノ姿勢ヲトレ能ハズ食事ノ際箸ハ持テルモ汁椀ハ震ヘ内容ヲコボス
隊治ナシ

13

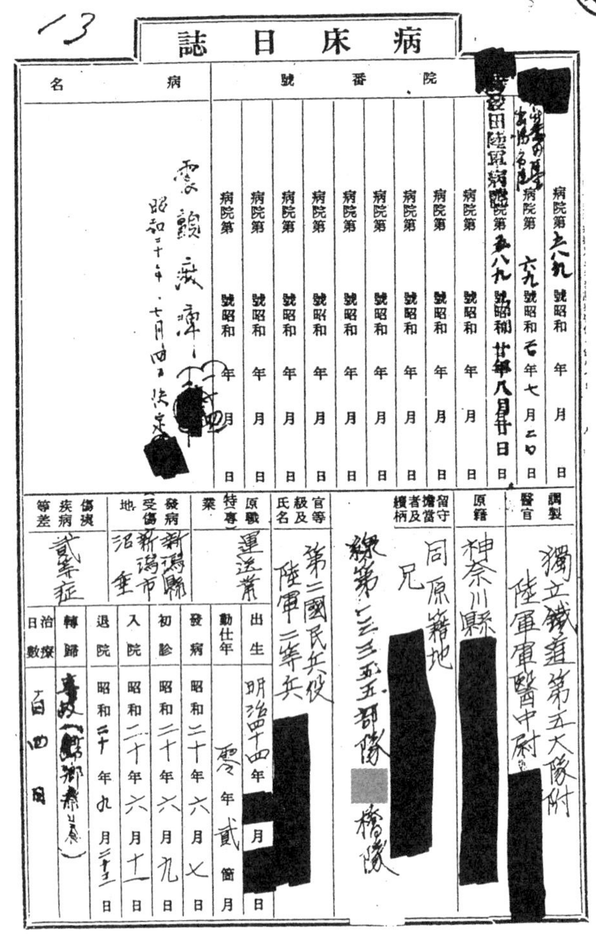

病床日誌

病院番號
病院第六八九號昭和　年　月　日
新発田陸軍病院第六九號昭和二〇年七月二〇日
新発田陸軍病院第五八九號昭和廿年八月廿日

病名
震顫痲痺
昭和二十年七月四日決定

調製醫官：獨立鐵道第五大隊附 陸軍軍醫中尉 [redacted]
原籍：神奈川縣 [redacted]
留守擔當者及續柄：同原籍地 [redacted] 兄
線第二三三五五部隊 [redacted] 橋隊
官等級及氏名：第二國民兵役 陸軍二等兵 [redacted]
原職（特業）：運送業
發病受傷地：新潟縣新潟市沼垂
傷痍疾病等差：貳等症

出生：明治四十四年 [redacted] 月 [redacted] 日
勤仕年：零年貳箇月
發病：昭和二十年六月七日
初診：昭和二十年六月九日
入院：昭和二十年六月十一日
退院：昭和二十年九月二十三日
轉歸：事故（歸郷療養）
治療日數：百四日

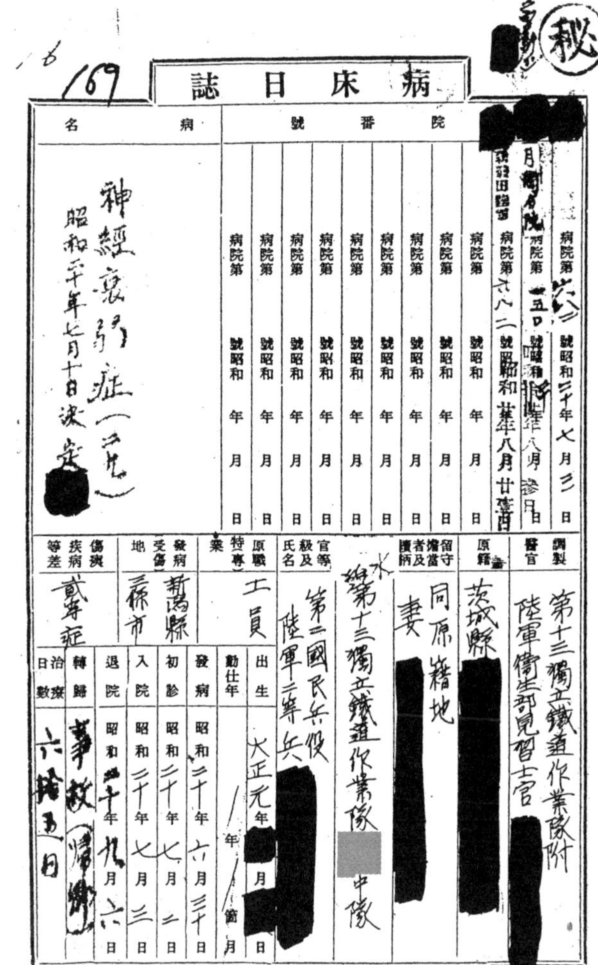

169

秘

病床日誌

病名：神經衰弱症（二九）
昭和二十年七月十日決定 ■

院番號：
病院第六八三號 昭和二十年七月三日
病院第一五〇號 昭和二十年八月 診日
病院第六八二號 昭和二十年八月廿壹日
病院第 號 昭和 年 月 日（以下空欄）

調製醫官	原籍	留守擔當者及續柄	所屬	官等級及氏名	原職（特業）	發病受傷地	傷痍疾病等差
第十三獨立鐵道作業隊附 陸軍衛生部見習士官 ■	茨城縣 ■	同原籍地 妻 ■	水 第十三獨立鐵道作業隊 ■ 中隊	第二國民兵役 陸軍二等兵 ■	工員	新潟縣 三條市	貳等症

出生	勤仕年	發病	初診	入院	退院	轉歸	治療日數
大正元年 ■月■日	年 箇月	昭和二十年六月三十日	昭和二十年七月二日	昭和二十年七月三日	昭和二十年九月六日	事故（歸郷）	六拾五日

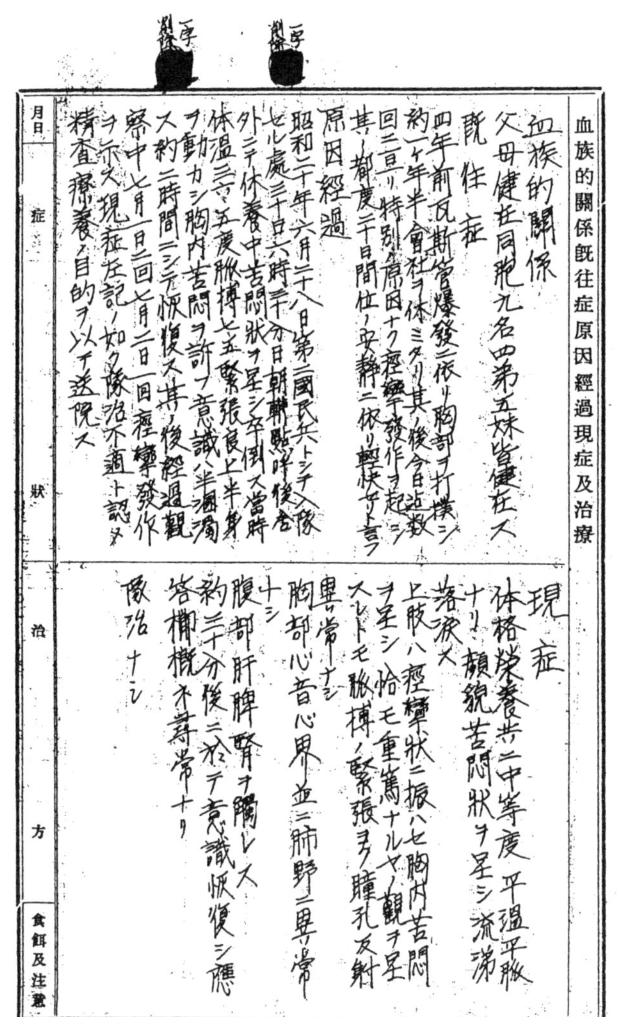

血族的關係既往症原因經過現症及治療

血族的關係
父母健在同胞九名四第五妹皆健在ス

既往症
四年前瓦斯管爆發ニ依リ胸部ヲ打撲シ約一ケ年半會社ヲ休ミタリ其ノ後今日迄數回ニ亘リ特別ノ原因ナク痙攣發作ヲ起シ其ノ都度二十日間位ノ安靜ニ依リ輕快セリト言フ

原因經過
昭和二十年六月二十八日第二國民兵トシテ入隊セル處三十日六時三十分日朝點呼後舍外ニテ休養中苦悶狀ヲ呈シ卒倒ス當時体温三六、五度脈搏七五緊張良上半身ヲ動カシ胸内苦悶ヲ訴フ意識ハ半溷濁ス約二時間ニシテ恢復ス其ノ後經過觀察中七月一日二回七月二日一回痙攣發作ヲ示ス現症左記ノ如ク隊治不適ト認メ精査療養ノ目的ヲ以テ送院ス

現症
体格榮養共ニ中等度 平温平脈ナリ 顏貌苦悶狀ヲ呈シ流涕落涙ス
上肢ハ痙攣狀ニ振ハセ胸内苦悶ヲ呈シ恰モ重篤ナルヤノ觀ヲ呈スレドモ脈搏ノ緊張ヨク瞳孔反射異常ナシ
胸部心音心界並ニ肺野ニ異常ナシ
腹部肝脾腎ヲ觸レス
約三十分後ニ於テ意識恢復シ應答概ネ常ナリ
隊治ナシ

月日　症狀　治方　食餌及注意

新発田-152

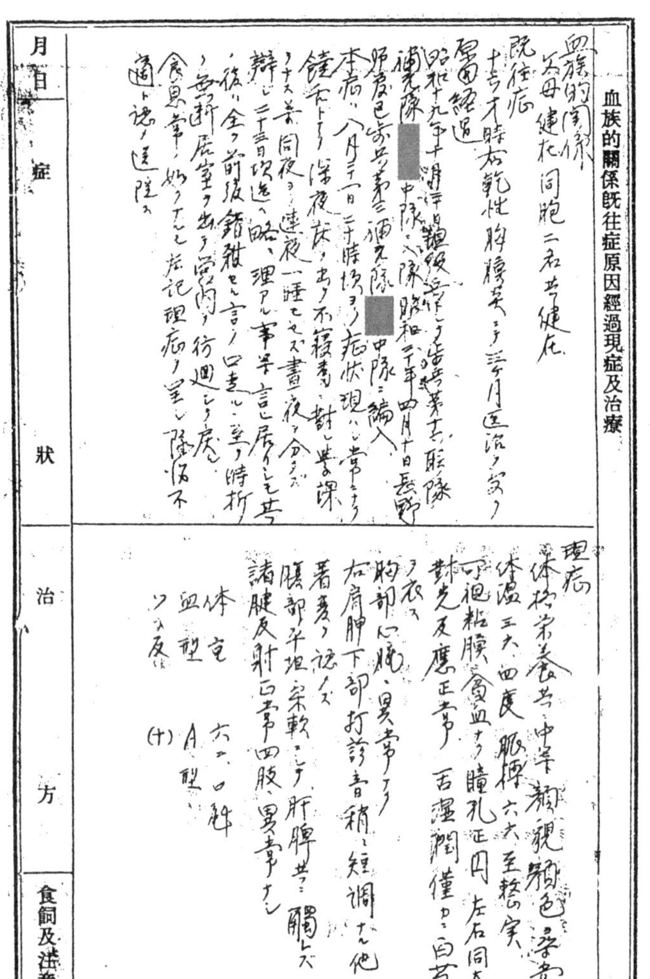

月日	血族的關係既往症原因經過現症及治療
症状	血族的関係 父母健在 同胞二名共健在 既往症 十六才時右乾性胸膜炎ニテ三ヶ月医治ヲ受ク 原因経過 昭和十九年十月臨時召集ニテ歩兵第十六聯隊補充隊[illegible]中隊ニ入隊 昭和二十年四月十日長野師管区歩兵第三補充隊[illegible]中隊ニ編入 本症ハ八月二十一日二十時頃ヨリ症状現ハレ常ニナク饒舌トナリ深夜迄起キテ居リ不寝番ニ對シ要ナキ事ヲ云ヒ二十二日以後ハ連夜一睡モセズ昼夜ヲ分タズ饒舌ニシテ理アル事ヲ言ヒ居リシモ其後ハ全ク前後錯雑セル言ヲ口走ルニ至ル 時折無断居室ヲ出テ営内ヲ徘徊シテ居ル 食事ハ如何ナルモ左記現症ヲ呈シ隊務不適ト認メ送院ス
治方	現症 体格栄養共ニ中等 顔貌顔色異常 体温三六、四度 脈搏六六 至整実 可視粘膜貧血ナク瞳孔正円 左右同大 對光反應正常 舌湿潤僅カニ白苔ヲ被ス 胸部心肺ニ異常ナク 右肩胛下部打診音稍ゝ短調ナル他著変ヲ認メズ 腹部平坦柔軟ニシテ肝脾共ニ觸レズ 諸腱反射正常 四肢ニ異常ナシ 体重 六二、〇瓩 血型 A型 ワ氏反応 (十)
食餌及注意	

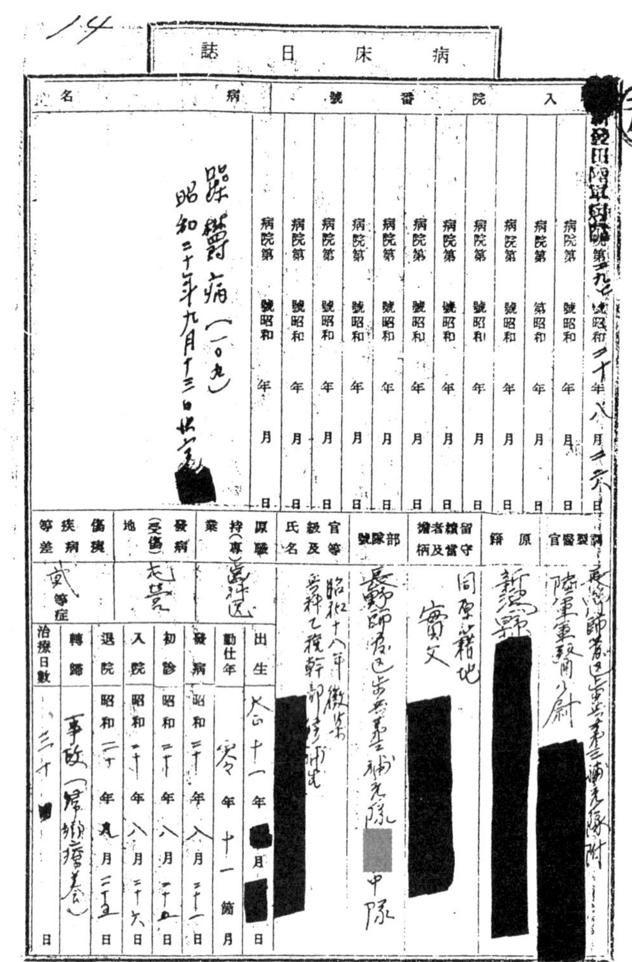

14

病床日誌

病名	入院番號
躁鬱病（一〇九） 昭和二十年九月十三日	新発田陸軍病院第二九七號 昭和二十年八月二十六日
	病院第 號 昭和 年 月 日 (×10)

傷痍疾病等差	發病(受傷)地	原職(專)業	官等級及氏名	部隊號	留守擔當者及續柄	原籍	調製官醫
貳等症	兵営	農業	昭和十八年徴集 兵科乙種幹部候補生 [illegible]	長野師管区歩兵第三補充隊[illegible]中隊	同原籍地 實父 [illegible]	新潟縣 [illegible]	長野師管区歩兵第三補充隊附 陸軍軍醫少尉 [illegible]

出生	勤仕年	發病	初診	入院	退院	轉歸	治療日數
大正十一年[illegible]月[illegible]日	零年十一箇月	昭和二十年八月二十一日	昭和二十年八月二十一日	昭和二十年八月二十六日	昭和二十年九月二十五日	事故（帰郷療養）	三十[illegible]日

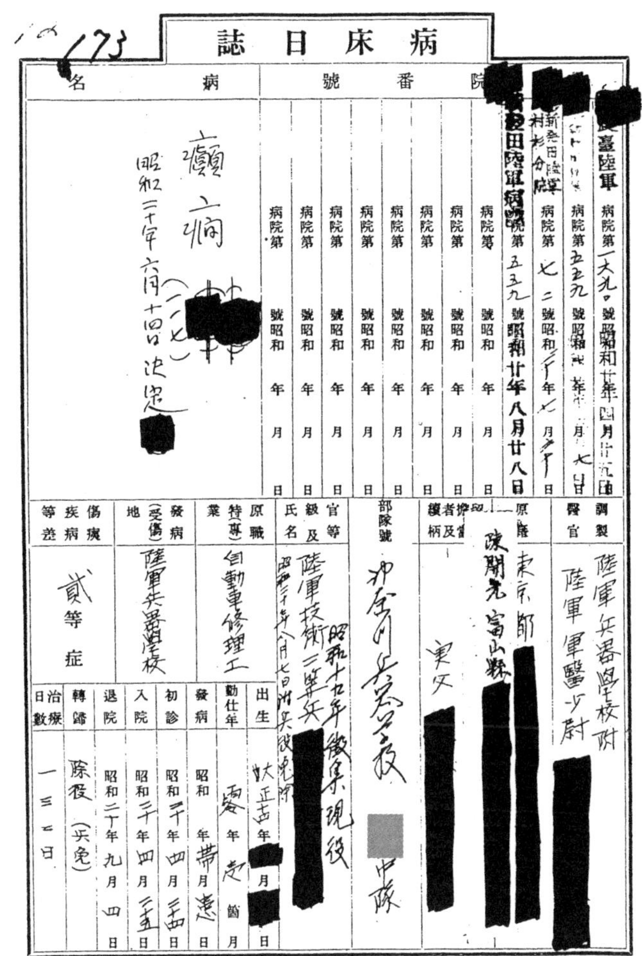

173

病床日誌

病名：癲癇（一一七）
昭和二十年六月十四日決定

院番號：
臺陸軍病院第一六九〇號 昭和廿年四月廿九日
病院第五五九號 昭和廿年七月七日
新発田陸軍病院村杉分院 病院第七二號 昭和廿年七月廿日
新發田陸軍病院 病院第五五九號 昭和廿年八月廿八日

傷痍疾病等差：貳等症
發病（受傷）地：陸軍兵器學校
原職特業（專）：自動車修理工
官等級及氏名：陸軍技術二等兵 昭和十九年徴集現役（昭和二十年八月七日附兵役免除）
部隊號：神奈川兵器學校 中隊
續柄及職業：実父
原籍：東京都
陳開先：富山縣
調製醫官：陸軍兵器學校附 陸軍軍醫少尉

出生：大正十四年 月 日
勤仕年：零年壹箇月
發病：昭和 年 帯月 憲日
初診：昭和二十年四月二十四日
入院：昭和二十年四月二十五日
退院：昭和二十年九月四日
轉歸：除役（兵免）
治療日數：一三七日

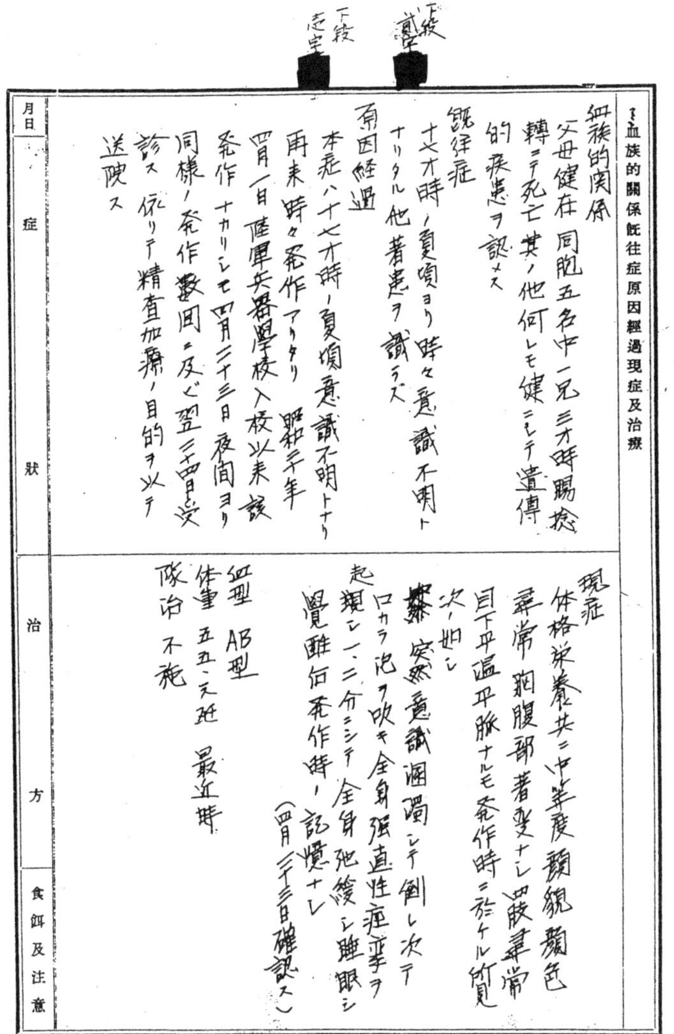

（上欄）下段 壱室 下段 貳室

血族的關係既往症原因經過現症及治療

血族的関係
父母健在 同胞五名中一兄三才時腸捻轉ニテ死亡 其ノ他何レモ健ニシテ遺傳的疾患ヲ認メス

既往症
十六才時ノ夏頃ヨリ時々意識不明トナリタル他著患ヲ識ラズ

原因經過
本症八十七才時ノ夏頃意識不明トナリ再来時々発作アリタリ 昭和二十年四月一日陸軍兵器學校入校以来談発作ナカリシモ四月二十三日夜間ヨリ同様ノ発作数回ニ及ビ翌二十四日受診ス 依リテ精査加療ノ目的ヲ以テ送院ス

現症
体格栄養共ニ中等度 顔貌顔色尋常 胸腹部著変ナシ 四肢尋常 目下平温平脈ナルモ発作時ニ於ケル所見次ノ如シ
突然意識溷濁シテ倒レ次テ口カラ泡ヲ吹キ全身強直性痙攣ヲ起現シ一、二分ニシテ全身弛緩シ睡眠シ覚醒后発作時ノ記憶ナシ
（四月二十三日確認ス）
血型 AB型
体重 五五、六瓩 最近時
隊治 不施

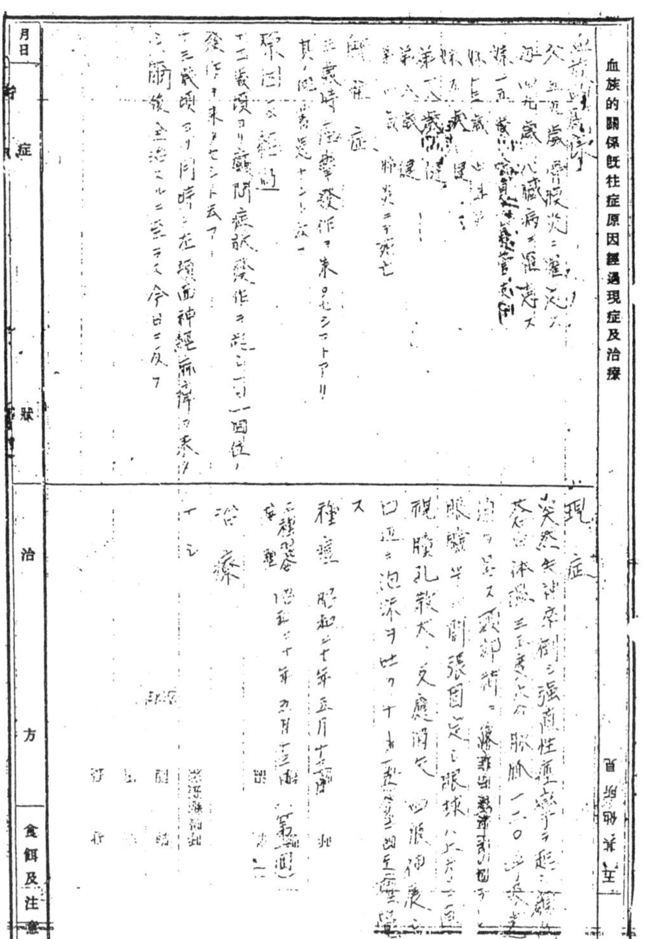

血族的關係既往症原因經過現症及治療

月日 | 症状 | 治方 | 食餌及注意

既往症

原因及經過

現症

治療

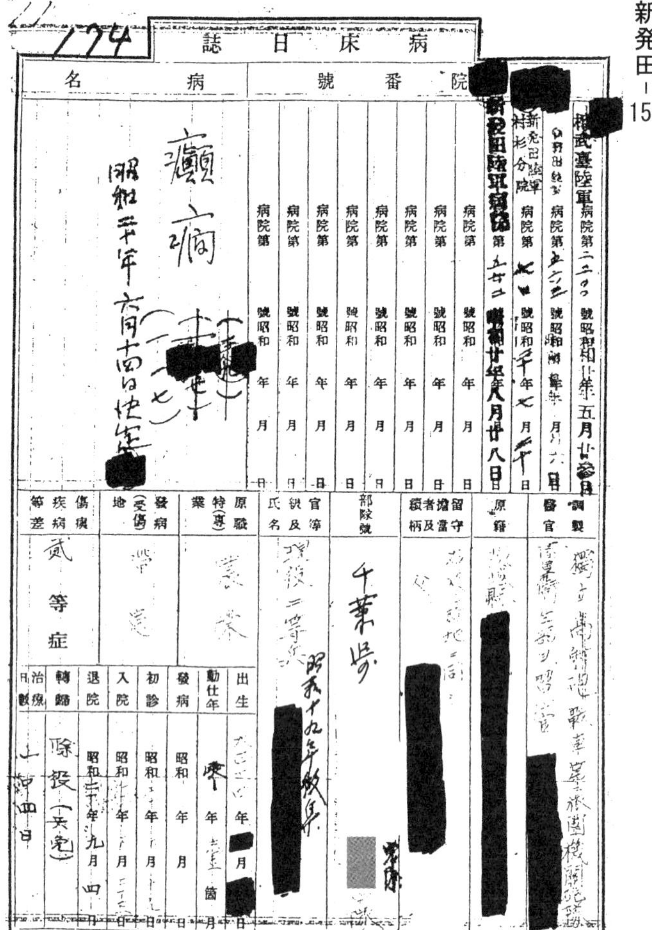

病床日誌

院番號

病名　癲癇

新發田陸軍病院 第五七二號 昭和廿年八月廿八日

病院第　號 昭和　年　月　日

傷病疾病等差　貳等症

部隊號　千葉県

入院　昭和二十年　月　日

轉歸　除役（兵免）

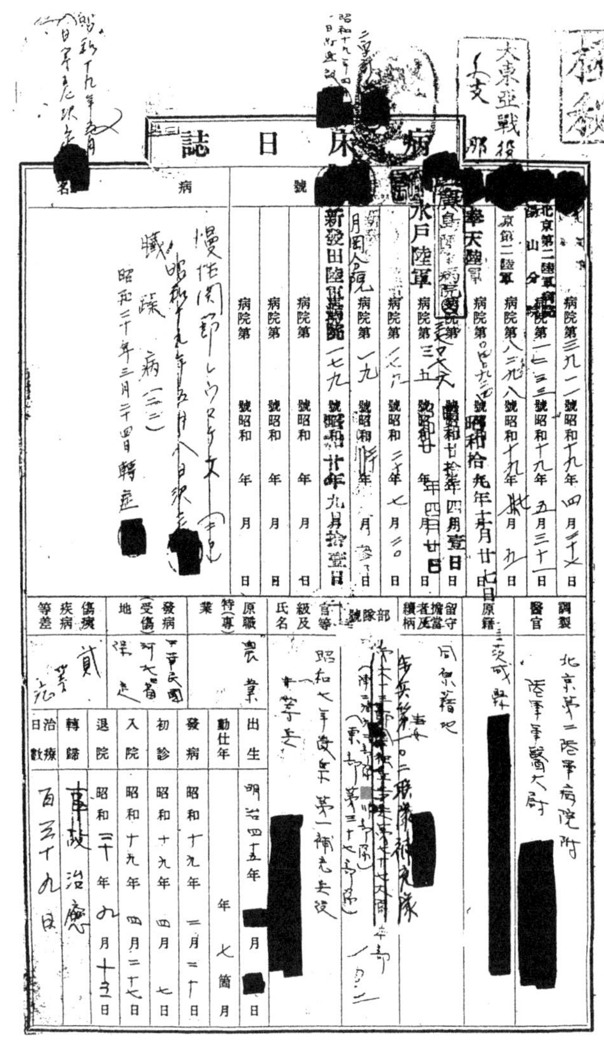

極秘

大東亜戦役 支那

病床日誌

病院	号	日付
北京第二陸軍病院	病院第三九一一号	昭和十九年四月二十七日
北京第二陸軍病院 山海関分院	病院第一七三三号	昭和十九年五月三十一日
京第二陸軍病院	病院第八三九八号	昭和十九年六月九日
奉天陸軍病院	病院第〇〇九二号	昭和拾九年十月廿七日
廣島陸軍病院	病院第三〇七六号	昭和廿拾年四月壹日
水戸陸軍病院	病院第三五号	昭和廿年四月廿日
	病院第一八二号	昭和二十年七月一〇日
月岡分院	病院第一九号	昭和廿年 月参日
新發田陸軍病院	病院第一七九号	昭和廿年九月拾壹日
	病院第 号	昭和 年 月 日
	病院第 号	昭和 年 月 日
	病院第 号	昭和 年 月 日

病名

慢性関節レウマチス（中症）

昭和十九年五月八日決定

職 疎 病（二三）

昭和二十年三月二十四日 轉症

調製医官	原籍	留守担当者續柄	部隊号	官等級及氏名	原職特（専）業	発病（受傷）地	傷痍疾病等差
北京第二陸軍病院附 陸軍軍医大尉	茨城県	同県籍地	歩兵第一〇二聯隊補充隊	昭和七年徴集 第一補充兵役 一等兵	農業	中華民国河北省保定	貳

出生	勤仕年	発病	初診	入院	退院	轉歸	治療日数
明治四十五年 月 日	年七箇月	昭和十九年二月二十日	昭和十九年四月七日	昭和十九年四月二十七日	昭和二十年九月十三日	治癒	百三十九日

血族的関係既往症原因経過現症及治療

血族的関係

父母健在

同胞四名共ニ健在ナリ

既往症

二十一才時淋毒性尿道炎、二十四才時硬性下疳、二十五才時淋毒性尿道炎ニ罹患シ医治ヲ受ケ二十九才時左股関節膝関節レウマチスニテ医治ヲ受ク

現病経過

昭和十九年二月二十日頃ヨリ左膝関節足関節部ニ疼痛及運動障碍ニ熱感ヲ覚エ不眠ヲ得ズ下記現症ヲ呈スルニ依リ入院セシム

現症

体格栄養中等度顔色顔貌異常ナク食思便通異常ナク肺域ニ著変ヲ認メズ発疹嗄声頭髪ノ脱落ナク頸腺肘腺鼠蹊腺ノ腫脹ナク他ノ臓器ニ著変ナシ左膝及足部ニ疼痛増強スル疼痛ヲ訴ヘ又他覚的ニ著変ナキモ中等度ノ跛行ヲナス運動障碍ニ熱感ヲ訴フルモ強直腫等ナク他覚的異常ヲ認メズ

月日	症状	治方	食餌及注意

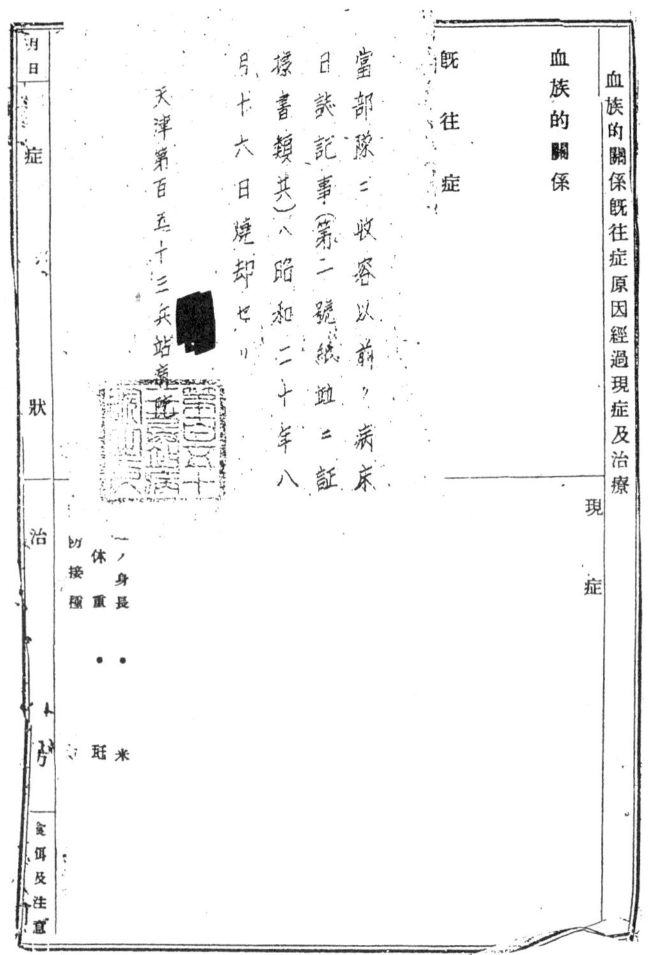

血族的關係既往症原因經過現症及治療

血族的關係

既往症

當部隊ニ收容以前ノ病床日誌記事(第二號紙迄ニ証據書類共)ハ昭和二十年八月十六日燒却セリ

天津第百五十三兵站病院

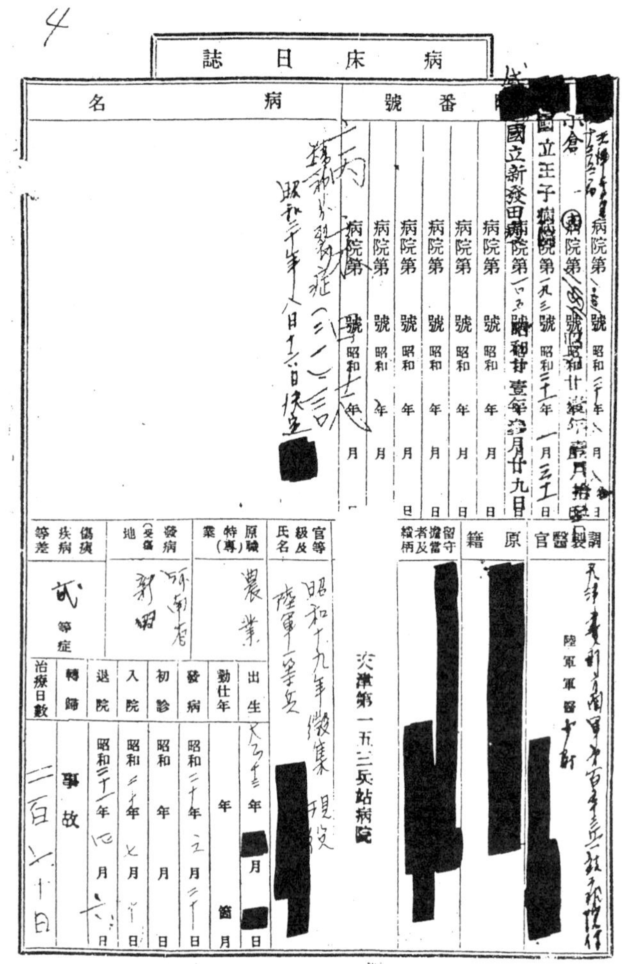

病床日誌

國立新發田病院第一〇一二號 昭和廿壹年六月廿九日

國立王子病院第一九三號 昭和二十一年一月二十一日

天津第百五十三兵站病院第一一二號 昭和二十年八月

天津第一五三兵站病院

官等級及氏名 昭和十九年徵集 陸軍一等兵 現役

原職(特業) 農業

傷病兵等差 貳等症

退院 昭和二十一年十月

治療日數 二百六十日

轉歸 事故

◉——編・解説者紹介

中村江里（なかむら・えり）

一九八二年　山梨県生まれ

現　在　一橋大学大学院社会学研究科特任講師

主要著書　『資料集成 精神障害兵士「病床日誌」』第3巻、六花出版、二〇一七年（編集・解説）

『戦争とトラウマ——不可視化された日本兵の戦争神経症』吉川弘文館、二〇一八年

資料集成
精神障害兵士「病床日誌」第3巻　ISBN978-4-86617-026-8
新発田陸軍病院編〔編集復刻版〕
2017年12月22日発行
定価　25,000円+税
編・解説者　中村江里
発行者　山本有紀乃
発行所　六花出版
〒101-0051　東京都千代田区神田神保町1-28
電話 03-3293-8787　ファクシミリ 03-3293-8788
e-mail : info@rikka-press.jp

組版　昴印刷
印刷所　栄光
製本所　青木製本
装丁　臼井弘志